U0153631

思想的・睿智的・獨見的

經典名著文庫

學術評議

丘為君　吳惠林　宋鎮照　林玉体　邱燮友
洪漢鼎　孫效智　秦夢群　高明士　高宣揚
張光宇　張炳陽　陳秀蓉　陳思賢　陳清秀
陳鼓應　曾永義　黃光國　黃光雄　黃昆輝
黃政傑　楊維哲　葉海煙　葉國良　廖達琪
劉滄龍　黎建球　盧美貴　薛化元　謝宗林
簡成熙　顏厥安（以姓氏筆畫排序）

策劃　楊榮川

五南圖書出版公司　印行

經典名著文庫

學術評議者簡介（依姓氏筆畫排序）

經典名著文庫151

大邏輯 上
Wissenschaft der Logik

〔德〕黑格爾 著
（Hegel）

先剛 譯

經典永恆・名著常在

五十週年的獻禮・「經典名著文庫」出版緣起

　　五南，五十年了。半個世紀，人生旅程的一大半，我們走過來了。不敢說有多大成就，至少沒有凋零。

　　五南忝為學術出版的一員，在大專教材、學術專著、知識讀本已出版逾七千種之後，面對著當今圖書界媚俗的追逐、淺碟化的內容以及碎片化的資訊圖景當中，我們思索著：邁向百年的未來歷程裡，我們能為知識界、文化學術界作些什麼？在速食文化的生態下，有什麼值得讓人雋永品味的？

　　歷代經典・當今名著，經過時間的洗禮，千錘百鍊，流傳至今，光芒耀人；不僅使我們能領悟前人的智慧，同時也增深加廣我們思考的深度與視野。十九世紀唯意志論開創者叔本華，在其〈論閱讀和書籍〉文中指出：「對任何時代所謂的暢銷書要持謹慎的態度。」他覺得讀書應該精挑細選，把時間用來閱讀那些「古今中外的偉大人物的著作」，閱讀那些「站在人類之巔的著作及享受不朽聲譽的人們的作品」。閱讀就要「讀原著」，是他的體悟。他甚至認為，閱讀經典原著，勝過於親炙教誨。他說：

> 「一個人的著作是這個人的思想菁華。所以，儘管一個人具有偉大的思想能力，但閱讀這個人的著作總會比與這個人的交往獲得更多的內容。就最重要

的方面而言，閱讀這些著作的確可以取代，甚至遠遠超過與這個人的近身交往。」

為什麼？原因正在於這些著作正是他思想的完整呈現，是他所有的思考、研究和學習的結果；而與這個人的交往卻是片斷的、支離的、隨機的。何況，想與之交談，如今時空，只能徒呼負負，空留神往而已。

三十歲就當芝加哥大學校長、四十六歲榮任名譽校長的赫欽斯（Robert M. Hutchins, 1899-1977），是力倡人文教育的大師。「教育要教真理」，是其名言，強調「經典就是人文教育最佳的方式」。他認為：

「西方學術思想傳遞下來的永恆學識，即那些不因時代變遷而有所減損其價值的古代經典及現代名著，乃是真正的文化菁華所在。」

這些經典在一定程度上代表西方文明發展的軌跡，故而他為大學擬訂了從柏拉圖的《理想國》，以至愛因斯坦的《相對論》，構成著名的「大學百本經典名著課程」。成為大學通識教育課程的典範。

歷代經典·當今名著，超越了時空，價值永恆。五南跟業界一樣，過去已偶有引進，但都未系統化的完整鋪陳。我們決心投入巨資，有計劃的系統梳選，成立「經典名著文庫」，希望收入古今中外思想性的、充滿睿智與獨見的經典、名著，包括：

- 歷經千百年的時間洗禮，依然耀明的著作。遠溯二千三百年前，亞里斯多德的《尼克瑪克倫理學》、柏拉圖的《理想國》，還有奧古斯丁的《懺悔錄》。
- 聲震寰宇、澤流遐裔的著作。西方哲學不用說，東方哲學中，我國的孔孟、老莊哲學，古印度毗耶娑（Vyāsa）的《薄伽梵歌》、日本鈴木大拙的《禪與心理分析》，都不缺漏。
- 成就一家之言，獨領風騷之名著。諸如伽森狄（Pierre Gassendi）與笛卡兒論戰的《對笛卡兒『沉思』的詰難》、達爾文（Darwin）的《物種起源》、米塞斯（Mises）的《人的行為》，以至當今印度獲得諾貝爾經濟學獎阿馬蒂亞·森（Amartya Sen）的《貧困與饑荒》，及法國當代的哲學家及漢學家余蓮（François Jullien）的《功效論》。

　　梳選的書目已超過七百種，初期計畫首為三百種。先從思想性的經典開始，漸次及於專業性的論著。「江山代有才人出，各領風騷數百年」，這是一項理想性的、永續性的巨大出版工程。不在意讀者的眾寡，只考慮它的學術價值，力求完整展現先哲思想的軌跡。雖然不符合商業經營模式的考量，但只要能為知識界開啟一片智慧之窗，營造一座百花綻放的世界文明公園，任君遨遊、取菁吸蜜、嘉惠學子，於願足矣！

　　最後，要感謝學界的支持與熱心參與。擔任「學術評議」的專家，義務的提供建言；各書「導讀」的撰寫者，不計代價地導引讀者進入堂奧；而著譯者日以繼夜，伏案疾書，更

是辛苦，感謝你們。也期待熱心文化傳承的智者參與耕耘，共
同經營這座「世界文明公園」。如能得到廣大讀者的共鳴與滋
潤，那麼經典永恆，名著常在。就不是夢想了！

總策劃　楊榮川

二〇一七年八月一日

導讀

《大邏輯》的形成過程

黑格爾於 1801 年入職耶拿大學之後，立即開設了兩門課程，即「哲學導論」（Introductio in philosophiam）和「邏輯學與形上學，或反思與理性的體系」（Logica et Metaphysica sive systema reflexionis et rationis）。這個課程安排體現了黑格爾的深意和雄心，因爲他和近代絕大多數哲學家一樣認爲，在建立一個科學的體系之前，必須奠定一個不可動搖的基礎，提出一個合適的導論[①]。正因如此，他當時的授課和手稿都是圍繞著這個核心計畫展開，而「邏輯學與形上學」就應當扮演這個「導論」的角色。在現存的三部《耶拿體系籌畫》（*Jenaer Systementwürfe*）裡，第二部就主要包含著這方面的內容[②]。但從 1804 年開始，黑格爾的思考有了新的推進，認爲「邏輯學與形上學」本身又需要一個導論，即關於「**意識經驗**」的歷史發展的探討[③]，於是《精神現象學》後來居上，成爲「導論之導論」，最終於 1807 年以黑格爾本人起初都沒有預料到的巨大的篇幅規模正式出版。當然，無論是在他爲《精神現象學》親自撰寫的圖書廣告裡，還是在後來的《大邏輯》第一版序言裡，

[①] Hans Friedrich Fulda, *Das Problem einer Einleitung in Hegels Wissenschaft der Logik*. Frankfurt am Main 1965. S. 1 ff. Klaus Hartmann, *Hegels Logik*. Berlin 1999. S. 8 ff.

[②] 《耶拿體系籌畫》第二部已有中譯本，即黑格爾《耶拿體系 1804-1805：邏輯學和形上學》，楊祖陶譯，人民出版社 2012 年版。

[③] Vgl. Karl Rosenkranz, *G. W. F. Hegels Leben*. Darmstadt 1977. S. 201 ff.

他都明確指出《大邏輯》是《精神現象學》的「第一個續篇」④，因此他的整個體系構想實際上並沒有發生什麼根本的變化，而且《精神現象學》明顯已經具有後來的《大邏輯》的架構。也就是說，《精神現象學》相當於是黑格爾整個體系構思的一段插曲或變奏曲。

黑格爾雖然順利發表了《精神現象學》，但受到拿破崙入侵德國造成的動盪時局的影響，不得不放棄教職離開耶拿，先是在班堡（Bamberg）短暫擔任報紙主編，然後在紐倫堡（Nürnberg）擔任高級中學校長。在紐倫堡期間，他給中學生講授他的邏輯學，撰寫了一系列邏輯學手稿⑤，並於 1812、1813 和 1816 年分 3 卷陸續發表了《大邏輯》。嚴格說來，這部著作的書名是《邏輯科學》（*Wissenschaft der Logik*），據說黑格爾本來想好的書名是《邏輯體系》（*System der Logik*），但沒有預料到他一向蔑視的死敵同行弗里斯（J. F. Fries）居然搶先於 1811 年發表了一部書名完全相同的著作。這讓黑格爾陷入進退兩難的處境，最後他無奈將自己的著作更名為《邏輯科學》，同時在給朋友的信裡大罵弗里斯的愚蠢和淺薄⑥。

《大邏輯》發表之後，黑格爾聲名大噪，首先是於 1816 年獲得海德堡大學教授席位，然後於 1818 年赴柏林大學任教，逐步登

---

④ 參閱黑格爾《精神現象學》，先剛譯，人民出版社 2013 年版，第 506 頁；黑格爾《邏輯學 I》，先剛譯，人民出版社 2019 年版，第 7 頁。

⑤ 參閱黑格爾《紐倫堡高級中學教程和講話（1808-1816）》，張東輝、戶曉輝譯，商務印書館 2012 年版，第 136-179、198-259 頁。

⑥ Walter Jaeschke, *Hegel Handbuch. Leben-Werk-Wirkung*. Stuttgart-Weimar 2003, S. 222.在《大邏輯》的導論裡，黑格爾亦帶著輕蔑的語氣宣稱：「弗里斯的基本觀念，包括他的觀點本身和具體論述，是如此之膚淺，以至於我根本用不著在這部毫無意義的出版物上面耗費半點力氣。」（黑格爾《邏輯學 I》，第 30 頁）

上德國哲學界的王座。1831 年，黑格爾準備出版該書第二版，在修訂《存在論》卷的時候增補了大量內容。只可惜《存在論》卷修訂完之後，黑格爾在當年底就因為身染霍亂而突然去世，而寫於 11 月 7 日的全書第二版序言也成了他的絕筆。修訂版《存在論》於 1832 年由斯圖加特─圖賓根的柯塔（Cotta）出版社出版之後，完全取代了 1812 年首版《存在論》，後者直到 20 世紀 60 年代才重新得到人們某種程度上的關注，但從客觀的思想影響史來看無法與前者相提並論。正因如此，我們今天研究《大邏輯》，最基礎的文本組合仍然是 1832 年修訂版《存在論》加上黑格爾沒來得及修訂的《本質論》和《概念論》。考慮到《大邏輯》篇幅巨大，今天大多數通行的版本（包括我們這個譯本）都是把該書分為上下兩卷出版，上卷包含《存在論》（1832 年版），下卷包含《本質論》（1813 年版）和《概念論》（1816 年版）。

《大邏輯》的核心宗旨：作為形上學的邏輯學

首先需要指出的是，黑格爾的邏輯學不是「普通的」邏輯學，即那種完全抽離了具體內容，僅僅關注單純的思維形式及其規律和規則的「形式邏輯」。很多慕「邏輯學」之名而接觸黑格爾《大邏輯》的人，其遭遇大概就和當年那些湧入柏拉圖「論善」（*Peri tou agathou*）課堂的人一樣。柏拉圖的聽眾原本以為會得到關於人的財富健康等等的指導，但實際聽到的卻是大量關於數學的討論乃至「善是一」這樣的玄奧命題[7]，類似地，黑格爾的讀者可能期待的是關於推理和論證的規則等等的討論，但首先等待著他們的卻是滿篇的「存在」、「無」、「轉變」、「質」、「量」、「度」、

---

[7] 參閱先剛《柏拉圖的本原學說》，三聯書店 2014 年版，第 97 頁。

「本質」、「現象」、「對比關係」、「現實性」等範疇，最後甚至還有關於「機械性」、「化學性」、「目的論」等等的討論。因此，正如柏拉圖的諸多聽眾公開拒斥那些內容，黑格爾的很多讀者同樣不承認這部著作講的是「邏輯學」。

黑格爾本人完全預料到了這個問題。他在《大邏輯》第三卷〈概念論〉的前言明確提出，在「這門科學的某些朋友」（即那些只懂得普通邏輯的人）看來，或許只有這部分討論的概念、判斷和推論等等才屬於通常所謂的「邏輯」的素材（見本書下冊第 232 頁）。至於本書的重頭戲，即前兩個部分（〈存在論〉和〈本質論〉），幾乎可以說是他的純粹創新，因此讀者在其中找不到「普通邏輯」也就不足爲奇了。再者，黑格爾指出，即便是屬於「普通邏輯」的這部分素材，也已經在漫長的時間裡演化成一種僵化的、乃至僵死的東西，必須爲它們注入新的生命，讓它們流動起來，而這相當於去重新規劃和改造一座人們已經持續居住數千年的老城，其難度絲毫不亞於在荒野裡建造一座新的城市，甚至可以說還要更加困難。簡言之，黑格爾的整個邏輯學體系確實不再是普通人心目中的普通邏輯，而是一種「全新的」邏輯學。

黑格爾的全新創造，在於讓邏輯學與形上學完全合爲一體。當然，他並非一開始就明確地樹立了這個目標。此前我們已經提到，黑格爾在耶拿時期仍然將「邏輯學」與「形上學」分列並舉，視二者爲整個體系的基石。這本身仍然是一個很傳統的觀點，因爲古代哲學基本上都是劃分爲形上學、邏輯學、物理學（自然哲學）和倫理學四個模組，並且承認前面二者具有基礎性的地位。但近代以來，經驗科學和英國經驗論哲學的興起已經對日益空疏僵化的形上學造成了嚴重衝擊，康德雖然聲稱要重建「作爲科學的形上學」，但他打著「純粹理性批判」的旗號，固然摧毀了沃爾夫的經院式形

上學，但也把哲學史上所有那些嚴肅思考的形上學及其分支（本體論、靈魂論、宇宙論、神學）宣判爲「先驗幻相」，以至於到了黑格爾那個時代，「之前號稱『形上學』的東西，可以說已經被斬草除根，從科學的行列裡消失了。」⑧在黑格爾看來，這絕對是一個糟糕的結局，因爲「**一個有教養的民族竟然沒有形上學**，正如一座在其他方面裝飾得金碧輝煌的廟宇裡，竟然沒有至聖的神。」⑨他想要挽救形上學，卻發現近代的演繹邏輯同樣已經走到了山窮水盡的地步，淪爲一種不能提供任何知識的空疏言談，以至於培根要用歸納方法這種「新工具」將其取代。誠然，邏輯爲了自救，求助於心理學、教育學，甚至生理學，甚至想出「如果一個人視力不佳，那麼就應當藉助於眼鏡」之類規則，但這些要麼是「瞎扯」，要麼是一種極爲枯燥和平庸的東西⑩。最終說來，相比形上學，邏輯的處境雖然沒有那麼糟糕，之所以還能得到人們的容忍，只不過是因爲人們誤以爲它還有一點用處，即可以「訓練思維」或讓人「學會思維」，而在黑格爾看來，這等於說人只有研究解剖學之後才學會消化，或只有研究生理學之後才學會運動。但是，如果邏輯連這點用處都沒有，那麼遲早等待著它的就是形上學的命運。

　　因此，黑格爾實際上面臨著雙重的任務：既要提出一種全新的形上學，也要提出一種全新的邏輯學。那麼這兩項工作，究竟孰先孰後呢？當前的局面是，經過康德的批判哲學的洗禮，任何未來的形上學都不可能繞過這座大山，對其置之不理。更重要的是，康德在《純粹理性批判》要素論第二部分裡提出了一種新的邏輯亦即

---

⑧ 黑格爾《邏輯學 I》，第 3 頁。

⑨ 黑格爾《邏輯學 I》，第 4 頁。

⑩ 黑格爾《邏輯學 I》，第 30 頁。

「**先驗邏輯**」。他首先在「一般的邏輯」裡區分出「純粹邏輯」和
「應用邏輯」，然後在「純粹邏輯」裡區分出「形式邏輯」和「先
驗邏輯」，並且指出，後者不像前者那樣僅僅考察空無內容的邏輯
形式，而是考察某些先天概念（作爲純粹思維的活動）與客體或對
象的先天關係，以及這些知識的起源、範圍和有效性（《純粹理性
批判》A55/B79-A57/B81）。實際上，這些概念無非是傳統形上學
的各個範疇，因此黑格爾敏銳地注意到，「批判哲學已經把**形上學**
改造爲**邏輯**」⑪。康德的問題在於，他仍然圍於形式邏輯的思維定
式，不敢把客體完全包攬進來，於是賦予先驗邏輯以一種本質上主
觀的意義，同時又與他企圖逃避的客體糾纏在一起，不得不承認
「自在之物」之類東西。儘管如此，康德的這項工作必定給予黑格
爾重大啓發，即反其道而行之，轉而「**把邏輯學改造爲形上學**」。具
體地說，就是重新發掘舊的形上學的合理因素，以彌補先驗邏輯
的片面性。在黑格爾看來，相比近代哲學，舊的形上學具有一個更
卓越的「思維」概念，其優越性尤其體現在如下三個方面：(1)思
維和思維的規定不是一種外在於對象的東西，而是**對象的本質**；(2)
事物和對於事物的**思維**自在且自爲地就是契合的；(3)思維就其內在
規定而言和事物的眞正本性是**同一個內容**⑫。簡言之，必須重塑傳統
形上學的「**思維與存在的同一性**」精神，同時將康德的先驗邏輯揚
棄在自身之內，以表明對於思維的考察本身同時就是對於存在的考
察，從而達到邏輯學與形上學的合體。

在黑格爾的全新的邏輯學─形上學合體裡，思維與存在的同
一性或統一體，作爲其要素，叫做「概念」（我們暫且接納這個

---

⑪ 黑格爾《邏輯學 I》，第 29 頁。
⑫ 黑格爾《邏輯學 I》，第 23 頁。

術語，後文再加以詳述）。邏輯必須進一步劃分，以展開概念自身之內的規定性，而這就是概念的「原初分割」或「判斷」（Urteilung）。在這種情況下，概念區分爲兩個方面，一方面是「**存在著的概念**」（代表著存在），另一方面是「嚴格意義上的概念」或「**作爲概念的概念**」（代表著思維），而邏輯也相應地分爲兩個部分，一個是「客觀邏輯」（即「存在論」），另一個是「主觀邏輯」（即「概念論」）。但在從「存在」到「概念」的過渡中，還有一個叫做「**本質**」的居間階段，這是「一種向著概念的內化存在過渡的存在……〔這時〕概念本身尚未被設定爲作爲概念的概念，而是同時黏附著一種直接的存在，把它當作自己的外觀。」⑬在這裡，黑格爾之所以把「本質」以及與之相對應的邏輯（即「本質論」）歸入客觀邏輯而非主觀邏輯的範圍，是因爲他希望把「**主體**」的特性明確地僅僅保留給概念。

正如之前所述，黑格爾的客觀邏輯（存在論和本質論）堪稱他的純粹創新，而且這部分內容也以最爲鮮明的方式展示了邏輯學與形上學的合體。他不但指出客觀邏輯在某些方面相當於康德的先驗邏輯，更明確宣稱：「客觀邏輯毋寧說取代了從前的**形上學**……如果我們考察這門科學的塑造過程的最終形態，那麼可以說，客觀邏輯首先直接取代了**本體論**……但這樣一來，客觀邏輯也把形上學的其餘部分包攬在自身內，因爲這些部分試圖透過純粹的思維形式來把握那些特殊的，首先取材於表象的基體，比如靈魂、世界、上帝等等。」⑭舊的形上學的缺陷在於武斷而隨意地使用這些思維形式，沒有首先探討它們是否以及如何能夠成爲存在的規定，就此而

---

⑬ 黑格爾《邏輯學 I》，第 39 頁。
⑭ 黑格爾《邏輯學 I》，第 41 頁。

言，客觀邏輯是對這些形式的「眞正批判」[15]，或者也可以說是一種更高層次的「純粹理性批判」。

《大邏輯》的核心方法：概念的自身運動

僅僅知道黑格爾的邏輯學同時是一種形上學，這仍然是不夠的。對於任何一位學習並希望掌握黑格爾哲學的人來說，最基本的第一道門檻是要理解他所說的「**概念**」（Begriff）究竟是個什麼東西。黑格爾曾經感嘆：「在近代，沒有哪一個概念比『概念』本身遭到更惡劣的誤解。」[16]實際上，過去人們也是在同樣的意義上誤解了柏拉圖所說的「**理念**」。這個誤解就是把概念或理念當作某種空洞的、抽象的（從事物那裡抽離出來並與事物相對立）、本身靜止不動的、僅僅存在於思維中的普遍者；但實際上，這種意義上的普遍者毋寧是「**觀念**」！從字面上來看，「概念」的原文，無論是拉丁語的 conceptus（來自於 capere），還是德語的 Begriff（來自於 begreifen），字面上都有「抓取」、「把握」的意思，但人們的錯誤在於把這種「抓取」理解爲「**抽離式的提取**」，而不是恰如其分地將其理解爲「**包攬式的統攝**」，或更確切地說，不知道「概念」同時包含著雙重的意思，即「抽離」和「統攝」。正是基於這種片面的誤解，人們當然更加信任各種看得見摸得著的具體事物，反過來拒斥抽象概念，甚至將其貶低爲虛妄的東西。但在黑格爾這裡，一切的關鍵在於，我們應當始終牢牢記住，他所說的「概念」一定是把事物包攬在自身之內的，因而絕不是一個抽象而片面的東

---

[15] 黑格爾《邏輯學 I》，第 42 頁。

[16] G. W. F. Hegel, *Vorlesungen über die Ästhetik I*, Frankfurt am Main: Suhrkamp 1970. S. 127.

西，毋寧總是意味著整全性、總體性、統一性等等。簡言之，這個
認識是理解黑格爾哲學的最最基本的前提。

當然，黑格爾絕不否認，概念確實具有抽象的、與事物分離
的一面，因爲這是概念發展的一個必然的、至關重要的環節，而
且標誌著哲學思考開始擺脫實在的事物，不再承認其是眞實的存在
者。這個環節就是「觀念」或「**觀念性東西**」（das Ideelle），但
它僅僅是實在事物的單純否定，與之處於同一個層次，因此仍然是
一種片面的主觀東西，不是眞正意義上的概念。眞正的概念，亦
即那種包含「抽離」和「統攝」雙重意思的概念，乃是「**理念性**」
（Idealität），即在否定事物的同時又把事物包攬在自身之內，
而這恰恰是「**揚棄**」（aufheben，「推翻」＋「保存」）的基本含
義。但令人遺憾的是，儘管黑格爾已經多次反覆強調指出「理念
性」和「觀念性東西」的重大區別[17]，並且在任何地方都極爲嚴格
地區分使用這兩個術語[18]，但我國許多學者（包括本領域的某些知
名專家）還是沒有意識到這個關鍵問題，不但將「理念性」簡單地
理解和翻譯爲「觀念性」[19]，而且輕率地使用「德國觀念論」之類
錯誤提法，甚至說什麼「黑格爾的觀念論」等等！這些情況這反映
出，中文學界對於黑格爾的原典（尤其是德文原文）仍然缺乏深
入細緻的研讀。人們甚至沒有注意到，其實康德已經在《純粹理

---

[17] 黑格爾《邏輯學 I》，第 130-131 頁。

[18] 關於這個問題，詳參：先剛〈黑格爾論「理念性」和「觀念性東西」〉，刊於
《廣西大學學報》（哲學社會科學版）2017 年第 6 期。

[19] 比如楊一之在其《大邏輯》譯本裡，還有楊祖陶在其《精神哲學》譯本裡，就
把頻繁出現的「Idealität」這一概念通通譯為「觀念性」。與之相反，賀麟和梁
志學在各自的《小邏輯》譯本裡雖然不是將其譯為「理念性」，而是譯為「理
想性」，但這至少表明他們已經意識到了其中的關鍵區別。

性批判》裡專門強調指出「**理念**」和「**觀念**」的重要區別（A319/
B376, A320/B376-377），並且在修訂該書第二版的時候特意增加
了一節「駁斥觀念論」。康德哲學本身已經帶有濃厚的主觀唯心主
義色彩，現在連他都要拒斥的「觀念論」，怎麼能夠移花接木，扣
在以謝林和黑格爾爲代表的絕對唯心主義頭上呢！簡言之，我們只
承認「德國唯心論」或「德國理念論」，卻不懂得什麼「德國觀念
論」。請讀者注意，這並不是簡單的術語翻譯之爭，因爲隱藏在其
後面的眞正問題是，我們應當如何正確而準確地理解把握黑格爾的
哲學思想。簡言之，假若不懂得黑格爾的「概念」或「理念性」的
眞正意思，假若僅僅將其理解爲「觀念」或「觀念性東西」，進而
把他的哲學理解爲「觀念論」之類脫離現實的抽象玄思或主觀構
想，那麼後人對他的各種猛烈抨擊就將完全成立。然而事實根本就
不是這樣的。

　　理解黑格爾「概念」的第 2 個關鍵，是不要把它當作某個靜
止不動的事物，而是要始終意識到它是一個「行動」、「活動」、
「運動」等等。在探究本原的問題上，謝林和黑格爾都極大地受惠
於費希特的「**本原行動**」（Tathandlung）概念，因爲費希特革命性
地不但把作爲本原的「存在」理解爲一種「行動」或「活動」，而
且揭示出**同一個**行動**同時**具有**兩個**面向：一個是超越自身，走向無
限，另一個是設定界限，返回自身。就此而言，費希特是德國唯心
論的實際奠基人，更是謝林和黑格爾的辯證法思想的直接源頭（雖
然辯證法在寬泛的意義上可以追溯到古代的赫拉克利特和柏拉圖，
以及近代的康德）。當然，費希特的「本原行動」仍然圍於主觀的
「自我」層面，客觀世界對他來說完全濃縮在「非我」這一完全空
洞的概念之內，而謝林和黑格爾則是眞正做到了一以貫之或大全一
體，讓這個本原行動貫穿自然界和精神世界。具體到精神世界，在

政治尤其是經濟的領域，馬克思作為黑格爾的學生更是將概念的自身運動方法運用到了極致[20]。

換言之，黑格爾的「概念」就是這樣一個「本原行動」，它完全從自身出發，區分自身並與自身分離（在這個意義上成為「觀念性東西」），同時又揚棄這個區別並返回自身（在這個意義上成為「理念性」），達到「自身中介」，隨之在一個更高的層次上，繼續區分自身並與自身分離，以此逐漸展現出自身內的環環相扣的各種「規定」（亦即「範疇」）。概念是對立的統一，是同一性與差別的同一性。依據「思維與存在的同一性」原則，這些規定的秩序既是思維的秩序，也是實在事物的秩序。但歸根到底，只要我們牢記黑格爾的「概念」的真正意義，就沒有必要刻意強調這一點，因為實在事物本身也只不過是概念的一個環節。

讀者可能早就按捺不住內心的疑問：既然如此，那麼黑格爾的「概念」和他同樣推崇備至的「**理念**」、「**精神**」、「**自由**」、「**上帝**」等等有什麼區別？答覆是：沒有區別，或者說只有語境上的區別。比如在邏輯學裡，概念的最初環節叫「存在」，最終環節叫「絕對理念」，而在精神哲學裡，概念的最初環節叫「自然靈魂」，最終環節叫「絕對精神」，如此等等。所有這些概念（包括「**概念**」這一概念）本身當然具有明確不同的意義，但它們所指的畢竟是同一個本原行動，只不過強調的方面有所不同而已；更重要的是，這些意義和方面並不是偶然隨意地信手拈來的，而是遵循著嚴格的邏輯秩序，比如「條件」、「根據」（「理由」）、「原因」都是指同一個東西，但它們作為「本質」的不同規定，是不能

---

[20] Vgl. Horst Friedrich, *Hegels "Wissenschaft der Logik". Ein marxistischer Kommentar*. Berlin 2000. S. 17.

隨便混用的。假若脫離邏輯秩序和具體語境，這些概念就僅僅是抽象的名詞，甚至只是無意義的發音。黑格爾邏輯學的一個偉大貢獻，就是史無前例地（甚至可以說空前絕後地）細緻釐清了諸多基本概念的具體意義和彼此之間的區別與連繫，並且摒棄了亞里斯多德和康德囿於固定數目的「範疇」卻每每顧此失彼的做法，得出了一個完善得多的基本概念體系。更重要地是，黑格爾把它們放在一個嚴密的遵循思維必然性的體系裡面逐一推演出來，建立了一套「**概念譜系學**」（Genesis des Begriffs，見本書下冊第 235 頁）。在這個意義上，任何未經受黑格爾邏輯學的洗禮而隨意談論各種範疇的做法，都可以說是「獨斷的」。

《大邏輯》第一部分：存在的邏輯

黑格爾的邏輯學以真正的「無前提者」亦即「**存在**」（Sein）這一沒有任何規定性或空無內容的東西為開端。他在開篇的「科學必須以什麼作為開端？」這一節裡指出，之所以不能以古代哲學的「一」、「努斯」、「實體」或近代的「自我」等等為開端，原因在於這些概念摻雜了太多偶然的經驗內容，而如果刳去這些內容，在純粹而絕對的意義上理解它們，那麼它們和「存在」就沒有任何區別。換言之，真正的本原——哪怕不以任何別的東西，只以「**開端**」（Anfang）本身為本原——無論叫什麼名字，實際上都是指「存在」，此外無他。

純粹的「存在」沒有任何規定性，因此是「**無**」（Nichts），而「無」同樣被當作最空洞抽象的「存在」來對待；但「存在」畢竟是「存在」，不是「無」，因此這是一個雙方直接消失在對方裡的運動，即「**轉變**」（Werden）。這裡出現了第一個爭議，即這究竟是一個客觀的運動呢，抑或是觀察者的思想上的轉變，比如一位

哲學家發現「純粹存在」是「無」，發現二者是同一個東西，然後想到「轉變」。關於這個問題，謝林就持後面這個觀點㉑。當然，黑格爾可以反駁說，正因為事情本身就是如此，有這樣一個客觀的運動，哲學家才會觀察到這個轉變。這個「存在—無—轉變」的三聯體仍然是「存在」，但已經不同於最初那個純粹的「存在」，而是具有了某種規定性，因此成為**「定在」**（Dasein）。定在的規定性叫做**「質」**（Qualität）；「質」一方面是**「實在性」**（代表著「存在」），另一方面是**「否定」**（代表著「無」），正因如此，一切規定性才同時也是否定（這句名言來源於斯賓諾莎），或者說一切肯定的、實在的東西（存在著的東西）都已經天然地包含著自身否定。就「定在」具有這個二重性的質而言，它是「存在者」（Seiendes），或更確切地說，**「定在者」**（Daseiendes），亦即**「某東西」**（Etwas）；附帶說一句，中文的「東西」和德語的「Dasein」具有絕妙驚人的一致性，即都是用一個表示方位的詞（德語的「da」）來泛指一個在抽象普遍的程度上僅次於「存在」的「存在者」。而我們之所以摒棄前人採用的「某物」這一隨意的譯法，原因很簡單，即「物」（Ding）作為一個嚴格的範疇是在後面的〈本質論〉裡才出現的。

「某東西」是一個存在者，這首先歸功於它的作為「實在性」的質，但與此同時，這個質又是作為「否定」，因此「某東西」始終包含著「無」這一要素。「實在性」和「否定」具有同等的本原性，所以，如果把「某東西」看作是一個否定，那麼它的實在性就是對於這個否定的否定，因此黑格爾說：「『某東西』是

㉑ 謝林《近代哲學史》，先剛譯，北京大學出版社，第 158、161、262 頁。

第一個否定之否定。」[22]這裡的重點不是從「否定之否定」得出肯定，而是堅持那個永遠在場的否定。在接下來的發展過程中，否定表現爲「**他者**」（Anderes）、「**界限**」（Grenze）、「**限制**」（Schranke）等一系列與「某東西」相對立的東西，但因爲它們其實都是發源於「某東西」自身，因此這是一種「**內在的**」自身否定。「某東西」不斷地突破「界限」或「限制」，藉此達到「**自身內中介**」（Vermittlung in sich）。在這個過程中，從否定的一面來看，「某東西」始終是「**有限者**」，而與之相對立的「他者」則是「**無限者**」。

　　知性思維執著於有限者和無限者的對立，同時又希望克服這個分裂。它要麼認爲有限者是虛幻不實的東西（比如埃利亞學派），要麼認爲無限者是臆想出來的空洞名稱（比如唯名論和經驗論），要麼藉助神祕的體驗，透過消滅有限者而與無限者直接融爲一體（比如各種神祕主義）；除此之外，還有一種獨特的思維模式，即一方面承認無限者是一個必然的理想，另一方面宣稱有限者只能無限地靠近它，卻永遠不能達到它（比如康德和德國浪漫派）。所有這些做法毋寧都是強化了這個鴻溝，因爲他們從始至終堅持認爲，有限者位於一端，僅僅是有限者，無限者位於另一端，僅僅是無限者。這就是黑格爾所說的「**惡劣無限**」，其特徵在於執著於無限者和有限者的絕對對立，比如「無限延伸」、「無限接近」、「無限分割」、「無限的單調重複」等等都是如此。

　　但正如剛才指出的，「有限者」和「無限者」其實是同一個運動的不同環節，所以有限者必然會轉變爲無限者，正如無限者也必然會轉變爲有限者。黑格爾說：「有限者的本性就是要超越自身，

---

② 黑格爾《邏輯學 I》，第 96 頁。

否定它的否定，成為無限者。就此而言，無限者本身並不是作為一個完結的東西凌駕於有限者**之上**，以至於有限者竟然能夠駐留在無限者**之外或之下**。」[23]因此沒有什麼單純的有限者，也沒有什麼單純的無限者，毋寧說，任何一個東西本身都既是有限的，也是無限的，是有限者和無限者的統一體。這才是「**真實無限**」。很多人對這個統一體大呼小叫，而這只不過表明他們仍然囿於知性思維，即把「限制」、「有限者」等規定看作是恆久不變的東西。

有限者轉變為無限者，同時仍然保留著有限者的規定，因此這是一種無限的「自身回歸」（Rückkehr in sich）。「定在者」或「某東西」的現在這個環節叫做「**自為存在**」（Fürsichsein）。需要注意的是，「自為存在」是存在論部分最重要、最關鍵的一個概念，和「理念性」息息相關。在《小邏輯》裡，黑格爾亦宣稱：「『**理念性**』這一規定出現在**自為存在**裡面。」[24]此外他還說：「一般意義上的**自為存在**應當被理解為**理念性**。」[25]在德語的日常語言裡，「**自為**」（für sich）的意思是「與他者無關，單就其自身而言」，但如果只是從這一點來看，那麼「**自在**」（an sich）也是同樣的意思，因此這裡的關鍵區別在於，「自在」指最初原本就與他者無關，而「自為」卻是指排斥他者，返回自身，並在這個意義上與他者無關。換言之，「自為」包含著「他者」環節，而「自在」則不然，因此二者雖然同樣都是指一種單獨孤立的狀態，但「自為」是「自在」的升級，而當黑格爾使用「**自在且自為**」（an und

---

[23] 黑格爾《邏輯學 I》，第 118-119 頁。

[24] G. W. F. Hegel, *Enzyklopädie der philosophischen Wissenschaften I*, Frankfurt am Main 1970. S. 202-203.

[25] Ebd., S. 204.

für sich）之類說法時，則是爲了強調這兩個環節的結合，但重點終究還是落在「自爲」上面。

自爲存在排斥他者，導致「**單一體**」（Eins）和「**多**」（Vieles）這一對範疇的出現。並非首先有「單一體」，然後它分裂爲「多」，也非首先有「多」，然後它們組合爲「單一體」，毋寧說，「單一體」和「多」這兩個規定是同時出現的，「單一體本身就轉變爲諸多單一體。」㉖

自爲存在之所以代表著理念性，最重要的原因在於，「**排斥**」（Repulsion）和「**吸引**」（Attraktion）其實是同一個活動的兩個方向。某東西爲了成爲孤立的單一體，必須排斥他者，但這恰恰意味著它需要他者，並在這個意義上重新吸引他者，與之相關聯，以之爲自己的一個環節。現實生活中也是如此，我們愈是排斥某東西，殊不知與這個東西的關係愈是密切。近代的個人主義就是立足於片面的自爲存在，即只看到「排斥」環節，「這個最大、最頑固的謬誤反而以爲自己是最大的眞理，——因此在一些更具體的形式下顯現爲抽象自由或純粹自我，隨後顯現爲惡。」㉗針對這一點，黑格爾指出：「排斥僅僅是理念性的**應當**，而理念性是透過吸引而實現的。……前者〔排斥〕是單一體的實在性，後者〔吸引〕是單一體的已設定的理念性。」㉘

單一體身上的這種二重性表現爲「**量**」（Quantität），量是一個外在的規定，「一個在存在那裡和存在漠不相關的界限。」量也是質，只不過是一種已揚棄的質，也就是說，任何「某東西」都

㉖ 黑格爾《邏輯學 I》，第 150 頁。

㉗ 黑格爾《邏輯學 I》，第 155 頁。

㉘ 黑格爾《邏輯學 I》，第 156 頁。

帶有兩種規定性，一種決定它恰恰是這個東西而不是別的，另一種是無關緊要的，這個區分與後面本質論部分所說的「本質性東西」與「非本質性東西」相對應。現在，正如自為存在是排斥和吸引的統一體，「量是延續性和區間性這兩個環節的統一體。」[29] 無論是康德關於物質的無限可分割性的二律背反，還是古代的芝諾悖論，都犯了同樣的錯誤，即把「延續性」（Kontinuität）和「區間性」（Diskretion）絕對地割裂開來，殊不知任何量的東西都既是延續的，也是區間式的。接下來，正如「存在」過度到「定在」，「量」也過渡到「定量」（Quantum），即「已規定的量」或「數」（Zahl），而在數那裡，「延續性」和「區間性」則是分別表現為「單位」（Einheit）和「數目」（Anzahl），或「外延」（Extension）和「內涵」（Intension）。黑格爾在這部分大量討論數學知識，尤其是微積分原理和「比例關係」（Verhältnis，這個術語在本質論部分被譯為「對比關係」），最終都是為了闡明上述兩個環節的對立統一。作為結果，定量不再是一個漠不相關的或外在的規定，而是重新成為質（確切地說，成為質和量的「統一體」），亦即「尺度」（Maß）。尺度既是一個定量，也是諸多特殊定量的比例關係，更是這些定量的無差別的統一體。當這個統一體重新被設定為一個單純的存在，就成為「本質」。

《大邏輯》第二部分：本質的邏輯

正如亞里斯多德的「ousia」概念本身就包含著「存在」和「本質」的意思，在黑格爾這裡，**本質**同樣不是「存在」之外的另一個東西，而是「已揚棄的存在」。德語的卓越之處在於其表

---

[29] 黑格爾《邏輯學 I》，第 174 頁。

明「本質」（Wesen）本身就是「存在」（Sein）的過去分詞，從
而揭示出了二者的連繫。本質既是絕對的自在存在，因而經常被理
解爲一個抽象的東西，也是無限的自爲存在，把自身包含著的各種
規定區分開，與它們相對立。此前在存在的層面裡，各種規定是
相互過渡和轉變著的（比如「某東西」也是「他者」，「他者」
也是「某東西」），但如今在本質的層面裡，這些規定已經**固定下
來**（比如我們再也不能說「同一性」**也是**「區別」，或「區別」**也
是**「同一性」）。相應地，從這部分開始頻繁出現的「**已設定的**」
（gesetzt）這一術語，就是指「固定下來」。與此同時，這些規定
總是成雙成對地出現，始終是「**相對的**」（relativ），但由於它們
是「已設定的」亦即已經固定下來的東西，所以知性思維總是把其
中一個規定當作本身就單獨有效的東西孤立地看待，彷彿「同一
性」即使與「區別」無關，也仍然是「同一性」，「實體」即使與
「偶性」無關，也仍然是「實體」，如此等等。黑格爾經常批評的
「反映的立場」或「反思的立場」，就是它明明把兩個相對的（相
互對立的、相互關聯的）規定看在眼裡，卻總是執其一端，隨之陷
入無窮無盡的爭執。

　　本質作爲上述自在存在和自爲存在的統一體，是一種「**映
現**」（Scheinen）或「**反映**」（Reflexion），由此首先造成的結
果是「本質性東西」和「非本質性東西」、「本質」和「映像」
的對立。在《精神現象學》或黑格爾的其他文本裡，我們曾經依
據其語境把「**映像**」（Schein）翻譯爲非完整意義上的「假象」
或「顯像」，以與完整意義上的「**現象**」（Erscheinung）區分開
來。在《大邏輯》這裡，「映現」以及「映像」所指的是本質的直
接外化，而它和古代懷疑論以及近代唯心主義所理解的「現象」
（Phänomen）確實是同一個東西（見本書下冊第 13 頁），即一種

與本質割裂的非存在。現在的關鍵是，「映現」不僅是直接的外化，而且同時已經擺脫這種外化，內化到自身之內，因此這個環節叫做「反映」。換言之，「映現」是「**他者內反映**」（Reflexion in Anderes），而嚴格意義上的「反映」是「**自身內反映**」（Reflexion in sich），但這裡不是有兩個絕對不同的反映，毋寧說，二者是同一個反映的不同面向。此外，我們之所以不像舊譯本那樣把「Reflexion」譯爲「**反思**」，而是譯爲「**反映**」，原因很顯然，因爲黑格爾在這裡始終強調的是本質自身的運動（因此與通常所說的「思維」無關），只有當它被片面地理解爲意識的主觀活動，才叫做「反思」，而這種意義上的「反思」始終是一種「**外在的反映**」（見本書下冊第 21 頁）。實際上，眞正的「反思」毋寧是指「**後思**」（Nachdenken），即不是隨便拿著一個給定的對象就直接進行考察，而是結合它身上的各種相互對立的反映規定而對其進行考察。

　　類似於「純粹存在」，本質的直接的自身內反映是「**同一性**」（Identität），但這個抽象的東西毋寧是一種無規定性。同一律（A=A）是一個空洞的恆眞句，而當人們反覆強調「同一性」與其他東西的區別時，這恰恰表明「**區別**」（Unterschied）才是本質的眞正規定。「區別」有時候是指一種外在的或漠不相關的區別（比如人與石頭的區別），即一般意義上的「**差異性**」（Verschiedenheit），有時候則是指相反的，僅僅由對方所規定的差異性（比如男人與女人的區別），即「**對立**」（Gegensatz）。最後，當對立雙方都表現爲獨立的自爲存在，把對方排斥在外，比如肯定者和否定者（正和負），這時就是「**矛盾**」（Widerspruch）。但正如此前闡述「自爲存在」時已經指出的，排斥就是吸引，就是揚棄自己的獨立性，所以矛盾雙方毋寧

恰恰形成一個統一體，隨之「**走向消滅**」或「**走向根據**」——而這是德語「zugrunde gehen」表達出的雙重意思（參見本書下冊第 71 頁）。

現在，本質作為自身內反映是「**根據**」（Grund），是「**質料**」（Materie）或「**內容**」（Inhalt）；而作為他者內反映，作為映現出來的或直接外化的東西，它是「**有根據的東西**」（das Begründete）或「**形式**」（Form）。「形式化的根據」尚且不具有任何內容，只是一般意義上的「**根基**」（Grundlage），反之「實在的根據」已經具有一個有差異性的內容，隨之「預先設定」了一個他者，而這樣的他者就叫做「**條件**」（Bedingung）。但條件同樣「預先設定」了根據，因此條件只是「相對的無條件者」，只有它和根據的統一體才是「絕對的無條件者」，亦即「自在的事情本身」。當這個統一體重新被設定為一個直接的東西，彷彿之前的中介活動的映像已經消失，就「**顯露出來**」（Hervortreten），「**凸顯到實存中**」（Sich-Herausstellen in die Existenz）（見本書下冊第 110 頁）。

由此可見，本質的「**顯露**」就是「**顯現**」（Erscheinen）或「**現象**」（Erscheinung），就是「**實存**」（Existenz，這個術語來自於拉丁詞的 existere，字面意思即「站出來」）。日常語言並不區分「存在」和「實存」，因為「實存」確實就是「存在」，但在嚴格的邏輯學裡，這已經是一種包含著諸多本質規定的存在；相應地，正如完全抽象的存在過渡到「定在者」或「某東西」，直接的實存也過渡到「實存者」或「**物**」（Ding）。「物」是直到這裡才出現的規定，因此舊譯本將「某東西」（Etwas）譯為「某物」是不對的。黑格爾多次批評康德所說的「**自在之物**」（Ding-an-sich），認為他僅僅抓住物的自在存在（即本質）這一方面，將其

當作一種擺脫了全部規定性的空洞抽象，殊不知本質必然透過物的「**特性**」（Eigenschaft）而顯現出來。(1)自在之物在本質上就實存著，(2)這個實存作爲外在的直接性同時是一個自在存在，這兩件事情根本不是什麼矛盾。眞正的矛盾在於，「物」既是一個獨立的直接東西，又是由許多質料組成的，因此這是一種揚棄著自身的實存，而黑格爾之所以明確把這種意義上的實存（亦即所謂的「**本質性的實存**」）叫做「現象」，是爲了強調一點，即本質恰恰是要揚棄這些固定的環節，親自顯現出來。正因如此，黑格爾經常說「本質就在現象中」以及「本質不是位於現象的背後或彼岸」，或乾脆說「本質作爲實存就是現象」等等。在現象中，「自身內反映」表現爲一種靜止的、保持自身同一的東西，即「**規律**」（Gesetz），而「他者內反映」則是表現爲那些雜多的、變動不居的東西，即「嚴格意義上的現象」。這就是「規律王國」或「自在存在著的世界」與「現象世界」的對立；前者也叫做「超感性世界」或「本質世界」，後者叫做「感性世界」，且前者是後者的「**顚倒**」（Verkehrung）。正是由於這個「顚倒」，二者的區別消失了，二者都把對方當作自己的環節，從而形成一個眞正的總體性，即「本質性對比關係」。「**對比關係**」（Verhältnis）的關鍵在於，它將自身區分爲兩個方面，這兩個方面之間不是僅僅有一種「關係」，毋寧說，雙方既是獨立的持存，但又只有在與對方形成一個統一體時才具有其意義，比如「**整體**」與「**部分**」、力的「**外化**」與「**誘導**」、「**外觀**」與「**內核**」就是這樣的對比關係。

黑格爾把這個完全由對比關係構成的統一體稱作「**現實性**」（Wirklichkeit）或「**絕對者**」（das Absolute）、「**絕對同一性**」、「**絕對統一體**」等等。這裡強調的是各種規定「既把絕對者當作自己的**深淵**，也把它當作自己的**根據**」（見本書下冊第 179 頁），

而這些論述的目的是要維護有限者的地位和價值，將其看作是絕對者的表現和肖像，而不是像斯賓諾莎和流溢說那樣將其看作是虛無的東西。最初直接的、形式化的「現實性」包含著「**可能性**」，「凡是現實的，也是可能的」，或者說一切不自相矛盾的東西都是可能的，但說「A 是可能的」和說「A 是 A」一樣，都是空洞的恆真句。現實性和可能性的這個直接統一體是「**偶然性**」（Zufälligkeit），反之當二者在對方那裡達到絕對的自身融合，整合為「**同一個**運動」，就是「**必然性**」（Notwendigkeit）。黑格爾後來在《小邏輯》裡指出，「『**必然性**』概念是極為困難的，因為它就是概念本身，但它的環節仍然是一些現實的東西，而這些東西同時必須被理解為一些內在破碎的、處於過渡中的形式。」[30]至於黑格爾的那句名言，「凡是合乎理性的東西都是現實的，凡是現實的東西都是合乎理性的」（Was vernünftig ist, das ist wirklich; und was wirklich ist, das ist vernünftig）[31]，其之所以經常遭到誤解，就是因為人們一方面以為「現實的東西」所指的是那些支離破碎的、直接的（因而「偶然的」）感性實存，另一方面不知道，「合乎理性」的意思是這裡所說的「必然性」，亦即一個將所有環節整合起來的運動。

這個在運動中達到自身同一性的現實性就是「**實體**」（Substanz），或更確切地說，是「作為自身對比關係的實體」或「絕對的對比關係」，包括「實體性對比關係」、「因果性對比

---

[30] G. W. F. Hegel, *Enzyklopädie der philosophischen Wissenschaften I*, Frankfurt am Main 1970. S. 288.

[31] G. W. F. Hegel, *Grundlinien der Philosophie des Rechts*, Frankfurt am Main 1970. S. 24.

關係」和「交互作用」。正如之前所說，「對比關係」概念是本質論部分的靈魂，因此「**實體**」與「**偶性**」、「**原因**」與「**作用**」、「**主動**」與「**被動**」等規定都只有在相互對比亦即交互作用中才具有其意義。這樣一來，它們就過渡到它們的絕對的概念，亦即來到「**概念**」本身。

《大邏輯》第三部分：概念的邏輯

黑格爾在本卷開篇的「概念通論」指出：「存在和本質是概念的**轉變**的環節，而概念是它們的**根基**和**真理**，是它們沉沒並並包含在其中的**同一性**……由此看來，那個以**存在**和**本質**為考察對象的**客觀邏輯**真正構成了**概念的譜系學展示**（genetische Exposition）。」（見本書下冊第 234 頁）在概念這裡，「**實體**」作為自在且自為的存在達到完成，成為「**已設定的**」自在且自為的存在，隨之過渡到「**主體**」，過渡到「**自由**」，因為那個自在且自為地存在著的同一性（它構成了實體的必然性）已經被揚棄為一種「**已設定的**」與自身相關聯的同一性。

前面我們曾經專門用一節闡明《大邏輯》的核心方法是概念的自身運動，即概念如何作為主觀的「觀念性東西」，透過把客觀事物包攬到自身之內而過渡到「理念性」。如今在概念論裡，這個運動以最為明確的方式體現出來。也就是說，經過此前的發展，雖然存在和本質已經融合在作為其同一性的概念裡，但直接的概念本身起初仍然**僅僅**是概念（「**主觀性**」），是一個位於「**事情**」（即各種規定的已設定的，亦即固定下來的存在）之外的反映，與「**事情**」是分離的。因此概念必須揚棄這個分離，轉變為真正的「**總體性**」（Totalität），亦即「**客觀概念**」或「**客觀性**」，並在這個意義上「**實在化**」（realisiert，這個術語也可以理解為「**實現**」）。

當概念達到這個完成，達到「在其客觀性中同樣具有自由」這一形式，就成為「**理念**」（Idee）。

在主觀性的層面上，概念作為絕對的自身同一性，是「**普遍者**」（das Allgemeine）。前人曾經把 das Allgemeine 譯為「共相」，但嚴格說來，這裡只有「共」，沒有「相」，假若將其譯為「共相」，那麼「個別東西」豈不是應當譯為「個相」？這是荒謬的。「普遍者」和當初的「存在」一樣，既是最單純的東西，也是內容最豐富的東西，而它的規定性，首先作為一般意義上的否定性，是「**特殊性**」（Besonderheit），亦即「**種**」（Gattung）和「**屬**」（Art）——這是概念的「向外映現」；其次作為否定之否定或絕對的規定性，乃是「**個別性**」（Einzelheit）或「**具體性**」（Konkretion）——這是概念的「自身內反映」。在這樣劃分的時候，黑格爾指出，概念作為一種「絕對的權力」，恰恰在於讓包括普遍性、特殊性和個別性在內的各種規定成為「自由的映像」，讓它們「自由地獲得『獨立的差異性』、『外在的必然性』、『偶然性』、『任意性』、『意謂』等形態，而這些形態本身卻必須被看作無非是一個抽象的方面，即**虛無性**。」（見本書下冊第 270 頁）也就是說，歸根結柢，這些規定只不過是「**同一個**」概念的不同環節。在這些地方，黑格爾尤其批評了那種執著於「抽象的普遍者」亦即「觀念性東西」的做法。

概念的這種自身區分或「原初分割」就是「**判斷**」（Urteil）。「所謂判斷，就是這樣透過概念本身去設定已規定的概念。」（見本書下冊第288頁）黑格爾曾經多次指出「**命題**」（Satz）和「判斷」的區別，即二者雖然在外表上同樣是一個陳述（A 是 B），但命題強調的是繫詞或本質上的同一性，即 A **是** B，反之判斷強調的是 A 和 B 的區分，因此「命題**在判斷的形式下**不適

宜用來表達思辨眞理」[32]。換言之，透過判斷而連繫起來的是一些區分開的、已規定的、穩固的概念，判斷把個別性設定爲普遍者的自身內反映，把普遍者設定爲已規定的東西。這裡的關鍵在於，判斷不是通常意義上的個人主觀的思維活動，而是概念自身的發展運動。判斷具有兩個規定，分別是「**主詞**」（Subjekt）和「**述詞**」（Prädikat）；主詞是個別東西，述詞是普遍者。按照作爲述詞的普遍者所具有的不同層次的規定性，黑格爾區分出由低到高的四種判斷，即「**定在判斷**」（比如「玫瑰是紅的」這樣的感性判斷）、「**反映判斷**」（比如「人是有死的」等有著明確內容的判斷）、「**必然性判斷**」（比如「玫瑰是一株植物」等專注於種屬關係的判斷）和「**概念判斷**」（比如「這個行爲是好的」等價値判斷），在每種判斷下面，黑格爾又區分出三個類別，這裡限於篇幅只能略過。總之，只有在最後這種判斷亦即「概念判斷」裡，才眞正「**呈現出對象與概念的關聯**」（見本書下冊第 326 頁）。在這種情況下，繫詞「**是**」得到充實，於是判斷過渡到推論。

「**推論**」（Schluss）在字面上是「**結合**」的意思，因此是「**關聯**」範疇的進一步發展。這就是我們通常所說的「**三段論**」（Syllogismus），它由大前提、小前提和結論命題組成，其中不多不少只能有三個概念，即大詞（普遍性）、中詞（特殊性）和小詞（個別性），而在這裡面，那個發揮連繫作用的「**中項**」（Mitte）或「**中詞**」（medius terminus）無疑扮演著最重要的角色。依據於大前提是一個定在判斷、反映判斷抑或必然性判斷，推論同樣區分爲由低到高的三種推論，即「**定在推論**」（《小邏輯》裡叫做「**質的推論**」）、「**反映推論**」和「**必然性推論**」，其同樣遵

---

[32] 黑格爾《邏輯學 I》，第 70 頁；亦參看本書下冊第298頁。

循著從抽象到具體的發展過程。在必然性推論的最後一種形式亦即「**選言推論**」裡，各種「析取」或「**選項**」（Disjunktion）已經完全呈現出來，中項成為「已發展的全體式統一體」（見本書下冊第378頁），中項和端項的區別被揚棄了，概念最終成為一個「透過**揚棄中介活動**而顯露出來的**直接性**，一個同樣與中介活動達到同一的**存在**……這個**存在**是一個自在且自為地存在著的**事情**，──即**客觀性**。」（見本書下冊第379頁）

　　不言而喻，從「客觀性」部分開始，直到「理念」部分，黑格爾再度超出了「普通的」邏輯學的範圍。從概念到客觀性的過渡已經包含在笛卡兒的那個「最崇高的思想」亦即「上帝是一個**其概念包含著其存在**的東西」裡面（見本書下冊第 382 頁）。這個思想後來墮落為一個惡劣的形式化推論（即「本體論論證」），因此遭到康德的批駁；當然，康德的批駁意見同樣囿於另一個謬誤，即執著於概念與存在的分離。本身說來，當概念表明自己是判斷，就已經把自己設定為「**實在的、存在著的東西**」，而述詞就是概念的「**實現**」或「**實在化**」的開始。「實在化」分為三個層次，即「**機械性**」（Mechanismus）、「**化學性**」（Chemismus）和「**目的論**」（Teleologie）。在第一個層次亦即機械性裡，客觀性的各個環節仍然表現為獨立的、漠不相關的、彼此外在的東西，但透過「**傳遞**」（Mitteilung）而連繫在一起；在第二個層次亦即化學性裡，各個環節已經服從於作為規律的統一體，揚棄了自己的獨立性。這個統一體就是「概念」本身，而當概念被設定為本身就自在且自為地與客觀性相關聯，就表現為「**目的**」（Zweck）。近代以來，伴隨著「機械性」（亦即「力學」）的節節勝利，目的論幾乎已經被廣泛拋棄，後者「之所以經常被指責為扯淡，就是因為它所揭示出的那些目的，相比於正常情況而言，要麼誇大其詞，要麼隔靴搔

癢」，尤其是「把自己那些微不足道的乃至可鄙的內容鼓吹爲某種絕對的東西」（見本書下冊第418頁）。但實際上，眞正應當遭到鄙夷的是那種外在的、主觀的合目的性，在那裡，「目的」和「手段」（Mittel，這個術語亦意味著「中介」）是彼此外在的偶然關係，反之在客觀的亦即內在的合目的性那裡，「手段」就是「目的」的實在化，就是實在化了的（已實現的）「目的」，並且與「目的」直接合爲一體。眞正的合目的性是「自身實現」，而這一點在「生命」和「有機體」裡有最明確的體現。這裡有一點需要預先提醒讀者。很多人對黑格爾邏輯學竟然討論「機械性」、「化學性」和「目的論」之類東西感到不可思議，殊不知，如果說《大邏輯》是整個黑格爾哲學的骨架，那麼概念論的「客觀性」部分則可以被看作是黑格爾自然哲學的骨架，正如隨後的「理念」部分可以被看作是黑格爾精神哲學的骨架。

目的已經達到「具體的總體性」，即一種與直接的客觀性同一的主觀性，這時概念就是「理念」。黑格爾說：「理念是完善的概念，即客觀的真相或嚴格意義上的真相。」（見本書下冊第 440 頁）這裡我們不妨回憶一下《精神現象學》序言中的那句名言：「一切的關鍵在於，不僅把眞相（das Wahre）理解和表述爲一個實體，而且同樣也理解和表述爲一個主體。」[33]「眞相」——前人錯誤地將其譯爲「眞理」，並與後者混爲一談——就是概念，它不是一個僵死的實體，而是一個運動著的主體，現在它已經將客觀性包攬進自身之內，達到與客觀性的直接同一，因此是「理念」、「完善的概念」、「嚴格意義上的眞相」等等。相應地，爲了領會理念或概念的眞正意義，必須採用那種包攬式的「概念把

---

[33] 黑格爾《精神現象學》，先剛譯，人民出版社 2013 年版，第 11 頁。

握」（Begreifen），而不能藉助於通常所說的知性式的「**理解**」（Verstehen），因爲後者仍然是一種囿於對比關係的表象活動。現在，正因爲理念是概念的最高階段，所以概念的對立統一的自由本性在理念那裡有著最高程度的表現，因此黑格爾又說：「理念在自身內也包含著**最尖銳的對立**。」（見本書下冊第 445 頁）在這種情況下，理念分爲三個由低到高的層次：(1)作爲統一體而直接實存著的理念或「自然精神」，即「**生命**」（Leben）；(2)自身區分開的理念或「有限精神」，即「**認識活動**」（Erkennen）和「**意願**」（Wollen）；(3)當理念透過外化的意願而把自己完全改造爲一個客觀世界，並且在其中認識到自己的「理念性」，這就是「**絕對理念**」（Absolute Idee）。

至此我們以最粗略的方式勾勒了《大邏輯》的思維線索，這裡面略過了大量重要範疇及相關的具體討論，更不能反映出黑格爾的無比精深縝密的辯證推演。對於部分陷入黑格爾的思想迷宮而不知所措的讀者，這個勾勒或許能夠充當一條將他們帶出迷宮的線索，但不言而喻，任何眞正想要領略並學習黑格爾辯證法的人都必須長久地沉浸在其中，參與「概念的勞作」，而他們也必定會親自尋找到出路。

《大邏輯》的意義和影響

我們說《大邏輯》是黑格爾眞正意義上的「代表作」（Opus Magnum），因爲此前發表的《精神現象學》作爲「自我意識的前進發展史」的呈現，在某種程度上仍然帶有謝林《先驗唯心論體系》的影響痕跡，反之《大邏輯》無論從哪方面來看，都配得上「橫空出世」這一讚譽，堪稱黑格爾最富有獨創性、最無與倫比的著作。與《精神現象學》相比，《大邏輯》不但在本原性和精微性

方面更勝一籌，而且就艱深晦澀的程度而言也有過之而無不及。外在地看，相比長期不受重視，用了 20 多年時間才賣完首印 750 冊的《精神現象學》，《大邏輯》——加上後來屬於《哲學科學百科全書》的《小邏輯》——從一開始就被黑格爾本人及其學生視爲其體系的眞正基石。20世紀以來，出於多方面的原因（這裡無暇展開），《精神現象學》的地位日益提升，甚至壓過《大邏輯》和《哲學科學百科全書》一頭，成爲黑格爾在當代「最有影響的」著作，以至於就連許多業餘哲學愛好者都趨之若鶩。但即便如此，眞正的行家都清楚，《大邏輯》的基石地位是絕不可能被動搖的，人們無論讀了多少黑格爾的其他著作，只有鑽研並掌握《大邏輯》的思想之後，才有可能眞正深入黑格爾哲學的堂奧。當然，我們根本就不應當在《大邏輯》和《精神現象學》之間製造出一個非此即彼的對立（這個對立在大多數情況下是來自於某些盲目鼓吹《精神現象學》的人），難道同時研讀兩部偉大而深奧的著作不是一件更有意義、更有趣的事情嗎？

正如之前所述，黑格爾《大邏輯》的核心精神和最大創新是透過概念的自身運動來闡明「思維與存在的同一性」，進而將過去單獨考察「思維」的邏輯學與單獨考察「存在」的形上學完全融爲一體。在人類歷史上，這是復興形上學的最後一次偉大努力。黑格爾並非單純地「復古」，而是立足於《大邏輯》充分闡明的「思維與存在的同一性」原則，揚棄現代精神的分裂性，重塑古代的「大全一體」（Hen kai Pan）精神，進而建立了一個龐大的，將一切處於對立和矛盾中的自然現象和精神現象統攝進來的圓融體系。這個體系是如此之圓滿，以至於針對新康德主義者文德爾班的那句名

言「理解康德意味著超越康德」㉞，新黑格爾主義者克隆納又補充了一句名言：「理解黑格爾意味著知道黑格爾是絕不可能再被超越的。」㉟

遺憾的是，黑格爾雖然自命爲黃昏起飛的貓頭鷹，但他實際上並非處於現代精神發展的終點。毋寧說，以澈底撕裂和支離破碎爲核心特徵的現代精神還遠遠沒有結束自己的發展，因此不願意也不能夠眞正接受黑格爾哲學。知性思維再度統治了一切。在這個意義上，以「集大成」的面貌顯現出來的黑格爾哲學反而是一種**過於超前的未來哲學**；相應地，在當代人看來，黑格爾更像是一位先知，而他揭示出的「大全一體」局面彷彿只能寄希望於不可見的未來。

因此不難理解，黑格爾去世之後立即遭到多方面的攻擊，而在絕大多數情況下，這些攻擊都是和對「思維與存在的同一性」原則的誤解連繫在一起。在所有這些批評者裡，或許他曾經的精神同道謝林是個例外。謝林明確指出，在黑格爾那裡：「『概念』並不是意味著一個單純的概念——黑格爾無比強烈地抗議這種誤解——，而是意味著**事情本身**。」㊱從這些言論可以看出，謝林並沒有誤解黑格爾，只不過他反對黑格爾用這種意義上的「概念」取代「上帝」的地位，用邏輯必然性取代上帝的自由創造。但更多的時候，謝林仍然有意無意地把黑格爾的「概念」貶低爲一種主觀的「思想」（Gedanke），進而質疑邏輯學的基石地位，認爲它僅僅是哲學家對自然發展過程的歸納總結，僅僅是給自然哲學錦上添花，因此

㉞ Wilhelm Windelband, *Präludien. Aufsätze und Reden zur Einleitung in die Philosophie*. Freiburg im Breisgau 1884. S. IV.

㉟ Richard Kroner, *Von Kant bis Hegel*. 2. Auflage, zwei Bände in einem Band. Tübingen 1961. S. 6.

㊱ 謝林《近代哲學史》，第 152 頁。

應當位於自然哲學「之後」，然而黑格爾「在我的自然哲學**之上**構建他的抽象的邏輯學……這就顛倒了事情的眞實關係。」[37]這是謝林的「自然辯證法」和黑格爾的「概念辯證法」的分歧的關鍵之所在，也是一般意義上的「謝林哲學」和「黑格爾哲學」的關鍵差異之所在。在這個問題上，恩格斯的《自然辯證法》顯然是繼承謝林的路線。[38]

至於黑格爾的學生輩和直接追隨者，已經抓不住黑格爾哲學最核心的原則，這裡的一個重要標誌就是他們重新割裂邏輯學與形上學，將其分別對待，比如亨利希斯（Wilhelm Hinrichs）、埃爾德曼（Eduard Erdmann）、費習爾（Kuno Fischer）、羅森克朗茨（Karl Rosenkranz）等所謂的黑格爾右派都是如此[39]。激進的黑格爾左派則是跟隨謝林的步伐，指責黑格爾哲學「脫離現實」，比如費爾巴哈就認爲黑格爾邏輯學是一種理性化的「神學」，僅僅是現實世界在抽象思想中的重現，並且斷言「黑格爾哲學根本沒有超越思維與存在的矛盾」[40]。與之相反，馬克思主義者始終強調「思維與存在的同一性」原則，遺憾的是，許多馬克思主義者執著於「唯心主義─唯物主義」這一僵化的對立模式，又批評黑格爾「頭足倒置」，指責他把這個同一性歸於「思維」而非歸於「存在」，因此

---

[37] 謝林《近代哲學史》，第 166 頁。

[38] 關於謝林對黑格爾的批評以及站在黑格爾立場上的可能回應，可參閱譯者的兩篇論文：先剛〈試析後期謝林對於黑格爾的批評〉，刊於《哲學評論》第 20 輯（2017.10）；先剛〈重思謝林對於黑格爾的批評以及黑格爾的可能回應〉，刊於《江蘇社會科學》2020 年第 4 期。

[39] Walter Jaeschke, *Hegel Handbuch. Leben-Werk-Wirkung.* Stuttgart-Weimar 2003, S. 532.

[40] Ludwig Feuerbach, *Entwürfe zu einer Neuen Philosophie.* Hrsg. von Walter Jaeschke und Werner Schuffenhauer, Hamburg 1996. S. 5 und S. 66.

陷入「唯心主義」的泥淖。從這一點看，他們同樣沒有真正理解黑格爾，而是割裂了「思維」與「存在」，因為他們所理解的「存在」要麼是實在的具體事物，要麼是「物質」，但他們沒有深思，那個運動著的，用各種規律武裝到牙齒的「物質」其實是一種精神性東西，而這個東西無非是黑格爾的「概念」的一個改頭換面的**名稱**罷了。

　　到今天，正如之前所述，由於時代精神仍然處於分裂破碎的進程，所以各種粗鄙的實在論和觀念論大行其道，反之真正的形上學已經奄奄一息，幾乎沒有哪一位哲學家有那個魄力和能力去恢復黑格爾將邏輯學與形上學融為一體的偉大體系。在這種情況下，對於黑格爾《大邏輯》以及黑格爾哲學本身的研究被看作是學院式的「哲學史研究」，但思想的火種恰恰在這裡保存下來，等待著復燃的時機，等待著「理性的狡計」（List der Vernunft）重新展現自己的威力。另一方面，邏輯學似乎總是有著更好的運氣，它雖然和從前一樣門庭冷落，但靠著數理化的契機儼然已經躋身「科學」的行列，然後回過頭來否認黑格爾的邏輯學是「邏輯學」，殊不知這種意義上的「邏輯學」從來就不是黑格爾想要的東西。但透過那些繁複的符號和公式，從本質上來看，現代邏輯仍然是「普通的」邏輯，即那種脫離事情本身的「形式邏輯」，而且繼承了這種邏輯的一切缺陷和弊病。當代也有一些德國學者，比如斯特克勒—維特霍夫[41]和科赫[42]，試圖在這個基礎上重新詮釋甚至重構黑格爾的形上

---

[41] Pirmin Stekeler-Weithofer, *Hegels Analytische Philosophie. Die Wissenschaft der Logik als kritische Theorie der Bedeutung.* Paderborn 1992.

[42] Anton Friedrich Koch, *Die Evolution des logischen Raumes. Aufsätze zu Hegels Nichtstandard-Metaphysik*, Mohr Siebeck: Tübingen 2014.

學，但由於這種邏輯的先天缺陷，他們的相關努力更像是一種南轅北轍的工作。

先剛

2021 年 5 月於北京大學外國哲學研究所、
北京大學美學與美育研究中心

目　錄

導讀／先剛

第一部分　客觀邏輯

第一版序言 ·· 3

第二版序言 ·· 9

導論

邏輯的普遍概念 ·· 23

邏輯的普遍劃分 ·· 42

第一卷　存在論

科學必須以什麼作為開端？ ································ 50

存在的普遍劃分 ·· 64

第一篇　規定性（質） ···································· 67

第一章　存在 ··· 69

第二章　定在（Dasein） ································· 101

第三章　自為存在（Fürsichsein） ··············· 159

第二篇　大小（量） ················· 193

　第一章　量 ····················· 197

　第二章　定量（Quantum） ·········· 217

　第三章　量的比例關係 ············· 347

第三篇　尺度 ····················· 361

　第一章　特殊的量 ················· 369

　第二章　實在的尺度 ··············· 386

　第三章　本質的形成轉變 ··········· 417

索引 ··························· 429

　人名索引 ······················· 430

　主要譯名對照及索引 ··············· 433

第一部分 客觀邏輯

第一版序言

　　大約近 25 年以來，哲學的思維方式在我們這裡經歷了完全的改變，精神的自我意識在這個時代也已經透過自己而達到了一個更高的立場。但迄今為止，這些東西對於**邏輯**的形態幾乎沒有產生什麼影響。

　　那在這個時期之前號稱「形上學」的東西，可以說已經被斬草除根，從科學的行列裡消失了。試想，什麼地方還能夠發出，或可以聽到從前的本體論、理性心理學、宇宙論，乃至從前的自然神學的聲音呢？又比如，那些關於靈魂的非物質性，關於機械因和目的因的研究，還能在什麼地方得到人們的關注呢？至於那些關於上帝存在的證明，其之所以被引用，也僅僅是出於歷史考據的目的，或為了讓人超凡脫俗，淨化心靈。這是一個不容否定的事實，即人們對於從前的形上學，要麼對其內容，要麼對其形式，要麼對二者同時失去了興趣。當一個民族竟然認為，它的國家法哲學、它的思慮、還有它的倫理習俗和美德，都變得沒有用處時，這是一件值得警惕的事情。同樣，當一個民族失去自己的形上學，當那個專注於自己的純粹本質的精神在這個民族裡面不再擁有一個現實的存在，這至少也是一件值得警惕的事情。

　　康德哲學的顯白學說認為，**知性不可以超越經驗**，否則的話，認識能力就會成為一種只能產生出**腦中幻象**的**理論理性**；這就從科學方面為那種放棄思辨思維的做法作出了論證。這種通俗學說迎合了近代教育學的喧囂，迎合了這個僅僅盯著低級需要的貧乏時代；　　也就是說，正如對認識而言，經驗是第一位的東西，同樣，對公眾

生活和私人生活中的機敏精明而言，理論認識甚至是有害的，毋寧說，各種練習和實踐教育才是事關根本的、唯一有益的東西。——如此，當科學和普通人類知性攜手合作，導致形上學走向消滅，一場奇特的大戲就上演了，人們看到**一個有教養的民族竟然沒有形上學**，正如一座在其他方面裝飾得金碧輝煌的廟宇裡，竟然沒有至聖的神。——過去，神學曾經是思辨神祕學和那種尚且居於從屬地位的形上學的監護者，但現在它已經放棄了這門科學，用它來換取情感、實踐通俗的東西和博學的歷史知識。與這個變化相對應的是，那些孤獨的人消失了，他們為自己的民族作出犧牲，隔絕於世界之外，只希望沉思永恆者，過一種僅僅服務於這種沉思的生活——不是為了什麼用處，而是為了靈魂的福祉。從另一個角度看，這些人的消失，和前面提到的那些情況，就本質而言是同一個現象。——這樣一來，當這些陰霾被驅散，當返回到自身之內的精神不再蒼白無力地專注於它自己，存在彷彿就轉化為一個更加開朗的繁花世界，而眾所周知，沒有哪一朵花是**黑色的**。

　　就**邏輯**而言，它的處境不至於完全像形上學這麼糟糕。人們曾經認為，應當透過邏輯而**學會思維**，這是它的用處，隨之也是它的目的——這彷彿是說，人們只有透過研究解剖學才學會消化，或只有透過研究生理學才學會運動。——然而這個成見早就已經被拋棄了，因為在一個追求實踐的精神看來，邏輯的命運不會比它的姊妹〔形上學〕好到哪裡去。但如果不考慮這一點，或許基於其一些形式上的用處，人們仍然承認邏輯躋身科學之列，甚至把它當作公開課程的對象保留下來。儘管如此，這個較好的運氣僅僅涉及一個外在的命運，也就是說，邏輯的形態和內容雖然在經歷了漫長的傳統之後仍然保持為同樣的東西，但在這個流傳過程中已經變得更加單薄和貧乏。新的精神，那個在科學和現實性裡面以同等程度成長起

[15]

來的精神，尚未在邏輯這裡顯露出任何痕跡。問題在於，如果精神的基本形式已經發生改變，而人們卻想要保留住舊的教育的各種形式，這無論如何都是徒勞的。這些形式是一些行將飄落的枯葉，因爲新的芽葉已經在它們的根莖處冒出頭來。

終於，在科學裡面，人們也開始不能**無視**這個普遍的變化了。即使在那些反對者那裡，新的觀念也不知不覺地流行起來，爲他們所熟悉。雖然他們始終不關心這些觀念的來源和本原，並且始終擺出與之抗衡的姿態，但他們已經認可它們帶來的後果，而且沒有能力抵擋這些後果造成的影響。他們的否定態度變得愈來愈無關緊要，而爲了賦予這種態度以一種肯定的重要性和一個內容，他們唯一能做的，就是藉助這些新的觀念來發表意見。

從另一個方面來看，一個醞釀著嶄新創造的時代似乎已經過去了。在這個時代的第一個現象裡，人們總是抱著一種狂熱的敵視態度去反對早期本原的擴張性體系化，部分原因在於，他們害怕自己迷失在廣袤無垠的特殊東西裡面，部分原因則在於，他們畏懼科學改造所要求的勞作，但又不得不去勞作，於是首先抓來一種空洞的形式主義。現在，對於材料的加工和改造的要求變得更迫切了。無論是一個時代的教化還是一個個體的教化，都包含著一段時期，[16]這時的主要任務在於繼承並堅持那個處於尚未展開的內斂狀態的本原。但一個更高的要求出現了，即本原應當成爲科學。

無論科學的實質和形式在其他方面已經發生了什麼，到目前爲止，**邏輯科學**——它構成了真正的形上學或純粹思辨哲學——仍然備受忽視。我對這門科學及其立場的進一步的理解，已經在本書**導論**裡面略有所述。由於這門科學必須再一次從頭開始，由於對象自身的本性，由於缺乏一些預先成果（它們本來可以用於我們已著手的改造工作），所以，雖然經過多年的勞作，我仍然不能讓這

個嘗試達到一個更大的完滿性。上述情況還望某些輕率的評論家明察。——這裡的根本觀點是，科學研究必須有一個新的概念。既然哲學應當是科學，那麼正如我在別處說過的[1]，爲了達到這個目標，她既不能從一門低級科學（比如數學）那裡借鑑方法，也不能聽任內在直觀的武斷主張，或使用一種基於外在反思的推理。毋寧說，只有**內容的本性**才能在一種科學的認識活動裡面**推動自身**，因爲正是內容**自己的反映**才同時設定並且**產生**出**內容的規定本身**。

知性作出規定並堅持這些規定；反之，**理性是否定的和辯證的**，因爲它把知性的各種規定消解爲無；但理性又是**肯定的**，因爲它產[17] 生出**普遍者**，並且把特殊東西包攬在其中。知性通常被看作是某種與理性完全分裂的東西，同樣，辯證理性也被看作是某種與肯定理性分裂的東西。但理性的眞相是**精神**，後者高於知性和理性，因爲它是「知性式的理性」或「理性式的知性」。精神是否定東西，它既構成了辯證理性的質，也構成了知性的質；——精神否定了單純東西，從而設定了知性所堅持的區別；但精神又消解了這個區別，因此它是辯證的。關鍵在於，精神並沒有停留在這個結果的虛無裡面，而是同時以一種肯定的方式製造出起初的單純東西，但這個東西如今已經是一個普遍者，在其自身之內是具體的。這不是指把一個給定的特殊東西歸攝到普遍者下面，毋寧說，在精神作出規定和消解規定的同時，特殊東西已經對自身作出規定。這個精神性運動在其單純性中給予自己以規定性，在其規定性中給予自己以自身一致性，因此它是概念的內在發展過程；這個精神性運動既是

---

[1] 參閱《精神現象學》第一版序言。——真正的具體展開是對於方法的認識，而這個認識的位置是在邏輯自身之內。——黑格爾原注

認識活動的絕對方法，同時也是內容本身的內在靈魂。—— 我認為，唯有在這條自己建構自己的道路上，哲學才有能力成爲一種客觀的、明證的科學。—— 按照這個方式，我曾經在《精神現象學》裡嘗試著把**意識**呈現出來。意識作爲精神，是一種具體的知識（儘管其仍然侷限於外在性）；但這個對象的推進運動，就像所有自然生命和精神生命的發展過程一樣，都僅僅是基於**純粹本質性**（reine Wesenheiten）的本性，而這些純粹本質性恰恰構成了邏輯的內容。在這條道路上，意識，作爲顯現著的精神，擺脫了它的直接性和各種外在的具體情況，轉變爲一種純粹知識，而純粹知識則是以那些自在且自爲地存在著的純粹本質性本身爲對象。純粹本質性是純粹思想，是一個思維著自己的本質的精神。純粹本質性的自身運動是它們的精神性生命，唯其如此，科學才建構起自身，並且把這種精神性生命呈現出來。

　　這樣一來，我所稱之爲**精神現象學**的那種科學與邏輯之間的關聯已經昭然若揭。—— 就外在的連繫而言，按照我原先的決定，《科學體系》②的第一部分包含著現象學，隨後的第二部分應當包含著邏輯，以及哲學的兩門實在科學，即自然哲學和精神哲學，這樣整個科學體系就可以完成了。現在，由於邏輯本身必須得到擴充，所以我決定把這部分單獨發表；因此在一個拓展了的規劃裡，可以說邏輯構成了精神現象學的第一個續篇。此後我會繼續從事哲學的那兩門實在科學的工作。—— 本書是《邏輯學》的第一卷，其 [18]

---

② 班貝格和維爾茨堡，格布哈特出版社，1807 年版。該書的第二版即將在下一個復活節期間出版，而「科學體系」這個書名將不再出現。—— 至於後面提到的本應把全部其他的哲學科學包含在內的「第二部分」計畫，已經被後來的《哲學科學百科全書》（去年已出第三版）所取代。—— 黑格爾 1831 年補注

中「**存在論**」是第一冊，「**本質論**」是第二冊（相當於第一卷的第二部分）。至於第二卷，將會包含著「**主觀邏輯**」或「**概念論**」。

紐倫堡，1812 年 3 月 22 日

第二版序言 [19]

在重新修訂《大邏輯》（這裡出版的是該書第一卷）的時候，我真的完全意識到了對象本身及其闡釋之困難，也完全意識到了本書第一版的不夠完滿之處。儘管我又進一步花了很多年的功夫來繼續研究這門科學，試圖克服這些不夠完滿之處，但我還是覺得有足夠的理由來請求讀者的諒解。這個請求的理由首先基於一個情況，即主要對於內容來說，我在以往的形上學和邏輯裡面只能找到一些外在的材料。雖然人們已經如此普遍而頻繁地研究形上學和邏輯（對後者的研究更是一直延續到了我們這個時代），但這些研究很少涉及到思辨的方面。毋寧說就整體而言，這些研究只是重複著同樣的材料，要麼日漸空疏，淪為一種膚淺的老生常談，要麼重新搜羅出更多的陳穀子爛芝麻，扛在身上不放。到頭來，透過這樣一種經常只是機械重複的努力，哲學的內容並沒有得到任何增益。所謂以哲學的方式呈現出思想王國，就是按照思想自己的內在行為把它呈現出來，或者換個同樣意思的說法，按照思想的必然發展過程把它呈現出來。因此這必須是一項全新的事業，必須從頭開始進行。儘管如此，那些已有的材料（即那些眾所周知的思維形式）必須被看作是一個極為重要的基礎，甚至是一個必要條件和一個值得感謝的前提，雖然它們僅僅是東拉西扯地提供一條蒼白的線索或一堆無生命的枯骨，甚至處在雜亂無章的狀態中。

思維形式首先表現並且記載在人的**語言**裡面。即使在今天，我 [20]
們仍然必須牢記，那把人和禽獸區分開來的東西，是思維。語言已經收納了一切內化在人裡面，成為一般意義上的表象，被人當作

自己的專屬品的東西；而人用以造成語言並且透過語言來表達的東西，無論是以隱蔽的、混雜的還是明顯的方式，都總是包含著一個範疇；對人來說，邏輯性（das Logische）是一種如此自然的東西，或更確切地說，邏輯性是人的獨特**本性**自身。但是，假若人們把邏輯性當作一種物理意義上的東西，與精神性東西對立起來，那麼他必定會說，邏輯性毋寧是一種超自然東西，它滲透在人的一切自然行為裡面，滲透在他的感覺、直觀、欲望、需要、衝動裡面，並在總體上使之成為一種屬人的東西，成為一些哪怕只是流於形式的表象和目的。如果一門語言能夠用大量的邏輯詞彙（即某些獨特的、專門的邏輯詞彙）來表達思維規定，那麼這就是它的優點；介系詞和冠詞已經包含著很多這樣的基於思維的關係；至於中文，其在形成過程中恐怕就根本沒有或極少達到這個地步；然而這些分詞是很有用的，只不過不像強化首字和變化符號那麼鬆散罷了。尤其重要的是，思維規定在一門語言裡面表現為名詞和動詞，隨之打上了客觀形式的印記；在這件事情上，德語相比其他現代語言具有很多優點，比如它的某些詞語是如此之獨特，不僅具有不同的意義，甚至具有相反的意義，以至於人們根本不能忽視這門語言的思辨精神；思維的樂趣就在於遭遇這類詞語，把相反的意義

[21] 統一起來，但這種思辨的結果對知性來說卻是荒謬的，因為它天真地以為，字典已經告訴我們這是**一個**具有相反意義的詞語，因此哲學根本不需要什麼特殊的術語。誠然，哲學也需要從外國語言那裡拿來一些詞語，但這些詞語經過使用之後，已經在哲學裡面獲得了公民權，──在以事情本身為根本旨歸的地方，那種矯情的純粹主義是最不應當有一席之地的。──通常意義上的教化的進步，尤其是科學的進步，都是逐漸把一些更高層次的思維關係呈現出來，或至少是把這些關係提高到一種更大的普遍性，隨之引起人們

更多的關注；在這件事情上，即便經驗科學和感性科學也不例外，因爲它們基本上都是在一些最爲常見的範疇（比如「整體」及其「部分」、「物」及其「屬性」等等）裡面運轉。比如在物理學裡面，如果說「力」這一思維規定曾經占據著支配地位，那麼自近代以來，則是「兩極性」這一範疇扮演著最重要的角色，它 à tort et à travers〔不由分說〕侵入到一切領域裡面，甚至侵入到光的領域裡面，—— 這個規定作出一個區分，同時把區分出來的東西**牢不可分地**連繫起來。透過這個方式，一個抽象的「同一性」形式（它使一個規定性作爲力而獲得一種獨立性）讓位給一個作出規定的「區分」形式（它同時作爲一個牢不可分的東西保留在同一性裡面），成爲一個通行的表象；這件事情具有極端的重要性。對於自然界的觀察以實在性爲前提（它的各種對象是透過這種實在性而固定下來的），因此這種觀察本身就帶有一種強制性，即人們在從事觀察時必須確定下來一些範疇，而不是繼續將其忽視，哪怕它們和另外一些範疇之間是極不連貫的，但**仍然**是行之有效的；除此之外，這種觀察也不能容忍那種在精神領域裡面更容易發生的情況，即從對立過渡到一些抽象的和普遍的東西。

　　儘管邏輯對象及其表述方式已經透過教化而成了一種最普通的常識，但正如我在別的地方說過的，**常識**不等於**真知**。[1]對於常識的研究恐怕只會讓人不勝其煩，—— 我們每天都在使用的那些思維規定，我們在說每一句話時脫口而出的思維規定，難道不是一種最常識性的東西嗎？但我們這篇序言的任務，恰恰是要說明，這種從常 [22]

---

[1] 黑格爾的那句原話是：「一般意義上的常識，正因爲它是眾所周知的，所以並不是真知。」參閱黑格爾《精神現象學》，先剛譯，人民出版社，2013 年版，第 20 頁。——譯者注

識出發的認識過程，還有科學思維與這種自然思維的關係，具有哪些普遍的環節。這樣一些說明，加上之前的**導論**所包含的東西，已經足以給邏輯認識活動的意義提出一個普遍觀念，人們必須預先具有這個觀念，然後才能接觸一門作爲事情本身的科學。

　　思維形式在自覺的直觀活動和表象活動中，在我們的欲望和意願中，或更確切地說，在那種表象著的欲望和意願中（人的任何欲望或意願都不會脫離表象活動），曾經沉陷在質料裡面；而把這些思維形式從質料那裡解放出來，把這些普遍者單獨提取出來，就像**柏拉圖**、尤其是**亞里斯多德**所做的那樣，使之成爲單獨的考察對象，這首先應當被看作是一個極端重要的進步。這是對於思維形式的認識的開端。亞里斯多德說：「只有當生活的必需品以及那些確保舒適和交往的東西大致具備之後，人們才開始致力於哲學認識。」[2]此前他已經指出：「在埃及，數學科學之所以早早興起，是因爲那裡的祭司階層早就擁有了閒暇。」[3]——事實上，人們之所以需要研究純粹思想，這是以人類精神必然已經走過的一段遙遠路程爲前提。可以說，這是對於一種必然性已經得到滿足的需要的需要，是對於無需要的需要，因爲，只要人擺脫了直觀活動和想像活動等等的質料，擺脫了欲望、衝動、意志（思維規定就掩埋在這些質料裡面），就必然會走向這種需要。當思維到達自身，僅僅存在於自身之內，在這些寂靜的空間裡，那些推動著民族和個體的生活的利害關切就沉默了。在這個語境下，亞里斯多德又說：「人的本性從如此之多的方面來說都是有所依賴的；然而唯有這門不求實用的科學，才是一門自在且自爲的自由科學，因此它看起來不像是

[23]

---

② 參閱亞里斯多德《形上學》，I, 2, 982b。——原編者注
③ 參閱亞里斯多德《形上學》，I, 1, 981b。——原編者注

人的所有物。」④ —— 通常說來，哲學仍然必須在其思想中與一些
具體對象（比如上帝、自然界、精神）打交道，但邏輯卻是完全而
且僅僅把它們當作一些澈底抽象的東西本身來考察。因此這種邏輯
經常被列爲年輕人首先需要學習的課程，因爲他們尚未涉足具體生
活的各種利害關係，不用爲這些東西操心，只需出於自己的主觀目
的而去獲得一些手段或可能性，以便對付那些利害關係的對象，而
且就這些對象而言，他們充其量只是作出一些理論考察。但與亞
里斯多德的上述觀點相左，邏輯科學被看作是一種**手段**；這方面的 [24]
努力僅僅是一種臨時性的工作，其場所侷限於學校，接下來應當關
注的東西，就是生活的嚴肅意義和那些具有真實目的的行動了。只
有生活才包含著範疇的**使用**；於是範疇失去了那種就單憑其自身就
得到考察的榮譽，轉而**服務於**生活內容的智慧操作，即產生並且替
換各種與此相關的表象。也就是說，一方面，範疇透過它們的普遍
性而充當著一些**縮寫符號**。因爲，諸如「戰役」、「戰爭」、「民
族」、「海洋」、「動物」之類表象包含著何其之多的個別外在存
在和個別行爲，而透過「上帝」、「愛」之類表象，一個**單純的**表
象活動又凝縮了何其之多的表象、行爲、狀態等等！另一方面，範
疇被用來進一步規定和發現各種**客觀關係**，而在這種情況下，雖然
思維介入進來了，但它的內容和目的，還有它的正確性和真理，卻
是完全依賴於眼前事物，因爲思維規定自身並不具有一種可以規定
內容的效力。範疇的這種使用方法，即從前所謂的「自然邏輯」，
是無意識的；如果精神在科學的反思中也把那種充當著手段的關係
放在範疇身上，整個思維就會成爲一種從屬於其他精神性規定的東
西。事實上，我們並沒有把我們的感覺、衝動、利害關係等等看作

---

④ 參閱亞里斯多德《形上學》，I, 2, 982b。—— 原編者注

是一些服務於我們的東西，而是把它們看作是一些獨立的力量和勢力，以至於可以說，我們本身就是這樣一些活動，即去感覺，去欲求和意願某個東西，去關切某個東西。但真正說來，我們意識到，我們之所以習慣性地服務於我們的感覺、衝動、激情、利害關係，並不是因爲我們掌控著這些東西，更不是因爲它們和我們形成了一個親密的統一體，隨之作爲手段而服務於我們。我們發現，諸如「心靈」、「精神」之類規定立刻表現爲一些**特殊東西**，與普遍性

[25] 相對立，而我們則是意識到自己是普遍性，並且藉助普遍性而擁有我們的自由；反之我們又認爲，我們其實是被束縛在這些特殊性裡面，遭受著它們的統治。就此而言，我們更不能認爲那些貫穿著我們的全部表象 —— 這些表象要麼是單純理論性的，要麼包含著一個隸屬於感覺、衝動、意志的質料 —— 的思維形式是服務於我們的，毋寧說，不是我們掌控著思維形式，而是思維形式掌控著我們。**我們**手裡還剩下什麼東西來對付思維形式呢？既然思維形式本身就是真正意義上的普遍者，**我們，我**，怎麼可能把自己當作一個更普遍的東西放置在它們**之上**呢？我們投身於感覺、目的、利害關切，在其中感受到限制和不自由，但是，只要我們能夠在某個地方從那裡抽身出來，返回到自由，這個地方就是自身確定性所在的地方，就是純粹抽象和思維所在的地方。同理，當我們談到**物**的時候，我們把它們的**本性**或**本質**稱作它們的**概念**，而概念僅僅是思維的對象；然而在談到物的概念的時候，我們更不能說，我們統治著這些概念，或那些結合成概念的思維規定是服務於我們的；恰恰相反，我們的思維必須依據概念而限制自身，同樣，我們的意願選擇或自由也不應當自作主張去指揮概念。主觀思維是我們最本己的、最內在的行動，然而事情本身卻是由物的客觀概念構成的，就此而言，首先，我們不可能擺脫那個行動，不可能超然於那個行動之上，其

次，我們也不可能超然於事物的本性之上。就後一種情況而言，我們可以無視之，因為它和前一種情況是連繫在一起的，也就是說，它是我們的思想和事情的一個連繫，但僅僅提供某種空洞的東西，因為事情雖然被確立為我們的概念的準繩，但恰恰對我們來說，事情無非是我們關於它的概念。誠然，批判哲學對這三個**事項**的關係是這樣來理解的：我們把**思想**作為中項放在**我們**和**事情**中間，而在 [26] 這種情況下，這個中項不是把**我們**和**事情**結合起來，反而把**我們**和**事情**分割開。針對這個觀點，我們只需提出一個簡單的評論：這些超出我們之外，超出與它們相連繫的思想之外，彷彿位於另一個極端的事情，本身恰恰是一些思想物，而且作為一種完全無規定的東西，僅僅是**一個**思想物，──即空洞的抽象所謂的「自在之物」。

　　以上所述已經足以刻畫出那個消滅了關係的觀點，因為在它看來，思維規定只不過是一種可供使用的手段；與此相關聯的更重要的一點，就是人們依據這個觀點，總是把思維規定看作是一些外在形式。──如前所述，那個貫穿著我們的全部表象、目的、利害關係和行為的思維活動，是無意識地進行著的（而這就是「自然邏輯」）；我們的意識所面對的，是內容、表象的對象，以及那些使利害關係得到滿足的東西；按照這個關係，人們把思維規定當作**形式**，但這些形式僅僅**依附於內容**，而非內容本身。此前我們已經指出──而且我們總的說來表示認同，──**本性**、獨特的**本質**，還有那種在繁多而偶然的現象和轉瞬即逝的外在表現裡真正**持久不變的**和**實體性**的東西，乃是事情的**概念**，或者說**事情自身之內的普遍者**，正如每一個人類個體，儘管是一個無比獨特的東西，但在他的全部獨特性裡面，首要地是作為**人**而存在，正如對於每一個個別的動物來說，首要地是作為**動物**而存在。但這並不意味著，假若從一個擁有眾多述詞的東西那裡拿走這個基礎（儘管這個基礎和其他述

詞一樣，也可以被稱作一個述詞），一個個體仍然是它所是的那個東西。這個不可或缺的基礎、概念、普遍者——只要人們把表象從「思想」一詞中剝離出來，那麼可以說，思想本身就是普遍者，——不可能**僅僅**是一個無關緊要的、**依附於**內容的形式。關鍵在於，這些關於全部自然事物和精神性事物的思想，作為一種實體性的**內容**，本身就包含著眾多規定性，包含著靈魂和身體的區別，以及概念和相關的實在性的區別；更深層次的基礎是靈魂本身，或者說純粹的概念，它既是對象的至深內核和單純命脈，也是主觀思維的至深內核和單純命脈。這個**邏輯**本性賦予精神以生命，它的任務是，在精神內部發揮作用，驅使精神走向意識。一般說來，本能行動之區別於理智行動和自由行動的地方在於，後者是伴隨著意識而出現的；當驅動者的內容擺脫自己與主體的直接統一體，成為主體的對象，精神的自由就開始了，而在這之前，精神僅僅處於思維的本能活動中，被束縛在思維的各種範疇裡面，分化為無窮雜多的質料。在這個網路裡面，無數堅實的紐結從四面八方牽連在一起，充當著精神的生命和意識的據點和路標，而它們之所以是堅實有力的，原因恰恰在於，當它們出現在意識的面前，就是意識的本質性的自在且自為存在著的概念。對於精神的本性來說，最重要的一點，不僅是「精神**自在地**是什麼」與「精神**現實地**是什麼」之間的關係，而且是「精神**知道自己**是什麼」與「精神**現實地**是什麼」之間的關係。正因為精神在本質上是一種意識，所以這種「自知」是精神的**現實性**的基本規定。這些範疇僅僅作為一種本能衝動而發揮作用，它們首先是零碎的，因此以一種變動不定的、混亂的方式進入到精神的意識之內，為其提供一種零碎的、不可靠的現實性；就此而言，純化這些範疇，隨之讓精神在它們之內提升到自由和真理，乃是一種更高階的邏輯事業。

此前我們已經宣稱，科學的開端本身就具有崇高的價值，同 [28]
時也是一種眞正的認識的條件；這個開端就是概念，以及概念的全
部環節，即思維規定。但是，如果我們從一開始就把思維規定當作
一些有別於質料，僅僅依附於質料的形式來處理，那麼這個做法
本身就立即表明自己不適合去探討眞理，而眞理恰恰是邏輯的對象
和目的。也就是說，假如思維規定是一些有別於質料的單純形式，
就會陷入一個僵化的規定，這個規定爲它們打上有限性的烙印，使
它們沒有能力去把握眞理，因爲眞理在其自身之內是一種無限的東
西。無論從什麼角度來看，只要眞相⑤重新與限制和有限性結合在
一起，這個方面就是對它的否定，意味著它是一個非眞實的、非現
實的東西，甚至意味著它的終結，但眞相作爲眞相，原本是一個肯
定。面對這種空蕩蕩的、單純流於形式的範疇，健康理性的本能終
於按捺不住，於是帶著蔑視的心態把關於範疇的知識辭讓給那些教
科書邏輯和教科書形上學，同時拒不承認對於這些線索的意識本身
已經具有的價值，但它不知道，在它出於本能而遵循「自然邏輯」
的時候，尤其是在它故意拋棄對於思維規定自身的知識和認識的時
候，已經成爲一種不純粹的、隨之不自由的思維的俘虜和奴僕。
這類形式彙編起來，其單純的基本規定或共同的形式規定，就是**同
一性**，它在那種作爲形式彙編的邏輯裡面被稱作同一律（A＝A）和
矛盾律。健康理性對於掌管著這類眞理法則並且一直教導著這些法
則的學校，已經完全失去了敬意，它不但嘲笑學校的這些做法，而

---

⑤ 關於「眞理」（die Wahrheit）和「眞相」（das Wahre）這一組在黑格爾那裡
　 具有重要意義的概念的區別和連繫，參閱先剛《黑格爾〈精神現象學〉中的
　 「眞相」和「眞理」概念》，載於《雲南大學學報》（社會科學版）2016 年第
　 6 期。——譯者注

[29]　且認爲這樣一個人──他只懂得按照那些法則來說話，比如「植物是植物」、「科學是科學」，**如此以至無窮**──是不堪忍受的。實際上，推論是知性的主要用途，那些提供了推論規則的公式不但在認識中占有一席之地，必須在其中行之有效，同時也是理性思維的基本素材；如果沒有認識到這一點，這是不公正的；反之，公正的看法是，這些公式至少同樣可以被當作是謬誤和詭辯的工具，而且無論人們如何規定眞理，它們對於那些更高階的眞理（比如宗教眞理）都是不適用的，因爲總的說來，它們僅僅涉及認識的正確性，但不涉及眞理。

這種把眞理放在一邊而考察思維的方式是不完整的；爲了完善這種方式，唯一的辦法在於，不僅把那些通常被認爲屬於外在形式的東西，而且把內容也納入到思維著的考察之內。人們很快就會發現，那在接下來的最慣常的反思裡面作爲內容而與形式分離開的東西，實際上是一個在其自身之內無形式、無規定的東西，──就此而言，內容僅僅是空洞的，好比「自在之物」之類抽象的東西，──毋寧說，內容在其自身之內就具有形式，甚至可以說，內容唯有透過形式才具有生命活力和實質，而形式本身則是轉化爲一個內容的映像，隨之也轉化爲這個映像的外在方面的映像。隨著內容被這樣引入到邏輯考察之內，如今的對象就不再是**事物**（Dinge），而是**事情**（Sache），亦即事物的**概念**。這裡有必要提醒人們，**存在著**大量概念，大量事情。這個「大量」之所以遭到縮減，有兩方面的原因：首先，正如之前已經說過的，概念作爲一般意義上的思想，作爲普遍者，相對大量呈現在不確定的直觀和表象之前的個別事物而言，是一種極端縮寫，與此同時，**一個**概念首先

[30]　是**概念本身**，而概念本身僅僅是**一個**概念，是一個實體式的基礎；其次，概念畢竟是一個**已規定的**概念，它本身的這個規定性就是那

種顯現爲內容的東西；然而概念的規定性是這個實體式統一體的一個形式規定，是「作爲總體性的形式」這一環節，亦即**概念本身**，它是各種已規定的概念的基礎。概念本身不會以感性的方式成爲直觀或表象的對象；它僅僅是**思維**的對象、產物和內容，是自在且自爲存在著的事情，是邏各斯，是存在著的東西的理性，是那些冠名爲「事物」的東西的眞理；無論如何，它絕不是那種應當被放到邏輯科學之外的邏各斯。正因如此，人們不應當隨意把它強拉到科學之內或放到科學之外。就思維規定僅僅是一些外在形式而言，只要人們眞正考察它們自身，就必定會發現，它們是有限的，它們的「應有的自爲存在」是不眞實的，反之，概念才是它們的眞理。總的說來，思維規定以本能的和無意識的方式貫穿著我們的精神，即使當它們進入到語言中，也仍然是一種非對象化的、未被注意的東西，因此當邏輯科學處理這些思維的時候，也將是對於那樣一些形式的重構，這些形式是透過反思而被挖掘出來的，並且被反思固定下來，成爲一種外在於質料和實質的主觀形式。

自在且自爲地看來，沒有一個對象能夠像思維的必然發展過程那樣，其呈現是如此嚴格地具有一種完全內在的柔韌性；除了思維之外，沒有一個對象本身就包含著一個如此強烈的要求；在這一點上，思維的科學必然也優於數學，因爲除此之外，沒有一個對象在其自身之內就具有這種自由和獨立性。這樣的陳述，按照它在數學的前後一貫的進程裡已經表明的那種方式，其要求就是，在 [31] 發展過程的任何一個層次上，每一個思維規定和反思都是直接出現的，都是從之前的層次過渡到現在的層次。只不過人們必須全然放棄這樣一種抽象的完滿呈現；也就是說，科學必須開始於一種絕對單純的東西，亦即一種最普遍和最空洞的東西，正因如此，對於單純的東西，相關陳述就得容忍這些本身完全單純的表述，不去增添

任何一個詞語；—— 就事情而言，接下來大概會出現一些否定的反思，它們努力把那些有可能混入表象或無序思維的臆想擋在門外，與之保持距離。然而這些混雜到單純的內在發展過程裡的臆想本身就是偶然的，就此而言，相應的想要阻止臆想的努力本身也沾染上了這種偶然性。無論如何，正因爲臆想是位於事情之外的，所以企圖對抗**所有**這些臆想，這是徒勞的，至少是不能完全滿足體系在此提出的要求。遺憾的是，我們的近代意識具有一種獨特的浮躁和渙散，這使得它只能或多或少地同等對待各種近在咫尺的反思和臆想。一個具有柔韌性的陳述也要求一種具有柔韌性的領會能力和理解能力；然而在一篇近代的對話錄裡面，我們已經不可能找到柏拉圖筆下的那些韌性十足的年輕人和成年人，這類聽眾如此平靜地自行克制**自己的**反思和臆想，不是急於證明自己具有**獨立**思考（Selbstdenken），而是僅僅跟隨事情本身的進展；至於這種類型的讀者，我們就更不可能指望了。反過來我發現，那些頻繁而猛烈地攻擊我的人，那些沒有能力進行簡單反思的人，他們的臆想和指責其實包含著很多範疇，這些範疇本身僅僅是假定，首先需要接受

[32] 批判，然後才可以拿來使用。這方面的無知已經發展到了聳人聽聞的地步，也就是說，它造成了一種根本上的誤解，造成了一種惡劣的，亦即無教養的態度，即在考察一個範疇的時候，想到的是**某種別的東西**，而不是這個範疇本身。這種無知尤其不能得到原諒的地方在於，諸如此類的**別的東西**同樣是一些思維規定和概念，而在一個邏輯體系裡面，這些範疇恰恰必須同樣找到自己的位置，並在那裡親自接受考察。這種無知的最引人注目的表現，就是對邏輯的最初概念或命題，即對「**存在**」、「**無**」和「**轉變**」的蜂擁而至的責難和攻擊，然而一個最簡單的分析就已經表明，「**轉變**」本身作爲一個單純的規定，無疑是把前面兩個規定作爲環節而包含在自身之

內。澈底性似乎要求把開端當作一個先行於萬物、爲萬物奠基的根據來研究，直到開端證實自己是穩固可靠的，才繼續前進，否則的話，寧可拋棄一切隨後的東西。這個澈底性同時具有一個好處，即它能夠最大限度地減輕思維的勞作；它把整個發展過程封閉在眼前的這個萌芽裡面，並且認爲，只要做了這件最輕鬆的事情，就算萬事大吉了，殊不知萌芽是最單純的東西，是單純的東西本身；這裡根本不需要多少勞作，而這樣一來，這個如此自滿的澈底性就澈底安心了。像這樣限制在單純的東西上面，就給思維的隨意性留出了一個自由進退的空間，因爲思維本身不願意保持爲一個單純的東西，而是要對此進行反思。誠然，思維有很好的理由，首先**僅僅去考察本原**，不去理睬**更進一步的東西**，但思維真正做的恰恰是相反的事情，也就是說，它所倚仗的其實是一種相比單純的本原而言**更進一步的東西**，即別的範疇，別的假定和成見。它帶著教訓的口 [33] 吻提出「無限性有別於有限性」、「內容是某種不同於形式的東西」、「內核是某種不同於外觀的東西」、「中介過程不等於直接性」之類假定，彷彿人們連這些都不懂似的，而且它不是去證明，而是去敘述和斷言。這種教訓的口吻 —— 人們只能這樣稱呼它 —— 包含著一種愚蠢；但就事情而言，一方面，僅僅假定和不由分說接受這些東西，這是不合理的，另一方面，這更是一種無知，即它不知道，邏輯思維的要求和任務恰恰是要研究，那個脫離了無限性的有限者究竟是不是一個真實的東西，同樣，脫離了有限者的抽象無限性，無形式的內容和無內容的形式，孤立的、不具有外觀的內核，脫離了內在性的外在性等等，究竟是不是**某種真實的東西**，究竟是不是**某種現實的東西**。—— 思維的教化和訓練可以塑造韌性十足的思維舉動，克服急躁的臆想反思，然而唯有透過整個發展過程的推進、研究和創造，我們才能夠獲得這種教化和訓練。

　　既然剛才提到了柏拉圖的著述，那麼，任何一個在當今時代致力於重新建造一座獨立的哲學科學大樓的人，都不妨回憶一下柏拉圖七次修改他的《理想國》的傳說。相比之下，這個回憶（它似乎本身就包含著這樣一個比較）只會愈加激發起這樣的願望，即對於一部屬於近代世界的著作而言，既然它所探討的是更深刻的本原，更困難的對象，以及範圍更廣的材料，作者就應當具有一種自由的閒暇，以便對它進行七十七遍修改。儘管如此，鑑於這部著作的任務的艱鉅性，作者必須滿足於它目前可能的樣子，因為在當前的形勢下，我們面臨一種外在的必然性，面臨巨大而繁雜的時代興趣帶來的不可避免的分心，甚至面臨一種懷疑，即在日常生活的大聲喧囂中，在那些以此為榮的傲慢之人發出的震耳欲聾的無聊空談中，我們是否仍然能夠擁有一方淨土，去從事那種心平氣和的、純粹的思維認識？

[34]

柏林，1831 年 11 月 7 日

導論

邏輯的普遍概念

　　沒有一門科學比邏輯科學更強烈地感受到一種需要，即在不作出任何先行的反思的情況下，以事情本身爲開端。在每一門別的科學那裡，其處理的對象和其遵循的科學方法，是相互有別的；也就是說，其內容並不構成一個絕對的開端，而是依賴於另外一些概念，並且在自身周圍與別的質料連繫在一起。就此而言，這些科學有權利僅僅以提綱挈領的方式談論自己的基礎及其連繫和方法，輕鬆地運用一些被假定爲眾所周知的、得到承認的定義形式以及諸如此類的東西，並且使用通常的推論方式來建立它們的普遍概念和基本規定。

　　與此相反，邏輯不能以任何反思形式或思維規則和思維法則爲前提，因爲這些東西構成了它的內容本身的一個部分，並且必須首先在它的內部得到論證。然而邏輯的內容不僅包括科學方法的陳述，也包括一般意義上的**科學的概念**本身，而且這個概念構成了它的最終結果；就此而言，邏輯不能預先宣稱自己是什麼東西，毋寧說，唯有完整的邏輯研究才會創造出這種關於邏輯的知識，使其成爲邏輯的最終結果和圓滿完成。同樣，邏輯的對象，即**思維**，或更確切地說，**概念把握式的思維**（das begreifende Denken），在本質上也是在邏輯的內部得到研究；思維的概念是在邏輯的進程中自行產生出來的，因此不可能被預先提出來。就此而言，這篇導論裡面預先講述的東西，目的不在於論證「邏輯」概念，或預先以科學的

[36]　　方式為邏輯的內容和方法作出辯護，而是要透過一些具有推論意義和歷史學意義的澄清和反思，闡明一個如何看待這門科學的視角。

　　一般說來，邏輯被認為是關於思維的科學，對此人們是這樣來理解的：(1)思維僅僅構成了認識的**單純形式**；(2)邏輯抽離了一切**內容**，至於認識的所謂第二個組成部分，**質料**，必須是在別的某個地方被給予的；(3)既然質料完完全全獨立於邏輯，後者就只能提供真實認識的形式條件，但並不包含著實在的真理本身，甚至不可能成為一條走向實在真理的**道路**，因為真理的本質要素、內容，恰恰位於邏輯之外。

　　但是，**首先**，所謂邏輯抽離了一切**內容**，或邏輯僅僅教導思維的規則，卻既不能參與到被思維的東西裡面，也不能考慮這些東西的狀況，這本身已經是一個愚笨的說法。因為，既然邏輯應當以思維和思維規則為對象，它就直接在它們那裡獲得了自己特有的內容；在它們那裡，邏輯也獲得了認識的第二個組成部分，即質料，而質料的狀況同樣是它所關注的。

　　其次，關鍵在於，「邏輯」概念迄今所依據的全部觀念，一部分已經消滅了，其餘的也到了完全消滅的時候，而在這種情況下，這門科學的立場將得到一個更高層次的理解把握，而它本身也將贏得一個完全不同的形態。

　　迄今的「邏輯」概念依據於普通意識始終假定的一個分裂，即認識的**內容**與認識的**形式**的分裂，或者說**真理**與**確定性**的分裂。普通意識**從一開始**就假定，認識的質料是一個現成的世界，自在且自
[37]　為地位於思維之外，至於思維本身，則是一個空洞的東西，它作為一個形式外在地附著在那個質料上面，以之充實自己，這樣才贏得一個內容，隨之成為一種實在的認識。

　　這樣一來，這兩個組成部分 —— 它們之間的關係應當是組成

部分之間的關係，而認識活動是以機械的方式，或至多是以化學的方式由它們組合而成的——就在這個等級秩序中相互對立：據說客體是一個現成的、本身就完滿的東西，能夠完全無需思維就具有現實性，反之思維是某種有缺陷的東西，只能透過質料而完善自身，也就是說，只能作爲一個模糊而無規定的形式去適應它的質料。所謂的眞理就是思維與對象的契合，而爲了製造出這種契合（因爲這不是一個自在且自爲的現成已有的東西），思維應當適應並且遷就對象。

第三，由於質料與形式、對象與思維的差異性不應當停留在那種雲裡霧裡的無規定狀態中，而是應當以一種更明確的方式體現出來，所以雙方各自割據著一個層面。在這種情況下，當思維接受質料並對其進行塑造的時候，並沒有超出自身，它對於質料的接受，還有根據質料而作出的調整，始終是它自己的一個變形，而它並沒有透過這個方式成爲它的一個他者；無疑，自覺的規定活動僅僅是思維單方面做的事情；因此思維在與對象的關聯中，並未超出自身而達於對象，對象作爲自在之物，永遠都是思維的一個彼岸世界。

關於主體與客體的關係，這些觀點所表達出的規定，構成了我們的普通的、顯現中的意識的本性。一旦這些成見被移植到理性裡面，彷彿理性內部也是同樣的關係，彷彿這個關係自在且自爲地具有眞理，它們就成了謬誤，而哲學恰恰是要用精神宇宙和自然宇宙 [38] 的所有部分來駁斥這些謬誤，或更確切地說，因爲這些謬誤堵塞了進入哲學的大門，所以必須在從事哲學之前被清除掉。

在這一方面，舊的形上學的「思維」概念要高於近代已經習以爲常的「思維」概念。也就是說，前者的基本看法是，唯有透過對於事物的思維並且在事物那裡認識到的東西，才是事物的眞正的眞相，所以直接的事物並不是眞相，毋寧說，只有當它們提升到思維

的形式，作爲被思維的東西，才是眞相。因此，這種形上學認爲：
(1)思維和思維的規定不是一種外在於對象的東西，毋寧是對象的
本質；(2)**事物**（Dinge）和對於事物的**思維**（Denken）——我們的
德語已經表達出了二者的親緣性——自在且自爲地就是契合的；
(3)思維按其內在規定而言，和事物的眞正本性是同一個內容。

　　然而一種**反思的**知性霸占了哲學。我們必須確切地知道，這個
屢屢被當作口號來使用的說法究竟是什麼意思；一般說來，「反思
的知性」指一種從事抽離和分裂，並且堅持其分裂狀態的知性。
這種知性與理性相對立，表現爲**普通的人類知性**，並且堅持以下
主張：(1)眞理以感性實在性爲基礎；(2)思想**僅僅**是思想，也就是
說，唯有感性知覺才給予思想以內涵和實在性；(3)理性作爲一個
自在且自爲的東西，只會製造出頭腦中的幻象。伴隨著理性的這種
自暴自棄，「眞理」概念也跟著喪失了；理性限於僅僅認識主觀的
眞理，僅僅認識現象，僅僅認識某種不符於事物本身的本性的東
西；**知識已經墮落爲意見**。

　　認識活動所走的這條歧路，雖然看起來是一個損失和倒退，但
[39]　卻有著一個更深層次的根據，而總的說來，理性正是從這裡出發，
進而提升到近代哲學的更高精神之內。也就是說，那個已經廣爲流
傳的觀念的基礎必須在這樣一個觀點中去尋找，即知性的各種規定
必然與自身相**衝突**。——剛才提到的那種反思，就是要**超越**具體的
直接東西，對其**作出規定**並**使其分裂**。然而它必須**同樣超越**它的所有
這些**分裂的**規定，並且首先讓它們**相互關聯**。在這個相互關聯的立
場上，各個規定之間的衝突爆發出來。自在地看來，反思的這種相
互關聯屬於理性；超越那些規定，隨之認識到它們之間的衝突，這
是向著「理性」的眞正概念邁出的偉大的、否定的一步。然而有些
不明就裡的認識卻陷入了一個誤解，彷彿那置身於自相矛盾中的，

竟然是理性；它不知道，矛盾恰恰意味著理性超越了知性的侷限性，意味著這些侷限性的瓦解。它認識到了知性規定的不能令人滿意之處，但它不是從這裡出發，邁出進入高處的最終步伐，而是逃回到感性實存，誤以為在那裡能夠找到唯一可靠的東西。但在另一方面，由於這種認識認為自己僅僅是對於現象的認識，所以它承認認識也有不能令人滿意的地方，同時又假定，雖然不能認識自在之物，但畢竟能夠正確認識現象層面之內的事物，彷彿這樣一來，這裡只有**對象的種類**之別，哪怕其中一類對象（自在之物）不能被認識到，但另外一類對象（現象）卻能夠被認識到。這就好比對於一個人，我們首先稱讚他具有正確的認識，然後又補充道，他其實沒有能力認識到真相，而是只能認識到非真實的東西。假若這個說法是荒謬的，那麼「一個真正的認識也不知道對象自在的樣子」這一說法同樣是荒謬的。

　　對於知性形式的批判得出了上述結論，即這些形式**不能應用到自在之物上面**。—— 這句話只有一個意思，即這些形式本身是某種不真實的東西。問題在於，既然人們認為，這些形式對於主觀理性和經驗是有效的，那麼，那個批判就不會對它們帶來任何改變，而是只能讓它們在同樣的形態下，既對客體有效，也對主體有效。但是，如果它們不足以應付自在之物，那個統轄它們的知性就必然會對它們更不滿意，隨之更不會偏愛它們。它們既然不可能是**自在之物**的規定，就更不可能是知性的規定，因為人們至少應當承認，知性有資格成為一個自在之物。諸如「有限者」和「無限者」之類規定，無論是應用到時間和空間上面，還是應用到世界上面，或是作為精神內部的規定，都處於同樣的衝突之中，—— 好比當黑色和白色融合在一起，無論是抹在一面牆上，還是抹在別的平面上，都會造成灰色。假若「無限者」和「有限者」之類規定應用到世界上面

[40]

之後，會造成我們的「**世界**」觀念的瓦解，那麼精神本身就更是一個自行瓦解的東西，因為它在自身之內包含著二者，是一個自相矛盾的東西。——誠然，這些規定或許能夠應用到質料或對象上面，或置身於其中，然而質料或對象的狀況不可能造成一個區別；因為對象只有透過並且按照這些規定，才在自己身上具有了矛盾。

也就是說，那個批判僅僅把客觀思維的各種形式從事物那裡剝離出來，然後放在主體之內，彷彿這是一些碰巧找到的東西。而在這種情況下，那個批判就不是考察這些形式的自在且自為的樣子，不是按照它們的特有內容來考察它們，而是以提綱挈領的方式從主觀邏輯那裡直接把它們接收下來；這樣一來，它就沒有談到這些形式自己作出的推演，或它們作為主觀邏輯的形式的推演，更沒有談到對於這些形式的辯證考察。

[41]

那種相對而言更加澈底一貫的先驗唯心主義已經認識到，批判哲學遺留下來的「**自在之物**」這個幽靈，這個抽象的、與一切內容決裂的陰影，是一個虛妄的東西，並且立志要完全將其摧毀。這個哲學也作出了一個開端，讓理性從自身出發來呈現出自己的各種規定。然而這個嘗試的主觀態度使得它不能達到完滿。在這之後，這個態度連同純粹科學的那個開端和塑造都一併被放棄了。

人們在考察通常所謂的「邏輯」的時候，根本沒有考慮其形而上的意義。就這門科學當前的處境而言，它當然不具有內容，即普通意識認作是實在性和真實事情的那一類東西。然而邏輯並不是出於這個原因而成為一門流於形式的、缺乏實質真理的科學。邏輯缺乏質料，按照通常的看法，這個缺陷是它不能令人滿意的地方，然而真理的領域根本不是位於那種質料之內。毋寧說，邏輯形式之所以是空洞無物的，這完全是歸咎於人們考察和對待它們的方式。只要邏輯形式被看作是一些固定的、四分五裂的規定，而不是結合在

一個有機的整體當中，它們就是一些僵死的、缺乏精神的形式，而精神恰恰是它們的活生生的、具體的統一體。相應地，邏輯形式喪失了堅實的內容，——喪失了一種本身就是內涵的質料。它們所缺少的內容，無非是這些抽象規定的一個穩固基礎和具體化；然而人們總是希望在邏輯形式之外尋找這樣一個實體性本質。關鍵在於，邏輯理性本身就是一個實體性東西或實在東西，它在自身內整合了 [42] 全部抽象規定，它就是這些規定的堅實的、絕對具體的統一體。就此而言，人們根本不需要到遠處去尋找通常所謂的質料；邏輯之所以是一種空洞無物的東西，這不是它的對象的過錯，毋寧僅僅是那種理解把握對象的方式的過錯。

以上反思促使我們進一步提出，應當從怎樣一個立場出發來考察邏輯。這個立場不同於這門科學迄今的研究方式，未來的邏輯必須永遠立足於這個唯一真實的立場。

在《精神現象學》裡，我已經呈現出了意識的這樣一個運動，即從它與對象的最初的直接對立出發，一直推進到絕對知識。這條道路穿越了**意識與客體的關係**的所有形式，最終得出「科學」的**概念**。就此而言，這個概念在這裡不需要一個辯護（更何況這個辯護在邏輯的內部也會自行產生出來），因為它已經透過自身而得到辯護；它唯一能夠作出的辯護，就是透過意識而製造出這個概念，因為意識特有的形態全都已經消融在這個作為真理的概念之內。——就這門科學的概念而言，一種推論式的論證或澄清至多只能做到把這個概念呈現在觀念面前，提供一種相關的歷史知識；問題在於，對於科學的定義，尤其是對於邏輯的定義，唯有透過它的必然的產生過程才能夠得到**證明**。假若某種科學是以一個定義作為絕對開端，那麼這個定義無非意味著，當人們提到科學的對象和目的的時候，首先**設想一個得到認可的、眾所周知的東西**，然後給它提出一個

明確而正確的表述。至於爲什麼人們恰恰設想的是這樣一個東西，則是基於一個歷史保證，據此人們能夠訴諸這個或那個得到承認的東西，或更確切地說，僅僅帶著一種請求的語氣告訴大家，不妨把[43] 這個或那個東西當作是已經得到承認的。然而事情根本沒完，總是有人要麼在這裡，要麼在那裡提出一個事例，然後告訴我們，這個或那個表述有更多的、另外的意思，因此它的定義應當吸收一個更確切的或更普遍的規定，而科學也應當依此作出調整。——除此之外，什麼東西應當在什麼程度上被納入進來或被排除出去，這是由推論決定的，然而推論本身同樣面臨著最爲繁複的、最爲歧異的斷言，到頭來，只有隨意性能夠對此作出一個堅定的決定。簡言之，只要人們是從科學的定義出發來研究科學，我們就不要指望這種做法能夠揭示出科學的**對象**以及科學自身的**必然性**。

因此在當前的這部著作裡，純粹科學的概念及其演繹是在這個意義上被當作前提，即精神現象學不是別的，恰恰就是這個概念的演繹。絕對知識是一切意識形態的**真理**，因爲，正如意識的那個進程表明的那樣，只有在絕對知識之內，**對象和自身確定性**之間的分裂才完全消解，只有在這裡，真理才等同於這個確定性，正如這個確定性才等同於真理。

就此而言，純粹科學以擺脫意識的對立爲前提。純粹科學所包含的**思想同樣也是自在的事情本身**，換言之，純粹科學所包含著的**自在的事情本身同樣也是純粹的思想**。作爲**科學**，真理不但是一個純粹的、自身展開的意識，而且具有自主體（Selbst）的如下這個形態，即**自在且自爲的存在者是一個被認識到的概念，但概念本身卻是一個自在且自爲的存在者**。也就是說，這個客觀的思維是純粹科學的**內**[44] **容**。因此純粹科學既不是一種流於形式的東西，也不缺乏質料以造成現實的、真實的認識，毋寧說，它的內容僅僅是絕對真相或真正

意義上的質料（如果人們還願意使用「質料」這個詞語的話）——只不過，這不是一種游離於形式之外的質料，相反地，它是純粹思想，因此是絕對形式本身。就此而言，我們必須把邏輯理解爲純粹理性的體系，理解爲純粹思想的王國。**這個王國就是真理赤裸裸的、自在且自爲的樣子。**因此人們可以說，這個內容就是**上帝在他的永恆本質之內、在創造自然界和一個有限精神之前，呈現出來的樣子。**

阿那克薩戈拉被譽爲第一個說出這個思想的人：「**努斯**或**思想**必須被規定爲世界的本原，而世界的本質必須被規定爲思想。」透過這個方式，他爲一個理智宇宙觀奠定了基石，而這個理智宇宙觀的純粹形態必定是**邏輯**。這種邏輯既不關心一種以某個或許獨自位於思維之外，位於思維的根基處的東西爲**對象**的思維，也不關心那些給眞理提供單純**標誌**的形式；毋寧說，思維的必然形式和固有規定就是內容和最高眞理本身。

爲了至少在觀念中接受這一點，人們必須拋棄那個看法，即以爲眞理必定是某種觸手可及的東西。比如，人們甚至以爲柏拉圖的那些包含在上帝的思維之中的理念也是這種觸手可及的東西，彷彿理念也是一些實存著的物，只不過位於另一個世界或地區而已，相應地，現實世界位於這個世界之外，具有一種不同於那些理念，並且僅僅透過這個差異性才獲得的實在的實體性。實際上，柏拉圖的理念無非是普遍者，或更確切地說，無非是對象的概念；某個東西只有在自己的概念之內才具有現實性；一旦它和自己的概念分離，它就不再是現實的，毋寧是一個虛妄的東西；「觸手可及」和「感性的外在於自身的存在」等方面就屬於這個虛妄的方面。——但從另一方面來看，人們可以訴諸普通邏輯的固有觀念，比如這樣一個假定：「定義不包含著那些僅僅屬於認識主體的規定，而是包含著對象的規定，這些規定構成了對象的最本質的、最獨特的本性。」 [45]

又比如這樣一個假定：「如果從一些給定的規定推論出另外一些規定，那麼推論出來的東西就不是某種外在於對象的陌生東西，而是歸屬於對象自身，也就是說，存在與這個思維相契合。」——總的說來，當人們使用「概念」、「判斷」、「推論」、「定義」、「劃分」之類形式的的時候，已經假定，它們不僅是自覺思維的形式，而且是客觀知性的形式。——「**思維**」這個說法尤其要把它在自身內包含著的規定讓渡給意識。但是，只要人們說「**知性和理性存在於客觀世界之內**」或「精神和自然界具有一些據以安排其生命和變化的**普遍法則**」，這就已經承認，思維規定同樣具有客觀的價值和實存。

　　誠然，批判哲學已經把**形上學**改造爲**邏輯**，但正如前面指出的，它和後來的唯心主義一樣，由於害怕客體，於是賦予邏輯規定以一種本質上主觀的意義；這樣一來，它們和它們企圖逃避的客體仍然糾纏在一起，仍然不得不把「自在之物」或「無限的阻礙」當作一個彼岸世界。然而，爲了擺脫意識的對立——這是科學必須設定的前提，——把思維規定提升到這個畏手畏腳的、不完滿的立場之上，人們必須在擺脫這類限制和顧慮的情況下，去觀察思維規定作爲邏輯性（das Logische）或純粹合乎理性的東西，其自在且自爲的樣子。

[46]　　康德曾經稱讚邏輯——這裡指那種通常意義上的「邏輯」，即各種規定和命題的彙編——是幸運的，因爲它遙遙領先於其他科學，老早就達到了完滿；他說，自從亞里斯多德以來，邏輯既沒有退步，也沒有進步，而之所以沒有進步，是因爲邏輯看起來已經在所有方面達到了完成和完滿。——如果說自從亞里斯多德以來，邏輯從未經歷變化——如果人們考察一下近代的各種邏輯綱要，就會發現，所謂的「變化」其實只是把一些東西省略掉而已——，那麼

我們更應當由此得出一個結論，即邏輯現在恰恰需要一個澈底的改
造。因爲精神經過兩千多年的持續勞作之後，對於自己的思維，對
於其自身內的純粹本質性，必定已經具有了一個更高層次的意識。
實踐世界、宗教世界、科學世界的精神已經在每一種實在意識和觀
念意識中以各種形態崛起，如果人們把這些形態和邏輯——這是精
神對於自己的純粹本質的意識——置身其中的形態加以比較，就會
發現一個如此巨大的落差（儘管那種最膚淺的觀察還不會立即注意
到這一點），即當前的邏輯根本就不適合、也配不上精神在那些領
域裡面取得的各種成就。

　　事實上，人們早就感到有必要對邏輯進行澈底改造。大家看
看邏輯在教科書裡面的樣子，可以說，無論是就形式還是就內容而
言，這種邏輯都已經遭到蔑視。它之所以還沒有被拋棄，主要是因
爲人們在情感上覺得它畢竟是一個不可或缺的東西，並且早就習慣
了傳統以來對於邏輯的重要性的吹噓，而不是因爲人們相信，那些
司空見慣的內容和對那些空洞形式的研究有什麼價值和用處。

　　曾經有一段時間，邏輯透過心理學、教育學，甚至生理學提供
的材料而擴大了自己的範圍，但後來人們普遍認爲這些都是瞎扯。
自在且自爲地看來，這些由心理學、教育學、生理學提供的觀察、 [47]
規律和規則，無論是在邏輯裡還是在別的什麼地方，其絕大部分都
必然顯現爲一種極爲枯燥和平庸的東西。到最後，諸如「人們應當
仔細思考和檢驗在書裡讀到或聽別人說過的東西」或「如果一個人
視力不佳，就應當藉助於眼鏡」之類規則，居然寫在所謂的「應用
邏輯學」的教科書裡面，而且一本正經地按照章節來討論，彷彿可
以據此達到什麼眞理似的，——諸如這樣一些規則，每一個人都必
定會覺得是多餘的，或許只有那位著作家或教師是一個例外，因爲
他絞盡腦汁，企圖透過某些東西來擴充邏輯原本就過於簡略和僵死

的內容。[1]

　　至於這些內容爲什麼如此缺乏精神，我在前面已經給出理由。也就是說，它的各種規定被當作是固定不變的，僅僅處於一種外在的相互關聯之中。由於人們在進行判斷和推論的時候，主要是歸結到並且建立在規定的量的因素上面，所以一切東西都是基於外在的差別或單純的比較，成爲一種完全分析的方法和一種與概念無關的計算。所謂的規則和規律的演繹，尤其是推論的演繹，比起用手指測量長短不同的木棍，然後按照它們的長度來分類並且捆紮的做法，好不了多少，比起小孩子從眾多剪碎的圖片裡挑出合適的部分而重新拼圖的遊戲，也好不了多少。——正因如此，人們把這種思維等同於計算，反過來又把計算等同於這種思維，這不是沒有道理的。在算術裡面，數被認爲是與概念無關的東西，它除了「相等」和「不相等」，也就是說，除了一種完全外在的關係之外，不具有任何別的意義，它本身和它的關聯都不是一個思想。因此，當人們用機械的方式算出四分之三乘以三分之二等於二分之一，這種計算相比按照一個邏輯格式來進行這種或那種推論，既不包含更多的思想，也不包含更少的思想。

　　爲了讓邏輯的枯骨透過精神而重新成爲一種有生命的內涵和內容，邏輯的**方法**必須是那種唯一能夠使邏輯成爲純粹科學的方法。

[48]

----

[1] 〔第二版刪去了以下這段話：〕這門科學最新發表的一個成果，弗里斯的《邏輯體系》（海德堡 1811 年版），更是倒退到人類學的基礎。弗里斯的基本觀念，包括他的觀點本身和具體論述是如此膚淺，以至於我根本用不著在這部毫無意義的出版物上面耗費半點力氣。——原編者注。譯者按，弗里斯（Jakob Friedrich Fries, 1773-1843），德國哲學家，費希特的學生。其代表作爲《新的或人類學的理性批判》（*Neue oder anthropologische Kritik der Vernunft*, 1807）、《邏輯體系》（*System der Logik*, 1811）。

就當前狀態的邏輯而言，我們幾乎看不到科學方法的一絲痕跡。大體上看，它具有一種經驗科學的形式。經驗科學對於自己應當成為什麼東西，已經在可行的範圍之內找到了自己的獨特方法，即「下定義」和「對材料分門別類」。純粹數學同樣有自己的方法，這個方法適合於它的抽象對象，適合於量的規定，因為它完全是按照這個規定來考察對象。關於這個方法，關於這個一般說來能夠出現在數學中的次要的科學性，我在《精神現象學》的序言裡面已經談到了一些關鍵之處。儘管如此，在邏輯自身的範圍之內，這個方法還會得到進一步的考察。斯賓諾莎、沃爾夫和其他人走錯了路子，竟然把數學方法應用到哲學上，把與概念無關的量的外在進程當作概念的進程，而這個做法無論如何是自相矛盾的。迄今為止，哲學尚未找到自己的方法；她帶著嫉妒的眼光觀察數學的體系大樓，並且如之前說過的那樣，要麼借用數學的方法，要麼求助於其他科 [49] 學的方法，哪怕那些科學僅僅是給定的材料、經驗命題和思想的混合物，——或者乾脆粗暴地拋棄一切方法。實際上，要闡明哲學科學唯一的真正方法是什麼，這是當前這部《大邏輯》自身的任務，因為所謂「方法」，就是對於邏輯內容的內在自身運動的形式的意識。我在《精神現象學》裡，藉助於一個更為具體的對象，即**意識**，樹立了這個方法的一個例子。[2] 在這裡，意識的每一個形態一方面得到實現，另一方面瓦解自身，也就是說，每一個形態都把自身否定當作自己的結局，——隨之已經過渡到一個更高層次的形態。**為了掌握一個科學的推進過程** ——我們的根本努力就是為了對此獲得一個完全**單純的**洞見，——唯一的關鍵在於認識到以下邏輯命題，比如「否定同樣也是肯定」、「自相矛盾的東西並不是消解為

---

② 隨後以其他具體對象，尤其是以哲學的各個部分為例子。——黑格爾原注

零或抽象的虛無，而是在本質上僅僅否定了自己的**特殊**內容」，或
「這種否定並不是全然的否定，而是對一個已消解的**特定東西的否**
定，因此是一個**特定的**否定」；也就是說，結果在本質上包含著它
的造成者（woraus es resultiert）—— 其實這是一個恆真句，因為
如若不然，結果就是一個直接的東西，不是真正意義上的結果。由
於造成者（das Resultierende）或否定是一個**特定的**否定，所以具
有一個**內容**。這個否定是一個新的概念，一個比先行概念更高、更
豐富的概念；之所以說「更豐富」，因為它作為先行概念的否定或
對立面，不但在自身內包含著對方，而且進一步成為對立雙方的統
一體。—— 總體而言，概念體系必須沿著這條道路塑造自身，並且
透過一個不可阻擋的、純粹的、無需求助外物的進程而使自身達到
完滿。

[50]　　　我當然知道，我在這個邏輯體系中遵循的方法 —— 或更確切地
說，這個體系在其自身之內遵循的方法 —— ，還能夠在個別方面獲
得很多改進和完善；但我同時也知道，這是唯一真實的方法。這一
點是顯而易見的，因為這個方法絕不是一種與它的對象和內容區分
開來的東西；也就是說，正是內容本身，正是**內容在其自身那裡具有**
的辯證法，推動著內容前進。很顯然，除非各種闡述是沿著這個方
法的進程並且遵循這個方法的單純節奏，否則它們不可能被看作是
一些科學的闡釋，因為那個節奏乃是事情本身的進程。

　　　按照這個方法，我要提醒一下，在這部著作裡面，各卷、各
篇、各章的劃分和標題，還有那些與之連繫在一起的解釋，都是為
了讓讀者獲得一個初步的概觀，因此真正說來僅僅具有**歷史學的**價
值。它們不屬於科學的內容和體制，毋寧是各種外在反思的彙編。
具體展開的整體已經貫穿所有這些反思，所以它預先知道並且標明
了整體的各個環節的順序，儘管這些環節尚未透過事情本身而逐一

呈現出來。

在別的科學裡面，諸如此類的預先規定和劃分同樣僅僅是一些外在的標記；但即使在科學的範圍內，它們也沒有超越這個特性。甚至在邏輯那裡也有這樣的情況，比如，人們首先說「邏輯有兩個主要部分，即要素論和方法論」，然後在「要素論」下面直接列出一個**標題**「思維的法則」，接下來是**第一章**「論概念」，**第一節**「論概念的清晰性」，如此等等。—— 這些規定和劃分根本沒有經歷任何演繹和論證，就構成了諸如此類的科學的體系架構和整個連繫。這種邏輯認為自己的職責在於指出概念和真理必須是由原理**推導**出來的，但它自稱的那種「方法」壓根就沒想到要進行推導。這種邏輯的操作手法無非是把同類東西彙編在一起，把相對簡單的東西放在組合而成的東西和其他外在反思前面。對於那種內在的、必然的連繫，它唯一能做的就是把各個分部規定羅列一番，然後以如下方式造成過渡，比如「現在是**第二章**」，或「**我們現在開始**討論判斷」，如此等等。 [51]

即使是那些出現在這個體系之內的標題和劃分，本身說來也僅僅具有「內容簡介」的意義。但除此之外，關於事情本身的探討必須包含著連繫的**必然性**、各個差別的內在產生過程，因為這個探討屬於概念自身固有的持續規定。

如前所述，那個使得概念自己引導自己前進的東西，就是概念在自身內具有的**否定性東西**；這個東西構成了真正的辯證因素。這樣一來，**辯證法**就獲得了一個完全不同的地位；過去人們把辯證法看作是邏輯的一個特殊部分，這就完全誤解了它的目的和立場。—— **柏拉圖的**辯證法同樣也不例外，它在〈巴門尼德篇〉裡面（在別的地方甚至更為露骨），有時候只希望讓一個片面的主張自己消解自己，自己反駁自己，有時候則是乾脆把「無」當作結果。

通常情況下，人們把辯證法看作是一個外在的、否定的，與事情本身無關的行爲，這個行爲以一種單純的虛妄或主觀的欲望爲依據，企圖動搖乃至消滅堅實的眞相，或至少是把辯證法處理的對象歸結爲一種虛妄的東西。

[52]　　　康德已經把辯證法提到一個更高的層次——這個方面屬於他的最偉大的功績之一——，因爲他剝離了通常觀念栽贓給辯證法的隨意性假象，把辯證法呈現爲**理性的一個必然行爲**。過去人們認爲，辯證法僅僅是一種施展障眼法的技藝，因此他們不由分說地斷定，辯證法是在玩一場騙局，其唯一的本事就是把詭計隱藏起來，因此它的各種結論完全是騙取來的，是一個主觀的假象。康德在純粹理性的二律背反中的辯證闡述，如果我們對其仔細加以考察（本書接下來還會對此進行更全面的考察），那麼這些東西確實不值得大加讚賞。但是他奠定並確立了一個普遍理念，即**假象的客觀性**和**矛盾的必然性**，而矛盾屬於思維規定的**本性**。誠然，康德最初認識到這一點，是緣於理性把思維規定應用到**自在之物**身上，殊不知這些規定的本性恰恰在於，它們存在於理性之內，並且兼顧到自在存在著的東西。這個結果，**從它的肯定方面來領會**，無非是這些思維規定的內在**否定性**，無非是它們的自己推動著自己的靈魂，一切自然生命和精神生命的本原。但是，如果人們僅僅停留於辯證因素的抽象的—否定的方面，就會得出一個眾所周知的結果，即理性沒有能力認識無限者；——這是一個奇怪的結果，因爲，既然無限者是一個合乎理性的東西，那就等於說，理性沒有能力認識一個合乎理性的東西。

思辨因素就是立足於這裡所說的辯證因素，亦即在統一體中把握對立面，或在否定性東西中把握肯定性東西。這是最重要的一個方面，但對於一種還沒有經歷訓練、不自由的思維能力來說，卻是

最困難的一個方面。如果這種思維能力還不能擺脫感性的—具體的
表象活動和推理活動，那麼它必須首先透過抽象思維而訓練自己，
牢牢抓住各個概念的**規定性**，並且學會從這些概念出發進行認識。
出於這個目的，邏輯的闡述必須在方法上堅持之前提到的那種劃
分，而在涉及更詳細的內容的時候，必須堅持那些圍繞個別概念而
出現的規定，同時不要去考慮辯證因素。這個闡述雖然從外在形態
來看類似於這門科學的通常授課方式，但從內容來看則是與之不同
的，因為它的用途始終在於訓練一種抽象的（哪怕並非思辨的）思
維，而這個目的是那種因為摻和了心理學和人類學而變得流行的邏
輯根本不能滿足的。這個闡述將會給予精神一個循規蹈矩的整體的
形象，儘管整棟大樓的靈魂，那個活在辯證因素之內的方法，本身
並沒有出現在其中。

　　最後，考慮到**個體的教育以及個體與邏輯的關係**，我還要指出，
這門科學和語法一樣，顯現出兩種不同的面貌和價值。它對於一個
初次接觸邏輯乃至全部科學的人而言是一回事，對於一個從全部科
學那裡返回到邏輯的人而言又是另一回事。正如在一個剛開始學習
語法的人眼裡，各種形式和法則僅僅是一些枯燥的抽象表述、偶然
的規則，總而言之是一大堆孤立的規定，這些規定僅僅揭示出那些
處於其直接名義下的東西的價值和意義；認識活動在它們那裡首先
認識到的，無非是這樣一些東西。反之，只有當一個人掌握了一門
語言，同時知道把這門語言與其他語言進行比較，他才會在一個民
族的語言的語法中感受到這個民族的精神和文化；從現在起，同樣
的規則和形式具有了一個充實的、活生生的價值。他能夠透過語法
而認識到精神的整個表現，認識到邏輯。同樣，在一個初次接觸科
學的人眼裡，邏輯首先是一個充斥著抽象表述的體系，這個體系侷
限於自身之內，不涉及別的知識和科學。實際上，當面對世界觀念

[53]

[54]

的豐富寶藏，面對其他科學的真實顯現的內容的時候，絕對科學許諾要揭示出這個豐富寶藏的**本質**，揭示出精神和世界的**內在本性**，揭示出**真理**，相比之下，這門科學反而透過其抽象的形態，透過其平淡的、冰冷的、單純的、純粹的規定，表現出這樣一副姿態，即它既不是去承諾，也不是空蕩蕩地站在那個豐富寶藏的對面，而是去實現一切。邏輯的初學者認為，邏輯的意義侷限在它自身之內，其內容也僅僅是一種關於思維規定的孤立研究，**除它之外**，其他科學研究都具有自足的素材和單獨的內涵；或許邏輯性對這些研究有一種形式上的影響，但這種影響更像是一種自說自話，而且科學的形態及其相關研究在必要情況下其實可以捨棄這種影響。從整體上看，其他科學已經拋棄了合乎規則的方法，也就是說，它們不再是一個由定義、公理、定理及其證明構成的序列；而所謂的「自然邏輯」反而以為自己能夠在其中發揮作用，以為自己能夠在對思維本身一無所知的情況下繼續前進。到最後，這些科學的素材和內容反而認為自己完全獨立於邏輯性，而且比邏輯性更適合於每一種類型的感覺、情感、表象和實踐興趣。

　　所以，無論如何，邏輯必須首先被當作一種可理解和可認識的東西來學習，但剛開始的時候，人們並不懂得它的廣度、深度和進一步的意義。只有當人們對其他科學具有更深刻的認識，邏輯性對主觀精神而言才會提升為這樣一個普遍者，它不是一種單純抽象的東西，而是把特殊東西的豐富寶藏包攬在自身之內；──好比同一句諺語，既可以從一個年輕人的嘴裡說出來，也可以浮現在一個飽經滄桑的成年人的精神裡面；即使年輕人完全正確地理解了其中意思，但他的話畢竟不具有成年人的精神所蘊含的意義和範圍，因此只有對成年人來說，這句諺語的內容所蘊含的全部力量才會表達出來。同樣，只有當邏輯性已經成為諸科學的經驗的結果，它的價值

[55]

才會得到人們的尊重；從此以後，精神才會發現，邏輯性是一個普遍眞理，不是一種與其他素材和實在性**並列**的**特殊**知識，而是所有這些內容的本質。

現在，儘管在學習的開端，精神並不覺得邏輯性已經具有這種自覺的力量，但透過學習，精神在自身內感受到了一種同樣強大的力量，這力量把它導向全部眞理。邏輯的體系是一個陰影王國，一個由單純本質性構成的世界，擺脫了一切感性的具體東西。學習這門科學，停留在這個陰影王國裡面進行勞作，乃是意識的絕對教化和絕對訓練。在這個過程中，意識從事的是一項遠離感性直觀和感性目的、遠離情感、遠離單純意謂的表象世界的事業。就其否定的方面來看，這項事業在於避免一種偶然的推理式思維和隨意性，不讓這些或那些相反的理由隨便冒出來成爲一種有效的東西。

特別是透過這個方式，思想贏得了獨立性和自由。思想定居在抽象活動裡，定居在那些缺乏感性基質的概念的推進過程中，成爲一種不自覺的力量，能夠把別的許多知識和科學納入到一個合乎理性的形式之內，理解並且堅持它們的根本要點，同時以剝離外在東西的方式從它們那裡提煉出邏輯性，—— 或者也可以說，用一切眞理的內涵去充實之前透過學習而獲得的邏輯性的抽象基礎，賦予邏輯性以普遍者的價值，這個普遍者不再是一個與其他特殊東西並列的特殊東西，毋寧說，它統攝所有這些東西，是它們的本質，是絕對眞相（das Absolut-Wahre）。 [56]

邏輯的普遍劃分

關於這門科學的**概念**，以及這個概念的論證的歸宿，之前所說的東西包含著一個意思，即這裡的普遍劃分只能是**暫時性的**，只能依據作者對這門科學已經了解的程度，而正是基於這種了解，作者

在這裡能夠**以歷史學的方式**預先指出，概念在其發展過程中按照規定要經歷哪些主要區別。

誠然，人們可以預先試著去大致了解，**劃分**需要以什麼東西作為依據，但在這樣做的時候，人們必須遵循一個方法，而這個方法只有在科學的範圍內才會得到完整的理解和辯護。——因此首先有必要提醒，這裡已經假定，**劃分**必須和**概念**連繫起來，或更確切地說，劃分必須包含在概念自身之內。概念不是未規定的，而是在其自身**已經被規定**；劃分**以展開的方式**表達出概念的這個**規定性**；劃分是概念的**原初分割**或**判斷**③，這不是**關於**某個外在對象的判斷，而是原初分割活動或判斷活動本身，也就是說，是概念在其自身那裡的**規定活動**。三角形可以按照「直角性」、「銳角性」、「等邊性」等規定來劃分，但這些規定並未包含在三角形自身的規定性之內，也就是說，並未包含在通常所謂的「三角形」概念之內。同樣，一般意義上的「動物」或「哺乳動物」、「鳥」等概念也沒有包含什麼規定，據此把「動物」劃分為「哺乳動物」、「鳥」等等，並且[57]　把這些種劃分為進一步的屬。毋寧說，這些規定來自於別的地方，來自於經驗直觀；它們是從外面附加到那個所謂的概念上面的。在以哲學的方式進行劃分的時候，概念必須表明自身包含著這些規定的來源。

但在導論裡面，「邏輯」這一概念自身已經被看作是一門高高在上的科學的結果，隨之在這裡同樣被宣布為一個**預設**。這樣一來，邏輯就把自身規定為一門關於純粹思維的科學，後者以**純粹知**

---

③ 德語的「判斷」（Urteil）一詞在字面上同時有「原初分割」（Ur-teilung）的意思。在黑格爾之前，費希特、荷爾德林和謝林已經指出這個術語的雙重意味。——譯者注

識爲自己的本原，不是擁有一個抽象的統一體，而是擁有一個具體的、活生生的統一體，因爲人們在這裡認識到，首先，一個主觀的、**自爲存在著的**意識與一個**存在著的**、客觀的意識之間的對立已經被克服，其次，存在是自在的純粹概念本身，而純粹概念是眞正意義上的存在。就此而言，「存在」和「純粹概念」是包含在邏輯性裡面的兩個**環節**。但人們現在已經認識到，二者是**不可分割的**，而不是像在意識裡面一樣，每一方**也是自爲存在著的**。只有當人們認識到，二者既是**區分開的**，同時又不是自爲地存在著的，它們的統一體才不是一個抽象的、僵死的、靜止的東西，而是一個具體的東西。

與此同時，這個統一體把邏輯本原改造爲一個**要素**，因此那個從一開始就包含在邏輯本原裡面的區別只能在這個要素的**內部**展開自身。正如之前所說，由於劃分（亦即概念的**原初分割**或**判斷**）是指設定一個已經內在於概念的規定，隨之設定概念的區別，所以人們不應當認爲這個設定活動就是爲了把那個具體的統一體重新消解爲它的各種規定，彷彿這些規定能夠作爲自爲地存在著的東西而發揮效用，因爲這個做法只會徒勞無功地返回到此前的立場，返回到意識的對立；眞正說來，這個對立已經消失了；那個統一體保持爲要素，而那種進行劃分，或者說一般地進行展開的區分活動也不會逾越這個要素。這樣一來，早先那些（在**走向眞理的道路**上）自爲地**存在著**的規定，比如「主觀東西」和「客觀東西」、「思維」和「存在」、「概念」和「實在性」等等——無論它們是從哪個角度得到規定——，**如今按照它們的眞理而言**，亦即按照它們的統一體而言，就被降格爲一些**形式**。但按照它們的區別而言，它們本身**自在地看來**仍然是完整的概念，而這個概念在劃分裡僅僅被設定在它自己的各種規定下面。

[58]

　　　　完整的概念就是這個樣子，它有時候被看作**存在著的概念**，有時候被看作**概念**；在前一種情況下，它僅僅作爲**自在的**概念，作爲「**實在性**」或「**存在**」的概念，**存在著**，而在後一種情況下，它是嚴格意義上的概念，即**自爲地存在著**的概念（如果以一些具體形式爲例，那麼可以說，嚴格意義上的概念出現在思維著的人那裡，甚至已經出現在具有知覺的動物和全部有機個體性那裡，但這時它當然不是一個**自覺**的概念，更不是一個**被認識到**的概念；反之，**自在的**概念僅僅出現在無機自然界裡面）。—— 就此而言，邏輯可以首先劃分爲兩種邏輯，一種研究**作爲存在的概念**，一種研究**作爲概念的概念**，或者說—— 如果我們使用一些通行的說法（儘管這些說法是最不確定的，隨之是最有歧義的）—— 劃分爲**客觀**邏輯和**主觀**邏輯。

　　　　但是，從根本上的要素（即概念在自身之內的統一體）來看，並且從概念的各種規定的不可分割性來看，這些規定至少必須是相互**關聯**的，哪怕它們已經**被區分**開，哪怕概念是按照它們的**區別**而被設定的。由此得出一個**中介活動**的層面，在這裡，概念是各種**反映規定**的體系，即一種向著概念的**內化存在**過渡的存在，因爲透過這個方式，概念本身尚未被設定爲**作爲概念**的概念，而是同時黏附著一種直接的存在，把它當作自己的外觀。這就是**本質論**，它介於存在論和概念論之間。—— 按照這部《大邏輯》的普遍劃分，本質論仍然從屬於**客觀**邏輯，原因在於，儘管本質已經是內核，但**主體**的特性必須被明確保留給概念。

[59]　　　　近代以來，康德④提出一種**先驗邏輯**，與通常所謂的邏輯相對

---

④ 我要提醒讀者，我之所以在這部著作裡經常考察康德哲學（或許這在某些人看來完全是多此一舉），原因在於，康德哲學—— 至於別人以及我的這部著作是如何看待康德哲學的確切規定和特殊論述，這是無關緊要的—— 構成了近代德

立，而這裡所謂的**客觀邏輯**在某些方面就相當於康德的**先驗邏輯**。
康德認為，先驗邏輯在以下兩個方面區別於他所說的普通邏輯：
(1)先驗邏輯考察那些先天地與**對象**相關聯的概念，因此並未抽離
客觀認識的全部**內容**，換言之，它包含著某些規則，指導我們純粹
地思維一個**對象**；(2)與此同時，先驗邏輯考察我們不能歸之於對
象的那種認識的起源。—— 康德的哲學旨趣幾乎完全指向第二個
方面。他的根本看法是，**範疇**必須被判歸給作為**主觀**自我的自我意
識。按照這個規定，認識仍然侷限於意識及其對立之內，除了感覺
到的和直觀到的經驗東西之外，還剩下某個東西，一個不是由思維 [60]
著的自我意識加以設定和規定的東西，即一個**自在之物**，一個外在
於思維的陌生東西；然而我們很容易發現，諸如「**自在之物**」之類
抽象東西本身僅僅是思維的一個產物，而且僅僅是一種抽象思維的
產物。—— 另外一些康德主義者⑤在談到**對象**是由自我所規定時，
是這樣說的：自我的客觀化必須被看作是意識的一個原初而必然的
行動，因此「自我」觀念尚未出現在這個原初的活動裡面 —— 因為

國哲學的基礎和出發點，而且無論人們怎麼非難它，它的這個功績都不會有絲
毫削減。此外，我在客觀邏輯裡之所以經常考察康德哲學，也是因為後者深入
討論了邏輯性的重要而**更具體**的方面。與此相反，後來的各種哲學闡述不但不
關注邏輯性，反而在某些方面經常對此表露出一種粗俗的 —— 但並非沒有遭到
懲罰的 —— 蔑視。在我們這裡最為流行的哲學思考**並沒有**超越康德的結論，即
理性不可能認識到真正的內涵，因此絕對真理必須託付給信仰。也就是說，康
德的結論在這種哲學思考裡成為一個直接的開端，至於康德為了得出這個結論
而做出的先行論述，作為一種哲學認識活動，則是從一開始就被割捨掉了。這
樣一來，康德哲學的用處就是為那種懶惰的思維提供一個靠墊，讓其躺在上面
休息，彷彿一切東西都已經得到證明，得到解決。所以，當人們在這樣一種徒
勞無益的、枯燥無味的休息裡不能獲得知識並掌握思維的一個特定內容，就必
須轉向那個先行的論述。—— 黑格爾原注
⑤ 這裡指費希特。—— 譯者注

「自我」觀念僅僅是對於那個意識的一個意識，或者說僅僅是那個意識自身的客觀化——。既然如此，我們可以進而認爲，一般說來，這個擺脫了意識對立的客觀化行動就是嚴格意義上的**思維**。⑥但在這種情況下，這個行動就不應當再叫做意識，因爲意識在自身內包含著自我與它的對象的對立，而這個對立不可能出現在那個原初行動之內。「意識」這個名稱把一種主觀性假象投射到原初行動身上，其作用遠甚於「思維」這個術語，因爲一般說來，這裡的「思維」應當在絕對的意義上被理解爲一種**無限的**、沒有與意識的有限性黏附在一起的思維，簡言之，**真正意義上的思維**。

　　由於康德哲學的旨趣主要指向思維規定的所謂的**先驗性**，所以它對於這些思維規定本身的探討最終淪爲空談；「自在的思維規定本身是什麼東西」，「如果不考慮它們和自我之間的那種抽象的、千篇一律的關聯，其相互規定性和相互關係是怎樣的」，這些問題

[61]　都沒有成爲考察的對象；就此而言，康德哲學對於我們認識思維規定的本性沒有提供絲毫助益。在這裡，唯一相關的旨趣出現在對理念的批判裡面。哲學的眞實進步包含著一個必要的環節，即把思維的旨趣導向形式方面，去考察自我、嚴格意義上的意識（即一個主觀知識與一個客體的抽象關聯），以便透過這個方式逐漸認識到那種**無限的形式**，亦即概念。但是爲了達到這種認識，還必須剝離那個有限的規定性，因爲它使形式表現爲自我、意識等等。形式一旦

---

⑥ 由於自我的**客觀化**行動這個說法有可能讓人聯想到精神的另外一些產物，比如幻想的產物，所以有必要指出，這裡談論的是如何規定一個對象，而且這個對象的內容環節**並不隸屬於感覺和直觀**。這樣的對象是一個**思想**，而所謂「規定一個思想」，一方面意味著首先創造出它，另一方面意味著把它當作一個預設的東西，然後在它之上提出進一步的思想，以思維的方式進一步發展它。——黑格爾原注

透過思維而達到其純粹性，就會在自身之內**規定**自己，亦即給予自己以內容，而且這個內容是一種必然的東西，——即思維規定的體系。

由此看來，客觀邏輯毋寧說是取代了從前的**形上學**，因爲形上學曾經是一座凌駕於世界之上的科學大樓，一座應當僅僅透過**思想**而建造起來的大樓。—— 如果我們考察這門科學的塑造過程的最終形態，那麼可以說，客觀邏輯首先直接取代了**本體論**，—— 在從前的形上學裡，這個部分應當研究一般意義上的「Ens」⑦的本性；「Ens」在自身內既包含著**存在**，也包含著**本質**，而值得慶幸的是，德語用不同的術語拯救了這個區別。—— 但這樣一來，客觀邏輯也把形上學的其餘部分包攬在自身內，因爲這些部分試圖透過純粹的思維形式來把握那些特殊的、首先取材於表象的基體，比如靈魂、世界、上帝等等，而且**思維的規定**構成了考察方式的**本質性東西**。但邏輯在考察這些形式的時候，抽離了那些基體，抽離了**表象**的主體，僅僅關注它們自在且自爲的本性和價值本身。從前的形上學忽視了這一點，因此遭到一個公正的責難，即它在**未經批判**的情況下使用這些形式，沒有首先去探討，它們是否以及如何能夠成爲康德所謂的自在之物的規定，或更確切地說，理性東西的規定。—— 因此，客觀邏輯是這些形式的眞正批判 —— 這個批判不是按照先天性的抽象形式去考察它們與後天性東西的對立，而是按照它們的特殊內容考察它們自身。 [62]

主觀邏輯是**概念**的邏輯，—— 在這裡，概念意味著本質已經揚

---

⑦ 拉丁文的 Ens 對應於希臘文的 Ousia，包含著「存在」（Sein）、「本質」（Wesen）、「存在者」（das Seiende）等意思。有鑑於此，我們在這裡保留原文，沒有用一個固定的術語翻譯它。——譯者注

棄了它與存在或它的映像的關聯，並且按其規定而言不再是一個外在東西，而是一個自由獨立的、在自身內自己規定自己的主觀東西，或更確切地說，**主體**自身。── 由於主觀東西摻雜著一個誤解，彷彿它是一種偶然而隨意的東西，或是一些完全隸屬於**意識**的規定，所以這裡不必刻意強調主觀東西和客觀東西的區別，因為這個區別隨後會在邏輯自身之內更明確地展開自身。

　　因此總的說來，邏輯分為**客觀**邏輯和**主觀**邏輯；更確切地說，它具有以下三個部分：

　　I.　**存在的邏輯**，

　　II.　**本質的邏輯**和

　　III.**概念的邏輯**。

第一卷 存在論

[65]

科學必須以什麼作爲開端？

　　近代以來人們才意識到，在哲學裡找到一個**開端**是一件困難的事情，至於這個困難的理由以及解決困難的可能性，已經得到多方面的討論。哲學的開端必須要麼是一個**經過中介的東西**或**間接的東西**，要麼是一個**直接的東西**，而我們很容易指出，它既不可能是前者，也不可能是後者；因此，無論人們是以這個方式還是以那個方式作出開端，都會遭到反駁。

　　誠然，一種哲學的**本原**也表達出了一個開端，但這不是一個主觀的開端，而是一個**客觀的**開端，亦即**萬物**的開端。本原是一個在某方面已規定的**內容**：水、一、努斯、理念，——實體、單子等等；或者說，當本原與認識活動的本性相關聯，隨之不是一個客觀的規定，毋寧僅僅是一個標準——思維、直觀、感覺、自我、主體性自身——，它在這裡關注的仍然是一個內容規定。與此相反，開端本身始終是一個主觀東西，意味著以偶然的方式開始一種講授，因此不受重視，無關緊要，相應地，「以什麼作爲開端？」這一問題的迫切性在重要程度上也不如本原的迫切性，因爲似乎只有在本原那裡，人們才會關注**事情**，關注什麼是**真相**，什麼是一切東西的**絕對根據**。

　　但就開端而言，近代人們的束手無策是起源於一個更深層次的需要。有些人還沒有認識到這個需要，所以他們要麼以獨斷論的方式去證明本原，要麼以懷疑主義的方式找到一個主觀的標準，用來

[66]　反對獨斷論的哲學思考；還有一些人完全否認這個需要，而是像放冷槍一樣，企圖以他們的內心啓示或信仰、理智直觀等等爲開端，

拋棄**方法**和邏輯。早期的抽象思維首先關注的，僅僅是作為**內容**的本原，但透過持續推進的教化，它被迫來到另一個方面，開始重視**認識活動**的行為舉止，而在這種情況下，**主觀**行動也被理解為客觀真理的本質環節，同時產生出一個需要，力圖讓方法與內容、**形式**與**本原**達成統一。就此而言，**本原**也應當是開端，那對於思維而言是**前提**的東西，也應當是思維**進程**裡的**第一位東西**。

　　這裡只需要考察，**邏輯的**開端以何種方式顯現出來；剛才已經指出，我們可以從兩個方面看待這個開端，即它要麼是一個間接得到的結果，要麼是一個直接的真正開端。這裡我們不去探討那個在時代的塑造過程中看起來如此重要的問題，即對於真理的知識究竟是一種直接的、絕對從頭開始的知識，一種信仰呢，抑或是一種間接的知識？就這樣一種**預先的**考察是可能的而言，我已經在別的地方（在我的《哲學科學百科全書》1830 年第三版「概論」第 61 節以下[①]）做了這件事情。此處我只想引用那裡的一個論點，即無論在天上、自然界、精神裡，還是在任何別的地方，都**沒有**什麼東西不是同時包含著直接性和間接性，也就是說，這兩個規定總是表現為**未分割**和**不可分割**的，它們的對立是一個虛無縹緲的東西。但是，當牽涉到**科學的探討**，那麼可以說，每一個邏輯命題裡面都包含著直接性和間接性的規定，包含著對於它們的對立及其真理的探討。由於這個對立在與思維、知識、認識活動相關聯的時候，獲得了直接**知識**或間接**知識**的更為具體的形態，所以我們既可以在邏輯 [67] 科學的內部考察一般意義上的認識活動的本性，也可以在精神科學和精神現象學裡面考察認識活動的其他更為具體的形式。然而有些

[①] 此處指《哲學科學百科全書》第一卷（即《小邏輯》）中的「思想對待客觀性的第三種態度」，即「直接知識」部分（第 61-78 節）。—譯者注

人企圖在科學**之先**就純粹地洞察認識活動，這意味著，企圖在科學**之外**探討認識活動；如果是在科學**之外**，那麼這件事情至少不可能以科學的方式達成，而科學的方式在這裡是我們唯一關注的東西。

　　所謂開端是**邏輯的**，意思是說，它應當起源於一個自由的、自為存在著的思維要素，起源於**純粹知識**。由此看來，開端之所以是**間接的**，在於純粹知識是**意識**的最終的、絕對的眞理。我在本書導論中已經指出，**精神現象學**是意識的科學，是一種呈現，即意識如何最終達到科學的**概念**（即純粹知識）。就此而言，邏輯的前提是一門以顯現著的精神爲對象的科學，這門科學包含並且揭示出純粹知識這一立場的必然性（從而證明了這一立場的眞理），以及這裡面的全部中介過程。在這門以顯現著的精神爲對象的科學裡，我們的出發點是一種經驗的、**感性的**意識，而這就是眞正意義上的**直接**知識；與此同時，我們也探討了這種直接知識包含著什麼東西。至於別的意識，比如對神性眞理的信仰、內在經驗、透過內在啓示而獲得知識等等，我們只需稍作思考，就會發現，它們根本不能被當作直接知識的例證。在《精神現象學》裡，直接知識也是科學裡的第一位東西和直接東西，因此是一個前提；與此相反，邏輯的前提是那個在上述考察中已經證實爲結果的東西，——即作爲純粹知識的理念。**邏輯是一門純粹的科學**，亦即一種全面展開的純粹知識。按照那個結果的規定，這個理念是一種已經成爲眞理的確定性，從一[68]個方面來看，這種確定性不再與對象相對立，而是把對象吸納到自身內，知道對象就是它自己，——從另一個方面來看，這種確定性不再認爲自己是一個與對象相對立、不消滅對象不罷休的東西，而是剝離或外化了這種主觀性，並且與它的剝離活動或外化活動形成一個統一體。

　　按照純粹知識的這個規定，開端始終處於它的科學之內，對此

我們唯一需要做的事情，就是去考察，或更確切地說，把人們通常具有的全部反思和全部意謂放在一邊，僅僅去接納**當下呈現出來的東西**。

純粹知識，作為**一種已經融合到這個統一體之內的知識**，已經揚棄了它與一個他者以及中介過程的連繫；這樣一來，這個無區別的東西東西就不再是一種知識；當下呈現出來的僅僅是一種**單純的直接性**。

「單純的直接性」本身是一個反思表述，意味著把中介者區分開來。因此，按照其真正的表述，這個單純的直接性乃是**純粹存在**。正如**純粹**知識只能在一種完全抽象的意義上叫作知識本身，同樣，純粹存在也只能叫作一般意義上的**存在**；存在，此外無他，沒有任何進一步的規定和充實。

在這裡，存在是開端者，並且呈現為一個透過中介過程 ——這個中介過程同時揚棄了自己 —— 產生出來的東西；它以純粹知識為前提，而純粹知識是有限知識或有限意識的一個結果。但是，由於開端不應當有任何前提，而是本身應當被看作是一個**直接的**東西，所以這個規定僅僅意味著，開端應當是邏輯的開端或思維本身的開端。當下呈現出來的，只是一個決心（人們也可以把這個決心看作是一個獨斷決定），即人們想要考察思維本身。就此而言，開端必須是一個**絕對的**開端，或在這裡換個同樣意思的說法，必須是一個抽象的開端；它不可以**預設任何東西**，既不能以任何東西為中介，也不能有一個根據；毋寧說，它本身必須是整個科學的根據。因此開端必須絕對地是**一個**直接的東西，或更確切地說，它必須是**直接的東西本身**。它既不能相對一個他者而具有一個規定，也不能在自身之內包含著任何規定或內容，因為這類東西意味著不同東西的相互區分和相互關聯，隨之意味著一個中介過程。因此開端是純粹存在。

[69]

　　至此我們已經簡要闡明，這個本身最單純的東西，即邏輯的
開端，首先僅僅意味著什麼。接下來我們可以補充幾點進一步的
反思，只不過這些反思不是爲了澄清和證實上述闡明（因爲這個闡
明本身已經完結了）而提出來的，而是僅僅由另外一些觀念和反思
造成的，後者有可能一開始就給我們帶來障礙，但是，和所有別的
先入之見一樣，它們也必須在科學自身之內得到解決。所以眞正說
來，這裡需要讀者給一點耐心。

　　有一個見解認爲，「絕對眞相」必須是一個結果，反過來，
結果又必須預設一個最初的眞相，但是，因爲最初的眞相是第一位
的東西，所以它從客觀方面來看是偶然的，從主觀方面來看是不可
認識的，──近代以來，這個見解已經造成一個想法，以爲哲學只
能以一個**假想的**和**懸疑的**眞相爲開端，因此哲學思考首先只能是一
種探尋（Suchen）。這是萊茵霍爾德②在其後期哲學思考中反覆鼓
吹的一個觀點，對此人們必須公正地承認，它在根本上的眞正旨趣
[70]　已經觸及哲學**開端**的思辨本性。在辨析這個觀點的同時，我們必須
初步了解，一般的邏輯推進過程具有什麼意義，因爲這個觀點在自

---

② 卡爾・萊昂哈德・萊茵霍爾德（Karl Leonhard Reinhold, 1758-1823）。──
原編者注。譯者補注：萊茵霍爾德是德國後康德時期的重要哲學家，曾任耶
拿大學和基爾大學教授。其代表作爲《人類表象能力新論》（*Versuch einer
neuen Theorie des menschlichen Vorstellungsvermögen*, 1789）、《糾正迄今
對於哲學的誤解的》（*Beyträge zur Berichtigung bisheriger Missverständnisse
der Philosophen*, 1790）以及《論哲學知識的基礎》（*Über das Fundament des
philosophischen Wissens*, 1791）。萊茵霍爾德哲學通常被稱作「基礎哲學」
（Fundamentalphilosophie）或「要素哲學」（Elementarphilosophie），他指出
康德哲學缺乏一個最爲堅實的基礎或本原，因此應當把意識（表象）當作哲學
的基礎或基本要素。這些思想對德國唯心主義（費希特、謝林和黑格爾）產生
了重要影響。

身內直接包含著一個對於推進過程的思考。也就是說，按照他的設想，哲學裡面的推進過程其實是一種倒退和奠基，唯有如此我們才會發現，那被當作開端的東西並非僅僅是一個隨意假定的東西，實際上，它既可以說是**真相**，也可以說是**最初的真相**。

人們必須承認，這是一個根本重要的考察 —— 它在邏輯自身之內將會更明確地展現出來 —— ，即推進過程意味著**回歸根據**，回歸**原初的**和**真實的**東西；那個被當作開端的東西，依賴於這個根據，而且實際上是由此產生出來的。 —— 因此我們發現，意識在它的道路上是從直接性出發（以之為開端），回溯到絕對知識（以之為它的最內在的**真理**）。也就是說，最終的東西、根據，同時也是最初的東西的源頭，後者首先作為直接的東西而登場。 —— 我們進而發現，絕對精神展現為一切存在的具體的、最終的最高真理，它在發展過程的**終點**那裡，自由地剝離或外化自身，並且放任自己具有一個**直接**存在的形態， —— 它決心創造出一個世界，而任何包含在這個世界裡面的東西，都曾經出現在那個先行於結果的發展過程之中，當它們處在這個顛倒過來的位置，就和自己的開端一起轉化為一種依賴於結果，把結果當作本原的東西。對科學來說，關鍵不是在於把一個純粹直接的東西當作開端，而是在於把科學的整體當作一個自身銜接的循環過程，在其中，最初的東西也是最終的東西，最終的東西也是最初的東西。

因此從另一個方面來看，運動的歸宿（它同時也是運動的**根據**）同樣必須被看作是**結果**。按照這個觀點，最初的東西同樣也是根據，最終的東西同樣也是一個推導出來的東西；因為，如果從最初的東西出發並透過正確推論而達到最終的東西（即根據），那麼根據就是結果。除此之外，那個製造出開端的東西，其**推進過程**只能被看作是開端的進一步規定，而在這種情況下，開端的東西始 [71]

終是一切後繼者的根據，不會從中消失。前進的意義不在於僅僅推導出一個**他者**或過渡到一個真正的他者那裡；—— 只要出現這種過渡，它同樣會再度揚棄自身。就此而言，哲學的開端是一個在全部後繼發展過程中當下存在著的、維繫著自身的基礎，一個始終並且完全內在於它的進一步規定中的東西。

透過這個推進過程，開端就丟棄了它的片面規定，不再是一個一般意義上的直接東西和抽象東西，而是轉變為一個經過中介的東西，相應地，科學的直線推進運動也**轉變為一個圓圈**。—— 與此同時我們發現，由於那個製造出開端的東西起初是一個尚未展開和缺乏內容的東西，所以它在開端那裡尚未被真正認識到，而且只有科學，確切地說一種完全展開的科學，才是一種完滿的、內容充實的、真正有根有據的對於開端的認識。

但是，因為**結果**只能作為絕對根據而出現，所以這種認識活動的推進過程既不是某種權宜之計，也不是一種懸疑的、假想的東西，而是必須由事情和內容的本性來決定。那個開端既不是某種隨意的、僅僅暫時得到承認的東西，也不是一種隨意顯現出來、不妨假定的東西，因為後面將會表明，人們把它當作開端是有道理的；這裡的情形和建構（Konstruktion）不一樣，後者的任務在於證明一個幾何學命題，但實際上，它們只是事後才表明，人們做出的那[72]些證明是有道理的，比如首先不由分說引出這些直線，然後在做證明的時候，從比較這些直線或角開始；至於究竟為什麼要引出這些直線或對它們進行比較，這本身卻是一件莫名其妙的事情。

由此可見，科學本身就給出**理由**，為什麼在純粹科學裡應當以純粹存在為開端。這個純粹存在是一個統一體，是純粹知識的歸宿，換言之，如果純粹知識本身作為形式仍然應當區別於純粹存在的統一體，那麼純粹存在就是純粹知識的內容。從這個方面來看，

這個**純粹存在**，這個絕對直接的東西，同樣也是一個絕對間接的東西。但同樣關鍵的是，純粹存在只能被看作是一個片面的東西，即一個純粹直接的東西，**原因恰恰在於**，它在這裡是開端。假若它不是這個純粹的無規定性，假若它已經得到規定，它就會被看作是一個經過中介的、已經進一步發展的東西；然而一個得到規定的東西已經包含著最初東西之外的一個**他者**。因此**開端自身的本性**就決定了，它是存在，此外無他。因此，為了進入哲學，這裡既不需要別的準備工作，也不需要別的反思和銜接點。

　　真正說來，從「開端是哲學的開端」這個命題裡面也不能得出開端的**更確切的規定**或**肯定的內容**。因為在開端那裡，在事情本身尚且無跡可循的那個地方，「哲學」僅僅是一個空洞的詞語，或者說僅僅是一個假定的、未經辯護的觀念。純粹知識僅僅提供一個否定的規定，即開端應當是一個**抽象的**開端。一旦純粹存在被當作純粹知識的**內容**，純粹知識就必須從它的內容那裡退出來，讓內容自己檢驗自己，而不是繼續對其作出規定。——換言之，因為純粹存在被看作是一個統一體，一個把最高程度的一體化知識與其對象統攝起來的統一體，所以知識已經消融在這個統一體裡面，與之沒有任何區別，從而沒有給統一體留下任何規定。——除此之外，這裡也沒有留下任何東西或內容，可以用來製造出一個更具體的開端。 [73]

　　即便是那個迄今都被當作開端的規定，**存在**，同樣也可以被拋棄，於是只剩下一個要求：「應當製造出一個純粹的開端。」在這種情況下，除了**開端**自身之外，沒有任何別的東西，那麼我們要看看，這個開端究竟是什麼。——這個提法同時可以被看作是對於某些人的善意建議，一方面，他們（不管出於什麼考慮）對於以存在為開端總是感到忐忑不安，更不相信存在能夠過渡到無，另一方面，他們唯一知道的事情，就是一門科學以**預設**一個**表象**為開

端──彷彿只要**分析**這個表象，相應的結果就能夠在科學裡提供最初已規定的概念。假如我們也考察一下這個方法，那麼我們仍然不具有什麼特殊的對象，因為開端，作為**思維**的開端，應當是一個完全抽象和完全普遍的東西，一個沒有任何內容的形式；這樣一來，我們除了一個單純的開端本身的表象之外，沒有任何別的東西。因此我們只需要看看，這個表象能夠提供什麼東西。

它尚且是無，而它應當成為某東西。開端不是純粹的無，而是一個應當引申出某東西的無；因此存在也已經包含在開端裡面。開端包含著二者，存在和無；開端是存在和無的統一體，── 換言之，開端作為非存在同時是存在，作為存在同時是非存在。

進而言之：存在和無作為**區分開的東西**位於開端裡面；因為開端指向某個他者；它是非存在，與存在相關聯，以之為一個他者；開端的東西尚未**存在著**；它剛剛達到存在。也就是說，開端包含著這樣一種存在，它脫離了非存在，或者說把非存在當作一個對立面而加以揚棄。

[74]　　　　進而言之，開端的東西已經**存在著**；但同樣地，它**尚未存在著**。因此對立雙方，存在和非存在，在開端裡面直接合為一體；換言之，開端是二者的**未區分的統一體**。

由此可見，對於開端的分析同樣提供了「存在」和「非存在」的統一體概念──或者說，在一個更為反思的形式下，提供了「區分開的存在」和「未區分的存在」的統一體概念──或「同一性」和「非同一性」的同一性概念。這個概念可以被看作是絕對者之最初的、最純粹的，亦即最抽象的定義，── 假若事情的關鍵在於絕對者的定義形式和名稱，那麼這個概念實際上就將是這樣一個東西。而在這個意義上，既然那個抽象概念是絕對者之最初的定義，那麼所有進一步的規定和發展也將僅僅是絕對者之更具體和更豐富

的定義。有些人之所以對於以**存在**爲開端感到不滿意，是因爲存在過渡到無，並且由此產生出存在和無的統一體；那麼，他們不妨仔細看看，相比以存在爲開端，這個從「**開端**」表象出發的開端，以及這個表象的分析（這些分析無疑是正確的，但同樣得出了存在和無的統一體），是否能夠令他們更滿意。

對於這個方法，我們還需要做進一步的考察。那個分析假定「開端」表象是一個熟知的東西；就此而言，它是參照其他科學的例子來進行的。這些科學預設自己的對象，然後帶著一種姑且如此的態度假定，每一個人對於這個對象都具有同樣的表象，都會在其中認識到大致相同的規定，而這些規定是透過分析、比較以及其他琢磨而在對象身上推敲出來的。問題在於，那個造成絕對開端的東西，必須同樣是一個熟知的東西；現在，如果它是一個具體的、隨之在自身之內得到多方規定的東西，那麼這個**自身關聯**就已經被預設爲某個熟知的東西；相應地，自身關聯被當作某個**直接的東西，而它並不是這樣的東西**；因爲它僅僅是不同東西之間的關聯，隨之在自身內包含著**中介過程**。除此之外，具體東西也摻雜了各種偶然的、隨意的分析和規定活動。究竟得出哪些規定，這取決於每一個人在他的直接而偶然的表象中**碰巧發現**了什麼。包含在一個具體東西或一個綜合統一體中的關聯，只有在這種情況下才是一個**必然的**關聯，即它不是被碰巧發現，而是透過諸環節之回歸這個統一體的運動而得出的，——這個運動與分析方法正好相反，後者是一種外在於事情本身的活動，僅僅隸屬於主體。[75]

更確切地說，這裡也意味著，那個造成開端的東西不可能是一個具體的東西，不可能是一個在**自身內部**包含著關聯的東西。假若它是這樣一個東西，就會在自身內部預設從一個最初的東西到一個他者的中介和過渡，其結果則是一個已經單純化的具體東西。然而

開端自身不應當已經是一個最初的東西**和**一個他者；假若它在自身內是一個最初的東西**和**一個他者，這就已經包含著一種得到推進的存在。因此，那個造成開端的東西，或者說開端自身，必須被看作是一個不可分析的東西，一個單純的、未經充實的直接東西，也就是說，必須被看作是一個完全空洞的**存在**。

有些人沒有耐心去考察抽象的開端，只想直接宣稱：「不應當以開端爲開端，而是應當乾脆俐落地以**事情**爲開端。」但這裡所說的事情無非是那個空洞的存在，因爲我們恰恰應當在科學的進程中才揭示出什麼是「事情」，而不能在科學之前就預設它是眾所周知的。

無論人們採用什麼形式，以獲得不同於空洞存在的另一個開端，這個開端都不能迴避上述缺陷。那些始終不滿意這個開端的人，不妨給自己提出一個任務，看看能不能以別的東西作爲開端，同時迴避這些缺陷。

[76]　　　這裡不能完全無視一個獨創的、在近代已經非常有名的哲學開端，即以**自我**爲開端。這個開端一方面來自於一個反思，即最初的眞相必須推導出一切後繼的東西，另一方面來自於一個需要，即最初的眞相應當是一個熟知的東西，或更確切地說，一個**直接確定的東西**。一般說來，這個開端並不是一個偶然的表象，即在一個主體那裡是這個樣子，而在另一個主體那裡又是另外的樣子。也就是說，自我，這個直接的自我意識，一方面本身首先顯現爲一個直接的東西，另一方面顯現爲一個在熟知程度上遠遠超過其他表象的東西；別的熟知的東西雖然隸屬於自我，但仍然是一個有別於自我的內容，隨之是一個偶然的內容；與此相反，自我是一種單純的自身確定性。但無論如何，自我**同時**也是一個具體的東西，或更確切地說，自我是最具體的東西，—— 它意識到自己是一個無限複

雜的世界。爲了讓自我成爲哲學的開端和根據，必須把這個具體的東西孤立出來，——透過這個絕對的行動，自我淨化自身，作爲抽象自我而進入自己的意識。但這樣一來，這個純粹的自我就**既不**是一個直接的自我，**也不**是我們的意識中通常熟知的那個自我，一個本應對每一個人而言都直接與科學連繫起來的自我。眞正說來，這個行動無非意味著提升到純粹知識的立場，在那裡不再區分主觀東西和客觀東西。但是，像這樣**直接**要求這個提升，它就僅僅是一個主觀的設定；爲了證明這是一個眞正合理的要求，我們必須已經揭示和呈現出，具體自我如何在自己那裡，透過它自己的必然性，從直接的意識推進到純粹知識。假若沒有這個客觀的運動，即使人們把純粹知識規定爲**理智直觀**，它也會顯現爲一個隨意的立場，或者甚至顯現爲意識的某一個經驗**狀態**的立場，對這種立場而言，差別僅僅在於，一個人能夠在自身內**碰巧發現**或製造出它，而另一個人做不到這一點。但是，由於這個純粹自我必須是一種事關本質的純粹知識，而純粹知識只有透過自身提升這個絕對行動才能夠被設定在個體意識之內，而不是直接現成地出現在個體意識裡面，所以恰恰在這種情況下，哲學的這個開端本來應當提供的一個好處就丟失了，也就是說，開端本來應當是某種絕對熟知的東西，每一個人都能夠在自身之內直接認識到它，並且將其與進一步的反思連繫起來；但實際上，那個純粹自我按照其抽象的本質性而言，是普通意識根本不熟悉的某種東西，是普通意識在自身之內根本不能碰巧發現的東西。相應地，這裡反而出現了一個壞處，即這樣一個錯覺，彷彿這裡談論的是某種熟知的東西，是經驗自我意識的自我，殊不知這裡談論的實際上是某種遠離經驗自我的東西。把純粹知識規定爲自我，不但會導致人們總是回想起主觀的自我（其侷限性本來應當是被忘掉的），而且始終保留著一個觀念，彷彿那些在自我的進

[77]

一步發展中湧現出來的命題和關係也能夠在普通意識之內出現（因為它們確實是由普通意識提出來的），並且被碰巧發現。這種混淆並未提供一種直接的清晰性，而是僅僅製造出一種更炫目的混亂和一種澈底的迷失；而從外在方面來看，它尤其引發了各種最粗俗的誤解。

此外，就一般意義上的自我的**主觀**規定性而言，純粹知識確實消除了自我的有限意味，使自我與一個客體之間不再有一個不可克服的對立。至少從這個理由來看，我們已經**沒有必要**保留純粹知識（作爲自我）的主觀態度和主觀規定。關鍵在於，這個規定不但會

[78] 帶來那個造成困擾的歧義，而且仔細看來，它始終是一個主觀的自我。那種以自我爲開端的科學的現實發展表明，客體在這個過程中具有並且保留著對自我來說是一個**他者**的恆常規定，因此那個作爲開端的自我並不是一種已經眞正揚棄了意識對立的純粹知識，而是仍然侷限在現象的範圍之內。

這裡還需要補充一個根本重要的注釋：即使**自在的自我**能夠被規定爲純粹知識或**理智直觀**，並且被樹立爲開端，但科學所關注的，不是那種**自在地**或**內在地**現成已有的東西，而是內在東西**在思維之內**的定在，以及思維在這個定在裡面具有的**規定性**。但理智直觀的**定在**，或者說永恆者或絕對者的**定在**（就理智直觀的對象被稱作永恆者、神性東西、絕對者而言），在科學的**開端**處只能是一個最初的、直接的、單純的規定，此外無他。至於這個定在隨後將會獲得哪些比單純的存在更豐富的名稱，這僅僅取決於，這樣一個絕對者如何進入**思維著的**知識，如何進入這個知識的表述。誠然，理智直觀以一種粗暴的方式排除了中介活動和那種進行證明的外在反思，但它所表述出來的東西，卻不只是單純的直接性，因此它是一個具體的、在自身內包含著不同規定的東西。但正如我們已經指出

的，對這樣一個東西的表述和呈現乃是一個中介化運動，它以諸多規定**之一**爲開端，推進到另一個規定，儘管這個規定也是向著最初規定的回歸；—— 與此同時，這個運動不應當是一個隨意的或武斷的運動。因此，在這樣一種呈現裡，**開端**不是具體東西本身，毋寧僅僅是一個單純的直接東西，它就是運動的出發點。此外，如果一個具體東西被當作開端，這裡也缺乏一個證明，即爲什麼那些包含在具體東西裡面的規定會連繫在一起。 [79]

因此，在表述絕對者、永恆者或上帝的時候（而且**上帝**本來有最無可爭辯的權利去擔任開端），如果它們的直觀或思想比純粹存在**包含著更多東西**，那麼**這些東西**應當首先**出現**在思維知識裡面，而不是首先出現在表象知識裡面。無論那些表述蘊含著多麼豐富的東西，**最初**出現在知識裡面的規定仍然是一個單純的東西，因爲只有單純的東西才包含著純粹開端，此外無他；只有直接的東西才是單純的，因爲只有在直接的東西裡，才不會已經有從一個東西推進到另一個東西的存在。就此而言，雖然絕對者或上帝的表象形式是一種更豐富的東西，但無論它們關於存在表述了什麼或應當包含著什麼，這些東西在開端處都僅僅是一個空洞的詞語，僅僅是存在；因此這個單純的東西，這個不具有任何進一步的規定的東西，這個空洞的東西，乃是哲學的絕對開端。

這個洞見本身是如此之單純，以至於可以說，眞正的開端既不需要什麼準備工作，也不需要什麼進一步的導論；至於前面那些先行的思考，其意圖與其說是要引伸出這個開端，不如說是要排除一切先行的東西。

存在的普遍劃分

首先，存在透過一般意義上的他者而被規定；其次，存在在自身之內規定自身；第三，只要拋棄這個先行的劃分，存在就是一種抽象的無規定性和直接性，在這種情況下，它必然是開端。

[80]　　　　按照第一個規定，存在分割自身，與本質相對立，也就是說，它在它的持續發展過程中表明，它的總體性僅僅是概念的一個層面或一個環節，與另一個層面相對立。

按照第二個規定，它是這樣一個層面，包含著它的反映的各種規定和整個運動。在那裡面，存在將會透過以下三個規定設定自身：

I. 作為規定性本身；質；

II. 作為已揚棄的規定性；大小，量；

III.作為就質而言已規定的量；尺度。

正如我們在導論裡一般地談到這些劃分的時候已經提醒的那樣，這裡的劃分是一個先行的列舉；它們的規定只有透過存在自身的運動才會產生出來，並透過這個方式而得到界定和辯護。通常的做法是列舉量、質、關係和模態之類範疇，而且康德僅僅把它們當作他的範疇表的綱目，但實際上，它們本身仍然是範疇，只不過是一些更普遍的範疇罷了。至於我們的劃分法與這種列舉法的分歧之處，這裡不必多言，因為整個具體的展開過程將會表明，它在哪些方面不同於範疇的通常秩序和通常意義。

唯一需要指出的是，通常的做法都是把量的規定放在質的規定前面提出來，而這——和絕大多數做法一樣——是毫無理由的。我

們已經指出，開端是由存在**本身**造成的，因此是由一個質的存在造成的。透過比較質和量，我們很容易發現，前者是本性上在先的東西。因為，量是一種已經轉變為否定者的質；**大小**是一個不再與存在合為一體，而是已經與之區分開的規定性，是一種已揚棄的、變得無關緊要的質。大小作為存在的規定，包含著存在的可變化性，但事情本身，亦即存在，並沒有因為大小就發生變化；與此相反，　　[81]
質的規定性卻是與它的存在合為一體，它既沒有超越存在，也沒有停留在存在內部，因為它是存在的直接的受限狀態。質作為**直接的**規定性乃是第一個規定性，因此它必須被當作開端。

　　尺度是一種**關係**（Relation），但不是一般意義上的關係，而是一種已規定的關係，即質和量之間的關係；康德放在關係綱目下的那些範疇將會在完全不同的地方找到自己的位置。如果人們願意，也可以把尺度看作是一種模態，但由於在康德那裡，模態不再構成內容的一個規定，而是僅僅應當涉及內容與思維、與主觀東西的關聯（Beziehung），所以這是一個完全異質的、不屬於此處的關聯。

　　存在的**第三個**規定之所以位於質的篇章之內，原因在於，存在作為一種抽象的直接性，把自己降格為一個個別規定性，與它在這個層面內的其他規定性相對立。

第一篇　規定性（質）

存在是無規定的直接東西；它既不具有一個與本質相對立的規定性，也擺脫了它在自身內部能夠獲得的任何規定性。這個與反映無關的存在是一個直接的、僅僅依附於自身的存在。

正因為它是無規定的，所以它是一個無質的存在；然而**自在地看來**，它只有在與**已規定的東西**或質的東西相對立時，才具有「無規定性」這一特性。一般意義上的存在與嚴格意義上的**已規定的**存在相對立；但這樣一來，它的「無規定性」本身就構成了它的質。因此事情將會表明：

首先，**最初的**存在是一個自在地已規定的存在；

其次，它在這種情況下過渡到**定在**，它就是**定在**；

第三，定在作為一個有限的存在揚棄自身，過渡到存在的無限的自身關聯，過渡到**自為存在**。

第一章　存在

A 存在（Sein）

存在，**純粹的存在，**—— 沒有任何進一步的規定。作為一個無規定的直接東西，它僅僅等同於它自己（而不是不同於一個他者），無論對內還是對外都不具有任何差異性。假若存在內部能夠區分出一個規定或內容，或透過這個方式使存在與一個他者區分開，它就會不再堅持自己的純粹性。它是純粹的無規定性和虛空。—— 如果這裡可以談到直觀，那麼在存在那裡**沒有任何東西**可供直觀；換言之，存在就是這個純粹的、空洞的直觀活動本身。在存在那裡，同樣沒有任何東西可供思考，或者說它同樣只是這個空洞的思維活動。存在，這個無規定的直接東西，實際上是**無**，既不比無更多，也不比無更少。 [83]

B 無（Nichts）

無，**純粹的無**；它是單純的自身等同，完滿的虛空性，既無規定，也無內容，在其自身之內沒有區分。—— 如果這裡仍然要談到直觀或思維，那麼就得區分，到底有某東西還是**沒有任何東西**可供直觀或思考。就此而言，對於無的直觀或思考便有了意義；只要區分有某東西或是沒有任何東西可供直觀或思考，無就**存在於**（實存於）我們的直觀活動或思維活動之內；或更確切地說，無就是空洞的直觀活動或思維活動本身，而這種空洞的直觀活動或思維活動

就是純粹存在。 —— 由此看來，「無」和「純粹**存在**」是同一個規定，或更確切地說，同一個無規定，因此二者總的說來是同一個東西。

C 轉變（Werden）

a 存在和無的統一體

因此純粹的存在和純粹的無是同一個東西。這裡的真理既不是存在，也不是無，而是從存在到無的過渡和從無到存在的過渡 —— 不是正在過渡，而是已經過渡。但二者的未區分狀態同樣不是真理，毋寧說，**二者不是同一個東西，二者是絕對區分開的**，但同時又是未分割和不可分割的，而且**每一方都直接消失在它的對立面裡面**。也就是說，它們的真理是這樣一個**運動**，即一方直接消失在另一方裡面，而這就是**轉變**；在這個運動裡，二者是區分開的，然而它們所依據的區別同樣已經直接地瓦解自身。

[84]　**注釋一**

「無」通常和「**某東西**」相對立；但某東西已經是一個已規定的存在者，有別於另一個某東西；因此，那個與某東西相對立的無，也是某東西的無，一個已規定的無。然而這裡所說的無應當被看作是一個未規定的、單純的無。 —— 有些人認為，相比把無和存在對立起來，更正確的做法是把**非存在**（Nichtsein）和存在對立起來，而且從結果來看，這似乎也沒有什麼可反駁的，因為**非存在**已經包含著與**存在**的關聯；在這裡，**一個**詞語〔「非存在」〕就表述

出了兩個東西，即「存在」和對於存在的「否定」，而這就是處於
轉變中的無。問題在於，這裡所關注的，既不是對立的形式，也不
是**關聯**的形式，而是一種抽象的、直接的否定，純粹的無本身，一
種無關聯的否定，——如果人們願意的話，也可以用單純的「**非**」
（Nicht）來表述這個東西。

　　埃利亞學派——尤其是巴門尼德，把「純粹存在」當作絕對者
和唯一的眞理，並且在他那些保存下來的殘篇裡面，帶著思維的純
粹亢奮（這是思維第一次在絕對抽象的意義上理解自己）——已經
首先表述了「**純粹存在**」這一單純的思想：「**只有存在存在，無根本
不存在。**」——在東方的各種體系裡，從根本上來說在佛教那裡，
「**無**」或「**空**」是眾所周知的絕對本原。——針對那個單純而片面
的抽象，深奧的赫拉克利特提出「**轉變**」這一更高層次上的總體性
概念，宣稱「**存在和無都同樣不存在**」或「**萬物流動**」，也就是說，
「**萬物都是轉變**」。——那些流行的，尤其是來自東方的諺語，比
如「一切存在者在出生的時候就包含著死亡的萌芽，而死亡反過來
意味著進入新的生命」等等，在根本上都表達了存在和無的同樣的
統一體。但這些說法都承認有一個基體，而過渡就是在這個基體上
面發生的；它們把存在和無想像爲一種在時間中分離崩析和不斷更
替的東西，而不是將其當作抽象的東西來思考，因此並未發現二者
自在且自爲地看來是同一個東西。

[85]

　　「Ex nihilo nihil fit」〔「無中生無」〕是形上學裡公認具
有重大意義的命題之一。在這個命題裡，或者人們僅僅看到一
種無內容的恆眞句，或者，如果其中的「**生成**」或「**轉變**」（fit,
Werden）一詞應當具有現實的意義，那麼毋寧說，由於**無中僅僅
生無**，所以在這中間實際上沒有發生任何**轉變**，因爲無始終是無。
轉變意味著，無不是保持爲無，而是過渡到它的他者，過渡到存

在。——後來的形上學（尤其是基督教形上學）之所以譴責「無中生無」這一命題，是因爲它們主張一種從無到存在的過渡；無論它們是以綜合的方式還是以單純表象的方式看待這個命題，總之，即使是一種最不完滿的聯合，也包含著一個點，在那裡，存在和無融合了，它們的區分消失了。——「無中生無，無就是無」這一命題的眞正重要性，在於它反對一般意義上的轉變，隨之反對從無中創造世界。那些主張「無就是無」，甚至爲這個命題奔走吶喊的人，沒有意識到，這些做法是在支持埃利亞學派的抽象泛神論，並且在實質上支持斯賓諾莎的泛神論。如果一種哲學觀點把「存在僅僅是存在，無僅僅是無」當作原則，就是名副其實的「同一性體系」；而這種抽象的同一性就是泛神論的本質。

　　儘管「存在和無是同一個東西」這一結果本身是聳人聽聞的，看起來是悖理的，但這件事情不值得進一步的關注；實際上，眞正令人詫異的是那樣一種詫異，它在哲學裡面以嶄新的姿態招搖登場，卻忘記了，這門科學裡面出現的規定完全不同於普通意識和所謂的普通人類知性裡面出現的規定，更何況這種知性不一定就是健全的，毋寧說，它已經在薰陶之下習慣於抽象，習慣於相信抽象（或更確切地說，迷信抽象）。在每一個例子裡，在**每一個現實的**東西或思想裡，要揭示出存在和無的這個統一體都是很容易的。此前關於直接性和中介過程（後者包含著一種**相互**關聯，隨之包含著一個**否定**）所說的東西，必須同樣適用於**存在和無**，也就是說，**任何地方，無論天上或是地下，都沒有什麼東西不是在自身內包含著存在和無這二者。**誠然，這裡談論的是**某一個東西**或**現實的**東西，因此那些包含在其中的規定不再是完全不眞實的東西——而作爲存在和無，它們是完全不眞實的——，而是在一個進一步的規定中，被理解把握爲**肯定東西**和**否定東西**等等，前者是一種已設定的、已折返的存

[86]

在，後者是一種已設定的、已折返的無；然而肯定東西和否定東西同樣包含著二者，只不過前者以存在為抽象基礎，後者以無為抽象基礎。—— 就此而言，在上帝自身內部，**行動**、**創世**、**權力**等性質在本質上同樣包含著一個否定的規定，—— 因為它們製造出一個**他者**。但在這裡，用經驗例子來解釋那個主張，完全是多此一舉。因為從現在起，存在和無的這個統一體，作為最初的真理，已經一勞永逸地成為基礎，並且構成一切後續東西的要素，因此除了「轉變」自身之外，所有進一步的邏輯規定，比如「定在」、「質」等等，乃至哲學的全部概念，都是這個統一體的例子。—— 至於那種以普通或健全自居的人類知性，如果它想要譴責存在和無之不可分割，那麼最好是費點心思找出一個例子，以表明一個東西和另一個東西（比如「某東西」和「界限」或「限制」，或如上面提到的，「無限者」或「上帝」和「行動」）在那裡是可分割的。實際上，只有「存在本身」和「無本身」之類空洞的思想物才是可分割的東西，然而知性卻是如此偏愛它們，勝過真理，勝過我們在任何地方 ［87］看到的二者的不可分割性。

　　人們不要企圖從所有方面去對付通常意識在處理這樣一個邏輯命題時所陷入的混亂，因為它們是不可窮盡的。這裡只能舉幾個例子。這類混亂的根據之一，在於當意識處理這類抽象的邏輯命題的時候，把某個具體東西的表象摻雜進來，卻忘記了，這裡所談論的，不是某個具體的東西，毋寧僅僅是「存在」和「無」等純粹抽象的東西，而且唯有這些東西是需要牢牢掌握的。

　　因為存在和非存在是同一個東西，**所以**，我存在或不存在，這棟房子存在或不存在，這一百個塔勒存在或不存在於我的財產狀況中，都是同一回事。—— 當人們對那個命題做出這樣的推論或應用，就完全改變了它的意義。命題包含著「存在」和「無」等純粹

抽象的東西；但它的應用已經製造出一個已規定的存在和一個已規
定的無。關鍵在於，正如之前所說，這裡談論的不是一個已規定的
存在。一個已規定的、有限的存在是一個與他者相關聯的存在；它
是一個內容，與其他內容、與整個世界有著必然的連繫。考慮到整
體的交互規定的連繫，形上學可以提出一個（在根本上恆真句的）
主張：「假若一粒塵埃被摧毀，那麼整個宇宙都會坍塌。」在那些
反對上述命題的託辭裡，某個東西究竟存在抑或不存在，這看起來
當然是至關重要的，但真正重要的不是存在或非存在，而是那個東
西的**內容**，這內容把那個東西和其他東西連繫起來。如果一個已規
定的內容或一個已規定的定在被當作**前提**，那麼，因為這個定在是
一個**已規定的**東西，所以它和其他內容有著多方面的連繫；而對於

[88]　這個定在而言，它與之相關聯的另一個內容究竟存在抑或不存在，
這當然是至關重要的；因為只有透過這樣一個關聯，它才在本質上
是它所是的那個東西。在**表象活動**中也是同樣的情形（這裡我們在
「表象活動」的更確定的意義上把非存在和現實性拿來做對比），
在它的連繫裡，一個內容（它被表象為一個已規定的、與他者相關
聯的東西）究竟存在抑或不存在，這確實是至關重要的。

　　這個考察所包含的東西，恰恰被康德當作一個主要論據，用來
批判關於上帝存在的本體論論證。對於康德的這個批判，我們在這
裡只談談其中出現的一個區別，即一般意義上的存在和**已規定的**存
在的區別，或者說一般意義上的無和**已規定的**非存在的區別。——
眾所周知，本體論論證預設了一個「本質」概念，這個本質具有全
部實在性，包括實存，因為後者同樣也被當作諸多實在性之一。康
德的批判主要強調一點，即「**實存**」（Existenz）或「存在」（這裡
作為同義詞）不是一個**屬性**，或者說不是一個**實在的述詞**，也就是

說，這個概念所指代的那個東西不能添加到一個物的**概念**上面。①
—— 康德希望以此表明，存在不是一個內容規定。他接著說道，
因此，「可能」並不比「現實」包含著更多東西，反過來，現實的
100 個塔勒也不比可能的一百個塔勒多包含一絲一毫；—— 也就是
說，從內容規定來看，前者和後者並無不同。就這個孤立出來予
以考察的內容而言，它究竟存在抑或不存在，這實際上是無關緊要
的；它並未包含著存在或非存在的區別，這個區別對它根本沒有任
何影響；100 個塔勒不會因為不存在就變得更少，也不會因為存在
就變得更多。因此這個區別必定是來自於別的什麼地方。—— 康德
提醒我們：「但是，就我的財產狀況而言，現實的 100 個塔勒當　　[89]
然多於一百個塔勒的單純概念或可能性。因為現實的**對象**不是僅僅
以分析的方式包含在我的概念裡，而是**以綜合的方式添加到我的概念上
面**（這個概念**規定著**我的一個**狀態**），與此同時，透過這個位於我
的概念之外的存在，這些位於思想中的 100 個塔勒本身並沒有增
加一絲一毫。」

　　為了保留康德的那些晦澀難懂的術語，我們可以說，這裡**預設**
了兩個狀態：一個是康德所謂的「概念」（他把它理解為表象），
另一個是「財產狀態」。無論對前者還是對後者而言，無論對財產
還是對表象而言，100 個塔勒都是一個內容規定，或者如康德所說
的那樣，它們以綜合的方式添加到這樣一個狀態上面；我究竟是**占
有**抑或不占有 100 個塔勒，或我究竟是**想像著**抑或沒有想像著一百
個塔勒，在這裡確實有著內容的區別。更一般地說：一旦「存在」
和「無」等抽象東西獲得一個已規定的內容，它們就不再是一些抽

---

① 康德《純粹理性批判》，第二版，第 626 頁以下（B 626 ff.）。—— 黑格爾原
　注

象東西；於是存在成爲「實在性」，成爲一個已規定的存在（100塔勒的存在），而無成爲「否定」，成爲一個已規定的非存在（100塔勒的非存在）。至於這個內容規定，100個塔勒，就其本身作爲一個抽象東西而言，在兩種情況下都沒有發生變化，仍然是同一個東西。但是，一旦存在接下來被當作財產狀態，100個塔勒就和一個狀態發生連繫，而對於這個狀態來說，「100個塔勒」這一規定性就不是無關緊要的；100個塔勒的存在或非存在僅僅是一個**變化**；它們已經轉移到**定在**的層面上面。所以，如果有人把「這個或那個東西（比如100塔勒）的存在或非存在畢竟不是無關緊要的」當作理由，以此反對存在和無的統一體，那麼這只不過是一個錯覺，即把我**擁有**或**不擁有**100個塔勒的區別簡單套用到存在和非存在上面，——正如已經指出的，這個錯覺立足於一個片面的抽象，它拋開這些例子裡面明擺著的**已規定的定在**，僅僅抓住存在和非存在，反過來又把本應得到正確理解的抽象存在和無轉化爲一個已規定的存在和無，轉化爲一個定在。但只有從**定在**開始，才包含著存在和無的實在區別，即**某東西**和一個**他者**的區別。——人們在表象中看到的，是這個實在的區別，而不是抽象的存在和純粹的無的區別，不是它們的僅僅位於意謂中的區別。

[90]

按照康德的說法，「某東西是透過實存而進入整個經驗的關聯」，「透過這個方式，我們額外獲得**知覺**的一個對象，但我們關於這個對象的**概念**並沒有因此有所增益。」正如我們已經澄清的那樣，這些說法的意思只不過是：「正因爲某東西在本質上是一個已規定的實存，所以透過實存，它與一個**他者**建立連繫，隨之也與一個知覺者建立連繫。」——康德說，100個塔勒的概念不會透過知覺而有所增益。在這裡，**概念**指之前所說的那些存在於**孤立**表象中的100個塔勒。透過這種孤立的方式，100個塔勒雖然是一個經

驗內容，但已經被抽取出來，和**他者**沒有關係，也缺乏相應的規定性；自身同一性的形式剝奪了它們與他者的連繫，使它們是否被知覺到成為一件無關緊要的事情。然而諸如「100 個塔勒」之類所謂的**概念**乃是一個虛假的概念；單純的自身關聯形式也不屬於這類受限的、有限的內容本身；這是主觀的知性強加在內容身上的一個形式；「100 個塔勒」不是一個自身關聯的東西，而是一個變動不居的、隨時消失的東西。

　　思維，或者說那種僅僅盯著一個已規定的存在（即定在）的表象活動，必須回溯到剛才說過的科學開端，即巴門尼德曾經提出的那個開端。巴門尼德已經把他的表象活動和後世的表象活動精煉並昇華為一個**純粹思想**，即存在本身，隨之創造出科學的要素。——　[91]
科學裡的最初東西必須表明自己在歷史上也是最初東西。我們必須把埃利亞學派的「**一**」或「**存在**」看作是我們關於思想所知道的最初東西；諸如「**水**」之類物質本原固然**應當**是普遍者，但它們作為物質，並非純粹思想；同樣，「**數**」既不是最初的單純思想，也不是一個停留於自身之內的思想，而是一個完全位於自身之外的思想。

　　從各種**特殊的、有限的**存在回溯到存在本身，回溯到那種完全抽象的、普遍的存在，這既應當被看作是一個最最基本的理論要求，甚至也應當被看作是一個實踐要求。也就是說，如果在談到100 個塔勒的得失的時候，「我究竟**擁有**抑或**不擁有**它們」，尤其是，「我究竟存在抑或不存在，或他者究竟存在抑或不存在」之類情況在我的財產狀態裡製造出一個區別，那麼——且不說對於某些財產狀態而言，是否占有 100 個塔勒完全是無關緊要的——需要提醒的是，人在他的意念中恰恰應當提升到一種抽象的普遍性，在這種情況下，他實際上既不關心 100 個塔勒（無論它們和他的財產狀態是什麼量化關係）究竟存在抑或不存在，也不關心他自己究

竟存在抑或不存在，亦即在有限的生命中究竟存在抑或不存在（因
為有限的生命是一個狀態，一個已規定的存在），如此等等。——
甚至一個羅馬人也說過，si fractus illabatur orbis, impavidum
ferient ruinae〔哪怕天崩地裂，他自巋然不動〕[②]，而基督徒更應當
處於這種漠不關心的狀態。

[92] 　　此外還需要指出，超越 100 個塔勒和全部有限事物，和本體
論論證以及康德的上述批判，這兩件事情有一個直接連繫。康德
的批判已經透過其通俗的例子而變得普遍可信；誰會不知道，100
個現實的塔勒和 100 個單純可能的塔勒是有區別的呢？誰會不知
道，二者在我的財產狀態裡構成了一個區別？因為這種差異性在
100 個塔勒身上表現得如此之突出，所以概念（即內容規定）作
為空洞的可能性不同於存在；**所以**，上帝的概念也不同於上帝的
存在，正如我不可能從 100 個塔勒的可能性中製造出它們的現實
性，同樣，我也不可能從上帝的概念中「刨出」（herausklauben）
上帝的實存；至於本體論論證，據說就是透過這個方式從上帝的概
念中「刨出」上帝的實存。現在，如果「概念不同於存在」確實是
正確的，那麼更值得注意的是，上帝不同於 100 個塔勒和其他有
限事物。只有按照**有限事物的定義**，概念才不同於存在，概念和實
在性、靈魂和身體才是可分割的，而它們因此是隨時消失的、有朽
的；反之，按照上帝的抽象定義，他的概念和他的存在是**未分割**和
不可分割的。真正的範疇批判和理性批判恰恰是要澄清對於這個區
別的認識，並且防止這種認識把有限者的規定和關係應用於上帝。

---

② 引文出自羅馬詩人賀拉斯（西元前 65—西元前 8 年）《抒情短詩集》第三部分
　　第 3 首。這句話形容的是斯多噶學派理想中的智者。——譯者注

注釋二

此外需要指出，還有一個理由促使人們更加反感這個關於存在和無的命題。這個理由認爲，「**存在和無是同一個東西**」這個命題並沒有完整地表述出透過考察存在和無而得出的那個結果。這個命題和一般的判斷一樣，都是著重強調「**是同一個東西**」，因爲在命題裡，只有述詞才敘述出主詞**是什麼東西**。就此而言，這裡的意義看 [93] 起來是要否認那個同時在命題裡直接出現的區別；因爲它敘述出了**兩個**規定，即存在和無，並且把二者當作已經區分開的東西包含在自身內。——但與此同時，這裡的意思並不是說，人們應當抽離它們，僅僅堅持統一體。這個意義本身就表明自己是片面的，因爲那些應當被抽離的東西就在命題裡明擺著，並且被提到。——現在，由於命題「**存在和無是同一個東西**」敘述出兩個規定的同一性，但實際上同樣把它們當作已經區分開的東西而包含在自身內，所以它是自相矛盾的，並且自行瓦解。如果我們進一步審視這個情況，就會發現，這裡提出的命題其實包含著一個運動，即透過自身而自行消失。但這樣一來，在這個命題自身那裡，就出現了一個應當構成其眞正內容的東西，即**轉變**。

就此而言，命題包含著結果，或者說命題就是**自在的**結果本身。但這裡有一個值得注意的情況或缺陷，即結果本身在命題裡面並沒有**被表述出來**；毋寧說，是一個外在的反思在命題裡面認識到結果。有鑑於此，我們必須從一開始就一般地提醒人們注意：命題，**在判斷的形式下**，不適宜用來表述思辨眞理；假若人們熟悉這個情況，就會克服許多對於思辨眞理的誤解。判斷是主詞和述詞之間的**同一性**連繫；在這裡，人們既不關心主詞比述詞具有更多的規定性，也不關心述詞是主詞的進一步發展。但現在的關鍵是，如果

內容是思辨的，那麼主詞和述詞的**非同一性因素**就同樣是一個本質環節，而這個環節在判斷裡並沒有被表述出來。近代哲學的許多東西之所以在那些不熟悉思辨思維的人看來是悖謬的和光怪陸離的，就是因爲人們總是用單純判斷的形式來表述思辨的結果。

[94]　　　爲了克服這個缺陷，以表述思辨眞理，人們首先用一個相反的命題即「**存在和無不是同一個東西**」來做補充，而這個命題在前面同樣已經被說出來了。但在這種情況下，產生出另一個缺陷，即上述兩個命題是彼此無關的，隨之僅僅在二律背反中把內容呈現出來，哪怕它們的內容是與同一個東西相關聯的，而且兩個命題表述出來的規定應當絕對地聯合起來，——在這種情況下，我們只能說，這個聯合是**互不相容的東西**的一種**躁動**，亦即**一個運動**。最常見的那種強加於思辨內涵身上的偏頗做法，就是把這個內涵弄成一種片面的東西，亦即僅僅強調相互對立的兩個命題中的一個，殊不知這個內涵能夠化解在兩個命題裡面。誠然，人們可以主張這個命題，這是不容否認的；**這個說法既是正確的，也是錯誤的**，因爲，只要人們從思辨東西裡面拿出**一個**命題，就至少必須同時重視並且提出另一個命題。——這裡尤其有必要提到「統一體」這個所謂的不幸詞語；「**統一體**」（Einheit）甚至比「**同一性**」（Identität）更加標示著一種主觀反思；它主要被看作是一個關聯，一個透過**比較**和外在反思而得出的關聯。每當外在反思在兩個**不同的對象**那裡看到同一個東西，這裡就有一個統一體，與此同時，外在反思假定，相對於這個統一體而言，那被拿來做比較的對象本身是完全**漠不相關的**，而在這種情況下，這種比較行爲和統一體就絲毫不涉及對象本身，毋寧僅僅是一種外在於對象的行動和規定。因此統一體表達了一種完全**抽象**的同一性，而它敘述的對象愈是表現出巨大的區別，它就愈是強硬和引人注目。就此而言，那麼不說「統一體」，而是僅僅

說「未分割」和「不可分割」，似乎是一個更好的辦法，但這樣一來，整體關聯的**肯定方面**就沒有被表達出來。

因此，這裡得出的完整而真實的結果，乃是**轉變**，而且它並非 [95] 僅僅是存在和無的片面統一體或抽象統一體。毋寧說，轉變立足於這樣一個運動：(1)純粹存在是一個直接而單純的東西；(2)因此這個東西是純粹的無；(3)二者的區別一方面**存在著**，另一方面**揚棄自身，不存在著**。因此，這個結果雖然主張存在和無的區別，但這僅僅是一個**意謂中的**區別。

按照人們的**意謂**，存在是無的一個絕對他者，它們的絕對區別是一件再清楚不過的事情，而且說出這個區別看起來也是一件再輕鬆不過的事情。然而我們同樣可以很輕鬆地讓他們意識到，這件事情是不可能的，這個區別是**不可言說的**。**那些企圖堅持存在和無的區別的人，不妨給自己一個任務，看看能否說出這個區別存在於什麼地方**。假若存在和無具有某個規定性，以此相互區分開來，那麼正如之前提醒的，它們就不再是這裡所說的純粹存在和純粹的無，而是一個已規定的存在和一個已規定的無。因此它們的區別是完全空洞的，雙方中的任何一方都同樣是一個無規定的東西；也就是說，這個區別不是出現在它們自身那裡，而是僅僅出現在一個第三者亦即**意謂**那裡。然而意謂是主觀方面的一個形式，並不隸屬於呈現的序列。存在和無的持存（Bestehen）依賴於第三者，因此第三者必須也在這裡出現；而它確實已經出現在這裡，它就是**轉變**。透過轉變，存在和無成為區分開來的東西；只有當它們區分開來，才會有轉變。這個第三者是一個不同於它們的東西；——它們的持存僅僅依賴於一個他者，而這意味著，它們的持存不是依靠它們自己。**轉變**既是存在的持存，也是非存在的持存；換言之，它們的持存僅僅在於它們的存在**合而為一**；與此同時，恰恰是它們的這種持存揚棄了它們

的區別。

[96]　　　　要求說出存在和無的區別，意味著也要求說出**存在**和**無**究竟**是**什麼東西。那些拒不承認存在和無都僅僅是向著對方的**過渡**，而是把這樣那樣的說法放在存在和無身上的人，不妨告訴我們，他們所說的究竟是**什麼東西**，或者說不妨提出存在和無的一個**定義**，並表明這個定義是正確的。誠然，他們也認可並且使用古代科學的邏輯規則，但只要他們沒有滿足古代科學的這個基本要求，那麼他們的所有那些關於存在和無的主張都僅僅是一些保證或斷言，不具有科學的有效性。有人曾經提出，實存——在這裡，「實存」（Existenz）和「存在」（Sein）首先是被當作同義詞來使用的——是**可能性的充實**，但這個說法已經預設了另一個規定，即「可能性」，因此沒有把存在當作一個直接的東西，而是甚至當作一個非獨立的、有條件的東西。至於「實存」這個術語，我們將會留給那種**經過中介的**存在。誠然，人們經常以形象的方式把存在**想像**為純粹光明或透視的明晰性，把無**想像**為純粹黑夜，並且把它們的區別和這種眾所周知的感性差異性連繫在一起。但實際上，只要人們仔細考察一下這種注視，就很容易發現，人們在絕對的明晰性和絕對的黑暗裡都看不見任何東西，前一種注視和後一種注視都是純粹的注視，即對於無的注視。純粹光明和純粹黑暗作為兩種空洞的東西，實際上是同一個東西。只有在已規定的光明裡面——這時光明被黑暗規定——，亦即在暗化的光明裡面，同樣，只有在已規定的黑暗裡面——這時黑暗被光明規定——，亦即在照亮的黑暗裡面，某種東西才能夠被區分開來，因為只有暗化的光明和照亮的黑暗才在自身內具有區別，隨之是一種已規定的存在，即**定在**。

注釋三

[97]

　　統一體——存在和無是它的不可分割的環節——同時不同於存在和無本身，因此可以說是一個**第三者**，而這個東西按照其最本真的形式而言，就是**轉變**。**過渡**和轉變是同一個東西，只不過在前者那裡，存在和無中的一方已經過渡到另一方，而不是以靜態的方式各據兩端，彷彿過渡是在二者**中間**發生的。現在，無論在什麼地方或以什麼方式，只要談到存在或無，這個第三者都必然是在場的；因為存在和無不是孤立地持存著，而是僅僅位於這個第三者亦即轉變之內。這個第三者有著豐富的經驗形態，然而抽象思維卻對這些形態置之不理或不予重視，因為它想要緊緊抓住自己的產物，即孤立的存在和無，並且表明自己要捍衛它們，不讓它們發生過渡。針對這樣一種簡單的抽象態度，我們的做法同樣也很簡單，即讓它回憶起經驗的實存，在其中，那種抽象本身僅僅是某東西，具有一個定在。換言之，透過一些反思形式，不可分割的東西應當被固定為已分割的東西。自在且自為地看來，這種反思規定本身就包含著它的對立面，正因如此，我們用不著回溯到並且求助於事情的本性，就可以讓那個反思規定自己反駁自己，也就是說，當它宣稱自己是什麼東西的時候，它的他者已經出現在它自身之內。我們沒有必要白費力氣，把反思及其琢磨出的各種顛三倒四的說法和臆想一網打盡，以此杜絕它那些用來掩飾其自相矛盾的閃爍之詞，並指出這些都是不可能的，如此等等。正因如此，我不打算回應人們針對「存在和無都不是某種真實的東西，毋寧只有**轉變**才是它們的真理」而提出的漫天抗議和反駁。只有當人們對於知性形式具有批判的認識，獲得相應的思想教化，才會認識到那些抗議和反駁的虛妄無聊，或更確切地說，才會親自杜絕諸如此類的臆想。遺憾的是，那

[98]

些最熱衷於這類抗議的人卻從一開始就用他們的反思來詆毀最初的命題，而不是透過深入研究邏輯來促使自己意識到這些粗俗反思的本性。

接下來要考察的一些現象，其源頭在於，人們把存在和無相互隔絕，把其中一個放在另一個的範圍之外，從而否認了過渡。

巴門尼德以最澈底的方式堅持存在，因為他同時宣稱，**無根本不存在**，唯有存在存在。這個完全孤立的存在是一個無規定的東西，因此與他者沒有關聯；這樣看來，**從這個開端出發**不可能有任何**推進**，因為，只有當開端與**外面的**某個陌生東西連繫起來，才會發生一種從開端出發的推進。在這種情況下，這個推進，即「存在和無是同一個東西」，就顯現為第二個絕對的開端，—— 顯現為一種孤立的，從外面附加於存在身上的過渡。假若存在具有一個規定性，就根本不是絕對的開端；因為在這種情況下，它就依賴於一個他者，而不是一個直接的東西，不是開端。但是，如果它是無規定的，隨之是真正的開端，那麼也不擁有什麼東西，並藉此過渡到一個他者，毋寧說它同時是終點。存在不可能綻放出任何東西，任何東西也不可能滲透到存在裡面；無論是在巴門尼德那裡還是在斯賓諾莎那裡，從存在或絕對實體出發都不可能推進到一個否定的東西，即有限者。如果這裡確實出現了一個推進，那麼正如之前指出的，從無關聯的、隨之無推進的存在出發，這種情況只能以外在的方式發生，因此這個推進是第二個新的開端。同理，費希特的最絕對的、無條件的原理「A = A」是**設定**；第二個原理是**對立設定**；後者應當**部分地**是有條件的，**部分地**是無條件的（因此自相矛盾）。[3]

[99]

---

③ 費希特知識學的第二原理是「A ≠ –A」，它在內容上是有條件的（即依賴於 A 的存在），但在形式上是無條件的（即絕對地符合矛盾律）。——譯者注

這是一個由外在反思造成的推進，它重新否定了那個作爲絕對者的開端——對立設定是對於最初的同一性的否定，同時明確地立即把它的第二個無條件者當作一個有條件者。但總的說來，假若這個推進（即對於第一個開端的揚棄）是合法的，那麼這個最初的東西本身必須包含著一種情況，即一個他者能夠與它相關聯；也就是說，它必須是一個**已規定的東西**。然而我們不能說**存在**或絕對實體是這樣一個東西；毋寧正相反。它是一個**直接的東西**，一個尚且絕對無規定的東西。

　　雅各比爲了攻擊康德的自我意識的先天**綜合**，在他的論文《論批判主義把理性改造爲知性的做法》（《著作集》第三卷，萊比錫1816年版）中提供了一些最雄辯的，但或許已經被遺忘的描述，以表明，從一個抽象的東西不可能過渡到一個具體的東西以及二者的聯合。他提出一個任務（第113頁），即人們應當指明，在一個**純粹的東西**裡面（不管這個東西是意識還是空間或時間）會發生或產生一個綜合。「空間是**單一體**，時間是**單一體**，意識是**單一體**……你們只需說說，這三個單一體中的某一個如何能夠在自身內成爲一個**純粹的**雜多東西？每一個都僅僅是**單一體**，不是**他者**；這是一種單一性，一種與這〔空間〕、這〔時間〕、這〔意識〕無關的『**這—這—這自身同一性**』！既然它們和具體的『這』仍然沉睡在無規定者的無限的零裡面，一切東西和每一個**已規定的東西**又應當從哪裡產生出來呢！是什麼東西把**有限性**注入到那三個無限者裡面？是什麼東西用數和尺度先天地充實了空間和時間，把它們轉化爲一個**純粹的**雜多東西？是什麼東西讓**純粹的自發性**（自我）發生振盪？它的純粹母音如何獲得子音，或更確切地說，它的**無聲的**、延綿不斷的**氣息**如何自行中斷或**終止**，以獲得至少一種母音和一個**重音**？」——人們可以看出，雅各比已經非常明確地認識到抽象東西

[100]

的**非本質**，不管這個抽象東西是所謂的絕對的（亦即純粹抽象的）空間和時間，或是這樣的純粹意識，即自我；他死咬著這一點不放，以表明一種向著他者，向著綜合的條件，向著綜合本身的推進是不可能的。這個引發爭議的綜合一定不能被看作是**外在的**現成已有的規定的一個連繫，因爲這裡需要關注的問題，一方面在於第一個東西究竟如何生產出第二個東西，或無規定的開端如何生產出一個已規定的東西，另一方面在於**內在的**綜合或先天的綜合，即已區分的東西的自在且自爲存在著的統一體，〔究竟是如何可能的〕。**轉變**就是存在和無的這種內在綜合；但是，因爲人們在談論「綜合」的時候最容易想到彼此外在的、現成已有的東西的外在結合，所以最好是棄用「綜合」、「綜合統一體」等術語。——雅各比問，自我的純粹母音**如何**獲得子音，是**什麼東西**把規定性注入到無規定性裡面？針對這個「**什麼東西**」，問題是不難答覆的，而且康德已經用他的方式答覆了這個問題；至於「**如何**」，即透過什麼方式，依據什麼關係等等，這個問題卻是要求人們給出一個特殊的範疇；然而這裡不可能談論方式和知性範疇之類東西。實際上，對於「如何」的追問本身就是反思的惡劣行爲之一，因爲反思一方面追問可理解性，另一方面卻以它自己的固定範疇爲前提，從而預先就擺出全副武裝的架勢，抗拒問題的答覆。在雅各比那裡，對於「如何」的追問也不具有一種更高層次的意義，也就是說，它並不追問綜合的**必然性**。因爲正如之前所述，雅各比一直死咬著抽象東西不鬆口，堅持認爲綜合是不可能的。在該書第 147 頁，他尤其以一種生動的方式描述了空間的抽象化是如何達到的。「我必須竭盡全力，完全忘卻我曾經看到過、聽到過、摸到過或觸動過的任何東西，甚至我自己也不例外。我必須完全、完全、完全忘卻一切運動，而且，正因爲這種**忘記**對我來說是最困難的，所以我必然對

[101]

它是最關切的。總之，我在思維中拋開的一切東西，也必須完完全全讓其**消滅**，除了那個**強行**保留下來的單純對於無限的、**不變的空間**的直觀之外，不留下任何東西。就此而言，我也不可以把我自己當作某種不同於空間，同時又與空間連繫在一起的東西，**透過思維而將其重新放置在空間裡面**；我不可以讓我自己僅僅被空間**包圍**和**滲透**，毋寧說，我必須完全**過渡到**空間，與之合為一體，把我轉化為空間；除了**我的這個直觀**本身之外，我必須把自己清理乾淨，以便把這個直觀看作是一個真正自主的、獨立的、整全獨一的表象。」

這種完全抽象的、純粹的延續性，或者說表象活動的這種無規定性和空洞性，這種抽象東西，究竟是被稱作「空間」，還是被稱作「純粹直觀」或「純粹思維」，都是無關緊要的。一切東西都是同一個東西，即印度人所說的**梵**；印度人可以長年在外表上寂然不動，同時在內心裡漠然於感覺、表象、幻想、欲望等等，僅僅注視著自己的鼻尖，僅僅在內心裡默念**唵、唵、唵**，或乾脆什麼都不念叨。這種沉悶的、空洞的意識，就其被看作意識而言，實際上就是**存在**。

雅各比接著說，他在這個空洞東西裡面的遭遇，與康德向他做出的保證正好相反；他發現自己不是一個**多樣性東西**和**雜多東西**，而是一個與多樣性和雜多性無關的單一體；嗯，「我就是**不可能性本身**，我是一切雜多東西和多樣性東西的**消滅**，……我也**不可能**從我的純粹的、絕對單純的、不變的本質裡面**重新製造出**一丁點雜多東西和多樣性東西，或將其輸入到我自身之內……因此，在這種純粹性裡面，一切相互外在和相互並列的存在，一切僅僅以這種相互外在和相互並列的存在為基礎的雜多性和多樣性，都表明自己是一種**完全不可能的東西**。」 [102]

這種不可能性無非意味著一個恆真句：我堅持抽象的統一體

並且排除一切多樣性和雜多性，我固守在無區別和無規定的東西裡面，無視一切區分開來的和已規定的東西。康德所說的自我意識的先天綜合是這個統一體的一個分化行動，同時在這個分化行動中維繫著自身，而雅各比卻把它淡化為這樣一種抽象東西。他把那個「**自在的綜合**」或「**原初判斷**」片面地改造為「**自在的繫詞，一個沒有開端和終點，沒有『什麼』、『誰』和『哪些』的是，是，是**。這種無限推進的重複之重複是那個最最純粹的綜合的唯一的事務、功能和產物；而那個綜合本身是一種單純的、純粹的、絕對的重複。」（第 125 頁）或者說，由於那個綜合實際上不包含間斷（亦即不包含否定和區分），所以它並不是一種重複，毋寧僅僅是一種未區分的、單純的存在。——問題在於，如果雅各比恰恰拋棄了那個使統一體成為綜合統一體的東西，這還稱得上是綜合嗎？

　　當雅各比這樣固守在絕對的（亦即抽象的）空間、時間和意識中時，首先有必要指出，他就用這種方式陷入並堅持某種**在經驗上虛假**的東西；根本就**沒有**，也就是說，在經驗中根本就找不到他所說的那種空間和時間，彷彿其僅僅是一種無邊界的空間性東西和時間性東西，而不是在其延續性中充滿諸多有邊界的定在和變化，以至於這些邊界和變化以未分割且不可分割的方式隸屬於空間性和 [103] 時間性；同理，意識也充滿了已規定的感覺、表象、欲望等等；它的實存沒有脫離某種特殊內容。——經驗中的**過渡**無疑是一件自明的事情，意識當然可以把空洞的空間、空洞的時間和空洞的意識本身，或者說把純粹的存在當作對象和內容；然而意識不會停留於此，它不僅僅是過渡，而且要突破這樣一種空洞性，走向一個更好的（亦即在某種意義上更具體的）內容，這個內容無論有多麼糟糕，都畢竟是一種更好和更真實的東西；這樣一個內容不是別的，恰恰是一般意義上的綜合內容，而「綜合」在這裡具有一種更普遍

的意義。正因如此，巴門尼德不得不討論存在和眞理的對立面，即假象和意見，而斯賓諾莎也不得不討論屬性、樣式、廣延、運動、理智、意志等等。綜合包含並且指出那些抽象東西的虛假；它們在綜合裡面與自己的他者形成統一體，因此它們不是孤立地持存著，不是一種絕對的東西，而是一種純粹相對的東西。

　　但這裡的重點不是在於指出，空洞的空間等等在經驗上是一種虛妄的東西。誠然，意識能夠以抽象的方式讓自己充滿那種無規定的東西，而這些固定下來的抽象東西就是關於純粹空間、純粹時間、純粹意識的**思想**。關於純粹空間之類東西的思想，或者說純粹空間之類東西本身，應當**憑藉其自身**就揭示出自身的虛妄，也就是說，純粹空間及其思想本身已經是自己的對立面，本身已經滲透著自己的對立面，本身已經是一種突破自身的存在，是一個規定性。

　　以上情況是在那些思想自身那裡直接出現的。正如雅各比淋漓盡致地描繪的那樣，那些思想是抽象的結果，並且被明確地規定爲**無規定的東西**，這種東西如果追溯到其最單純的形式，就是存在。然而這個**無規定性**恰恰構成了存在的規定性，因爲無規定與規定性相對立；就此而言，無規定作爲對立中的一方，本身就是一個已規定的東西或否定者，而且是一個純粹的、完全抽象的否定者。當外在反思和內在反思把存在等同於無，宣稱存在是一個空洞的思想物，是無，它們所陳述出來的，就是存在本身具有的這種無規定性或抽象否定。——或者人們也可以說，正因爲存在是無規定的東西，所以它不是它所是的（肯定的）規定性，不是存在，而是無。

　　當我們的邏輯學把**存在**本身當作開端時，過渡仍然隱藏在開端的純粹反思裡面；正因爲**存在**僅僅作爲一個直接的東西而被設定，所以**無**只能直接出現在存在那裡。然而一切隨後的規定，包括緊接著要談到的**定在**，都是一些更具體的東西；在定在那裡，已經**設定**

[104]

了這樣一種東西，它包含著那些抽象東西的矛盾，從而導致過渡。就存在作爲一個單純的、直接的東西而言，科學已經把那個回憶〔或深入內核的過程〕④——存在是完滿抽象的結果，因此已經是一種抽象的否定性，是無——拋在身後，反而在其自身之內明確地從**本質**出發，把那個片面的**直接性**呈現爲一種經過中介的直接性，在那裡，存在被**設定**爲**實存**以及這個存在的中介者，即根據。

　　藉助那個回憶〔或深入內核的過程〕，人們可以把從存在到無的過渡想像爲某種自明的、稀鬆平常的東西，或如通常所說的那樣，**解釋**這個過渡，**使之可以被理解**，而在這種情況下，那個被當作科學的開端的存在當然是無，因爲人們可以抽離一切東西，而一切東西被抽離之後，剩下的就是無。接下來人們可以說，但這樣一來，開端就不是一個肯定的東西，不是存在，而是無，於是無也是**終點**，這個無至少和直接的存在一樣，甚至比它更有資格被當作終[105]點。這裡最簡便的做法，就是去檢驗這種推理，看看它所堅持的結果是怎樣的情形。如前所述，這種推理的結果是無，並且（和中國哲學一樣）以無爲開端，既然如此，人們也沒有必要把手翻過來，因爲他們還沒來得及翻手，無已經同樣顛轉爲存在（參看前面關於「無」的一節）。進而言之，假若人們以抽離**一切東西**爲前提，而這裡所說的「一切東西」畢竟指**存在者**，那麼這種抽離或抽象必須得到更仔細的考察；抽離一切存在者之後得到的結果，首先是一種

---

④ 黑格爾在精神現象學裡把「回憶」（Erinnerung）解釋爲意識「深入內核的過程」（Er-Innerung），以表明，那個在終點處回到起點的「絕對知識」，不但是精神現象學的開端，而且是隨後的邏輯學的開端。對此可參閱黑格爾《精神現象學》，先剛譯，人民出版社 2013 年版，第 463、502-503 頁。具體的相關闡述亦可參閱我的〈「回憶」與黑格爾精神現象學的開端〉，載於《江蘇社會科學》2019 年第 1 期。——譯者注

抽象的存在，即一般意義上的**存在**；好比在關於上帝存在的宇宙論
證明裡，人們從世界的偶然存在出發，在超越它的同時，仍然提出
一個高高在上的**存在**，即把存在被規定爲**無限的存在**。誠然，人們
甚至**能夠**抽離這個純粹的存在，把存在也算在已經被抽離的「一切
東西」之內；於是只剩下無。如果人們願意忘卻對於無的**思維**（即
無之顛轉爲存在），或對此佯裝不知，他們當然**能夠**打著「**能夠**」
的旗號繼續前進；也就是說，他們（感謝上帝！）甚至能夠抽離
無——所謂的「創世」也可以說就是把無抽離走——，於是剩下的
不是無（因爲它已經被抽離了），而是重新回到存在。——這種
「**能夠**」提供了一種外在的抽離遊戲，而在這個過程中，「抽離」
本身僅僅是否定者的一個片面行動。這種「能夠」本身首先意味
著，存在和無對它來說都是無所謂的，只要雙方中的一方消失，另
一方就產生出來；其次，究竟是從無的行動出發還是從無出發，這
同樣是無所謂的；最後，無的行動（亦即單純的抽離）和單純的無
具有同樣的眞實性，既不更多也不更少。

　　同理，柏拉圖在〈巴門尼德篇〉裡討論「一」時所依據的辯
證法，更應當被看作是一種外在反思的辯證法。「存在」和「一」　　[106]
作爲埃利亞學派的兩個形式，乃是同一個東西。但柏拉圖在那部對
話錄裡面認爲，這二者也應當是區分開來的。他把「整體」與「部
分」、「自身之內的存在」與「他者之內的存在」、「形狀」、
「時間」等諸多規定從「一」那裡剝除之後，得出的結果是，「存
在」不能歸屬於「一」，因爲「存在」只能按照上述方式之一歸
屬於某東西（*Parmenides*, 141e）。在這之後，柏拉圖討論了「**一
存在**」這個命題；我們需要注意，他從這個命題出發，如何過渡到
「一」的**非存在**；這件事情是透過比較「**一存在**」這個預設的命題
的兩個規定而發生的；命題包含著「一」和「存在」，因此「**一存**

在」比單純的「一」說出了更多的東西。透過「一」和「存在」的**差異性**，蘊含在命題中的否定環節就被揭示出來。很顯然，這個方法有一個前提，而且是一種外在反思。

「一」和「存在」在這裡被設定在一個連繫中，既然如此，爲了揭示出人們堅持的那種抽象的、**孤立的**存在，同時不讓思維參與進來，最簡單的辦法就是把它放在另一個連繫中，這個連繫恰恰包含著上述主張的對立面。就存在被看作是一個直接的東西而言，它隸屬於一個**主體**，是一個被敘述出來的東西，具有一種一般意義上的經驗**定在**，隨之處於限制和否定的範圍之內。知性訴諸直接的現成已有的東西，以此爲依據，堅決反對存在和無的統一體，但無論它使用什麼術語或說法來表現自己的鎭定自若，它在這個經驗本身裡面都只能發現一個**已規定的**存在，一個包含著限制或否定的存在，——即它所譴責的那個統一體。這樣一來，對於直接存在的主張就還原到一種經驗的實存，而且它不能譴責這種實存的**揭示**，因爲它想要依靠的恰恰是思維之外的直接性。

[107]　　　　　**無**也是同樣的情形，只不過方式相反而已，而且這個關於無的反思已經是眾所周知的，幾乎令人不勝其煩。無就其直接性而言表現爲一個**存在者**；因爲它在本性上和存在是同一個東西。無被思維、被表象、被言說，因此它**存在著**；無在思維、表象、言說等等那裡具有自己的存在。進而言之，這個存在也不同於無；所以人們說，無雖然存在於思維或表象裡面，但存在並不因此歸屬於**無**本身，毋寧說，只有思維或表象才是這個存在。在做出這樣的區分的時候，同樣不能否認的是，無與一個存在**相關聯**；儘管關聯也包含著區分，但在這個關聯裡，無與存在的統一體卻是明擺著的。無論人們以什麼方式陳述或揭示無，無都表明自己與一個存在有所連繫或有所接觸，與一個存在不可分割，而這恰恰是一個**定在**。

　　但是，當無在一個定在裡被這樣揭示出來的時候，人們的慣常做法仍然是以如下方式想像無與存在的區別：(1)無的定在根本不是一種歸屬於無本身的東西，無就其自身而言並不具有一種存在，它不是**真正意義上的**存在；(2)無僅僅是存在的**缺失**（Abwesenheit），正如黑暗僅僅是光明的**缺失**，冷僅僅是熱的缺失，如此等等；(3)黑暗只有在與眼睛相關聯的時候，只有在與肯定東西（光明）的外在比較中，才具有意義，同理，冷僅僅是某種位於我們的感覺之內的東西；(4)與此相反，光明、熱和存在一樣，本身就是客觀的、實在的、發揮作用的東西，在性質和地位上完全不同於那些否定的東西，完全不同於無。在這些地方，人們經常引用一個非常重要的，並且具有深刻意義的反思和認識，即黑暗**僅僅**是光明的**缺失**，冷**僅僅**是熱的**缺失**。對於這個敏銳的反思，我們可以在經驗對象的這個領域裡以經驗的方式指出，黑暗在光明裡面其實是發揮著作用的，因為它把光明規定為顏色，並且只有透過這個方式才賦予光明本身以可見性，因為如之前所述，人們在純粹的光明和純粹的黑暗裡同樣看不到任何東西。可見性是發生在眼睛裡的作用，在這件事情上，那個否定東西的功勞絲毫不亞於這個被當作實在東西和肯定東西的光明。同理，在水、我們的感覺等等那裡，冷也是一個極為常見的東西，而如果我們否認它的所謂的客觀實在性，就根本不能獲得任何關於它的認識。除此之外，我們必須批評的是，人們在這裡和在前面一樣，總是談論一個具有特定內容的否定者，而不是專注於無本身，後者在空洞的抽象性方面和存在半斤八兩，誰也不比誰更優越。——關鍵在於，我們必須從一開始就把冷、黑暗之類已規定的否定當作一種獨立的東西，然後再看看，什麼東西透過它們的普遍規定（它們是由於這個普遍規定而出現在這裡）而被設定下來。它們不應當是一般意義上的無，毋寧應

[108]

當是光明、熱等等的無，亦即某個已規定的東西或內容的無；在
這個意義上，人們可以說它們是一種已規定的、有內容的無。但正
如後面將會表明的那樣，規定性本身就是一個否定；因此它們是一
種否定的無；然而否定的無就是某種肯定的東西。無透過自己的規
定性——這個規定性之前已經顯現爲主體中或別的什麼東西中的**定
在**——而顚轉爲一個肯定的東西，這在堅持知性抽象的意識看來是
一件最悖謬的事情；「否定之否定是某種肯定的東西」，這個認識
是如此之簡單，或者說，正因爲簡單，所以這個認識看起來是一種
如此稀鬆平常的東西，以至於驕傲的知性對此不屑一顧，哪怕事情
本身有其正確性，——事情不但具有這種正確性，而且基於規定的
普遍性，更具有一種無限的擴張和普遍的應用，所以當然應當得到
重視。

[109]　　　關於「存在和無的相互過渡」這一規定，還需要指出的是，這
個過渡同樣可以無需進一步的反思規定就得到理解把握。過渡是直
接的和完全抽象的，因爲發生過渡的環節是抽象的，也就是說，在
這些環節裡，另一個環節的規定尚未設定下來，而它們是藉助這另
一個環節才發生過渡；儘管存在**在本質上**是無，反之亦然，但無尚
未在存在那裡**設定下來**。因此這裡不允許使用下一步的已規定的中
介環節，藉助某種關係去理解存在和無，——那個過渡尙且不是一
種關係。因此，以下說法都是不允許的，比如「無是存在的**根據**」
或「存在是無的**根據**」、「無是存在的**原因**」、「事情只有以某東
西的**存在**爲條件才能夠過渡到無，或只有以某東西的非存在爲**條件**
才能過渡到存在」等等。關聯的方式不可能得到進一步的規定，除
非關聯中的**雙方**同時得到進一步的規定。很顯然，根據和後果之類
連繫所結合的雙方，已經不再是單純的存在和單純的無，而是作爲
根據的存在和另外某個東西，這個東西雖然僅僅是被設定的、非獨

立的，但並不是一個抽象的無。

注釋四

迄今所述已經表明，針對**世界的開端**和世界的消滅（物質的**永恆性**應當透過這個方式而得到證實），辯證法有著怎樣的表現，也就是說，針對**轉變**，即一般意義上的產生或消滅，辯證法有著怎樣的表現。——至於康德在討論世界在空間和時間裡的有限性或無限性時提出的二律背反，後面將會在「量的無限性」概念下加以詳細考察。那種簡單的、通常的辯證法在於堅持存在和無的對立。它透過以下方式證明，世界或某東西不可能有一個開端： [110]

無論某東西是否存在，都不可能有一個開端；因為，如果它存在，就不需要開端；但如果它不存在，也不會有一個開端。——假若世界或某東西已經開端，那麼它是在無裡面開端的，然而在無裡面或者說無本身沒有開端；因為，開端在自身內包含著存在，但無並不包含存在。無僅僅是無。如果無透過一個根據或原因得到規定，它就包含著一個肯定或存在。——基於同樣的理由，某東西也不可能終止存在。因為否則的話，存在就必定包含著無；然而存在僅僅是存在，不是自身的對立面。

很顯然，針對轉變、開端、終止、存在和無的這個**統一體**等等，這裡除了將它們斷然否認之外，沒有說出任何別的東西，與此同時，相互割裂的存在和無卻被認為是一種真實的東西。——即便如此，這種辯證法至少比那種反思的表象活動更為前後一貫。對後者而言，存在和無的澈底割裂是一個完滿的真理；但另一方面，它又認為開端和終止是一些同樣真實的規定，於是在事實上假定存在和無不是割裂的。

　　只要以存在和無的絕對割裂爲前提，開端或轉變就確實是某種**不可思議的東西**，而人們對此已經耳熟能詳。但眞正**不可思議的**，是人們自討苦吃製造出來的一個不可能解決的矛盾，即他們首先以取消開端或轉變爲前提，**反過來**又承認有開端或轉變。

　　以上所述也是知性在反對高等數學分析的「**無限大小**」概念時使用的同樣的辯證法。關於這個概念，後面會作出更詳細的討論。—— 這些大小本身已經被規定爲一種**在消失的同時存在著的東西**，也就是說，它們既不是在消失**之前**存在著（否則它們就是有限的大小），也不是在消失**之後**存在著（否則它們就是無）。人們喋喋不休地指責這個純粹的概念，宣稱這樣的大小**要麼**是某東西，**要麼**是無，而且存在和非存在之間沒有一個**中間狀態**—— 在這個地方，「狀態」（Zustand）是一個不恰當的、野蠻的術語。這些說法同樣假定了存在和無的絕對割裂。反之我們已經指出，存在和無實際上是同一個東西，或者借用從前的一個表述，**沒有任何東西不是存在和無之間的一個中間狀態**。數學之所以取得最輝煌的成就，恰恰在於它接受了知性所抗拒的那個規定。

[111]

　　上述推理不但提出一個錯誤的前提，即存在和非存在的絕對割裂，而且對此執迷不悟，因此它不應當叫做**辯證法**，毋寧應當叫做**詭辯**。所謂詭辯，就是從一個無根據的、未經批判和思索就接受下來的前提出發，直接進行推理。而我們所說的辯證法，乃是一種更高層次的合乎理性的運動，在其中，那些貌似絕對割裂的東西透過自己的本性而相互過渡，隨之揚棄了〔相互割裂〕這一前提。存在和無的辯證的內在本性本身就表明，它們的統一體，即轉變，乃是它們的眞理。

b 轉變的環節

　　轉變，產生和消滅⑤，是存在和無的未分割狀態；轉變不是一 [112]個抽離了存在和無的統一體，毋寧說，它作為**存在和無的統一體**，是這個**已規定的統一體**，或者說一個讓存在和無都**存在於**其中的統一體。但是，由於存在和無沒有與自己的他者分割開，所以每一方都**不是它自己**。也就是說，它們雖然**存在於**這個統一體之內，但作為隨時消失的東西，僅僅是一種**已揚棄的東西**。它們從一種起初位於想像中的**獨立東西**，降格為一些**仍然有區別**，但同時已經被揚棄的**環節**。

　　就它們已經有所區別而言，在這個**狀態**裡，每一方都是與**他者**的統一體。因此轉變包含著存在和無**這兩個統一體**，其中每一方本身又是存在和無的統一體；一方是直接的存在，與無相關聯，另一方是直接的無，與存在相關聯：在這些統一體裡面，規定有著不同的價值。

　　透過這個方式，轉變具有雙重的規定。按照其中一個規定，無是直接的東西，也就是說，規定以那個與存在相關聯的無為開端，過渡到存在；按照另一個規定，存在是直接的東西，也就是說，規定以那個過渡到無的存在為開端，——這就是**產生**（Entstehen）和**消滅**（Vergehen）。

　　二者是同一個東西，即轉變，而作為兩個如此不同的方向，它們相互貫穿，相互制約。其中一個方向是**消滅**；存在過渡到無，但無同樣也是自身的對立面，並且過渡到存在，而這就是產生。產生

---

⑤ 拉松把「產生和消滅」放在這一節的小標題裡，因為按照他的推測，這幾個詞語是出於某種疏忽而從標題滑到正文裡面。——原編者注

是另一個方向；無過渡到存在，但存在同樣揚棄自身，並且過渡到無，而這就是消滅。 —— 它們不是相互揚棄，不是一方以外在的方式揚棄另一方，毋寧說，每一方在其自身之內就揚棄了自己，每一方在其自身之內就是自己的對立面。

[113]　c　**轉變的揚棄**

產生和消滅之間設定的平衡，首先是轉變本身。然而轉變同樣凝縮為一個**靜止的統一體**。在其中，存在和無僅僅是隨時消失的東西；但轉變本身卻完全依賴於二者的區分狀態。因此二者的消失意味著轉變的消失，或者說意味著消失本身的消失。轉變是一個無休止的躁動，而這個躁動又凝縮為一個靜止的結果。

上述情形也可以這樣表達：轉變指「存在消失在無裡面」和「無消失在存在裡面」，指一般意義上的存在和無的消失；然而它同時依賴於存在和無的區別。因此它是自相矛盾，因為它在自身內把相互對立的東西聯合起來；然而這樣一種聯合卻會摧毀自己。

結果是一種已消失的存在，但不是**無**；否則的話，它就僅僅回落到之前已經被揚棄的規定之一裡面，不能說是無**和存在**的結果。它是存在和無的統一體，但已經轉變為一種靜止的單純性。然而靜止的單純性是**存在**，只不過它不再是一個孤立的東西，而是成為整體的一個規定。

這樣，轉變就過渡到存在和無的統一體，就是**定在**；這個統一體**存在著**，換言之，它在形態上表現為這些環節的一個片面的直接統一體。

注釋

　　「揚棄」以及「已揚棄的東西」（「觀念性東西」）是最重要的哲學概念之一，是一個無處不在的基本規定，其意義必須得到明確的理解把握，尤其必須和無區分開來。—— 一個東西揚棄自身，並不因此轉變爲無。無是**直接的東西**，反之，已揚棄的東西是一個**經過中介的東西**，它是一個非存在者，但卻是一個由存在而得出的**結果**；就此而言，**它本身仍然具有一個規定性，並且產生自這個規定性。**

　[114]

　　「**揚棄**」在語言裡具有雙重的意義，既意味著保存和**保留**，同時也意味著終止和**終結**。「保存」已經在自身內包含著否定，即某東西爲了保留下來，被剝奪了直接性，隨之被剝奪了一種向著外在影響敞開的定在。—— 就此而言，已揚棄的東西同時也是一個保存下來的東西，它僅僅失去了自己的直接性，但並沒有因此被消滅。——「**揚棄**」的上述兩個規定可以被收入詞典，作爲這個詞語的兩種**意思**以供引用。但這裡不能忽視的是，一門語言竟然用同一個詞語來表達兩個相互對立的規定。對於思辨的思維來說，在語言裡找到一些本身就具有思辨意思的詞語，這是一件令人愉悅的事情；德語就有很多這樣的詞語。拉丁文的「tollere」〔抬高，清除〕一詞雖然也具有雙重意思 —— 這個雙重意思透過西塞羅的戲謔之言「tollendum esse Octavium」〔「屋大維必須被架高（架空）」〕而變得著名 ——，但它並沒有達到如此深遠的地步，其肯定的規定僅僅意味著「抬高」而已。某東西只有與它的對立面形成一個統一體，才可以說遭到揚棄；按照這個更具體的規定，我們可以把這個折返回來的東西恰當地稱作「**環節**」（Moment）。在槓桿的一個點上面，**重量**和**距離**都可以叫做槓桿的力學**環節**，因爲二者的作用是**相同的**，哪怕二者在其他方面是如此之不同，也就是

說，重量是一個實在的東西，而直線卻是一個觀念性東西，即單純的空間規定（參看《哲學科學百科全書》1830 年第 3 版，第 261 節之注釋）。——尤其值得注意的是，哲學專業語言經常使用拉丁術語來表達折返回來的規定，究其原因，或者是因為母語沒有相應的術語，或者即使有，但母語的術語更容易讓人想到直接的東西，而外來語言更容易讓人想到折返回來的東西。

[115]

　　從現在起，存在和無是一些**環節**，至於它們由此獲得的更進一步的意義和表達，必須透過對於定在的考察而體現出來，而定在是一個把存在和無保存下來的統一體。只有當存在和無處於已區分開的狀態，存在才是存在，無才是無；但就它們的真理亦即它們的統一體而言，它們作為這些規定已經消失了，已經成為別的東西。存在和無是同一個東西；**正因為它們是同一個東西，所以它們不再是存在和無，並且具有一個不同的規定**；在轉變裡，它們曾經是產生和消滅；而在一個另有規定的統一體亦即定在裡，它們又成了另有規定的環節。從現在起，這個統一體是它們的基礎，它們再也無法擺脫這個統一體，再也無法回到存在和無的抽象意義。

第二章 定在（Dasein）

定在是**已規定的**（bestimmtes）存在；它的規定性是**存在著的**規定性，即**質**。**某東西**透過它的質而與一個**他者**相對立，是**可變化的**和**有限的**，它不是僅僅相對於一個他者而言，而是在其自身之內就被規定爲一個絕對否定的東西。它的這個首先與有限的某東西相對立的否定就是**無限者**；這些規定顯現在一個抽象的對立中，而這個對立又消解在一種無對立的無限性亦即**自爲存在**之中。

因此，對於定在的討論包括如下三個部分：

A. 定在本身；

B. 某東西和一個他者，有限性；

C. 質的無限性。

A 定在本身 [116]

在定在那裡，首先要區分

(a) 定在**本身**和

(b) 定在的規定性，即**質**。質既可以按照定在的一個規定被看作**實在性**，也可以按照定在的另一個規定被看作**否定**。在這些規定性裡面，定在同樣折返回自身，而作爲這樣一個東西，它就被設定爲

(c) **某東西**（Etwas）①，即定在者（Daseiendes）。

---

① 「Etwas」是全書最重要的概念之一。我之所以不把它譯爲「某物」，而是譯

a　一般意義上的定在

定在來自於轉變。定在是存在和無的單純的「一體化存在」（Einssein）。由於這種單純性，它在形式上是一個**直接的東西**。它的中介過程，即轉變，已經被拋在身後；這個中介過程已經揚棄自身，因此定在顯現為一個最初的、可以作為出發點的東西。它首先處於一個片面的規定即「**存在**」之中；至於它所包含的另一個規定，即「**無**」，同樣也會在它那裡出現，並且與前一個規定相對立。

它不是單純的存在，而是**定在**；從詞源上來看，它指「位於某一個**地方**的存在」；但當前所述和空間表象毫無關係。一般說來，處於轉變中的定在是一個與**非存在**相結合的**存在**，也就是說，這個非存在和存在一起被納入到一個單純的統一體之內。**非存在**被納入到存在之內，於是構成了**規定性**本身，而具體的整體在形式上仍然是存在或一個直接的東西。

按照形式（亦即存在的**規定性**）而言，**整體**同樣是一個已揚棄的、以否定的方式被規定的東西，因為存在已經在轉變中表明自己同樣僅僅是一個環節；但它僅僅**在我們的反思中，對我們而言**是如

為「某東西」，關鍵原因在於，中文的「東西」和德語的「Dasein」具有驚人的一致性和絕妙的巧合，即都是用一個表示方位的詞──如：黑格爾隨後強調的，「Dasein」中的「Da-」原本是指某一個「地方」（Ort）──來泛指一個最抽象、最一般的存在者。但實際上，無論是中文的「東西」，還是德語的「Da-」，都和方位以及空間規定沒有任何關係。除了「東西」一詞，我們找不出另一個說法，可以指代一個最抽象的存在者，同時與最初那個直接等同於「無」的「純粹存在」區別開。相比之下，「物」、「某物」等說法已經包含著具體得多的規定（比如「實體性」和「偶性」等等），顯然不適合於這裡所說的「定在者」。──譯者注

此，在其自身之內尚未**被設定**爲這樣一個東西。然而定在的規定性
本身是一個被設定的規定性，這在「**定在**」這個術語裡面也有所體　　[117]
現。—— 二者必須始終明確地區分開來；那種透過一個概念而**被設
定**的東西，僅僅屬於概念的內容，而這依賴於概念的不斷發展的考
察。反過來，那種在其自身之內尚未被設定的規定性，卻是屬於我
們的反思，它僅僅涉及概念自身的本性，或者說它僅僅是一個外在
的比較；我們之所以指出後面這種規定性是值得注意的，目的只在
於澄清或預先暗示那個將會在發展過程中把自身呈現出來的進程。
我們透過一個外在的反思得知，整體，作爲存在和無的統一體，位
於一個**片面的規定性**即「存在」之中；然而透過否定，透過某東西
和**他者**等等，這個規定性將成爲一個**被設定**的規定性。—— 這裡提
出的區別必須得到重視；但是，假若讓我們去關注和推敲反思能夠
製造出來的一切東西，恐怕會離題太遠，竟至於去預測事情本身必
然會得出的各種東西。儘管這類反思能夠幫助我們在一定程度上通
觀和理解事物，但它們本身也包含著弊病，即在後面的討論中被看
作是一些無需論證的主張、理由和基礎。因此人們只應當恰如其分
地使用它們，並且把它們和事情本身的進程中的環節區分開來。

　　定在對應於之前層面中的**存在**；然而存在是一個無規定的東
西，因此從它那裡不能得出任何規定。反之，定在是一個已規定的
存在，一個**具體的**存在；於是它在自身那裡立即展現出它的環節的
諸多規定和不同關係。

b 質（**Qualität**）

　　基於直接性，存在和無在定在裡面合爲一體，形影不離；只
要定在存在著，它就是非存在，就是一個已規定的東西。存在不是　　[118]
普遍者，規定性也不是**特殊東西**。規定性尚未**脫離存在**；確切地說，

規定性再也不會脫離存在，因為那個如今位於根基處的眞相（das Wahre），是非存在和存在的統一體；一切隨後的規定都是來自於這個位於根基處的統一體。在這裡，規定性和存在的關聯是二者的一個直接統一體，所以二者的區分尚未被設定。

當規定性被孤立出來，作為**存在著的**規定性，就是**質**，──一個完全單純的、直接的東西。一般意義上的**規定性**是一種更普遍的東西，它既可以具有量的規定，也可以得到進一步的規定。由於這種單純性，關於質本身已經不能說出更多東西。

無和存在都包含在定在之內，然而定在本身是一個尺度，衡量著質的片面性，因為質僅僅是一個**直接的**或**存在著的**規定性。質同樣可以按照無的規定而被設定，而這樣一來，直接的或**存在著的**規定性就被設定爲一個區分開的、折返回來的規定性；於是無作爲一個規定性的已規定的東西，同樣也是一個折返回來的無，一個**拒斥**（Verneinung）。質，作為區分開的、**存在著的**質，就是**實在性**（Realität）；當它與一個拒斥糾纏在一起，就是一般意義上的**否定**（Negation），後者同樣也是一個質，但被看作是一個缺陷，進而被規定爲界限和限制。

二者都是一個定在；**實在性**作爲質，強調的是一個**存在著的實在性**，但這裡有一個隱含的情況，即實在性包含著規定性，因此也包含著否定；也就是說，實在性僅僅被看作是某種肯定的東西，一種把拒斥、限制、缺陷都排除在外的東西。假若否定被看作單純的缺陷，那就是無，但它是一個定在，一個質，只不過是由一個非存在來規定。

注釋 [119]

「實在性」看起來是一個語義豐富的詞語，因爲它被用於不同的，甚至針鋒相對的規定。在哲學的意義上，當人們談到**單純經驗的**實在性時，基本上認爲這是一個無價值的定在。反之，當人們宣稱思想、概念、理論之類東西**沒有實在性**的時候，其意思卻是說，它們雖然沒有得到**實現**，但**自在地看來**或就概念而言，理念（比如柏拉圖的理想國的理念）確實有可能是一種眞實的東西。在這裡，有些人認爲，理念並未因此失去其價值，而且能夠與實在性**相提並論**，而另一些人卻認爲，相比所謂**單純的**理念，相比**單純的**概念，實在的東西才是唯一眞實的東西。——後面這種看法是片面的，因爲它認爲一個內容的眞理取決於外在定在；但前面那種看法同樣是片面的，因爲它把理念、本質或內在感覺等等想像爲一種與外在定在無關的東西，甚至認爲一個東西愈是遠離實在性，就愈是高貴。

說起「實在性」這個術語，亦有必要提到一個形上學的**上帝概念**，所謂的關於上帝的定在的本體論論證，主要就是以這個概念爲基礎。人們把上帝規定爲**一切實在性的總括**（Inbegriff），並且宣稱，這個總括在自身內不包含矛盾，一個實在性不會揚棄另一個實在性，因爲實在性只能是一個完滿性，只能是一個不包含否定的**肯定東西**。也就是說，各種實在性並不相互對立，並不相互矛盾。

對於實在性的這個概念，人們假定，即使在思維中拿走全部否定，實在性仍然是實在性；但實際上，這樣一來，實在性的全部規定性都被揚棄了。實在性是質，是定在；就此而言，實在性包含著否定者的環節，並且唯有如此才被規定爲它所是的東西。不管人們是把實在性理解爲所謂的**卓越的**實在性，還是理解爲**無限的**實在性——就「無限」這個詞的通常意思而言——，它都會擴散爲一 [120]

個無規定的東西，並且失去其意義。據說上帝的善不應當是通常意義上的善，毋寧應當是卓越意義上的善，據說這種善不是區別於公正，而是透過公正而得到**調和**（這是萊布尼茲的一個折衷術語），而公正反過來也是透過善而得到**調和**；但這樣一來，善就不再是善，公正也不再是公正。據說權能應當透過智慧而得到調和，但這樣一來，權能就不再是權能本身，否則它就是從屬於智慧；——據說智慧應當擴大爲權能，但這樣一來，它就不再是一種規定著目的和尺度的智慧。無限者的眞正概念（這個概念將會在後面出現），還有無限者的**絕對統一體**，都不應當被理解爲一種**調和**、**相互限制**或**混合**，因爲這些情況僅僅是一個膚淺的、雲裡霧裡的關聯，只能讓那種缺乏概念的表象活動感到滿足。在上帝的那個定義裡，實在性被看作是一個已規定的質，但是，只要它超出自己的規定性，就不再是實在性，而是成爲一個抽象的存在；上帝作爲一切實在東西中的**純粹**實在東西，或者說作爲一切實在性的**總括**，同樣是一個無規定和無內容的東西，一個空洞的絕對者，一切東西在其中都合爲一體。

反之，如果實在性被看作是已規定的東西，那麼由於實在性在本質上包含著否定者的環節，所以一切實在性的總括同樣也會成爲一切否定的總括和一切矛盾的總括，但首先是成爲一個絕對的**權能**，把一切已規定的東西吸納到其中；但是，由於實在性自身的存在只能依賴於一個與之對立的尚未被揚棄的東西，所以當實在性在思維中被擴大爲一種具體實施的、無限制的權能，它就成爲一個抽象的無。據說上帝的概念應當透過「一切實在東西中的那個實在東西」或「一切**定在**中的**存在**」表述出來，但這類東西無非是一個抽象的存在，和無是同一個東西。

[121]　　規定性是以肯定的方式設定下來的否定，——這就是斯賓諾莎

的命題「Omnis determinatio est negatio」〔「一切規定性都是否定」〕的意思。這個命題具有無限的重要性；誠然，否定本身僅僅是一個無形式的抽象東西；有些人認爲否定或無是終極的東西，但這件事情不能歸咎於思辨哲學，因爲思辨哲學既不會把實在性，也不會把無當作終極的東西。

從「規定性即否定」這一命題得出的必然結果，就是**斯賓諾莎的實體統一體**——或者說只有**一個**實體。**思維**和**存在**或廣延是兩個擺在斯賓諾莎面前的規定，他必須使二者在這個統一體裡面合爲一體；也就是說，二者作爲已規定的實在性，乃是否定，而否定的無限性就是它們的統一體；按照斯賓諾莎的定義（後面還會談到這一點），某東西的無限性就是它的肯定。因此他把它們理解爲屬性，而屬性不具有一種特殊的持存，不具有一種自在且自爲的存在，毋寧僅僅是一種被揚棄的東西，僅僅是環節；或更確切地說，他根本沒有把它們看作是一些環節，因爲實體是一個在其自身之內完全無規定的東西，而屬性，還有樣式，都是由一個外在知性區分出來的東西。——按照那個命題，諸個體的實體性同樣是站不住腳的。個體是一個自身關聯，因爲它給一切別的東西設定界限；但這樣一來，這些界限也是個體自身的界限，是一種他者關聯，於是個體就並非在自身之內擁有它的定在。誠然，個體**多於**一個在所有方面完全遭到限制的東西，但這個「**多於**」屬於概念的另一個層面；在存在的形上學裡，個體是一個完全被規定的東西；也就是說，個體作爲有限者本身，乃是一個自在且自爲的東西，反之規定性則是在本質上作爲否定而發揮作用，並且把個體捲入知性的一個否定運動，這個運動使一切東西都消失在抽象統一體（實體）裡面。

否定與實在性直接地相互對立：接下來，在反思規定的眞正層面裡，它與**肯定的東西**相互對立，後者是一種向著否定折返回來的 [122]

實在性，—— 這種實在性將會在自己那裡**映現**出那個暫時隱藏在實在性本身之內的否定東西。

只有當質在一個**外在關聯**中表現爲一個**內在規定**，主要從這個角度來看，它才是一個**特性**（Eigenschaft）。人們理解的「特性」，比如藥草的特性，是這樣一些規定，它們不是一般地僅僅爲某東西所**特有**，而是使某東西能夠在與其他東西的關聯中以一個獨特的方式**維繫**自身，不讓那些外來的影響在它自身之內駐足，而是讓它特有的規定在一個他者那裡**發揮作用**，無論這個他者是否拒斥這件事情。與此相反，人們既不把那些較爲靜止的規定性（比如形狀、形態）稱作「特性」，也不稱作「質」，因爲它們被看作是一種可變化的、與**存在**非同一的東西。

「**折磨**」或「**內化的折磨**」[2]是雅各·波墨的哲學 —— 這是一種深入到內核，但卻迷失在其晦暗中的哲學 —— 使用的一個術語，它意味著一個質（比如「酸」、「苦」、「熱」等等）在自身內的運動，即按照自己的否定本性（按照自己遭受的**折磨**）擺脫他者而固定下來；總的說來，質是一種自身內的躁動不安，因此它只能在爭鬥中產生自身和維繫自身。

---

② 這裡闡述的是德國哲學家波墨（Jakob Böhme, 1575-1624）在其 1619 年發表的《論神性實體的三個本原》（*De tribus principiis*）中的核心思想。德語的「折磨」（Qual）和「質」（Qualität）具有相同的字根，因此這裡的「折磨」（Qualierung）和「內化的折磨」（Inqualierung）分別也意味著「質的運動」或「內化的質」。在所有這些地方，「折磨」或「質」都代表著事物自身內部的矛盾，以推動事物的進一步發展。除此之外，波墨認爲「折磨」或「質」在語義上與「源頭」（Quelle）也是同源的，並在這個意義上將其解釋爲「本原」（Prinzip）。—— 譯者注

c　某東西

在定在那裡，它的規定性作爲質已經被區分開來；區別──即實在性和否定的區別──就**存在於**這個定在著的質那裡。現在的情況是，在定在那裡，這些區分開來的東西既可以說是現成已有的，也可以說是虛無縹緲的和遭到揚棄的。實在性本身包含著否定，是定在，而不是一個無規定的、抽象的存在。否定同樣也是定在，不是一個抽象的無，而是在這裡被設定爲它的自在存在，即一個存在著的無，並且隸屬於定在。就此而言，質根本沒有脫離定在，而定在僅僅是一個已規定的、質的存在。　　　　　　　　　[123]

對於區分的揚棄不只是簡單地收回區分，以外在的方式重新將其拋棄，或簡單地返回到單純的開端，返回到定在本身。區別不可能被拋棄，因爲它**存在著**。事實上的現成已有的東西，包括一般意義上的定在、定在那裡的區別，以及這個區別的揚棄；定在不是一個無區別的東西（就像剛開始的時候那樣），而是一個**透過揚棄區別**而重新達到自身同一性的東西，因此定在的單純性則是以這個揚棄爲**中介**。區別由於被揚棄而獲得存在──這是定在所特有的規定性；因此定在是一個**內化存在**（Insichsein）；定在是**定在者**或**某東西**。

「某東西」作爲一個單純的、存在著的自身關聯，是**第一個否定之否定**。定在、生命、思維等等在本質上把自己規定爲**定在者**、**有生命者**、**思維者**（自我）等等。這個規定是極爲重要的，唯其如此，我們才不會停留於定在、生命、思維之類普遍性，不會只知道**神性**，卻不知道上帝。表象有理由把**某東西**當作一個**實在的東西**；儘管如此，**某東西**仍然是一個非常膚淺的規定，好比**實在性**和**否定**、定在及其規定性雖然不再是抽象的存在和無，但仍然是一些完全抽

象的規定。正因如此，它們也是一些最流行的術語，而那種不具有哲學素養的反思卻是最爲頻繁地使用它們，把自己作出的各種區分注入其中，以爲這樣一來就掌握了某種很優秀的、具有堅實規定的東西。——否定之否定作爲**某東西**，僅僅是主體的開端；——內化存在起初只是一個完全無規定的東西。它在隨後首先把自己規定爲自爲存在者，不斷前進，直到在概念裡，才獲得主體的具體內涵。

[124] 所有這些規定都以一個否定的自身統一體爲基礎。但在這裡，**第一個**否定（**一般意義上的**否定）必須與第二個否定（否定之否定）區分開來，後者是一種具體的、**絕對的**否定性，反之前者僅僅是一種**抽象的**否定性。

　　某東西作爲否定之否定，是一個**存在者**；因爲否定之否定就是單純的自身關聯的重建；——但這樣一來，某東西同樣也是一種**自身中介**。早在單純的某東西那裡，隨後在自爲存在、主體等更具體的東西那裡，已經有一種自身中介，而在轉變裡面，只有一種完全抽象的中介；當**自身**中介在某東西之內**被設定**，某東西就被規定爲一個單純的**自身同一的**東西。——有些人主張，知識的本原是一種單純的直接性，應當把中介排除出去；針對這個主張，我們只能提請人們注意，中介無論如何是一種現成已有的東西；但在接下來的過程中，我們不需要特別關注中介環節，因爲它在任何時候和任何地方都包含在每一個概念裡面。

　　自在地看來，某東西就是這種自身中介，後者作爲否定之否定，在其自身並不具有任何具體的規定；因此它融入單純的統一體，即**存在**。某東西**存在著**，而且是作爲一個定在者而**存在著**；**自在地看來**，某東西也是**轉變**，但這個轉變已經不再以存在和無爲自己的環節。前一個環節，存在，如今是定在，進而是一個定在者。後一個環節同樣也是一個**定在者**，但被規定爲某東西的否

定，——被規定為一個**他者**（Anderes）。某東西作為轉變乃是一個過渡，這個過渡的各個環節本身就是某東西，因此過渡就是**變化**（Veränderung），即一種已經變得**具體**的轉變。——然而某東西首先僅僅在它的概念之內變化；在這種情況下，它尚未**被設定**為一個進行中介和經過中介的東西；它首先只是在它的自身關聯裡單純地維繫著自身，而它的否定同樣是一個質的東西，只不過是一般意義上的**他者**。

B　有限性 [125]

(a)某東西**和**他者；二者首先是彼此漠不相關的；他者也是一個直接的定在者，一個某東西；因此否定落在二者之外。某東西**自在地**與它的**為他存在**（Sein-für-Anderes）相對立。但規定性也屬於它的**自在體**（Ansich），並且是

(b)它的**規定**，這個規定同樣過渡到**狀況**（Beschaffenheit）；狀況和規定是同一個東西，構成了一個內在的，同時被否定的為他存在，構成了某東西的**界限**，而界限是

(c)某東西本身的內在規定，因此某東西是**有限者**。

在第一節考察一般意義上的**定在**的時候，定在作為首先被接納的東西，被規定為**存在者**。正因如此，定在的發展環節，即質和某東西，同樣是一些肯定的規定。反之在這一節裡，定在內部的否定規定得到發展，這個否定規定在第一節裡僅僅是一般意義上的否定或**第一個**否定，如今在某東西的**內化存在**這個點上面，則被規定為否定之否定。

a 某東西和一個他者

1. **首先**，某東西和他者都是定在者或**某東西**。

其次，每一方同樣也是一個**他者**。至於首先僅僅把哪一方稱作**某東西**，這是無關緊要的（在拉丁語裡，當它們在一個命題裡面出現的時候，二者都叫做 aliud〔其他東西〕，而 alius alium 意味著「其他東西中的一個」；反之，如果要強調二者的相互對立關係，類似的說法則是 alter alterum〔二者中的前者〕）。如果我們把一個定在稱作 A，把另一個定在稱作 B，那麼 B 就被首先規定爲他者。然而 A 同樣也是 B 的他者。二者在同樣的方式下都是**他者**。

[126] 爲了作出區分並且把那個具有肯定意義的某東西固定下來，我們稱它爲「**這一個**」（Dieses）。然而「**這一個**」恰恰意味著，那種把其中一個某東西區分開來並凸顯出來的做法，其實是一種主觀的、落在某東西自身之外的稱謂。整個規定性都屬於這種外在的稱謂；甚至「**這一個**」這一術語也不包含任何區別，因爲全部和每一個某東西都既是「**這一個**」，也是他者。人們**以為**能夠用「**這一個**」表達出某種完全被規定的東西，卻不知道，語言，作爲知性的工具，僅僅說出普遍者，除非這是一個個別對象的**名字**；然而個體的名字是一種無意義的東西，因爲它不是表達出一個普遍者，而是顯現爲一種單純被設定的、隨意的東西，而這又是因爲，個別名字既能夠被隨意接受和給予，也能夠被隨意改變。

因此對一個如此已規定的定在而言，異在（Anderssein）顯現爲一個陌生的規定或一個**外在於**定在的他者；定在本身並不是他者，毋寧說，它之所以被規定爲他者，部分原因在於一個第三者的**比較行為**，部分原因在於有一個外在於它的他者。與此同時，正如已經指出的，即使對表象而言，每一個定在同樣也把自己規定爲**另**

一個定在，也就是說，每一個保留下來的定在都不是單純的定在，而是位於一個定在之外，亦即本身就是一個他者。

　　二者既被規定爲某東西，也被規定爲他者；就此而言，二者是同一個東西，其中仍然沒有區別。然而規定的這種同一性同樣只是出現在外在反思或二者的比較裡面；一旦他者首先被設定，那麼它雖然與某東西相關聯，但本身也是位於某東西之外。

　　第三，他者因此必須被看作是一個孤立的、自身關聯的東西；這是一個抽象的他者，即柏拉圖所說的 τὸ ἕτερον〔異〕。柏拉圖把「異」當作總體性的諸環節之一，與「一」相對立，並且透過這個方式賦予他者一個特有的本性。因此眞正意義上的他者不是某東西的他者，而是一個自在的他者，也就是說，它本身就是它自己的他者。──這個在本性上就是他者的東西是物理自然界，而物理自然界是精神的他者；因此它的這個規定首先是一種單純的相對性。其表達出來的不是自然界本身的一個質，毋寧僅僅是一個外在於自然界的關聯。但是，由於精神是眞正意義上的某東西，而自然界本身只有在與精神相對立的時候才是自然界，所以，如果我們單獨看待自然界，那麼它的質恰恰意味著，它是一個自在的他者，一個（在空間、時間、物質等規定中）外在於自身的存在者。

　　單獨看來的他者是一個自在的他者，隨之是它自己的他者，即他者的他者，──一個在自身內絕對不一致的、否定著自身的東西，一個不斷變化的東西。但與此同時，它保持著自身同一性，因爲它所變化而成的那個東西是一個不具有更多規定的他者；然而不斷變化的東西不是以不同的方式，而是以同樣的方式被規定爲一個他者；因此它在他者那裡僅僅與自身融合。於是它被設定爲一個透過揚棄異在而折返回自身的東西，一個自身同一的某東西，而在這種情況下，異在──它是某東西的一個環節，同時有別於某東

[127]

西──本身不能作爲某東西而歸屬於某東西。

　　2. 某東西透過自己的非定在而**維繫著**自身；它在本質上與自己的非定在**合爲一體**，同時在本質上與之**不是合爲一體**。因此它與自己的異在**相關聯**；它並不完全是自己的異在。異在包含在某東西裡面，同時仍然與某東西**分離**；它是**爲他存在**。

　　定在本身是一個直接的、無關聯的東西；換言之，它被規定爲**存在**。但就定在在自身內包含著非存在而言，它是一個**已規定的**、在自身內被否定的存在，從而首先是一個他者，──但因爲它在否定自身的同時也維繫著自身，所以它僅僅是**爲他存在**。

[128]　　它透過自己的非定在而維繫著自身；它是存在，但不是一般意義上的存在，而是作爲自身關聯而與它的他者關聯**相對立**，作爲自身一致性而與它的自身不一致性相對立。這樣一種存在就是**自在存在**（Ansichsein）。

　　「爲他存在」和「自在存在」構成了某東西的**兩個環節**。這裡出現了**兩組規定**：**(1)某東西和他者**；**(2)爲他存在和自在存在**。在前一組規定裡，二者的規定性是無關聯的；某東西和他者彼此漠不相關。然而它們的眞理在於它們的關聯，因此，後一組規定（爲他存在和自在存在）被設定爲同一個東西的兩個**環節**，被設定爲兩個相互關聯的、保存在它們的統一體（即定在的統一體）中的規定。在這種情況下，每一方本身又包含著那個有別於它的環節。

　　存在和無在它們的統一體裡，在定在裡，不再是存在和無，──它們只有在這個統一體之外才是這樣的東西；而在它們的躁動不安的統一體裡，在轉變裡，它們是產生和消滅。──某東西中的存在是**自在存在**。存在，自身關聯，自身一致性，現在不再是一個直接的東西，而是僅僅作爲異在的非存在（作爲折返回自身的定在）而與自身相關聯。──同樣，在存在和非存在的這個統一體

裡，非存在作爲某東西的一個環節，也不是一般意義上的非存在，而是一個他者，或更確切地說，一個雖然**有別於**存在，但同時又與它的非定在**相關聯**的東西，即爲他存在。

由此看來，首先，**自在存在**以否定的方式與非定在相關聯，並且與它自身之外的異在相對立，因爲**自在的**某東西已經被剝奪了異在和爲他存在。但是，其次，自在存在本身也包含著非存在，因爲它本身**是**爲他存在的**非存在**。

但另一方面，首先，**爲他存在**否定了存在的單純的自身關聯，而這個否定首先應當是定在和某東西，因爲他者之內的某東西，或一個爲著他者而存在著的某東西，缺乏一個特有的存在。但是，其次，爲他存在作爲非定在，不是純粹的無，而是指向自在存在（這是它的折返回自身的存在），正如自在存在反過來也是指向爲他存在。[129]

3. 兩個環節都是同一個東西（「某東西」）的規定。**自在體**是某東西，因爲它擺脫爲他存在，返回到自身之內。然而某東西**自在地**（an sich，這裡強調的是「在」）或在它自身那裡（an ihm）也擁有一個規定或情況，而這個情況**在它自身那裡**是外在的，是一個爲他存在。

這就導致一個更具體的規定。自在存在和爲他存在首先是不同的；但是，某東西**在它自身那裡**也擁有它的**自在存在**，反過來，某東西作爲爲他存在，也是自在存在，——這就是自在存在和爲他存在的同一性，因爲按照規定，某東西本身就是兩個環節的同一個東西，因此兩個環節在某東西之內是未分割的。——這個同一性就形式而言已經出現在定在的層面裡，隨後在考察本質以及**內在性**和**外在性**的關係的時候變得更加明顯，而在考察理念（即概念和現實性的統一體）的時候變得最爲確定。——人們以爲，「**自在體**」

和「**內核**」等說法表達出了某種崇高的東西，殊不知某東西的**自在存在**僅僅停留在**它自身那裡**；「自在」是一個完全抽象的規定，因此本身是一個外在的規定。諸如「**在它自身那裡**沒有任何東西」或「**在它自身那裡**有某東西」之類說法雖然很含糊，但也意味著，凡是**在某東西自身那裡**的東西，也屬於某東西的**自在存在**，屬於它的內在的、眞正的價值。

相應地，**自在之物**（Ding-an-sich）的意義在這裡也昭然若揭了。這本來是一個極爲單純的抽象東西，但在某個時期卻被看作是一個無比重要的規定，彷彿是什麼卓越無匹的東西，相應地，「我[130]們不知道自在之物是什麼東西」這一命題也曾經被認爲是一種所向披靡的智慧。——所謂的自在之物，其實是抽離了全部爲他存在，而這在根本上意味著，它們被理解爲一種不具有任何規定的東西，被理解爲無。在這個意義上，人們當然不知道自在之物是**什麼東西**。因爲當提問「這是**什麼東西**？」的時候，要求說出**具體的規定**，但由於這裡針對的是一種據說不應當有任何規定的**自在之物**，所以這個提問已經以一種糊塗的方式斷定答覆是不可能的，如若不然，人們就給出一個荒謬的答覆。——自在之物和人們對其一無所知的那個絕對者是同一個東西，因爲一切東西在其中都是合爲一體的。就此而言，人們其實非常清楚這些自在之物**在其自身**是什麼東西，也就是說，它們無非是一種空洞的抽象東西，缺乏任何眞理。只有邏輯學才會呈現出眞正意義上的自在之物或眞正意義上的自在存在者，但在這個過程中，我們所理解的「**自在體**」（Ansich）是某種勝過抽象的東西，即某種存在於自己的概念中的東西；概念在其自身之內是具體的，作爲一般意義上的概念，它是可以理解把握的，而作爲已規定的東西和這些內在規定的連繫，它是可以認識的。

自在存在首先把爲他存在當作它的對立環節；但自在存在也與

一個**已設定的存在**（Gesetztsein）相對立；這個術語雖然也包含著
爲他存在，但它眞正明確包含著的東西，是一個已經發生的轉彎，
即一個並非自在存在著的東西返回到它的自在存在，在其中成爲
一個**肯定的**東西。**自在存在**通常被認爲是一個將概念表達出來的抽
象方式，而眞正說來，**設定**（Setzen）是在本質或客觀反映的層面
裡才會出現的；根據**設定**了那個以之爲根據的東西；原因還要**製造
出**一個效果，製造出一個定在，這個定在的獨立性**直接**遭到否定，
因此它本身就意味著，它是在一個他者那裡擁有它的**事情**，擁有它
的存在。在存在的層面裡，定在是**產生於轉變**，換言之，雖然某東
西和他者，有限者和無限者是同時被設定的，但有限者並沒有製造　[131]
出或**設定了**無限者。在存在的層面裡，概念本身的**自身規定**起初僅
僅是**自在的**，——所以它叫做過渡；就連存在的那些反映規定，比
如某東西和他者，或有限者和無限者，儘管在本質上相互指涉，都
是爲他存在，但仍然被看作是一種**質的**、孤立持存的東西；**他者存
在著**，而有限者被認爲和無限者一樣，都是**直接存在著的**、孤立持
存的東西；它們的意義彷彿是完滿的，哪怕沒有它們的他者也無
妨。與此相反，肯定的東西和否定的東西，原因和效果，雖然也被
看作是孤立存在著的東西，但只要脫離對方，就沒有任何意義；**在
它們自身那裡**，它們交互映現，每一個東西那裡都有它的他者的映
現。——在規定的各個層面裡，尤其是在展開的進程裡（確切地
說，在概念的展開進程裡），根本要務始終都是在於區分**自在的**東
西和**已設定的**東西，區分概念中的規定和已設定的，或爲著他者而
存在著的規定。這個區分僅僅屬於辯證的發展過程，但形上學的哲
學思考（包括批判的哲學思考）卻不懂得這個區分；形上學透過定
義、預設、劃分和推論而企圖主張和製造出來的東西，僅僅是**存在
者**，而且是**自在存在者**。

　　為他存在位於某東西的自身統一體之內，和某東西的**自在體**是同一的；也就是說，某東西**在其自身那裡**就有為他存在。因此，折返回自身的規定性仍然是一個**單純的**、**存在著的**規定性，從而仍然是一個質，——即**規定**。

b 規定，狀況和界限

[132]　　當某東西擺脫它的為他存在，折返回自身之內的**自在體**，後者就不再是一個抽象的自在體，而是作為它的為他存在的否定，以之為中介，因此它的為他存在是它的一個環節。自在體不僅僅是某東西的直接的自身同一性，而且是這樣一種自身同一性，透過它，某東西**在它自身那裡**也是它的**自在存在**；**在它自身那裡**就有為他存在，因為**自在體**就是要揚棄為他存在，**從為他存在那裡**返回到自身之內；但是，正因為自在體是抽象的，所以它在本質上同樣也是與否定，與為他存在糾纏在一起。這裡不僅有質和實在性等存在著的規定性，而且有**自在存在著的**規定性，而所謂發展過程，就是把它們**設定**為這種折返回自身的規定性。

　　1. 質是單純的某東西之內的自在體，它在本質上與某東西的另一個環節即「**在它自身那裡的存在**」（An-ihm-Sein）形成一個統一體。我們可以把這裡所說的質稱作「**規定**」（Bestimmung），並且在一個準確的意義上把這個詞語與一般的「**規定性**」（Bestimmtheit）區分開來。規定是一個肯定的規定性，即自在存在，以此為準繩，某東西雖然按照規定而與他者糾纏在一起，但仍然留在它的定在之內，並且透過它的自身一致性而維繫著自身，讓這種自身一致性在它的為他存在裡面發揮作用。只要某東西的具體規定性——這個規定性是透過某東西與他者的關係而多方發生出來的——符合它的自在存在，成為它的內容，就可以說某東西**充實了**

它的規定。規定包含著這個意思，即某東西**在它自身那裡**也是它的**自在存在**。

人的規定[3]是思維著的理性：一般意義上的思維是人的單純**規定性**，使人區別於動物；人是**自在的**思維，因為思維同樣有別於他的為他存在，有別於他特有的自然性和感性（這兩個東西使人和他者直接連繫在一起）。然而**人自身那裡**也有思維；人本身就是思維，他作為思維者**存在於那裡**，而思維是他的實存和現實性；進而言之，由於人的定在包含著思維，思維也包含著人的定在，所以思維是**具體的**，必須被看作是一個具有充實內容的東西，即思維著的理性，並在這個意義上是人的**規定**。即便如此，**自在地看來**，這個規定仍然只是一個**應當**，也就是說，它連同那些融入它的自在體的充實內容，在自在體的形式下，一般地與那種沒有融入的定在**相對立**，後者在這種情況下仍然是一種外在對立的、直接的感性和自然界。 [133]

2. 自在存在透過規定性而得到充實，這同樣有別於那種僅僅是為他存在，並且位於規定之外的規定性。因為在質的東西的領域裡，區分開的東西雖然已經遭到揚棄，但對彼此而言仍然是一種直接的、質的存在。某東西**在它自身那裡**擁有的東西於是劃分自身，並且從這個方面來看是某東西的外在定在，這個外在定在雖然是**它的**定在，但不屬於它的自在存在。—— 這樣的規定性就是**狀況**（Beschaffenheit）。

某東西有這樣或那樣的狀況，意味著它處於外在的影響和關係之中。狀況依賴於一個外在關聯（即透過一個他者而被規定），而

---

③ 在通常的語境裡，「規定」（Bestimmung）這個詞被翻譯為「使命」。—— 譯者注

這個關聯看起來是某種偶然的東西。然而某東西的質恰恰在於，它必須屈服於這種外在性，並且具有一個**狀況**。

只要某東西發生變化，變化就歸爲狀況；狀況**在某東西自身那裡**成爲一個他者。某東西在變化中維繫著自身，因此變化僅僅涉及它的異在的流動表面，並不涉及它的規定。

也就是說，規定有別於狀況；就其規定而言，某東西的狀況是無關緊要的。但某東西**在自身那裡**擁有的東西，卻是一個把規定和狀況連繫起來的推論中項。其實我們發現，**某東西自身那裡的**存在已經分裂爲兩端，即規定和狀況。單純的中項是**規定性**本身；規[134]定和狀況都屬於規定性的同一性。然而規定獨自過渡到狀況，狀況也獨自過渡到規定。這些都包含在迄今所述裡面；確切地說，這個連繫是這樣的：只要某東西**在它自身那裡**也是它的**自在存在**，它就和爲他存在糾纏在一起，於是規定本身就能夠和他者發生關係。規定性是一個環節，同時包含著一個質的區別，即它有別於自在存在，是某東西的否定者，是另一個定在。當規定性把他者包攬在自身之內，與自在存在聯合，就把異在輸入到自在存在或規定裡面，而規定透過這個方式就降格爲狀況。——反過來，當爲他存在作爲狀況而被設定爲一個孤立的、單獨的東西，在它那裡，他者本身和它自身那裡的他者（即它自身的他者）就是同一個東西；就此而言，它是一個**自身關聯的**定在，一個具有規定性的自在存在，即**規定**。——相應地，由於二者必須保持分裂，而且狀況彷彿是立足於一個外在東西或一般意義上的他者，所以爲他存在也是**依賴於**規定，而外來的規定行動也是取決於某東西特有的、內在的規定。進而言之，狀況屬於某東西的自在存在：某東西伴隨著它的狀況而發生改變。

某東西的這個改變（Änderung）不再是它最初僅僅按照它的

爲他存在而發生的變化（Veränderung）；「改變」曾經僅僅是一個自在存在著的、屬於內在概念的變化；從現在起，變化也被設定在某東西自身那裡。——某東西自身得到進一步的規定，而否定被設定在某東西自身之內，被設定爲它的得到發展的內化存在。

　　規定和狀況的相互過渡首先揚棄了它們的區別；透過這個方式，定在或一般意義上的某東西被設定，而且，由於那個區別在自身內同樣包含著質的異在，而定在或某東西又是它的結果，所以這裡有兩個某東西。這兩個某東西並非僅僅是彼此的一般意義上的他者，彷彿這裡仍然是一個抽象的否定，並且僅僅依靠比較，毋寧說，從現在起，否定是**內在於**二者的。它們作爲**定在者**，彼此漠不相關，但它們的這個肯定不再是一個直接的肯定，毋寧說，每一方都**透過**揚棄異在而與自身相關聯，而異在在規定裡已經折返回自在存在。 [135]

　　這樣看來，某東西是**從自身出發**而與他者發生關係，因爲異在被設定爲它特有的、內在的環節；某東西的內化存在包含著否定，藉助於這個否定，它現在擁有了它的肯定的定在。然而他者與這個定在有著質的區別，因此被設定在某東西之外。某東西的質僅僅在於否定它的他者，因爲某東西之所以是某東西，就在於揚棄它的他者。唯其如此，他者才眞正與一個定在相對立；對最初的某東西而言，他者僅僅是一個外在的對立面，但是，由於某東西和他者事實上絕對地（即按照它們的概念而言）連繫在一起，所以這個連繫意味著，定在**已經過渡**到異在，某東西**已經過渡**到他者，如今某東西和他者一樣，都是一個他者。現在，既然內化存在就是異在的非存在，且異在就包含在內化存在裡面，同時作爲一個存在者被區分出來，那麼某東西自身就是否定，就是**一個他者在它那裡的終止**；反過來，某東西被設定爲一個具有否定姿態並因此維繫著自身的東

西；——這個他者，某東西的內化存在，作爲否定之否定，是它的**自在存在**，與此同時，這個揚棄是某東西**自身那裡**的單純否定，即對於它之外的另一個某東西的否定。兩個某東西有一個**共同的**規定性，這個規定性一方面等同於二者的內化存在，表現爲否定之否定，另一方面既把這些否定（作爲相互對立的兩個某東西）聯合在一起，也把它們相互隔斷，讓每一方都否定著他者，——這就是**界限**（Grenze）。

3. **爲他存在**是某東西和它的他者的一個未規定的、肯定的共同

[136] 體；在界限那裡，「非爲他存在」（Nichtsein-für-Anderes）凸顯出來，這就是對於他者的質的否定，而他者因此被拒斥在那個折返回自身的某東西之外。我們必須關注這個概念的發展過程，而這個過程看起來更像是一團亂麻，充滿矛盾。矛盾的第一個體現，就是界限作爲某東西之折返回自身的否定，其包含著的「某東西」和「他者」等環節是**觀念上的**東西，與此同時，這些不同的環節在定在的層面裡卻被設定爲**實在的、有著質的區別**的東西。

(a) 因此，某東西是一個直接的、自身關聯的定在，並且首先針對他者而有一個界限：界限是他者的非存在，不是某東西自身的非存在；某東西在界限那裡限定（begrenzt）它的他者。——然而他者本身也是某東西，所以某東西針對他者而有的界限同時也是他者作爲某東西而有的界限，即某東西的界限，而在這種情況下，他者就把起初的某東西作爲**它的**他者排除出去，或者說成爲**那個某東西的非存在**；就此而言，界限不是僅僅否定他者，而是既否定這個某東西，也否定那個某東西，隨之否定一般意義上的某東西。

然而界限在本質上同樣是他者的非存在，因此某東西同時透過它的界限而**存在著**。誠然，當某東西作出限定，就因此降格爲一個本身受限定的東西；但與此同時，它的界限，作爲它自身那裡的他

者的終止，本身僅僅是某東西的存在；**某東西透過界限成為它所是的那個東西，在界限那裡擁有它的質。** —— 這個關係是下述情況的外在現象，即界限是單純的否定或**第一個**否定，與此同時，他者卻是否定之否定，是某東西的內化存在。

因此，某東西作為直接的定在，對另一個某東西而言是一個界限，但它**在自身那裡**就有一個界限，並且透過這個界限的中介而成為某東西，而界限同樣也是某東西的非存在。界限是一個中介過程，透過它，某東西和他者**既存在著也不存在著**。

(b) 現在，既然某東西在它的界限那裡既**存在著**也**不存在著**，而且這些環節是一個直接的、質的區別，那麼某東西的非定在和定在就彼此分離了。某東西在它的界限**之外**（或者如人們想像的那樣，在它的界限**之內**）擁有它的定在；他者同樣也是如此，因為它是界限之外的某東西。界限是二者**之間的中項**，二者在它那裡都終止了。它們在**彼此之外**和**界限之外**擁有它們的**定在**；界限作為每一方的非存在，是雙方的他者。 [137]

按照某東西和它的界限的這個差異性，**線**顯現為一個完全位於它的界限（**點**）之外的線；**面**顯現為一個完全位於線之外的面；**體**顯現為一個完全位於它的限定面之外的體。 —— 正是從這個方面來看，界限首先落入表象 —— 表象是概念的位於自身之外的存在 ——，尤其是在涉及空間對象的時候得到承認。

(c) 進而言之，位於界限之外的某東西，或者說不受限定的某東西，僅僅是一般意義上的定在。這樣它就和它的他者沒有區分開；它僅僅是定在，因此和它的他者具有同一個規定，每一方都僅僅是一般意義上的某東西，或者說每一方都是他者；因此，二者是**同一個東西**。但現在的情況是，它們起初的這種直接的定在是藉助規定性（界限）而被設定的，在界限那裡，二者都是自己，彼

此有別。與此同時，界限是它們的**共同的**區分性，是它們的統一體和區分性，就和定在一樣。二者（定在和界限）的這個雙重的同一性意味著，首先，某東西僅僅在界限那裡擁有它的定在，其次，由於界限和直接的定在相互否定，所以某東西一方面僅僅在它的界限那裡存在著，另一方面又與自身分離，超越自身，指向它的非存在，並且指出它的非存在是它的存在，隨之過渡到存在。如果把這個情況應用到先前的例子上，那麼第一個規定就是，某東西只有在它的界限那裡才是它所是的東西。—— 就此而言，**點**並非僅僅是**線**的界限，彷彿線在點那裡完全終止，僅僅是一個位於點之外的定在，—— **線**並非僅僅是**面**的界限，彷彿面在線那裡完全終止，同理，**面**也並非僅僅是**體**的界限。毋寧說，線同樣是**開始**於點；點是線的絕對開端；即使線的兩個方向都不受限定，或如人們所說的那樣，即使線被設想爲可以無窮延長，點始終是線的**元素**，正如線始終是面的元素，面始終是體的元素。這些**界限**是它們所限定的東西的**本原**；比如一，作爲第一百個一，既是整個一百的界限，也是整個一百的元素。

[138]

　　第二個規定是，某東西在它的界限那裡是躁動不安的，因爲界限在本質上是一個**矛盾**，而這個矛盾促使某東西超越自身。就此而言，點自身的辯證法促使點成爲線，線自身的辯證法促使線成爲面，面自身的辯證法促使面成爲整個空間。關於線、面和整個空間，於是有第二個定義，即線產生於點的**運動**，面產生於線的運動，如此等等。然而人們把點、線之類東西的**運動**看作是某種偶然的或僅僅如此設想的東西。爲了糾正這一點，人們只需認識到，各種規定 —— 線等等應當從中產生出來 —— 是它們的**元素**和**本原**，與此同時，這些元素和本原無非是它們的界限；這樣一來，人們就不會認爲線等等的產生是偶然的或僅僅如此設想的。界限是內在於某

東西的——這個界限的概念意味著，點、線、面，單獨看來都是自相矛盾的，都是一種自己排斥自己的開端，因此在這種情況下，點從自身出發，透過自己的概念而過渡到線，**自在地推動自身**，使線產生出來，如此等等。當然，這個實例本身是屬於空間考察的；而它在這裡的意思是說，點是一個完全抽象的界限，但這個界限**位於一個定在之內**；這個定在仍然被看作是一個完全無規定的東西，它就是所謂的絕對的（亦即抽象的）空間，一種絕對延續的彼此外在的存在。由於界限不是一個抽象的否定，而是**位於這個定在之內**，由於界限是一個**空間性的**規定性，所以點是空間性的，是抽象否定和延續性的矛盾，隨之過渡並且已經過渡到線，如此等等。其實**沒有點**，正如**沒有線和面**。

　　某東西透過那個內在於它的界限而被設定為一個自身矛盾，並且在這個矛盾的驅動之下超越自身，這就是**有限者**。

c　有限性

　　定在是已規定的；某東西具有一個質，並且透過這個質不僅得到規定，而且受到限定；它的質是它的界限，帶著這個界限，它首先保持為一個肯定的、靜止的定在。但是，當這個否定進一步發展，以至於某東西的定在與否定（即那個內在於某東西的界限）的對立本身就是某東西的內化存在，而這個內化存在僅僅是某東西自身那裡的轉變，——這就構成了它的有限性。

　　當我們說，**事物是有限的**，這裡的意思是，它們並非僅僅有一個規定性，質並非僅僅是實在性和自在存在著的規定，它們並非僅僅是受限定的——在這些情況下，它們在它們的界限之外仍然擁有定在——，毋寧說，非存在構成了它們的本性，構成了它們的存在。有限的事物**存在著**，而它們的自身關聯意味著，這是一種**否定**

[139]

的自身關聯，而恰恰在這種自身關聯中，它們超越了自身，超越了它們的存在。它們**存在著**，但這個存在的真理卻是它們的**終結**。有限者不僅和一般意義上的某東西一樣發生變化，而且會**消滅**，它的消滅並非僅僅是一種可能性，否則的話，它也有可能不會消滅。實際上，有限事物的存在本身就把消滅的萌芽當作它們的內化存在；它們的誕生時刻就是它們的死亡時刻。

[140]

(a) 有限性的直接性

　　關於事物的有限性的思考導致這種顧影自憐，因為有限性是一種達於極致的質的否定，而在這個單純的規定裡，事物不再擁有一個肯定的存在，以**區別於**它們的滅亡宿命。這種單純的質的否定已經退步為無（以及消滅）和存在的抽象對立，正因如此，有限性是知性最為頑固堅持的一個範疇；一般意義上的否定、狀況和界限等等都可以與它們的他者（即定在）相容；抽象的無作為孤立的抽象東西也遭到放棄；但有限性是一種**自在地固定下來的**否定，因此與它的肯定東西尖銳對立。誠然，有限者能夠活動，它本身是一個註定走向其終點的東西，但僅僅走向其終點；——真正說來，有限者其實是一個頑抗，即拒絕以肯定的方式走向它的肯定東西（即無限者），拒絕與無限者建立連繫；因此有限者被設定為一個與它的無形影不離的東西，隨之根本不可能與它的他者（即肯定東西）達成任何和解。有限事物的規定就是它們的**終點**，此外無他。知性沉迷於有限性的這種顧影自憐，因為它把非存在當作事物的規定，同時使之成為一種**恆久的**和**絕對的**東西。事物的可消逝性只有可能在它們的他者（即肯定東西）那裡消滅；假若是這樣，它們就會擺脫自己的有限性；只可惜有限性是它們的恆久不變的質，也就是說，這個質不會過渡到它們的他者（即它們的肯定東西）那裡；**因此有限性是永恆的。**

　　這是一個非常重要的考察；誠然，沒有哪個哲學、觀點或知 [141]
性願意站在自己的立場上承認，有限者是絕對的；毋寧說，它們明
確宣稱，有限者不是一個絕對的東西，而是一個受限制的、**轉瞬即
逝的**的東西；有限者**僅僅**是有限者，不是恆久不變的東西；這些情
況直接包含在它的規定和表述裡面。但這裡的關鍵是，在考察有限
者的時候，是停留於**有限性的存在**，執著於**可消逝性**呢，還是說**可消
逝性**和**消滅**本身也會消滅？事實上，人們在考察有限者的時候恰恰
沒有認識到後面這個情況，從而把**消滅**看作是有限者的**終極規定**。
人們明確宣稱，有限者和無限者是不相容的、不可結合的，有限者
和無限者是絕對對立的。他們把存在或絕對的存在判歸無限者，堅
持認為有限者是無限者的對立面或否定者；從有限者自己那方面來
看，它和無限者是絕對不可結合的；它僅僅從肯定東西或無限者那
裡獲得一點肯定，然後走向消滅；至於有限者和無限者的聯合，據
說是一件絕不可能的事情。在他們看來，當有限者不再與無限者對
立，而是走向消滅，那麼正如之前所說的，這恰恰意味著，它的終
結規定是消滅，而不是肯定東西，因為肯定東西只能是消滅的消
滅。反之，假若有限者不是在肯定東西那裡消滅，而它的終點被理
解為**無**，那麼我們就回到起初那個抽象的無，但這個東西本身早就
已經消滅了。

　　這個無應當**僅僅**是無，但與此同時，它在思維、表象活動或言
語中又得到一個實存，因此在它那裡出現了之前談到有限者的時
候的同一個矛盾，只不過這個矛盾在那裡僅僅是**出現**，而在有限性
這裡則是被**明確提出**。它在那裡顯現為一個主觀的東西，而在這裡
則是明確包含在以下主張裡面：有限者**永遠**與無限者**相對立**，它**是**
自在的虛妄東西，它**作為**自在的虛妄東西存在著。我們必須清楚地 [142]
意識到這一點；有限者的發展過程表明，它作為這個矛盾，在它自

身那裡融入自身，從而現實地消解了這個矛盾；這裡的意思並不是說，有限者僅僅是轉瞬即逝的，並且走向消滅，毋寧說，消滅或無不是終極規定，而是本身走向消滅。

(b)限制和應當

誠然，「**某東西**是有限的」或「有限者**存在著**」之類說法立即以抽象的方式包含著上述矛盾。但**某東西**或存在不再是一個抽象的東西，而是折返回自身，發展爲內化存在，在自身那裡具有一個規定和狀況，或更確切地說，在自身那裡有一個界限，而這個界限——它內在於某東西，並且構成了某東西的內化存在的質——就是有限性。我們得看看，「有限的某東西」這一概念裡包含著哪些環節。

對外在反思而言，規定和狀況表現爲兩個**方面**；規定已經包含著異在，後者屬於某東西的**自在體**；異在的外在性一方面位於某東西自己的內在性之內，另一方面保持爲一種與之有別的外在性，也就是說，它尚且是一般意義上的外在性，只不過是**依附於**某東西。但是，由於異在接下來被規定爲**界限**，甚至被規定爲否定之否定，所以那個位於某東西內部的異在就被設定爲兩個方面的關聯。再者，由於規定和狀況都屬於某東西，所以某東西的自身統一體就是它的折返回自身的關聯，這個關聯來自於某東西的自在存在著的規定，同時否定著那個內在於某東西的界限。這樣一來，自身同一的內化存在的自身關聯，其實是與它自己的非存在相關聯，但作爲否定之否定，作爲非存在的否定者，它同時在自身內保留了定在，因爲定在是它的內化存在的質。當某東西把自己的界限設定爲一個本質上的否定者，這個界限就不僅僅是一般意義上的界限，而是**限制**（Schranke）。然而限制並不是唯一由於否定而被設定的東西，否定是一把雙刃劍，因爲那個透過它的否定而被設定的東西是**界限**；

[143]

也就是說，界限既是某東西和他者的共同因素，也是規定本身的**自在存在**的規定性。相應地，這個自在存在作為一個否定的自身關聯（因為另一方是它的有別於它自身的界限，即限制），就是**應當**（Sollen）。

一方面，某東西自身那裡的界限就是限制，另一方面，某東西必須在自身之內**超越界限**，並且在自身那裡與界限相關聯，同時**把界限當作一個非存在者**。某東西的定在彷彿靜靜地、漠不關心地位於它的界限**旁邊**。但是，某東西要超越它的界限，就必須揚棄界限，並且作為一個自在存在去否定界限。相應地，由於界限在**規定**中本身就是限制，所以某東西**超越自身**。

因此，應當包含著雙重的規定：**一方面**，規定是一個自在存在著的規定，與否定對立，**另一方面**，規定是一個非存在，後者作為限制有別於規定，同時本身又是一個自在存在著的規定。

在這種情況下，有限者已經把自己規定為一個關聯，即它的規定與它的界限的關聯；在這個關聯裡，規定是**應當**，界限是**限制**。就此而言，二者都是有限者的環節，隨之本身都是有限的。然而只有限制才**被設定為**有限者；應當僅僅自在地看來（即對我們而言）是受限制的。應當之所以是受限制的，因為它與那個已經內在於它的界限相關聯，但它的這個受限狀態隱藏在自在存在裡面，因為按照它的定在而言，亦即按照它的與限制相對立的規定性而言，它被設定為自在存在。

一切應當存在的東西，既**存在著**，也**不存在著**。假若它**存在著**，就並非僅僅**應當存在**。因此應當在本質上包含著一個限制。這個限制不是一個外來的東西；**一切僅僅應當存在的東西**，都是一個在事實上被設定的**規定**，亦即僅僅是一個規定性。 [144]

也就是說，某東西的自在存在之所以按照它的規定而把自己降

格爲**應當**，原因僅僅在於，那個構成其自在存在的東西，在同一個角度看來，**和非存在**是同一個東西；確切地說，在內化存在或否定之否定裡，那個自在存在作爲一個否定（即作出否定的東西），與另一個否定形成一個統一體，而由於後一個否定就質而言是另一個界限，所以那個統一體與它**相關聯**。有限者的限制不是一個外在的東西，毋寧說，它自己的規定也是它的限制；這個限制既是規定本身，也是應當；限制是二者的共同因素，或更確切地說，是二者的同一性因素。

接下來，有限者作爲應當**超越**了它的限制；同一個規定性既是它的否定，也是一個被揚棄的東西，即它的自在存在；因此它的界限也不是它的界限。

這樣一來，某東西作爲**應當**，就**凌駕於它的限制之上**，但反過來，它只有**作爲應當**才具有它的**限制**。這兩個情況是不可分割的。也就是說，當某東西在它的規定中具有一個否定，它就具有一個限制，而規定就是一個已揚棄的限制。

注釋

最近一段時間以來，「應當」在哲學裡面扮演著一個重要角色，尤其在涉及道德的時候更是如此。而在一般的形上學裡，它也被當作一個終極的絕對概念，指代著自在存在（或**自身**關聯）和**規定性**（或界限）的同一性。

「**因為你應當，所以你能夠**」──這句意味深長的話就包含在「應當」概念裡。應當意味著超越限制；在這個超越中，界限被揚棄了，因此應當的自在存在是一個自身同一的自身關聯，隨之是「**能夠**」的抽象表現。── 然而相反的說法，「**正因為你應當，所以**

你不能夠」，同樣是正確的。因爲應當裡面同樣有著嚴格意義上的限制；那種奢談可能性的形式主義發現，可能性本身與一個實在性或一個質的異在相對立，因此二者的相互關聯是一個矛盾，即「不能夠」，或更確切地說，「不可能」。

對於有限性的超越，即無限性，開始於應當；按照那種「不可能」，應當在進一步的發展過程中呈現爲一個無限的進展。

關於「**限制**」和「**應當**」的形式，我們可以明確反駁兩個成見。首先，人們經常**過於**強調思維、理性等等遭受的限制，認爲限制**不可能**被超越。但這個觀點沒有意識到，當某東西被規定爲受限制的時候，本身已經超越了限制。一個規定性或界限只有在與它的一般意義上的他者（即它的**不受限制者**）相對立的時候，才被規定爲一個限制；限制的他者恰恰是對於限制的**超越**。石頭、金屬之所以沒有超越它們的限制，原因恰恰在於，它們**不知道**這個限制是一個限制。針對知性思維提出的「限制不可能被超越」之類一般的命題，如果思維不願意親自去看看概念裡面有什麼東西，那麼我們可以告訴它，在現實世界裡，這類命題是最不眞實的東西。思維**應當**是某種高於現實世界的東西，應當遠離現實世界，堅守在一個更高的領域，而在這個意義上，它本身就被規定爲一個**應當**。正因如此，思維一方面沒有達到**概念**，另一方面處於一個窘境，即它無論是相對現實世界還是相對**概念**而言都表現爲一個不眞實的東西。──因爲石頭不思維，毫無感覺，所以它**不知道**它的限制是一個限制，也就是說，它不會去否定它所沒有的感覺、表象、思維等等。但即使是石頭，作爲某東西，也被區分爲它的規定（或者說它的自在存在）和它的定在，並在這個意義上超越了它的限制；**概念**，作爲石頭的自在存在，包含著石頭與它的他者的同一性。只要石頭是一個可以酸化的基質，就是可以氧化和可以中和的，如此等

[146]

等。透過氧化、中和等等，石頭的限制（即僅僅作爲基質而存在）揚棄自身；石頭超越自己的限制，正如酸也超越自己的限制（即作爲酸而存在），而且無論是在酸裡面，還是在腐蝕性基質裡面，都有一個**應當**（即超越它們的限制），所以它們只能藉助外力而被固定爲一種無水分的（即純粹的、非中性的）酸和一種腐蝕性的基質。

實存包含著概念，如果這個概念並非僅僅是一個抽象的自在存在，而是一個自爲存在著的總體，是衝動、生命、感覺、表象活動等等，那麼實存從自身出發就完成了超越限制的舉動。植物不但超越限制 a（作爲種子而存在），而且超越限制 b（作爲花而存在）、限制 c（作爲果實而存在）、限制 d（作爲葉子而存在）；植物發芽，花朵凋謝，如此等等。飢渴等限制中的感覺者是一個想要超越這些限制的衝動，而且這個衝動完成了超越。它感覺到**痛苦**，而一切有感覺的存在者都有一個特權，即能夠感覺到痛苦；它的自主體裡面有一個否定，這個否定在它的感受裡**被規定爲一個限制**，而這恰恰是因爲感受者對於它的**自主體**（Selbst）有所感受，而這個自主體作爲總體，超越了那個規定。假若做不到這一點，它就不會覺得那個規定是對於它的否定，也不會有痛苦。——眞正說來，理性或思維並非「能夠」超越限制，因爲理性是**普遍者**，而普遍者本來就超越了特殊性**本身**（即**全部**特殊性），所以理性本身已經是對於限制的超越。——誠然，並非每一個對於限制的超越和每一個凌駕於限制之上的存在都是眞的擺脫了限制，都是一個眞實的肯定；應當本身已經是一個不完滿的超越和一般意義上的抽象。儘管如此，我們只需援引這樣一個完全抽象的普遍者，就足以反駁「限制不可能被超越」這一同樣抽象的斷言，換言之，我們只需援引無限者，就足以反駁「有限者不可能被超越」這一斷言。

[147]

　　這裡可以順帶提及萊布尼茲的一個貌似很機智的想法。他認為，假若一根磁針具有意識，就會把「指向北方」看作是它的意志的一個規定，看作是它的自由的一個法則。但實際上，假若磁針具有意識，隨之具有意志和自由，它就能夠思考；而在這種情況下，它就會知道空間是一個**普遍的**空間，包含著**全部**方向，而北方作為其中**一個**方向，毋寧是對於它的自由的限制。類似地，「固定在一個位置」雖然對人而言是一個限制，但對植物而言則並非如此。

　　另一方面，**應當**雖然是對於限制的超越，但其本身僅僅是一個**有限的超越**。因此它的位置和它的有效性都屬於有限性的領域，在那裡，它堅持著自在存在和受限東西的對立，並且主張自在存在是準繩，是事關本質的東西，與虛無縹緲的東西相對立。義務是針對特殊意志，針對自私欲望和隨心所欲而提出來的一個**應當**；只要意志在它的活動中能夠脫離真實的東西，這個東西就作為一個應當擺在它面前。有些人把道德裡面的應當抬到如此之高的地位，竟至於認為，只要不承認應當是一個終極的真實東西，就會摧毀道德性；此外還有一些酸民，他們的知性所能夠獲得的最大滿足，莫過於拿出各種應當，隨之擺出一副高人一等的姿態，去反對一切現實的東西，而正因如此，他們最為珍視的東西就是應當。這兩種人都不知道，對於他們的有限的活動範圍而言，應當已經完全得到承認。——但在現實世界裡，合理性和法則絕不是一種悲慘的、僅僅應當**存在**的東西——否則這裡就只剩下「自在存在」等抽象說法——；他們也不知道，說「應當本身就是永恆的」，這和說「有限性是絕對的」是同一回事。康德哲學和費希特哲學宣稱，**應當**是解決理性矛盾的最高方案，但實際上，這個立場僅僅固守於有限性，隨之固守於矛盾。 [148]

(c)有限者過渡到無限者

應當本身包含著限制，限制本身包含著應當。二者的相互關聯就是有限者自身，也就是說，有限者在它的內化存在裡包含著二者。它的這些規定環節在質上是相互對立的；限制被規定爲應當的否定，應當同樣被規定爲限制的否定。因此有限者是一個內在的自身矛盾；它揚棄自己，走向消滅。但是，(1) 它的這個結果，一般意義上的否定，是它的**規定**本身；因爲它是否定之否定。就此而言，有限者在走向消滅的時候並沒有消滅；它只不過是已經轉變爲**另一個**有限者，後者在走向消滅的時候，同樣過渡到另一個有限者，如此以至**無限**。(2) 如果我們仔細考察這個結果，就會發現，有限者在走向消滅或否定自身的時候，已經達到它的自在存在，已經在那裡**與它自身融爲一體**。它的每一個環節都包含著這個結果；應當過渡到限制，亦即超越自身；然而限制之外的東西，或者說應當的他者，僅僅是限制本身。限制直接超越自身，指向它的他者，而這個他者就是應當；然而應當和限制一樣，都意味著**自在存在和定在**的分裂，因此二者是同一個東西；就此而言，所謂超越自身，
[149]　僅僅意味著與自身融爲一體。這種**自身同一性**，否定之否定，是一個肯定的存在，即有限者的他者（因爲有限者必須把第一個否定當作自己的規定性）；——這個他者就是**無限者**。

C 無限性

無限者按照其單純概念而言，可以首先被看作是絕對者的一個新的定義；它作爲一個無規定的自身關聯，被設定爲**存在**和**轉變**。有些規定可以被看作是絕對者的定義，但**定在**的各種形式不在其列，因爲這個層面的形式就其自身而言只能被直接設定爲規定性，

而且是有限的規定性。但無限者卻是被直接看作是一個絕對的東西，因爲它被明確規定爲有限者的否定，所以在無限者裡面就明確出現了與受限狀態的關聯——雖然存在和轉變本身不具有或沒有展示出受限狀態，但它們畢竟有可能陷入這種狀態——，而且這樣一個關聯在無限者自身那裡遭到否定。

但這樣一來，無限者本身實際上並沒有擺脫受限狀態和有限性；這裡的關鍵在於區分無限性的真實概念和惡劣無限，區分理性的無限者和知性的無限者；後者是一個**有限化的**無限者，因爲我們將會發現，只要無限者被當作一個純粹的、遠離有限者的東西，它就只能被有限化。

無限者

(a) 按照其**單純規定**而言是一個肯定的東西，表現爲有限者的否定；

(b) 但在這種情況下，它和**有限者**處於**交互規定**之中，是一個抽象的、片面的無限者；

(c) 這個意義上的無限者和有限者的自身揚棄，作爲一個**進展**，——是**真實的無限者**。

a 一般意義上的無限者

[150]

無限者是否定之否定，是一個肯定的東西，即一個從受限狀態那裡重建自身的**存在**。無限者存在著，並且比最初的、直接的存在具有更深刻的意義；它是真實的存在，是從限制那裡提升上來的。當心靈和精神聽到「無限者」的名稱，無限者就**閃耀**出光芒，因爲這個名稱不是僅僅靜止抽象地**存在於**自身那裡，而是提升自身，走向自身，走向它的思維、它的普遍性、它的自由的光芒。

無限者的概念首先已經表明，定在按照它的自在存在把自己規

定爲有限者，並且超越了限制。有限者的本性就是要超越自身，否定它的否定，成爲無限者。就此而言，無限者本身並不是作爲一個完結的東西凌駕於有限者**之上**，以至於有限者竟然能夠駐留在無限者**之外**或**之下**。即使**我們**僅僅是一個主觀的理性，也仍然超越了有限者，進入無限者。有些人認爲，「無限者」是一個理性概念，而我們是透過理性而提升於時間性東西之上；這些看法根本沒有觸及有限者半根汗毛，因爲有限者和那個始終外在於它的提升沒有半點關係。但是，如果有限者本身被提升到無限性，那麼這並不是屈從於一個外來的暴力，毋寧說，它的本性就是要透過限制——這裡既指嚴格意義上的限制，也指應當——而達到自身關聯，隨之超越限制，或更確切地說，有限者必須作爲一個自身關聯而否定限制，超越限制。並非揚棄了一般意義上的有限性之後，就有了一般意義上的無限性，毋寧說，有限者只需透過它的本性就會進入無限性。無限性是有限者的**肯定規定**，是有限者的眞實的自在存在。

於是有限者消失在無限者裡面，只有**無限者存在著**。

[151]　**b　有限者和無限者的交互規定**

無限者**存在著**；在這個直接性裡，它同時是對於一個**他者**（即有限者）的**否定**。這樣一來，無限者作爲**存在者**，同時作爲一個**他者**的**非存在**，就首先返回到「一般地已規定的某東西」範疇，然後——因爲它**被設定**爲一個折返回自身之內，透過揚棄一般意義上的規定性而得出的定在，隨之被設定爲一個有別於它的規定性的定在——返回到「具有界限的某東西」範疇。按照這個規定性，有限者作爲一個**實在的定在**與無限者相對立；因此二者在一個質的**關聯**中，**保持**爲彼此外在的東西；無限者的**直接存在**重新喚醒了它的否定（即有限者）的**存在**，而有限者暫時看起來已經消失在無限者裡面。

但無限者和有限者並非僅僅處於上述兩個關聯範疇之中；雙方都得到進一步的規定，即它們必須作為純粹的**他者**而相互對立。也就是說，有限性被設定為嚴格意義上的限制，而定在也獲得一個**規定**，即它必須過渡到它的**自在存在**，**轉變為無限者**。無限性是有限者的無，是有限者的**自在存在**和**應當**，但與此同時，這個應當作為一個已經折返回自身、得到實現的應當，僅僅是一個自身關聯的、完全肯定的存在。無限性包含著一個滿足，即全部規定性和變化，全部限制連同應當本身，都已經消失了，被揚棄了，只剩下有限者的無被設定下來。自在存在被規定為有限者的否定，於是它作為否定之否定，本身是一個肯定的東西。但這個否定，就質而言，是一個**直接**的自身關聯，即**存在**；這樣一來，無限者就返回到「與作為**他者**的有限者相對立」這一範疇；它的否定本性被設定為一個**存在著**的否定，隨之被設定為最初的和直接的否定。透過這個方式，無限者與有限者糾纏在一起，與之對立；與此同時，有限者作為他者，仍然是一個已規定的、實在的定在，儘管它在它的自在存在（即無限者）裡面已經被設定為一個遭到揚棄的東西；這就是「非有限者」，一個具有否定規定性的存在。相對於有限者而言，相對於存在著的規定性和實在性的範圍而言，無限者是一個無規定的虛空，凌駕於有限者之上，而且在它的定在那裡不具有它的自在存在，因為定在是一個已規定的東西。 [152]

因此，如果無限者被設定在一個和有限者就質而言互為**他者**的關聯之中，就叫做**惡劣的無限者**，即**知性**的無限者，因為知性把它當作一個最高的絕對真理。只有當知性在應用和解釋它的這些範疇的時候四處碰壁，它才會意識到，當它自以為透過調和真理而得到滿足的時候，其實是置身於一個不可調和、不可化解的絕對矛盾之中。

　　　　這個矛盾的直接表現，就是無限者始終與作爲定在的有限者相對立；於是有**兩個**規定性，**有兩個**世界，一個無限的世界和一個有限的世界，而在它們的關聯中，無限者僅僅是有限者的**界限**，隨之僅僅是一個已規定的、**本身即有限的無限者**。

　　　　這個矛盾把它的內容展現爲一些更爲明確的形式。—— 有限者是一個實在的定在，後者始終留在那裡，哪怕它已經過渡到它的非存在，過渡到無限者；正如之前所述，這個無限者按照其規定性而言，僅僅是最初的、直接的對於有限者的否定，而有限者作爲一個[153]因此被否定的東西，僅僅意味著一個**他者**，從而仍然是某東西。在這種情況下，當知性把自己提升到有限世界之上，達到它心目中的最高東西亦即無限者的時候，這個有限世界對它而言仍然是一個此岸世界，以至於無限者僅僅被設定在有限者**之上**，**脫離**了有限者，而有限者也恰恰因此脫離了無限者，—— **二者被安置在不同的地方**：有限者是此岸的定在，反之，無限者雖然是有限者的**自在體**，但作爲一個彼岸世界，卻被推到一個朦朧的、不可觸及的遠方，而有限者始終置身於這個遠方**之外**。

　　　　雖然相互脫離，但無限者和有限者在本質上同樣透過那個把它們隔斷的否定而相互**關聯**。二者都是折返回自身的某東西，而這個把它們關聯在一起的否定則是雙方相互之間的界限，也就是說，每一方都不是僅僅以對立的**他者**爲界限，毋寧說，否定是它們的**自在存在**，因此每一方在脫離他者的時候，都是以自身爲界限。但是，由於界限是第一個否定，所以雙方受到限定，本身都是有限的。儘管如此，每一方作爲一個肯定的自身關聯，也否定了自己的界限；因此每一方都把界限作爲它的非存在而直接排除在自身之外，在質上與之分離，並且把界限設定爲它之外的**另一個存在**，也就是說，有限者把它的非存在設定爲無限者，無限者同樣把它的非存在設定

爲有限者。有限者必然會過渡到無限者，換言之，有限者透過自己
的規定已經過渡到無限者，並且把無限者提升爲自在存在，這些說
法都很容易得到認可，因爲有限者雖然被規定爲一個持存的定在，
但同時**也**被規定爲一個**自在的**虛無縹緲的東西，即一個按照自己的
規定而自行瓦解的東西，而無限者雖然被規定爲與否定和界限糾纏
在一起，但同時也被規定爲一個**自在存在者**，因此這個抽象的自身
關聯構成了它的規定，而按照這個規定，有限的定在並不是位於那
個肯定之內。但我們已經指出，首先，無限者本身只能以否定爲**中**
介，作爲否定之否定，**轉變**爲一個肯定的存在；其次，它的這個肯 [154]
定，作爲一個單純的、質的存在，把包含在其中的否定貶低爲一個
單純的直接否定，隨之貶低爲規定性和界限，而這樣一來，它同樣
與它的自在存在相矛盾，因此被逐出自在存在，被設定爲一個非但
不屬於自在存在，反而與之相對立的東西，即有限者。因此，由於
每一方在其自身那裡，出於自己的規定，都要設定它的他者，所
以雙方是**不可分割的**。但它們的這個統一體**隱藏**在它們的質的異在
中，因此這是一個**內在的**、**僅僅位於根基處**的統一體。

　　這個統一體的顯現方式由此得到規定；在**定在裡**，它被設定爲
有限者向著無限者的反轉或過渡，以及無限者向著有限者的反轉或
過渡；就此而言，無限者在有限者那裡，有限者在無限者那裡，他
者在他者那裡，僅僅是**出現**（hervortrete），也就是說，每一方都
是在他者那裡自行**直接地**產生出來，而它們的關聯僅僅是一個外在
的關聯。

　　它們的過渡過程具有如下具體的形態。人們超越有限者之後，
就進入無限者。這個超越看起來是一個外在的行動。在這個凌駕於
有限者之上的虛空裡，什麼東西產生出來呢？那裡面的肯定東西是
什麼呢？因爲無限者和有限者是不可分割的（或者說，因爲這個獨

處一方的無限者本身是受限制的），所以界限產生出來；無限者消
失了，它的他者（即有限者）登場了。然而有限者的登場看起來是
一件在無限者之外發生的事情，而這個新的界限看起來不是產生自
無限者，而是碰巧被發現的。這樣的話，人們就回到之前那個徒然
被揚棄的規定。但這個新的界限本身僅僅是一個應當被揚棄或應當
被超越的東西。於是虛空或無再一次產生出來，人們在其中再一次
遭遇那個規定性，即一個新的界限——**如此以至無限**。

[155]　　　這裡呈現出**有限者和無限者的交互規定**；有限者只有在與應當或
無限者相關聯的時候才是有限的，同樣，無限者只有在與有限者相
關聯的時候才是無限的。它們是不可分割的，同時作為絕對的他
者而相互對立；每一方在其自身那裡都有它的他者；因此，每一方
都是它和它的他者的統一體，每一方按照其規定性而言都是一個定
在，但這個定在**既不能**是它自己，**也不能**是它的他者。

　　　這個既否定著自身，也否定著它的否定的交互規定，恰恰是那
個作為**無限進展**而登場的東西，後者在許多形態和應用中都被當作
一個再也不能被超越的**終極因素**，因為每次只要說起「**如此以至無
限**」，思想就覺得已經到達自己的終點。——無論什麼地方，只要
各種**相對的**規定被推到它們的對立面，以至於它們處在一個不可分
割的統一體之內，同時每一個規定都具有一個獨立於其他規定的定
在，那麼上述進展就會登場。因此這個進展是一個未解決的**矛盾**，
一個始終**明擺著**的矛盾。

　　　我們發現，這裡有一個抽象的、始終不完整的超越，因為**這個
超越**本身並沒有**被超越**。這裡有一個無限者，人們當然也可以超越
它，因為一個新的界限被設定下來，而它恰恰因此返回到有限者。
自在地看來，這個惡劣的無限性和那個恆久的**應當**是同一個東西；
前者雖然是對於有限者的否定，但並不能把自己真正從有限者那裡

解放出來；在惡劣的無限性**自身那裡**，有限者作爲它的他者重新出現，因爲這個無限者只能與另一個有限者**相關聯**。由此可見，無限進展僅僅是一個不斷重複的單調性，是有限者和無限者之間千篇一律的、無聊的**交替**。

無限進展的無限性始終與有限者本身糾纏在一起，因此是受到 [156] 限定的，並且本身就是**有限的**。這樣一來，它實際上被設定爲有限者和無限者的統一體。但這個統一體沒有得到反思。它在有限者裡面召喚出無限者，在無限者裡面召喚出有限者，因此可以說，它是無限進展的發動機。無限進展是那個統一體的**外觀**，是表象所津津樂道的東西；千篇一律的交替恆久地重複著，那個跨越界限而走向無限性的空虛躁動也恆久地重複著，它在這個無限者裡面**發現**一個新的界限，但既不能駐足於這個界限，也不可能留在無限者裡面。這個無限者始終被規定爲一個**彼岸世界**，這個彼岸世界是不可能被觸及的，因爲它**不應當**被觸及，因爲它沒有擺脫彼岸世界（這是一個**存在著的**否定性）的規定性。按照這個規定，無限者與作爲**此岸世界**的有限者相對立，後者同樣不可能把自己提升到無限者，因爲它被規定爲一個**他者**，隨之被規定爲一個恆久的**定在**，它在它的彼岸世界裡重新製造出自身，並且使之有別於彼岸世界。④

c 肯定的無限性

在有限者和無限者的上述來來回回的交互規定中，二者的自在的眞理已經是**明擺著的**，而人們只需接納這個明擺著的東西。上述來來回回促成了**概念**的外在實現；在這個過程中，概念所包含的東

---

④ 拉松將這句話修改爲：「……隨之被規定爲一個定在，它在它的彼岸世界裡重新製造出一個恆久的東西，並且使之有別於彼岸世界。」——原編者注

[157] 西被設定下來，但這是一種**外在的**、彼此分離的東西；人們只需比較這些不同的環節，就會發現那個給自己提供概念的**統一體**；──雖然我們已經多次指出一個情況，但這裡仍然希望人們牢記，無限者和有限者的「**統一體**」對於那個真正意義上的統一體而言是一個歪曲的表述；儘管如此，那個明擺在我們面前的概念外化一定有辦法去消除這個歪曲的規定。

按照統一體的最初的、純粹直接的規定，無限者僅僅是對於**有限者的超越**；無限者被規定爲有限者的否定；就此而言，有限者僅僅是一個必須被超越的東西。也就是說，**每一方都包含著他者的規定性**，而按照無限進展的意思，它們應當相互排斥，僅僅以交替的方式先後出現；沒有哪一方能夠脫離對方而得到設定和理解，無限者不能脫離有限者，有限者也不能脫離無限者。當人們**說**「無限者是有限者的否定」，有限者本身就被連帶著**說出來**；它對於無限者的規定而言是**不可或缺**的。人們只需**知道他們說的是什麼**，就能夠在無限者裡面找到有限者的規定。單就有限者而言，人們立即承認，有限者是一個虛無縹緲的東西，但它的虛無縹緲恰恰等於那個與之不可分割的無限性。──按照這個理解，人們似乎是按照它們**與他者的關聯**來看待它們。反之，如果人們把它們看作是**無關聯的**東西，僅僅透過一個「和」字連繫在一起，那麼它們就是作爲獨立的、在自身那裡就存在著的東西，相互對立。我們要看看，它們在這個方式下處於什麼狀況。這樣提出來的無限者是**雙方之一**；但如果無限者**僅僅**是雙方之一，那麼它本身就是有限的，不是一個整體，毋寧

[158] 僅僅是一個方面；它以它的對立面爲它的界限；因此它是一個**有限的無限者**。只有**兩個有限者**擺在我們面前。無限者**脫離**有限者，隨之被設定爲一個**片面的東西**，而這個情況恰恰意味著它的有限性，即它和有限者的統一體。──在有限者方面，當它被設定爲一個孤立

的、遠離無限者的東西，它就是一個**自身關聯**，在其中，它的相對性和依賴性，還有它的可消逝性，都被清除了；它和無限者一樣，都具有獨立性和自身肯定。

乍看起來，以上兩種觀察方式是把不同的規定性當作自己的出發點：前一種方式僅僅強調無限者和有限者的相互**關聯**，或每一方與它的他者的關聯，反之，後一種方式則是讓它們完全脫離彼此；但二者的結論是一樣的。當我們按照二者的相互**關聯**來觀察無限者和有限者 —— 這個關聯貌似位於它們之外，但實際上對它們而言是事關本質的（否則每一方都不是它自己）——，就會發現，每一方都在自身內把它的他者當作它自己的規定。同樣，當我們把每一方看作**孤立的**東西，觀察其**自在的**本身，也會發現，每一方都在自身內把它的他者當作它自己的環節。

於是我們得到有限者和無限者的一個 —— 令很多人大呼小叫的 —— 統一體，這個統一體本身是無限者，同時在自身內既包含著自己，也包含著有限性，—— 因此這個無限者的意思不同於那個與有限者分離，並且被置於另一方的無限者。現在，我們必須區分二者，而正如之前指出的，每一方在它自身那裡都是二者的統一體；於是這裡得出兩個這樣的統一體。兩個規定性的共同因素或統一體，作為統一體，首先把二者設定為一種遭到否定的東西，因為每一方都應當是它處於區分狀態下的樣子：因此二者在它們的統一體裡面失去了自己的質的本性；—— 這是一個與表象針鋒相對的重要反思，因為表象在面對無限者和有限者的統一體的時候，總是希望按照它們在彼此分離時具有的質來看待它們，正因如此，表象在那個統一體裡看到的無非是一個矛盾，卻不知道，這個矛盾已經透過否定二者的質的規定性而得到解決；而在這種情況下，無限者和有限者的最初單純的、普遍的統一體就被歪曲了。 [159]

接下來，由於它們也被看作是有所區別的，所以無限者的統一體，作爲這些環節中的每一個環節本身，在每一個環節裡面都以不同的方式得到規定。無限者按照其規定而言，在它自身那裡就具有一個有別於自身的有限性，也就是說，無限者是這個統一體的**自在體**，而有限性僅僅是無限者自身那裡的規定性或界限；但這個界限是無限者的絕對他者，是它的對立面；無限者的規定，即嚴格意義上的自在存在，由於摻入這種類型的質而遭到敗壞；因此它是一個**有限化的無限者**。按照同樣的方式，由於有限者本身僅僅是「非自在存在」，但就這個統一體而言同樣在它自身那裡具有它的對立面，所以也超出了自己的價值，而且可以說是無限拔高了；它被設定爲**無限化的**有限者。

按照同樣的方式，知性不但歪曲了之前那個單純的統一體，也歪曲了無限者和有限者的雙重統一體。這件事情之所以發生，原因同樣在於，在兩個統一體的任何一方裡，無限者都不是被當作一個遭到否定的東西，而是被當作一個不應當具有規定性和限制的自在存在（據說否則的話，自在存在就會遭到貶低和敗壞）。反過來，有限者作爲一個自在的虛無縹緲的東西，同樣沒有被當作一個遭到否定的東西，於是當它和無限者連繫在一起，就被提升爲一個它所**不是**的東西，隨之違背它的並未消失，毋寧恆久的規定，被無限化。

[160]　　　　知性之歪曲有限者和無限者，就是堅持認爲它們的相互關聯是一個質的差異性，同時主張它們是註定分離或絕對分離的東西；而知性之所以這麼做，是因爲它忘了，這些環節的概念對它來說究竟意味著什麼。根據這個概念，有限者和無限者的統一體既不是二者的一個外在整合，也不是一個粗暴的，與它們的規定背道而馳的連繫，彷彿要把那些自在地分離而對立的東西，那些彼此獨立的存

在者，亦即互不相容的東西，捆綁在一起。毋寧說，每一方在它自身那裡都是這個統一體，而且每一方都僅僅是對於自身的**揚棄**，在其中，沒有哪一方相對他方而言具有一個優先的自在存在和肯定的定在。正如之前指出的，有限性僅僅是一種自身超越，因此無限性（即有限性的他者）就包含在有限性裡面。同樣，無限性僅僅是對於有限者的超越，因此它在本質上包含著它的他者，隨之在它自身那裡就是它自己的他者。有限者雖然被無限者揚棄，但無限性在這裡並不是一種外在於有限者的力量，毋寧說，有限者的無限性就在於揚棄自身。

就此而言，這個揚棄並非變化或一般意義上的異在，並非對於**某東西**的揚棄。有限者的自身揚棄依賴於無限者，因為無限者就是對於有限性的否定；然而有限性本身早就是一個僅僅被規定為**非存在**的定在。所以這裡僅僅是**一個否定在否定中揚棄自身**。相應地，從無限性方面來看，無限性作為有限性的否定者，隨之作為一般意義上的規定性的否定者，就被規定為一個空虛的彼岸世界；無限者在有限者之內的自身揚棄是一種回歸，即逃脫虛空，**否定**彼岸世界，因為彼岸世界本身是一個**否定者**。

因此現在擺在我們面前的，是二者中的同一個否定之否定。但**自在地看來**，這個否定之否定是一個自身關聯，是一個肯定，同時表現為一個透過**中介活動**（即否定之否定）而實現的自身回歸。這 [161]
是一些我們必須牢牢看在眼裡的本質規定。其次需要注意的是，這些規定是如何**被設定**在無限進展之內，也就是說，它們尚未達到自己的終極真理。

但在這裡，**首先**，二者（無限者和有限者）都遭到否定，——二者都以同樣的方式被超越；**其次**，二者以輪流的方式，也被設定為彼此有別的，本身即肯定的東西。透過比較，我們把這兩個規定

抓取出來，正如我們透過一個外在的比較，已經區分了兩種觀察方式，即要麼把有限者和無限者看作相互關聯的東西，要麼把它們看作孤立的東西。但無限進展具有更多的內涵，其中同樣設定了區分開的東西的**連繫**，只不過這個連繫首先只是表現爲過渡和交替；我們只需透過一個簡單的反思就可以發現，這裡實際上有什麼東西。

　　無限進展裡面設定了有限者和無限者的否定，這個否定首先可以被看作是一個單純的否定，因此有限者和無限者表現爲一種彼此外在的，僅僅前後相繼的東西。如果我們從有限者出發，就會超越界限，否定有限者。接下來我們面對的是有限者的彼岸世界，即無限者，但界限在這個無限者裡面重新**產生出來**；於是我們看到對於無限者的超越。一方面看來，這個雙重的揚棄僅僅被設定爲一個外在的活動和諸環節的交替，另一方面看來，它尚未被設定爲**一個統一體**；在這裡，每一個超越都是一個獨立的開端，一個新的行動，於是它們脫離彼此。——但在接下來的無限進展裡，也有它們的**關聯**。**首先**，有一個**有限者**；**之後**，它被超越，而有限者的這個否定者或彼岸世界是無限者；**再之後**，這個否定又被超越，一個新的界限產生出來，因此又有一個**有限者**。——這是一個完整的、自身封閉的運動，並且已經達到那個造成開端的東西；**曾經的出發點**重新產生出來，也就是說，有限者被重新製造出來；因此，同一個東西已經**融入自身**，而這只不過意味著，**它在它的彼岸世界裡重新找到自己**。

[162]

　　無限者那裡也是同樣的情形。在無限者亦即界限的彼岸世界裡，必定有一個新的界限產生出來，而這個界限的命運別無二致，即必須作爲有限者而遭到否定。現在重新出現的，就是之前那個在新的界限裡已經消失的無限者；就此而言，無限者雖然經歷了它的揚棄，經歷了新的界限，但並沒有被繼續推擠到外面，既沒有遠離

有限者——因為有限者僅僅是一個必須過渡到無限者的東西——，也沒有遠離自己，因為它**已經回到自身那裡**。

也就是說，二者（有限者和無限者）都是一個**運動**，即透過它們的否定而回歸自身；它們僅僅是一個自身內**中介過程**，而且二者的肯定因素包含著二者的否定，是否定之否定。——因此它們是**結果**，不再是它們在**開端**時被規定所是的東西：有限者不再是一個單方面的、被規定為有限的**定在**，無限者也不再是一個凌駕於這個定在之上的**定在**或**自在存在**。知性之所以如此頑冥不化，堅決反對有限者和無限者的統一體，原因僅僅在於，它假定限制、有限者、自在存在等等是**恆久的**東西；但這樣一來，它就**看不到**無限進展裡面事實上明擺著的二者的否定，同樣它也看不到，二者在其中僅僅作為一個整體的環節而出現，而且它們只有藉助於它們的對立面，但在本質上同樣藉助於揚棄它們的對立面，才會顯露出來。

現在，如果自身回歸從一開始既被看作有限者的自身回歸，也被看作無限者的自身回歸，那麼這個結果本身就表現出一個錯誤，而這個錯誤又和我們剛才批評的那個歪曲有關；有限者作為**出發點**，和無限者作為**出發點**，這是兩碼事，唯其如此，才會產生出**兩個**結果。當然，究竟是把哪一個當作開端，這是完全無關緊要的；這樣一來，那個曾經造成**雙重**結果的區別就被拋棄了。同理，在無限進展的兩端不受限定的直線上，每一個環節都同樣交替出現，至於哪一個環節被置於哪一個位置，哪一個環節被當作開端，這些都是一個完全外在的決定。——在無限進展裡，它們是區分開的，但每一方都同樣僅僅是另一方的環節。由於二者（有限者和無限者）本身都是進展的環節，所以它們**同為有限者**，而由於它們在進展和結果裡一同遭到否定，所以真正說來，這個結果，作為二者的有限性的否定，就是無限者。因此，它們的區別是二者都具有的一個**雙**

[163]

重意義。有限者的雙重意義在於，首先，它僅僅是一個與無限者**相對立**的有限者，其次，它既是有限者，**同時**也是那個與它相對立的無限者。無限者同樣具有雙重意義：首先，它是那兩個環節**之一**，這就是惡劣的無限者，其次，它是一個在自身之內把那二者（它自身和它的他者）僅僅當作一些環節的無限者。因此，無限者事實上是這樣一個東西：首先，它是一個進展，在其中，它降格為它的諸規定**之一**，與有限者對立，隨之它自己也僅僅是諸有限者之一，其次，它把這個自身區別揚棄為它的自身肯定，並且透過這個中介過程而成為一個**真正的無限者**。

眞實的無限者的這個規定不能按照那個已經被批評過的**公式**（即有限者和無限者的一個**統一體**）來理解；**統一體**是一個抽象的、靜止的自身同一性，其各個環節同樣是一些靜止的存在者。但無限者，包括它的兩個環節，在本質上毋寧僅僅是一個**轉變**，而就現在的情形而言，則是一個在其環節中得到**進一步規定**的轉變。轉變首先把抽象的存在和無當作自己的規定；隨後，作為變化，它把定在者、某東西和他者當作自己的規定；現在，作為無限者，它把有限者和無限者這兩個本身就轉變著的東西當作自己的規定。

[164]

這個無限者，作為一個已經回歸自身的存在（In-sich-Zurückgekehrtsein），作為一個自身關聯，乃是**存在**，但不是一個無規定的、抽象的存在，因為它已經被設定為否定之否定；因此它也是一個**定在**，因為它包含著一般意義上的否定，隨之包含著規定性。它**存在著，存在於這裡**〔定在著〕，它眞眞切切地就在當前。只有惡劣的無限者才是一個**彼岸世界**，因為後者**僅僅**是對於**現實**設定的有限者的否定，從而是抽象的、最初的否定；**單純**作為一個具有否定規定的東西，它在自身內不具有**定在**的肯定；當它被固定為一個單純的否定者之後，甚至**不應當存在於那裡**，不應當被觸及。

然而這種「不可觸及」絕不是它的卓越之處，毋寧是它的缺陷，
而這個缺陷的終極根據在於堅持認爲有限者本身是一種**存在著的**東
西。非眞實的東西是不可觸及的；人們必須認識到，這樣的無限者
是一個非眞實的東西。——無限進展的形象是一條**直線**，在它的兩
端界限那裡只有無限者，始終只有無限者，即直線（這是一個定
在）永遠構不著的地方，於是直線走向它的這個非定在，亦即向著
一個無規定的東西**超越**；作爲眞正的無限性，即一個彎曲回自身的
無限性，它的形象是一個**圓圈**，而這其實是一條已經達到自身的直
線，它是封閉的、絕對臨在的，沒有**起點**和**終點**。

　　因此一般說來，眞正的無限性作爲一個**定在**，作爲一個與抽象
否定相對立的**肯定東西**，相比之前那種**單純的**實在性，乃是一種更
高意義上的**實在性**；它在這裡已經獲得一個具體的內容。有限者不
是實在的東西，無限者才是。透過這個方式，實在性進而被規定爲　[165]
本質、概念、理念等等。當然，我們確實沒有必要在更具體的東西
那裡重複「實在性」之類較早出現的、更爲抽象的範疇，把它們當
作一些更具體的（實則並非如此的）規定來使用。人們之所以反覆
嘮叨「本質或理念是實在的東西」等等，原因在於，未經教化的思
維最喜歡使用「存在」、「定在」、「實在性」、「有限性」之類
最抽象的範疇。

　　這裡之所以提到「實在性」範疇，還有一個更明確的原因，
即否定——在和它的對立中，實在性是一個肯定的東西——在這
裡指的是否定之否定；就此而言，否定本身就與那種作爲有限定在
的實在性相對立。——在這種情況下，否定就被規定爲「理念性」
（Idealität）。反之，「觀念性東西」⑤（das Ideelle）是有限者，

---

⑤　「理想」（das Ideale）比「觀念性東西」具有一個明確得多的意義（比如

確切地說，真正的無限者裡面的有限者，—— 它是一個規定，一個區分出來的內容，但這不是一個**獨立存在著**的東西，而是一個**環節**。「理念性」包含著一個更具體的意義，如果只是對有限的定在加以否定，就沒有完整地表達出這個意義。當然，在談到實在性和理念性的時候，人們卻是這樣理解有限者和無限者的對立，即把有限者看作一個實在的東西，把無限者看作一個觀念性東西，正如他們在後面的地方，把概念看作一個觀念性東西（而且是一個**單純的**觀念性東西），反過來把一般意義上的定在看作一個實在的東西。諸如此類的做法，即用「觀念性東西」這個獨特術語來替換否定的上述具體規定，當然是無濟於事的；因為在那個對立裡，人們已經重新落入惡劣的無限者所特有的那種片面的抽象否定，執著於有限者的肯定的定在。

[166]

過渡

理念性可以被稱作無限性的**質**；但它在本質上是**轉變**的進展，隨之是一個過渡，好比從轉變到定在的過渡，而這個過渡是我們現在必須加以說明的。這個自身回歸，這個**自身關聯**，作為對於有限性的揚棄（它既揚棄了嚴格意義上的有限性，也揚棄了那個僅僅與之相對立的、單純否定的無限性），乃是**存在**。這個存在包含著一個否定，因此是**定在**；進而言之，這個否定在本質上是否定之否定

美的理想及相關東西）；但這裡尚未涉及那個意義；因此我們使用「觀念性的」（ideell）這一術語。就「實在性」一詞而言，日常的語言用法沒有做出這個區別，因此「實際存在著的東西」（das Reelle）和「實在的東西」（das Reale）基本上被當作同義詞來使用；至於這兩個詞語的重疊之處，可以忽略不計。—— 黑格爾原注

或一個自身關聯的否定，因此是一個被稱作**自為存在**的定在。

注釋一

　　無限者 —— 此處指通常意義上的惡劣的無限性 —— 和**無限進展**，就和應當一樣，都是一個**矛盾**的表現，而這個矛盾宣稱自己就是最終的**答案**。這個無限者意味著，感性的表象活動第一次把有限者提升爲思想，但思想的內容僅僅是無，或一個**明確**被設定爲非存在者的東西，—— 這是對於限制的逃避，但它既沒有聚集在自身內，也不懂得把否定的東西帶回到肯定的東西。眞正的無限者的兩個規定 —— 有限者和無限者的**對立**，以及有限者和無限者的**統一體** —— 已經完整地擺在這個**殘缺的反思**面前，但後者並沒有把這**兩個**不可分割的、如影隨形的**思想**結合起來，而是僅僅讓它們**交替**出現。無論什麼地方，只要人們執著於兩個規定的**統一體**和**對立**的矛盾，就會出現這個交替，即無限進展。有限者是一種自身揚棄，在自身內包含著它的否定（即無限性），—— 這是二者的**統一體**；**超越**有限者之後，就是它的彼岸世界（即無限者），—— 這是二者的**分離**；超越無限者之後，又有另一個有限者，也就是說，「超越」或無限者包含著有限性，—— 這是二者的**統一體**；這個有限者也是無限者的一個否定者，—— 這是二者的**分離**，—— 如此等等。同理，在因果關係裡，原因和後果是不可分割的；一個沒有後果的原因不是原因，正如一個沒有原因的後果不是後果。於是這個關係提供了**諸原因**和**諸後果**的一個無限進展；某東西被規定爲原因，但原因作爲一個有限者（眞正說來，它之所以是有限的，恰恰是因爲它和後果分離），本身又有一個原因，也就是說，它也是一個後果；就此而言，**同一個東西**既被規定爲原因，也被規定爲後果，—— 這

[167]

是原因和後果的**統一體**；被規定爲後果的東西又有一個原因，這意味著，原因必須與它的後果**分離**，並且被設定爲另一個某東西；但這個新的原因本身僅僅是一個後果，——這是原因和後果的**統一體**；它把一個他者當作自己的原因，——這是兩個規定的**分離**，如此以至**無限**。

　　我們可以透過以下辦法賦予進展一個更爲獨特的形式。人們首先主張：「有限者和無限者是**一個**統一體。」這個錯誤的觀點必須透過一個相反的觀點即「它們是絕對不同的和相互對立的」而得到糾正。但後者必須透過另一個觀點而再度得到糾正，即它們是統一的、不可分割的，其中一個規定已經包含著另一個規定；如此以至無限。——人們可以很輕鬆地理解無限者的本性，因爲他們只需知[168]　道兩件事情就可以了：首先，無限進展，或者說知性的已展開的無限者，其狀況是兩個規定的**交替**，即兩個環節的**統一體**和**分離**的交替；其次，這個統一體和這個分離本身是不可分割的。

　　這個矛盾的解決不是在於承認兩個觀點都**同樣正確**或**同樣不正確**——這僅僅是恆久矛盾的另一個形態——，而是在於二者的**理念性**，在其中，二者作爲相互有別和相互否定的東西，僅僅是一些**環節**；那個單調的交替在事實上既否定了二者的**統一體**，也否定了二者的**分離**。同樣，那個單調的交替在事實上也包含著之前指出的情況，即有限者首先超越自身而進入無限者，然後超越無限者，發現自己被重新製造出來，隨之和無限者一樣，在這個過程中僅僅與自身融合在一起；也就是說，這個否定之否定得出的結果是一個**肯定**，因此這個結果證實自己是它們的**真理**和**本原**。就此而言，在這個存在裡，在相互有別者的**理念性**裡，矛盾不是抽象地消失了，而是被化解了，被調和了，而思想不但是完整的，而且**融爲一體**了。透過剛才這個具體的例子，思辨思維的本性以一種明確的方式表現

出來；它的唯一關鍵在於，把那些相互對立的環節理解把握為一個統一體。事實上，由於每一方本身就表明，它在自身那裡具有它的對立面，並且在這個對立面那裡與它自身融為一體，所以肯定的真理就是這個在自身內運動的統一體，就是這兩個思想的統攝，就是它們的無限性，—— 這是一個自身關聯，但不是一個直接的，而是一個無限的自身關聯。

有些已經較為熟悉思維的人，經常認為哲學的本質在於這樣一個任務，即去回答「**無限者如何超出自身而走向有限性**」這一問題。—— 人們覺得這是一件**不可思議**的事情。無限者，就我們關於它已經得出的概念而言，未來將會在這個呈現過程裡**進一步規定自身**，並且在自身那裡藉助全部豐富多姿的形式揭示出人們想要知道的這件事情，即它**如何走向有限性**。但在這裡，我們對於這個問題的考察僅僅限於問題的直接性，同時顧及無限者此前透過考察而已經具有的意義。 [169]

一般說來，另外一個問題，「**是否存在著一個哲學**」，正是依賴於我們對於上述問題的答覆。人們裝出一副樂意學習哲學的樣子，同時卻相信，這個問題本身是一個無法回答的悖謬，並且擁有一個不可克服的神奇力量，可以使得他們十拿九穩地反對哲學的存在和學習哲學的可能性。當涉及其他對象的時候，為了懂得**提問**，需要以一定教養為前提，而當涉及哲學對象的時候，就更是如此，除非人們只想得到一個毫無價值的答案。—— 針對這樣一類問題，我們必須嚴正指出，事情的關鍵不在於詞句，而是在於這個或那個表述方式的可理解性。一旦某個問題使用了「**超越**」之類感性表象的表述，就會讓我們懷疑這個問題恐怕是來自於通常的表象活動的地基，而它的答覆也只能期待一些在日常生活中通行的表象，而且在形態上是一個感性的比喻。

如果不是談論無限者，而是談論一般意義上的存在，那麼「**存在的規定**」，即存在自身那裡的一個否定或有限性，看起來是更容易理解的。誠然，存在本身是一個無規定的東西，但它本身並沒有直接表達出「它是已規定的東西的反面」這一意思。反之，無限者卻是明確包含著這一點，即它是「**非**有限者」。這樣看來，有限者和無限者的統一體就被直接排除了，而正因如此，殘缺的反思就最爲頑固地反對這個統一體。

[170]

但正如我們已經指出的，即使不管有限者和無限者的規定，我們也可以直接發現，當那個反思活動把無限者當作一個與有限者相對立的東西，那麼，正因爲無限者與有限者相對立，所以它在自身那裡就有它的他者，因此已經受到限定，本身是有限的，因此是惡劣的無限者。就此而言，針對「**無限者如何轉變爲有限的**」這一問題，我們的答覆是：根本就**沒有**這樣的無限者，彷彿**首先**是無限的，**然後**不得不轉變爲有限的，走向有限性；**毋寧說**，真正的無限者本身已經既是無限的，也是有限的。也就是說，那個問題假定：首先，無限者孤立地位於一方，其次，有限者已經走出無限者，與之分離（這裡且不管有限者究竟是從何而來的），而且在脫離無限者的情況下，仍然是一個真實的實在東西。對此我們必須指出，這個分離是**不可思議的**。無論是這樣的有限者，還是這樣的無限者，都不具有真理；非真實的東西就是不可思議的東西。但人們同樣必須指出，它們是可理解把握的；所謂理解把握它們，就是觀察它們在表象中的樣子，看到其中一方包含著另一方的規定，隨之立即認識到它們的這種不可分割性；**這種不可分割性就是它們的概念。** ——與此相反，當那個問題把無限者和有限者當作**彼此獨立**的東西，這就提出了一個非真實的內容，並且在自身內已經包含著這個非真實的內容的非真實的關聯。因此我們不需要回答這個問題，而是只需

否定其包含的錯誤前提，而這等於是否定這個問題本身。在追問那種無限者和有限者的眞理的時候，立場發生了變化，而這個變化將會把第一個問題製造出來的尷尬局面回擲給問題自身；至於我們提出的那個**問題**，作爲第一個問題的源頭，對反思而言是**新穎的**，因爲這類反思活動不包含思辨的興趣，它等不及把各個規定關聯起來，就企圖獨自認識這些規定，卻完全不管它所假定的這些規定究竟是不是某種眞實的東西。但是，只要人們認識到，那個抽象的無限者，還有那個同樣固守於自己一方的有限者，都是一種非眞實的東西，那麼，在談到有限者走出無限者而達到超越的時候，我們必須說，無限者之所以**超出自身**而走向有限性，原因恰恰在於，這個被理解爲抽象統一體的無限者在自身那裡既不具有眞理，也不具有持存；反過來，由於有限者同樣是一個虛無縹緲的東西，所以它毋寧是**走進**無限者。或更確切地說，無限者已經永恆地超出自身而走向有限性，換言之，倘若無限者不是**在它自身那裡**具有它的他者，那麼它就和純粹的**存在**一樣，絕不可能孤立地**存在著**。

[171]

那個問題，「無限者如何超出自身而走向有限者」，甚至有可能包含著進一步的前提，即無限者**自在地**在自身內包含著有限者，從而**自在地**是它自己和它的他者的統一體，於是這裡的困難在本質上與**分離活動**有關，因爲這個活動與二者的假定的統一體相對立。按照這個假定，之前堅持的對立只不過換了一個形態而已；也就是說，統一體和**區分活動**彼此分離，成爲孤立的東西。但是，如果統一體不是被看作一個抽象的、無規定的統一體，而是按照那個假定已經被看作**有限者**和**無限者**的一個已規定的統一體，那麼其中同樣包含著二者的區分活動——也就是說，這個區分不是放任二者成爲彼此分離的獨立東西，而是讓它們作爲**觀念性東西**留在統一體裡面。無限者和有限者的這個**統一體**和它們的**區分活動**，好比有限性

和無限性，都是同一個不可分割的東西。

[172]　**注釋二**

　　「有限者是觀念性東西」這一命題構成了**唯心主義**[⑥]。哲學的唯心主義的立場無非是不承認有限者是一個眞實的存在者。每一個哲學在本質上都是唯心主義，或至少是把唯心主義當作自己的本原，而現在的問題僅僅在於，這個本原究竟在多大程度上得到現實的貫徹。哲學和宗教都是唯心主義，因爲宗教同樣不承認有限性是一個眞實的存在，或一個終極的、絕對的東西，或一個非設定的、非創造的、永恆的東西。在這個問題上，唯心主義哲學和實在論哲學的對立是沒有意義的。任何一個哲學，只要它承認有限的定在本身具有一個眞實的、終極的、絕對的存在，就不配擁有「哲學」這一

---

⑥　「Idealismus」這個術語，中文學界歷來有「唯心主義」、「觀念論」、「理念論」等譯法，不同的譯法包含著對於這個術語乃至對於哲學本身的不同理解。大致說來，「Idealismus」意味著否定現實事物是最眞實、最高的存在，但相關否定又分爲「觀念性東西」和「理念性」兩個層次，前者執著於與現實事物的分裂和對立，這就是「觀念論」或「主觀唯心主義」，反之，後者在否定現實事物的同時，強調返回到現實事物，並將其包攬在自身之內，而這就是「理念論」或「絕對唯心主義」。對此可參看譯者〈黑格爾論「理念性」和「觀念性東西」〉（刊於《廣西大學學報》2017 年第 6 期）一文中的詳細辨析。鑑於「觀念論」和「理念論」各自都不能完整涵蓋哲學史上的各種「Idealismus」，因此本書採用了傳統的包容性更強的「唯心主義」這一譯法。這裡唯一強調的是，以費希特、謝林、黑格爾爲代表的，以「理念性」爲旨歸的德國古典哲學絕對不適用「德國觀念論」這一錯誤的稱謂，而是必須被稱作「德國唯心主義」或「德國理念論」，正如對以洛克、貝克萊、休謨爲代表的英國經驗論哲學而言，「英國觀念論」是一個非常貼切的名稱。——譯者注

頭銜；古代哲學或近代哲學的本原，比如水、物質或原子，都是**思想**，都是普遍者或觀念性東西，而不是直接擺在人們面前的物，即感性的個別物；甚至泰利斯所說的「水」也不是物，因為這個東西固然是指經驗中的水，但除此之外，它同時也是所有別的事物的**自在體**或**本質**，而這些事物並不是獨立的、以自己為根據的，而是透過一個他者（水）而**被設定**，因此是一種觀念性東西。由於我們首先已經把本原稱作普遍者和**觀念性東西**（從這個角度來看，概念、理念、精神更應當被稱作觀念性東西），然後又把個別的感性事物稱作一種在本原、概念，尤其在精神裡遭到揚棄的**觀念性東西**，所以這裡就和看待無限者一樣，需要注意同一個雙重意義，也就是說，一方面，觀念性東西是具體的、真實存在著的東西，但另一方面，它的各個環節同樣是觀念性東西，已經在它那裡被揚棄，因此實際上只有**唯一的一個**具體的整體，與那些環節不可分割。

　　每當談到**觀念性東西**，人們首先想到的是**表象**的形式，然後把我的全部表象**裡面**的東西，或概念**裡面**、理念**裡面**、想像**裡面**的東西等等，全都稱作**觀念性東西**，以至於「觀念性東西」完全成為「想像」或「表象」的同義詞，即它們不但應當有別於實在的東西，而且在本質上**不應當**是實的東西。實際上，精神才是真正澈底的**唯心主義者**；當它進行感覺、表象，尤其進行思考和理解把握的時候，其中的內容絕不是所謂的**實在的定在**；反之在單純的自我裡，這種外在的存在僅僅是被揚棄了，它**為著自我**而存在，作為**觀念性東西**存在於自我之內。這種主觀唯心主義——無論它是作為一般意識的不自覺的唯心主義，還是在一種自覺的意義上，被宣布或建立為本原——僅僅關注表象的**形式**，因為只有依據形式，一個內容才是我的內容；在一種體系性的主觀唯心主義裡，這個形式被認為是唯一真實的、排他的形式，與客觀性或實在性（即那個內

[173]

容的**外在定在**）的形式相對立。這種唯心主義是流於形式的，因爲它不關心表象活動或思維活動的**內容**，於是內容在表象活動或思維活動裡面能夠完全保留自己的有限性。這種唯心主義沒有損失任何東西，其中一個原因是，有限定在的實在性，即這種充斥著有限性的定在，保留下來了，另一個原因是，即使把這些內容抽取出來，但**自在地看來**，也不能給它增添任何東西。同樣，這種唯心主義沒有收穫任何東西，因爲它根本就沒有失去什麼東西，因爲自我、表象、精神始終充斥著有限性的相同內容。誠然，主觀形式和客觀形式的對立是諸多有限性之一；但是，一旦**內容**被吸收到感覺、直觀裡，或被吸收到表象、思維等更抽象的要素裡，就會包含著大量有限性；人們只能消除某一個類型的有限性，即主觀形式和客觀形式的有限性，但根本沒有辦法消除所有這些有限性，而在這種情況下，它們更不可能自行消失。

第三章　自為存在（Fürsichsein）

[174]

　　在**自為存在裡**，**質的存在完結了**；它是無限的存在。開端的存在是無規定的。定在是一個被揚棄的，但僅僅直接被揚棄的存在；它首先僅僅包含著這個最初的、本身即直接的否定；存在雖然也保留下來，而且和否定一起在定在那裡聯合為一個統一體，但正因如此，自在地看來，二者仍然是**不一致的**，它們的統一體**尚未被設定**。因此定在是差異或二元論的層面，是有限性的領域。規定性是嚴格意義上的規定性，是一個相對的、非絕對的已規定的東西。在自為存在裡，存在和規定性（或否定）的區別被設定下來，並且達到平衡；質、異在、界限，還有實在性、自在存在、應當等等，都是否定在存在裡面的不完滿的內化塑造，因為這些內化塑造仍然立足於存在和否定的差異。但是，由於在有限性裡，否定已經過渡到無限性，過渡到一個**已設定的**否定之否定，所以它是一個單純的自身關聯，也就是說，否定在它自身那裡已經和存在達到平衡，——是一個**絕對地已規定的**東西。

　　首先，自為存在是一個直接的自為存在者，即**單一體**。

　　其次，單一體過渡到**單一體的多樣性**，——即**排斥**；當單一體的異在在它的理念性裡揚棄自己，——即**吸引**。

　　第三，透過排斥和吸引的交互規定，二者形成一個平衡狀態，於是那個在自為存在裡達到頂點的**質**就過渡到**量**。

A 嚴格意義上的自爲存在

[175]　　自爲存在的一般概念已經展現出來了。現在的關鍵僅僅在於去證明，當我們把「**自爲存在**」這一術語和某個表象連繫在一起的時候，這個表象確實符合那個概念，從而我們有權利用這個術語去指代那個概念。事情看來誠然如此；只要某東西揚棄異在，揚棄它與他者的關聯和共通性，並且將其排除出去，從中抽離出來，我們就說這個東西是「自爲的」[①]。他者在它那裡僅僅**作爲**一個已揚棄的東西，作爲**它的環節**，存在著；自爲存在的特徵就是已經超越限制，超越它的異在，而且它作爲這樣一個否定，是一個無限的自身**回歸**。—— 自在地看來，意識本身已經包含著自爲存在的規定，因爲，每當意識**表象著**它所感覺到或直觀到的一個對象，就在**自身之內**擁有對象的內容，而在這種情況下，內容是一種**觀念性東西**；意識在它的直觀活動中，無論怎麼和它的否定者或他者糾纏在一起，都仍然是**停留在自身那裡**。自爲存在以一種爭吵式的、否定的態度對待那個作出限定的他者，並且透過否定他者而成爲一個已經回歸自身的存在，儘管如此，在意識的這個自身回歸和對象的理念性**之外**，對象的**實在性**仍然保留下來，因爲它**同時**被看作是一個外在的定在。意識**在現象中就是這個樣子**，換言之，意識是一種二元論，它一方面把一個不同於它的外在東西當作認識對象，另一方面自爲地

[①] 在德語的日常語言裡，「für sich」其實是一個很常見的詞彙，其意思是「單獨」、「獨自」、「孤立」、「單就其自身而言」等等，而這些意思的根源就是「爲自己」或「自爲」。因此黑格爾所說的「自爲存在」首要強調的是一個聚焦於自身、獨立的，且積極排他的個體，而這是「個人」（尤其是現代的「個人」）的根本特徵。當然，事情本身的辯證法將會表明，這個個體絲毫離不開它所排斥的東西，因此只有和它的他者一起才能達到真理。—— 譯者注

存在著，在自身之內把對象當作一種觀念性東西，不是僅僅停留在這樣一個他者那裡，而是同時停留在自身那裡。反之，**自我意識是一個已完結的、已設定的自為存在**；另外一個方面，即與一個**他者**或一個外在對象的關聯，已經被消除了。就此而言，自我意識是無限性的當下性的一個最切近的例子，——誠然，這始終是一個抽象的無限性，但與此同時，相比一般意義上的自為存在，它具有完全不同的具體規定，而自為存在的無限性完全只具有質的規定性。

a 定在和自為存在

[176]

正如之前提醒的，自為存在是一個已經融入單純存在的無限性；它是**定在**，而這意味著，無限性，亦即否定之否定，其否定的本性在如今已設定的存在的**直接性**形式裡，僅僅是一般意義上的否定，是一個單純的、質的規定性。按照這個規定性，存在就是定在，同時也有別於自為存在，後者之所以是自為存在，僅僅因為它的規定性是那個無限的規定性；儘管如此，定在同時也是自為存在的一個環節，因為自為存在確實包含著一個與否定糾纏在一起的存在。在嚴格意義上的定在那裡，規定性是一個**他者**和**為他存在**，但這個規定性已經掉頭回到自為存在的無限性，而定在這一環節在自為存在裡則是呈現為**為某一存在**（Sein-für-Eines）。

b 為某一存在

這個環節表明，有限者在和無限者的統一體中是什麼樣子，或有限者作為觀念性東西是什麼樣子。**在自為存在自身那裡**，否定並不是一個規定性或一個界限，隨之沒有和另一個定在相關聯。現在的情況是，雖然這個環節已經被稱作**為某一存在**，但它並沒有為著

什麼東西而存在，──「某一」②尚未呈現出來，而爲某一存在本
來應當是「某一」的環節。事實上，這類東西尚未在自爲存在裡面
固定下來。某東西應當爲著「某一」而存在，後者（它在這裡尚且
不是某東西）應當是一般意義上的另一方，因此也是一個環節，本
身僅僅是爲某一存在，尚且不是「某一」。──就此而言，那兩個
能夠在爲某一存在裡面搖擺不定的方面尚未區分開來；這裡只有**某
一個**爲他存在，又因爲它僅僅是**某一個**爲他存在，所以爲他存在同
樣僅僅是爲某一存在；爲某一存在僅僅是兩個東西的理念性，對其
中一個東西而言或在其中一個東西那裡，規定僅僅是一個環節，
[177] 至於另一個東西，則應當是爲某一存在內部的一個環節。這樣一
來，**爲某一存在**和**自爲存在**相互之間根本就沒有提供什麼眞正的規
定性。乍看之下，這裡有一個區別，而且是透過一個**自爲存在者**表
現出來的，但這個自爲存在者，作爲一個揚棄著異在的東西，把自
己作爲一個已揚棄的他者而與之相關聯，因此是**爲著某一**而存在；
它在它的他者那裡僅僅與自身相關聯。觀念性東西必然是**爲著某一**
而存在，但不是爲著一個**他者**而存在；那個「某一」僅僅是觀念性
東西自身。──因此，自我、一般意義上的精神或上帝，都是觀念
性東西，因爲它們是無限的；但它們作爲觀念性東西，作爲自爲存
在者，和爲某一存在沒有什麼不同。否則的話，它們就僅僅是一些

---

② 「某一」（Eines, das Eine）和後文出現的「單一體」（Eins）在字面上的意
　　思都是「一」或「一個」，前者僅僅是一般意義上的「多中之一」，但這時
　　「多」尚未眞正建立起來，因此歸根到底只有泛泛的「一個」，即「某一」。
　　與此相反，「單一體」是處在排斥和吸引關係中的「多中之一」，其存在本
　　身就意味著「多」的存在。由於「某一」這個規定是在邏輯學的當前環節才出
　　現的，所以在之前的幾個段落裡（比如本書邊碼 91、105-106），我們仍然將
　　「Eines」或「das Eine」通譯爲「一」。──譯者注

直接的東西，或更確切地說，僅僅是定在和爲他存在，因爲，假若它們不包含「爲某一存在」這一環節，那麼那個爲著它們而存在的東西就不是它們自身，而是一個他者。上帝之所以是**自爲的**，因爲他本身就是那個**爲著他**而存在的東西。

注釋

乍看之下，我們德語在追問某東西的性質時的說法，「**什麼東西為著某一個物**而存在？」，是非常奇特的。但這個說法恰恰強調指出，這裡考察的環節是一個自身反映。這個說法起源於唯心主義，因爲它不是問「這個**爲著另一個事物** B 而存在的事物 A 是什麼？」或「這個爲著另一個人而存在的人是什麼？」，而是問「**什麼東西爲著某一個物**而存在？」或「什麼東西**爲著某一個人**而存在？」[3]，而這意味著，這個爲某一存在同時已經返回到這個物或這個人自身之內，也就是說，這個**存在著的東西**和那個**爲著它**而存在的東西是同一個東西，因此這個同一性必須也被看作是理念性。　[178]

理念性首先屬於那些已經被揚棄的規定，同時有別於那個**使得**它們被揚棄的東西，後者反過來可以被看作是實的東西。這樣一來，**觀念性東西**重新成爲兩個環節之一，而實的東西是另一個環節；但理念性意味著，兩個規定都僅僅**爲著某一**而存在，都僅僅被當作**某一**。因此，在未作區分的情況下，**這個**理念性就是實在性。在這個意義上，自我意識、精神、上帝都是觀念性東西，是一個純粹的、無限的自身關聯。——自我爲著自我而存在，二者是同一個

---

[3] 這兩句話的意思分別是：「這是什麼樣的一個東西？」和「這是什麼樣的一個人？」——譯者注

東西，雖然這裡兩次提到自我，但它在兩種情況下都僅僅爲著「某一」而存在，是一個觀念性東西；精神僅僅爲著精神而存在，上帝僅僅爲著上帝而存在，而且只有這個統一體才是上帝，才是作爲精神的上帝。——但自我意識作爲意識，陷入**它自己**和一個**他者**的區別——或者說它的理念性和它的實在性的區別：前者使它進行表象活動，後者使它的表象具有一個已規定的內容，而且這個內容被看作是一個未經揚棄的否定者，一個定在。當然，說思想、精神、上帝**僅僅**是一個觀念性東西，這已經預設一個立場，即把有限的定在當作實在的東西，而觀念性東西或爲某一存在僅僅具有一個片面的意義。

　　在前面的注釋裡〔本書邊碼 172 頁〕，我們已經提出唯心主義的本原，並且指出，接下來的關鍵是一個哲學在何種程度上貫徹這個本原。關於這個貫徹的方式，就我們手裡已有的範疇而言，還可以進一步加以解釋。這個貫徹取決於以下情況：首先，在自爲存在之外，有限的定在是否仍然是一個獨立的東西？其次，無限者裡面是否已經設定了「爲某一存在」這一環節，即觀念性東西作爲觀念性東西而與自身的關係？就此而言，埃利亞學派的存在或斯賓諾莎的實體僅僅是對於全部規定性的抽象否定，其中並沒有設定理念性。——在斯賓諾莎那裡，正如後面將會提到的，無限性僅僅是對於一個物的絕對**肯定**，隨之僅僅是一個不動的統一體；相應地，實體根本不是來自於自爲存在的規定，更不是來自於主體和精神的規定。高貴的馬勒布朗士的唯心主義是一種在自身內展開的唯心主義：它包含著如下思想：由於上帝在自身內包含著全部事物的全部永恆眞理、理念和完滿性，所以這些東西僅僅**專屬於**上帝，而我們只能在上帝內部看到它們；上帝透過一個跟感性東西完全無關的活動，在我們心中喚醒對於對象的感覺，於是我們想像，我們不僅

[179]

掌握了對象的理念（它代表著對象的本質），而且感覺到了對象的定在（《眞理的探求，關於理念的本性的說明》，巴黎 1674 年版）。因此，在上帝內部，無論是事物的永恆眞理和理念（本質性），還是事物的定在，都是觀念性東西，不是一個現實的定在；它們雖然是我們的對象，但僅僅**為著某一**而存在。由此可見，「展開的、具體的唯心主義」這一環節，即把絕對理念性規定爲一種知識，是斯賓諾莎主義所匱乏的。不過，雖然這種唯心主義是如此之成熟和深刻，但一方面看來，那些關係仍然包含著許多對思想而言未規定的東西，另一方面看來，其中有些內容又太過於具體了（諸如罪孽和解脫之類東西從一開始就成爲討論對象）；嚴格說來，這種唯心主義必須立足於無限性的邏輯規定，但這個邏輯規定本身並沒有得到貫徹，就此而言，這種崇高的、充實的唯心主義雖然是一個純粹思辨的精神的產物，但不是一個純粹思辨的思維的產物，因爲唯有思維能夠眞正提供根據。

　　萊布尼茲的唯心主義更多地是圍於抽象概念的界限之內。——萊布尼茲所說的進行**表象活動**的存在者，**單子**，在本質上也是一種觀念性東西。表象活動是一個自爲存在，在那裡面，諸規定性不是界限，隨之不是一個定在，毋寧僅僅是一些環節。誠然，表象活動 [180] 同樣是一個更具體的規定，但它在這裡除了意指理念性之外，沒有別的意思；因爲在萊布尼茲看來，哪怕是一切無意識的東西，都在進行表象活動和知覺活動。因此在這個體系裡，異在被揚棄了；精神和物體或全部單子對彼此而言都不是他者，它們既不相互限定，也不相互影響；所有那些以一個定在爲基礎的關係都被取消了。雜多性僅僅是一個觀念上的、內在的雜多性，單子在那裡面始終只是與自己相關聯，各種變化都是在單子的內部發展起來的，不是一個單子與另一個單子的關聯。至於諸單子之間按照一個實在的規定而

出現的定在關聯，僅僅是一個獨立的、**同時進行的轉變**，而且被封閉在每一個單子的自為存在之內。—— 存在著**諸多單子**，而且諸多單子因此被規定為他者等等，這些情況都和單子本身毫不相干；這些都是一個第三者的外在反思；單子**在它們自身那裡**並非**彼此的他者**；自為存在是純粹的，不容許一個定在與它**並列**。—— 這些恰恰是這個體系的不完滿的地方。單子僅僅**自在地**或**在上帝**—— 單子之單子 ——**之內**存在著，或者說**也在體系之內**存在著，並且進行表象活動。異在同樣是一目了然的；它要麼終歸落入表象自身之內，要麼按照一個第三者的規定，被看作他者，被看作「多」。單子的定在的多樣性僅僅是被排除了，而且只是暫時性地被排除了，而單子只有透過抽象才被設定為這種「非他者」。如果說是一個第三者設定了它們的異在，那麼也是一個第三者揚棄了它們的異在；但是，這整個**使單子成為觀念性東西的運動**位於單子之外。這裡值得注意的是，思想的這個運動本身僅僅位於一個表象著的單子之內，既然如此，同樣值得注意的是，這種思維的**內容在自身之內、對自身而言**恰恰是外在的。這就從絕對理念性（單子之單子）的統一體直接地、不假思索地（透過「創造」觀念）過渡到定在的抽象的（無關聯的）**多樣性**範疇，然後從這裡出發，再度以抽象的方式返回到那個統一體。理念性，還有一般意義上的表象活動，始終是某種流於形式的東西，和那種已經攀升到意識的表象活動一樣。此前我們已經提到萊布尼茲的一個關於磁針的想法，即假若磁針有一個意識，它就會把「指北」看作是它的自由的一個規定；這就是僅僅把意識看作是一個片面的形式，和它的規定和內容毫無關係。相應地，單子裡面的理念性始終是一個位於多樣性之外的形式。理念性應當內在於單子，它們的本性應當是表象活動；但一方面，單子的關係是一種和諧，和它們的定在不相干，因此是一種前定和諧，另一方面，

[181]

它們的這個**定在**並沒有被理解爲爲他存在，更沒有進而被理解爲理念性，而是僅僅被規定爲一種抽象的多樣性；也就是說，多樣性的理念性和多樣性進而達到的和諧規定不是內在於這個多樣性本身，不屬於它。

其他的唯心主義，比如康德和費希特的唯心主義，都沒有超越**應當**或**無限進展**，而是止步於定在和自爲存在的二元論。誠然，在這些體系裡，「自在之物」或「無限的阻礙」直接進入自我，僅僅**爲著自我**而存在；但這種唯心主義的出發點是一個不受控制的異在，一個恆久的否定的自在存在。所以，自我雖然被規定爲觀念性東西、自爲存在者、無限的自身關聯，但**爲某一存在**並沒有完結，沒有消除那個彼岸世界或對於彼岸世界的追求。

c　單一體 [182]

自爲存在是它自己和它的環節（爲某一存在）的單純統一體。這裡只有**一個**規定，即揚棄活動的自身關聯。自爲存在的**諸環節**融合爲一個**無區別的東西**，即直接性或存在，但這是一個立足於否定活動的**直接性**，也就是說，否定活動已經被設定爲它的規定。就此而言，自爲存在是一個**自爲存在者**，而且，由於它的內在意義已經消失在這個直接性裡面，所以它是一個完全抽象的自身界限，——即**單一體**（das Eins）。

這裡可以預先指出，接下來關於單一體的**發展過程**的闡釋是非常困難的，至於爲什麼困難，其緣由也值得注意。那些曾經構成單一體（即自爲存在）的**概念**的**環節**，在這個發展過程中**四散分離**：

(1) 它們是一般意義上的否定；

(2) 它們是兩個否定；

(3) 因此它們是對於兩個東西的否定，而那兩個東西是**同一個東**

西；

(4) 它們是絕對對立的；

(5) 它們是一個自身關聯，是嚴格意義上的同一性；

(6) 它們是一個**否定的**關聯，同時是一個**自身**關聯。

在這裡，這些環節之所以四散分離，是因為「**直接性**」或「**存在**」等形式進入作為自為存在者的自為存在；透過這個直接性，**每一個環節都被設定為一個獨立的、存在著的規定**；儘管如此，它們同樣是**不可分割的**。因此在談到每一個規定的時候，都必須同時談到它的對立面；在**諸環節**的抽象**狀況**中，正是這個矛盾造成了困難。

B 單一體和多

單一體是自為存在的單純的自身關聯，自為存在的諸環節在其中融為一體，於是自為存在具有「**直接性**」形式，而它的諸環節也轉變為**定在著的環節**。

[183]　　　　作為**否定者**的自身關聯，單一體是一個規定活動，—— 而作為**自身**關聯，它是一個無限的**自身規定活動**。但是，現在已經出現的直接性，這些**區別**不再僅僅被設定為同一個自身規定的諸環節，而是同時被設定為**存在者**。因此，自為存在的**理念性**，作為一個總體，首先轉化為**實在性**，而且是一個最穩固、最抽象的實在性，即**單一體**。自為存在作為存在和定在的統一體，**被設定在單一體之內**，表現為他者關聯和自身關聯的一個絕對聯合；但這樣一來，也出現了「存在」這一規定性和「**無限否定**」這一規定或自身規定的**對立**，而在這種情況下，單一體的**自在存在就僅僅在它自身那裡存在著**，而否定者則是一個有別於單一體的他者。那個作為單一體的他者而**呈現出來**的東西，是單一體自己的自身規定活動；單一體的自

身統一體既然區別於它自己，就降格為**關聯**和一個**否定的**統一體，也就是說，單一體把它自己作為一個**他者**而加以否定，把作為**他者**的單一體從作為它自己的單一體那裡**排除出去**。

a 在自身那裡的單一體

一般說來，單一體**存在於**它自身那裡；它的這個存在不是定在，不是一個規定性（即他者關聯），不是一個狀況；它已經否定了這個由範疇構成的圓圈。也就是說，單一體沒有能力轉變為別的東西；它是**不變化的**。

單一體是無規定的，但已經不同於存在；它的無規定性就是一個規定性，即一個自身關聯，一個絕對地已規定的東西；它是一個**已設定的**內化存在。就其概念而言，單一體是一個自身關聯的否定，因此它在自身內包含著區別，即一個趨向，這個趨向直接超越自身而走向他者，同時直接反轉回來、回歸自身，因為從「自身規定活動」這一環節來看，根本就沒有它所指向的他者。

在這個單純的直接性裡，定在和理念性本身的中介過程，還有 [184] 全部差異性和雜多性，都消失了。單一體裡面**什麼都沒有**，而這個**無**，作為自身關聯的抽象說法，在這裡有別於內化存在本身；這個無是一個**已設定的**東西，因為內化存在不再是一個單純的某東西，而是被規定為一個具體的中介過程。這個無，作為一個抽象的東西，雖然等同於單一體，但有別於單一體的規定。也就是說，這是設定在**單一體之內**的無，是作為**虛空**（Leeres）的無。——因此虛空是直接存在著的單一體的**質**。

b 單一體和虛空

單一體是虛空，即一個否定的、抽象的自身關聯。但是，虛空

作為無，絕對有別於單一體的單純直接性和肯定存在，而且它們的差異性已經**設定下來**，因為它們處於單一體自身的**一個**關聯之中。無作為虛空既然有別於存在者，也就位於存在著的單一體**之外**。

透過這個方式，自為存在把自己規定為單一體**和**虛空，隨之重新獲得一個**定在**。單一體和虛空把否定的自身關聯當作它們共同的單純基礎。自為存在的諸環節走出這個統一體，成為彼此外在的東西；由於「存在」規定來自於諸環節的**單純**統一體，所以這個規定降格為**一個**方面，隨之降格為定在，並且在定在裡面自己與自己相對立，也就是說，它既把自己規定為一般意義上的否定，也把自己規定為無的定在，規定為虛空。

注釋

處於這個定在形式中的單一體，作為範疇的一個階段，在古人那裡已經作為**原子論本原**而出現，按照這個本原，事物的本質是**原子**（τ□ □τομον 或 τ□ □τομα）和**虛空**（τ□ κεν □ν）。抽象發展到這個形式之後，就贏得了一個相比巴門尼德的**存在**和赫拉克利特的**轉變**而言更豐富的規定性。誠然，這種抽象把單一體和虛空的單純的規定性當作萬物的本質，把世界的無限雜多性歸結為二者的單純對立，並且敢於從這個對立出發去認識世界的無限雜多性等等，這些做法都是把自己擺在一個**高超的**位置，但這並不能阻止表象著的反思活動**輕易地**把原子和虛空想像為**平行並列**的東西。因此，原子論本原在任何時代都保留下來，這就不足為奇了；與此同時，為了製造出具體東西和雜多性的假象，人們必須補充一種平庸而外在的**組合關係**，而這種關係就和原子本身及虛空一樣流行。單一體和虛空是自為存在，但這種最高的、質的內化存在已經降格為一種純粹的**外**

[185]

在性；因爲單一體是對於全部異在的否定，所以它的直接性或存在被設定爲一個不可規定和不變化的東西；因此對於單一體的絕對封閉性而言，全部規定、雜多性、連繫等等都是一種完全外在的關聯。

儘管如此，在最早的那些原子論思想家那裡，原子論本原並沒有停留於這種外在性，毋寧說，它除了具有這種抽象性之外，也具有一個思辨的規定，即已經認識到**虛空**是**運動的源泉**；運動作爲原子和虛空的另一個關聯，完全不同於這兩個規定相互之間的單純並列和漠不相關。認識到虛空是運動的源泉，這一點具有至關重要的意義，因爲這意味著，某東西透過自身運動只能進入一個虛空，而不是進入一個已經充實的空間，因爲後者裡面已經沒有多餘的地方；只要人們假定虛空僅僅是運動的前提或條件，而非運動的**根據**，並且假定運動本身是一個現成已有的東西，他們就遺忘了那個眞正的關鍵之所在，即運動的根據。「虛空構成運動的根據」這一觀點包含著一個更深刻的思想，即自身運動的轉變和躁動不安的根據位於一般意義上的否定者之內；但在這個意義上，否定者必須被看作是無限者的眞實的否定性。 —— 虛空之所以是**運動的根據**，唯一的前提在於，它是單一體與它的**否定者**—— 這個東西就是單一體自身，只不過被設定爲一個定在者—— 的一個**否定的關聯**。 [186]

但除此之外，古人對於原子的更多規定，比如它們的形狀、位置和運動方向等等，卻是極爲隨意和外在的，並且在這些地方與原子的基本規定處於直接矛盾之中。無論是那種執著於分子和微粒的物理學，還是那種從個體的個別意志出發的國家科學，都受困於原子這一極爲外在的、隨之極爲缺失概念的本原。

c 諸多單一體

排斥

單一體和虛空構成了在其最初的定在中的自為存在。這兩個環節都是把否定當作自己的規定，而且同時被設定爲一個定在。按照單一體方面的規定，單一體和虛空是否定與否定的**關聯**（或者說一個他者與它的他者的關聯）；單一體作爲否定，被規定爲存在，虛空作爲否定，被規定爲非存在。單一體在本質上僅僅是一個自身關聯，但這裡的「自身」是指一個關聯著的**否定**，也就是說，單一體本身就是那個應當位於它之外的虛空。與此同時，二者也**被設定為**一個肯定的**定在**，前者是嚴格意義上的自為存在，後者是一般意義上的無規定的定在，而且二者相互關聯，都把對方當作**另一個定在**。儘管如此，單一體的自為存在在本質上是定在和他者的理念性；它不是與一個他者相關聯，而是僅僅與**自身**相關聯。但是，由於自為存在被固定爲單一體、自爲**存在者**、一個**直接**現成的東西，所以它的**否定的自身關聯**同時是與一個**存在者**相關聯；後一個關聯同樣是一個否定的關聯，因此它所關聯的東西始終被規定爲一個**定在**和一個**他者**；他者在本質上也是一個**自身關聯**，因此不是一個無規定的否定，不是虛空，毋寧同樣是**單一體**。就此而言，單一體本身就**轉變為諸多單一體**。

[187]

眞正說來，這並不是一個**轉變**，因爲轉變意味著從**存在**過渡到**無**；而這裡的情形正相反，**單一體**僅僅**轉變**爲**單一體**。單一體作爲被關聯者，把否定者當作關聯包含在自身內，因此**在它自身那裡**就包含著否定者。也就是說，首先，這裡呈現出來的不是一個轉變，而是單一體自身內部的一個關聯；其次，由於這是一個否定的關聯，而且單一體同時是一個存在者，所以單一體把自己**從自己那裡**

排除出去。單一體的否定的自身關聯是**排斥**（Repulsion）。

　　這個排斥的意思是透過單一體自身而設定**諸多單一體**，而這意味著，單一體親自來到自身之外，而且這些如今位於單一體之外的東西本身僅僅是單一體。這是就**概念**而言的排斥，一個**自在**存在著的排斥。它不同於第二個排斥，後者從一開始就浮現在外在反思的表象中，不是製造出諸多單一體，而是僅僅把諸多預先設定的、**已有的**單一體相互隔離。接下來我們得看看，那個**自在**存在著的排斥如何把自己規定爲第二個排斥（即外在的排斥）。

　　首先我們必須確定，諸多單一體本身具有哪些規定。「多」的轉變或「多」的生產，作爲被設定的東西，直接消失了；被生產出來的是諸多單一體，它們不是爲著他者，而是無限地與自身相關聯。單一體僅僅把**自己**從自己那裡排除出去，因此它不是轉變而來的，而是**已經存在著**；那個被想像爲被排斥者的東西，同樣是一個**單一體**，一個**存在者**；排斥和被排斥以同樣的方式出現在排斥者和被排斥者那裡，不構成任何區別。 [188]

　　因此，諸多單一體是作爲**預先設定**的東西而相互對立：所謂「**設定**」，指透過單一體的自身排斥，而所謂「**預先**」，指它們作爲**並非**已設定的東西而被設定；它們的已設定的存在已經被揚棄了，它們作爲**存在者**，作爲一種僅僅與自身相關聯的東西，相互對立。

　　這樣一來，多樣性就不是顯現爲一個**異在**，而是顯現爲一個完全外在於單一體的規定。當單一體排斥自身的時候，它和被排斥者一樣，始終是一個自身關聯。至於諸多**別的**單一體相互對立，並且被統攝在多樣性的規定性之內，這些事情和單一體本身毫不相干。假若多樣性是諸多單一體相互之間的一個關聯，它們就會限定彼此，並且本身就具有一個肯定的爲他存在。它們透過它們的**自在**存

在著的統一體而具有的關聯，在這裡雖然已經**被設定**，但並沒有被規定爲一個關聯；毋寧說，它仍然是那個之前已設定的**虛空**。正因爲這是一個位於它們之外的**界限**，所以它們不應當在其中**爲著彼此**而存在。界限使被限定的東西既**存在著**，也**不存在著**；虛空被規定爲一個純粹的非存在，只有這個東西才構成它們的界限。

　　單一體的自身排斥意味著單一體的自在存在得以展開；無限性作爲一個**四散分離**的東西，在這裡是一個**已經來到自身之外的無限性**；而之所以來到自身之外，是由於無限者（即單一體）的直接性。無限性既可以說是單一體與單一體的單純關聯，更可以說是單一體的絕對的無關聯性；前一種情況取決於單一體的單純的、肯定的自身關聯，後一種情況取決於單一體的否定的自身關聯。換言之，單一體的多樣性是單一體親自設定的；單一體無非是單一體的**否定的**自身關聯，而這個關聯，即單一體本身，就是諸多單一體。但另一方面，多樣性又是絕對地位於單一體之外，因爲單一體恰恰是對於異在的揚棄，而排斥就是它的自身關聯和單純的自身一致性。單一體的多樣性作爲無限性，是一個無拘無束地創造著自身的矛盾。

[189]

注釋

　　之前已經提到萊布尼茲的**唯心主義**。這裡還可以補充道，這種唯心主義從**進行著表象活動的單子**——它們被規定爲自爲存在著的東西——出發，僅僅推進到剛才考察過的那種排斥，而且僅僅推進到**多樣性**本身，在其中，每一個單一體都僅僅爲著自己而存在，對於他者的定在和自爲存在漠不關心，或者也可以說，他者對於單一體而言根本就不存在。單獨的單子已經是一個完全封閉的世界，不需

要別的單子；但是，單子既然被規定爲自爲存在者，它在它的表象活動中具有的這種內在的雜多性就不會造成任何變化。萊布尼茲的唯心主義把**多樣性**當作一個**給定的**東西直接接受下來，而不是將其理解爲單子的一個**排斥**，因此它所說的多樣性僅僅是一種抽象的外在性。**原子論**沒有掌握「理念性」這一概念；它不是把單一體理解爲一個**在其自身之內**包含著「自爲存在」和「爲某一存在」這兩個環節的東西，亦即不是將其理解爲一個觀念性東西，而是將其僅僅理解爲一個單純的、枯燥的自爲存在者。儘管如此，原子論畢竟超越了這種純粹漠不相關的多樣性；諸原子在一個更具體的規定中相互對立，但眞正說來，這不過是一件順理成章的事情；反之，在諸單子的那種漠不相關的獨立性裡，多樣性始終是一個僵化的**基本規定**，因此它們的關聯僅僅落到「單子之單子」〔即上帝〕或從事觀察的哲學家裡面。

C 排斥和吸引 [190]

a 單一體的排外

　　諸多單一體是存在者；它們的定在或關聯是一種「非關聯」，一個位於它們之外的東西，——即抽象的虛空。但它們本身就是一個否定的自身關聯，而這裡的「自身」是一些**存在著的**他者；——這就是前面揭示出來的矛盾，即一個被設定在存在的直接性中的無限性。因此在這裡，排斥**直接面對著**那個被它排斥的東西。按照這個規定，排斥就是**排外**（Ausschließen）；單一體僅僅把諸多不是由它生產出來、不是由它設定的單一體從自己那裡排斥出去。這種排斥，無論是相互的還是全面的，都是一個相對的東西，即受到諸

多單一體的存在的限定。

　　多樣性首先是一個未被設定的異在，而界限僅僅是虛空，僅僅是一個使得諸多單一體**不存在著**的東西。但諸多單一體也在界限之內**存在著**；它們存在於虛空裡，換言之，它們的排斥是它們的**共同的關聯**。

　　這個相互排斥是諸多單一體的已設定的**定在**；這不是它們的自為存在（否則它們就僅僅在一個第三者那裡區分為「多」），而是它們自己的維繫著它們的區分活動。——諸多單一體相互否定，把彼此設定單純的**為某一存在**。但與此同時，它們同樣否定了彼此**單純的為某一存在；它們排斥**它們的這個**理念性**，並且**存在著**。——透過這個方式，那些在理念性中絕對地聯合起來的環節就被分割開了。作為自為存在，單一體也是**為某一存在**，但它所為的「某一」就是它自己；它的自身區分活動直接被揚棄了。但在多樣性裡，已區分的單一體具有一個存在；單一體在排外的時候被規定為為某一存在，而為某一存在就是為他存在。因此，每一個單一體都被一個他者排斥和揚棄，成為一個不是為著自己，而是為著「某一」（另一個單一體）而存在的東西。

[191]　　這樣一來，諸多單一體的自為存在的表現，就是以相互排斥為中介過程，維繫自身；在這個過程中，它們相互揚棄，把對方設定為一個單純的為他存在；但與此同時，這個中介過程的關鍵在於，不是為著一個他者而存在，而是排斥這個理念性，設定諸多單一體。但實際上，透過彼此的否定關聯，諸多單一體與其說是維繫自身，不如說是消解自身。

　　單一體不僅**存在著**，而且透過它們的相互排外而維繫自身。但首先，它們藉以堅持自己的差異性，並避免自己遭到否定的那個東西，是它們的**存在**，即它們的與相互關聯相對立的**自在存在**；這個

自在存在使得它們作為**單一體**而存在著。然而**全部單一體都是這個自在存在**；從它們的自在存在來看，它們是**同一個東西**，不可能堅持自己的差異性。其次，它們的定在和它們的相互關係，或者說它們的「**設定自身為單一體**」（Sich-selbst-als-Eins-Setzen），是一種相互否定；但後者同樣是全部單一體的**同一個**規定，因此毋寧是把它們設定為同一個東西，——同理，由於自在地看來，它們是同一個東西，所以它們的那個透過他者而進行設定的理念性其實是**它們自己的**理念性，因此並不排斥它們。—— 因此，就它們的存在和設定而言，它們僅僅是**同一個**肯定的統一體。

　　以上對於單一體的考察，即發現它們從它們的兩個規定（一方面作為存在者，另一方面作為相互關聯）來看僅僅表現為同一個未區分的東西，是我們作出的比較。—— 但我們也需要看到，在它們的相互關聯裡，什麼東西在它們自身那裡**被設定**。—— 它們**存在著**，這一點在這個關聯裡已經被預先設定，—— 確切地說，它們只有在這種情況下才存在著，即它們相互否定，而且它們的這個理念性（即它們的被否定的存在）同時排斥自身，亦即否定彼此的否定。也就是說，它們只有在作出否定的時候才存在著，但是，當它們的這個否定遭到否定，它們的存在也就被否定了。誠然，作為存在者，它們不應當透過這個否定而遭到否定，因為否定對它們而言僅僅是一個外在的東西；他者的否定行為與它們擦肩而過，僅僅觸及它們的表面。但是，只有透過他者的否定行為，它們才會回歸自身；它們僅僅是這個中介過程，而它們的自身回歸就是它們的自身保存，就是它們的自為存在。但實際上，由於它們的否定行為沒有造成任何後果，沒有遭到存在者本身或那個作出否定行為的存在者的抵抗，所以它們沒有回歸自身，沒有維繫自身，沒有存在著。

　　此前我們已經認識到，諸多單一體是同一個東西，其中每一個

[192]

都既是**單一體**，也是他者。這不是我們作出的關聯行為，不是一個外在的整合，毋寧說，排斥本身就是關聯；單一體把諸多單一體排除在外，同時與它們相關聯，亦即與自身相關聯。就此而言，單一體相互之間的否定關係僅僅是一種**自身融合**。它們的排斥過渡到同一性，後者揚棄了它們的差異性和外在性，因為差異性和外在性會堅持把它們當作相互排外的東西。

諸多單一體的這種「**設定自身為單一體**」就是**吸引**（Attraktion）。

注釋

當獨立性被推到自為存在著的單一體的頂點，就是一種抽象的、流於形式的獨立性，一種毀滅自身的獨立性。這個最大、最頑固的謬誤反而以為自己是最大的真理，──因此在一些更具體的形式下顯現為抽象自由或純粹自我，隨後顯現為惡。這是一種缺乏自知之明的自由，它把自己的本質放在這種抽象的自身封閉性裡面，還以為這樣就能贏得純粹在的自己。更確切地說，這種獨立性是這樣一個謬誤，它把它自己的本質看作是一個否定的東西，並且對其抱著敵視的態度。因此這是一種否定的自身關係，當它想要贏得它自己的存在的時候，恰恰摧毀了這個東西，而它的行為僅僅展現出[193] 這個行為的虛妄性。真正的和解在於承認它所敵視的東西毋寧是它的本質，因此不應當執著於**它的**自為存在，而是應當**擺脫**它的自為存在的否定性。

按照一個古老的命題，「**某一即多**」，尤其可以說，「**多即某一**」。對此我們必須再次指出，「某一」和「多」的真理在命題裡是透過一個不合適的形式而表述出來的，這個真理只能被理解和表述為一個轉變，一個進展，排斥和吸引，而不應當被理解和表述為

存在，彷彿這是一個在命題裡被設定的靜止的統一體。此前我們已經提到柏拉圖在〈巴門尼德篇〉裡藉助命題「某一存在」而從「某一」推導出「多」的辯證法。概念的內在辯證法已經被揭示出來了；但命題「**多是某一**」的辯證法最容易被理解爲一個外在的反思；這種辯證法之所以是外在的，因爲對象「**多**」是一種彼此外在的東西。透過對「多」進行比較，我們立即發現，「某一」完全被規定爲一個無異於他者的東西；每一個東西都是單一體，每一個東西都是「多」中的單一體，對於其他單一體而言都是排外的，——而在這種情況下，它們完全只是同一個東西，完全只具有**同一個**規定。這是一個**事實**，因此人們唯一需要做的，就是去理解把握這個單純的事實。知性之所以頑固地拒絕這種理解，唯一的原因在於，它**也**看到了區別，而且這是無可厚非的；然而區別不會由於那個事實就消失，正如毫無疑問，那個事實也不會由於這個區別就不再存在。既然如此，當知性以樸素的方式理解區別的事實時，人們不妨這樣寬慰它：「區別還會重新出現。」

b　某個作爲吸引者的單一體

排斥意味著單一體首先自身分裂爲「多」，而「多」的否定態度是軟弱無力的，因爲它們預先設定彼此爲存在者；排斥僅僅是理念性的**應當**，而理念性是透過吸引而實現的。排斥過渡到吸引，諸多單一體過渡到一個單一體。二者，排斥和吸引，首先是區分開的，前者是單一體的實在性，後者是單一體的已設定的理念性。透過這個方式，吸引與排斥發生關聯，並且把後者當作**前提**。排斥爲吸引提供質料。假若沒有諸多單一體，就沒有什麼東西可供吸引了；爲了想像諸多單一體的持續的吸引或吸收，必須以單一體的同樣持續的產生爲前提；爲了以感性的方式想像空間中的吸引，必須

[194]

以諸多被吸引的單一體的持續奔流爲前提；在吸引點那裡，原子消失了，取而代之的是另外一群可以說從虛空中無限地產生出來的東西。假若吸引貫徹到底，或者說，假若「多」能夠匯聚到一個單一體的點上面，那就會只剩下一個僵化的單一體，不再有任何吸引。值得慶倖的是，那個存在於吸引中的理念性在它自身那裡就包含著「自身否定」這一規定，包含著它所關聯的諸多單一體，因此吸引和排斥是不可分割的。

在諸多**直接**存在著的單一體裡，吸引以同樣的方式歸屬於每一個單一體；沒有誰優先於誰；在這種情況下，吸引活動裡面彷彿有一個平衡，或更確切地說，吸引和排斥本身裡面有一個平衡，以至於只有一個僵化的單一體，沒有存在著的理念性。但這裡不可能談論一個獨具優先地位的單一體，因爲這種做法等於在它們中間預先設定了一個區別。毋寧說，所謂「吸引」已經意味著把諸多單一體設定爲未區分的東西。但是，只有**設定**一個有別於其他單一體的單一體，吸引才是吸引；它們是一些僅僅應當直接透過排斥而維繫自身的單一體；但透過它們的已設定的否定，就出現了某個作爲吸引者的單一體，而這個單一體因此被規定爲一個經過中介的東西，一[195]個**被設定為單一體的單一體**。起初的單一體，作爲直接的單一體，並沒有在它們的理念性之內回歸自身，而是在另一個單一體那裡具有這個理念性。

這個作爲吸引者的單一體就是已實現的，並且在單一體那裡被設定的理念性；它透過排斥的中介而成爲吸引者；它在自身內包含著這個中介過程，將其當作**它的規定**。在這種情況下，它不是作爲一個點而把那些被吸引的單一體捲入自身之內，也就是說，它不是抽象地揚棄它們。按照規定，它包含著排斥，因此同時把諸多單一體作爲「多」而包含在自身內；換言之，它透過它的吸引而製造出

某些東西，贏得廣袤和充實。所以，這個單一體在自身內一般地包含著排斥和吸引的統一體。

c 排斥和吸引的關聯

「某一」和「多」的區別已經親自把自己規定為它們的相互**關聯**的區別，而這個關聯又分裂為兩個關聯，即排斥和吸引，其中每一方都首先獨立地位於對方之外，但在本質上仍然連繫在一起。二者的尚未被規定的統一體必須有進一步的體現。

首先顯現的是作為單一體的基本規定的排斥，而且它是**直接**出現的，就和那些雖然是被它生產出來，但同時也是被直接設定的單一體一樣；就此而言，它和吸引漠不相關，後者是作為一個預先設定的外在東西而附加到它身上。反過來，吸引不是由排斥預先設定的，因此它不應當干涉排斥的設定和存在，也就是說，排斥本身並非已經是一個自身否定，而諸多單一體本身並非已經是一些被否定的東西。透過這個方式，我們看到一種抽象的、孤立的排斥，正如相對那些作為**存在者**的單一體而言，吸引從某方面來看同樣是一個直接的定在，並且從自身出發，作為一個他者而附加到諸多單一體身上。

因此，如果我們孤立地看待單純的排斥，那麼它就意味著諸多單一體分散為無規定的東西，來到排斥的層面之外；因為，所謂「排斥」就是否定諸多單一體的相互關聯；而在一種抽象的意義上，無關聯性就是它們的規定。但排斥並非僅僅是虛空；單一體作為無關聯的東西，並沒有進行排斥和排外，而這些本來應當是它們的規定。排斥雖然具有否定的意義，但在本質上畢竟是一個**關聯**；相互拒斥和相互逃避並不意味著從它所拒斥和逃避的東西那裡解脫出來，排外者和它所排除在外的東西**仍然處於連繫之中**。然而關聯 [196]

的這個環節就是吸引，因此是位於排斥自身之內；吸引意味著否定那個抽象的排斥，因爲在後者看來，諸多單一體僅僅是一些自身關聯的存在者，而不是把彼此排除在外。

　　但是，由於人們已經從諸多定在著的單一體的排斥出發，隨之把吸引設定爲一種外在地附加到單一體身上的東西，所以二者（排斥和吸引）作爲直接的東西仍然被當作不同的、相互分離的規定。但我們已經看到，不僅排斥是吸引的前提，而且排斥反過來也和吸引發生關聯，也就是說，吸引同樣也是排斥的前提。

　　按照這個規定，排斥和吸引是不可分割的，而且每一方都同時被規定爲對方的應當和限制。它們的應當是它們作爲**自在存在者**而具有的抽象規定，但在這種情況下，每一方都絕對地超出自身，與**另一方**相關聯，而且每一方都是藉助**嚴格意義上的另一方**而存在著；它們的獨立性在於，它們在這個中介過程中被設定爲對彼此而言的**另一個**規定活動。—— 排斥意味著設定「多」，即在一個單一體之內否定諸多單一體的理念性，而吸引意味著設定一個單一體，對「多」做出否定，—— 也就是說，只有**藉助**排斥，吸引才是吸引，正如只有藉助吸引，排斥才是排斥。但是，進一步的考察表明，這個透過**他者**而進行的自身中介過程其實已經被否定了，毋寧說，排斥和吸引各自都是一個自身中介過程。這個結果把它們重新導向它們的概念的統一體。

[197]

　　起初，排斥和吸引都仍然是相對意義上的，而它們的相互關係表明，每一方都以**自身**爲前提，並且在這個前提中僅僅與自身相關聯。

　　相對意義上的排斥指**現成已有的**，直接擺在我們面前的諸多單一體的相互拒斥。但排斥本身就意味著諸多單一體的存在，因此它們的前提僅僅是它們自己的設定活動。諸多單一體被設定爲單一

體，除此之外，它們也具有**存在**的規定——這意味著它們是被**預先**設定的——，而且這個規定同樣屬於排斥。恰恰是排斥活動使諸多單一體作為單一體而展現出來和保存下來，使它們作為單一體而**存在著**。——它們的存在本身就是排斥；因此排斥不是與另一個定在相關聯，而是從頭到尾僅僅與自己發生關係。

吸引意味著把單一體設定為一個嚴格意義上的、實實在在的單一體，相對它而言，諸多單一體在其定在中僅僅被規定為一種隨時消失的觀念性東西。因此，吸引是以自身為前提，即按照規定（其他單一體的規定）作為一個觀念性東西而存在著，而其他單一體不但應當為著自己和**他者**而存在著，而且應當為著某個吸引者和某個排斥者而存在著。它們不是透過與吸引發生關聯才獲得一個與排斥規定相對立的理念性；毋寧說，理念性是一個前提，是諸多單一體的**自在**存在著的理念性，因為它們作為單一體——作為一種同時被想像為吸引者的東西——，既是彼此有別的，也是同一個東西。

兩個規定都預先設定自身或以自身為前提，這種做法單獨看來進而意味著，每一方都是把對方當作一個環節而包含在自身內。一般說來，「**預先設定自身**」或「**以自身為前提**」指在一個環節裡把自己設定為自己的**否定者**，——這就是排斥；反之，如果被預先設定的東西和作出預先設定的東西是**同一個東西**，——這就是吸引。**自在地看來**，每一方都僅僅是一個環節，而這意味著，每一方都從自身出發而過渡到對方，在自身那裡否定自身，並且把自己設定為它自己的他者。嚴格意義上的單一體意味著「來到自身之外」，而之所以如此，僅僅因為它把自己設定為它的他者，設定為「多」；至於「多」，則是指融入自身，把自己設定為它的他者，設定為「某一」，並在這個過程中恰恰只是與自身相關聯，每一方都在它的他者那裡建構自身，——既然如此，那麼「來到自身之外」（排斥）

[198]

和「設定自身爲某一」（吸引）就是不可分割的。但是，**假若**相對
意義上的排斥和吸引也是這種情形，也就是說，如果排斥和吸也以
一些直接的、**定在著的**單一體爲前提，那麼排斥和吸引在其自身那
裡都是一個自身否定，隨之使自己延續到對方那裡。諸多定在著
的單一體的**排斥**意味著，一個單一體透過其他單一體的相互拒斥而
維繫自身，由此造成的後果是：(1)其他單一體在**那個單一體**那裡被
否定——這個方面代表著它的定在或它的爲他存在，因此是一個吸
引，即諸多單一體的理念性；(2)單一體是一個**自在的**東西，與其他
單一體無關；但實際上，一般意義上的自在體早就已經過渡到自爲
存在，除此之外，**自在地看來**，亦即按照其規定而言，單一體本身
就是那個轉變爲「多」的過程。—— 諸多定在著的單一體的**吸引**意
味著它們的理念性，意味著設定一個單一體，在這種情況下，當吸
引否定和產生一個單一體，就揚棄自身，而當它設定一個單一體，
就是自己否定自己，就是排斥。

　　這樣一來，自爲存在的發展過程就完結了，而且達到了自己
的結果。單一體作爲一個**無限的自身關聯**，作爲已設定的否定之否
定，是這樣一個中介過程，即把自己作爲它的絕對的（即抽象的）
異在（即「多」）而從自己那裡排除出去，而且，當單一體以否定
的方式與它的這個非存在相關聯，並將其揚棄的時候，它恰恰只是
與它自身相關聯；單一體僅僅是一個轉變，在其中，起初的那個規
定——當它在**開端**被設定爲直接的東西或存在者的時候，必須同時
作爲結果而把自己重建爲一個同樣**直接的**、排他的單一體——已經
消失了；轉變作爲一個進展，任何時候都包含著單一體，並且僅僅
把它設定爲一個已揚棄的東西。揚棄首先僅僅被規定爲一種相對意
義上的揚棄，即揚棄與另一個定在者的**關聯**，因此這個關聯本身是
一個已區分開的排斥和吸引。與此同時，透過否定直接東西和定在

[199]

者的外在關聯，這種揚棄過渡到中介過程的無限關聯，恰恰把之前的轉變當作結果，而這個結果的諸環節雖然是運動不息的，但它本身已經沉入或更確切地說融入一種單純的直接性。這個存在按照其如今**獲得**的規定，**就是量**。

如果我們簡要回顧一下這個**從質到量的過渡**的諸環節，就會發現，質的東西是把「存在」和「直接性」當作自己的基本規定；按照這個基本規定，界限以及規定性和某東西的存在是同一的，因此只要界限和規定性發生變化，某東西自身也會消失；一旦被如此**設定**，某東西就被規定為有限者。鑑於這個統一體的直接性，**區別**在其中消失了，但**自在地看來**，區別顯然位於**存在和無**的統一體之內，因此它作為一般意義上的**異在**落到那個統一體**之外**。這個他者關聯與直接性相矛盾，因為按照直接性，質的規定性是一個自身關聯。異在在自為存在的無限性之內揚棄自身，而自為存在則是把那個它在自身之內、在自身那裡透過否定之否定具有的區別加以實現，使之成為單一體、「多」以及二者的關聯，並且把質的東西提升為一個真正的統一體，也就是說，這個統一體不再是一個直接的東西，而是被設定為一種自身和諧。

概言之，(1)這個統一體是**存在**，但僅僅是一個**肯定的**存在，即一個透過否定之否定而獲得自身中介的**直接性**；存在被設定為一個**貫穿著**它的各個規定性和界限等等的統一體，它們在存在之內被設定為已揚棄的東西。(2)這個統一體是**定在**；按照這樣一個規定，它作為肯定的存在的一個環節，是否定或規定性；但這不再是一個直接的否定，而是一個折返回自身，並非與他者相關聯，而是與自身相關聯的否定；一個絕對地、**自在地**已規定的存在，——即單一體；異在本身就是自為存在；(3)這個統一體是**自為存在**，即那個貫穿規定性而延續下來的存在，在其中，單一體和「自在地已規定的 [200]

存在」被設定爲已揚棄的東西。按照規定，單一體已經超越自身，同時是一個**統一體**；透過這個方式，單一體或絕對地已規定的界限被設定爲一個不是界限的界限，即一個在存在那裡和存在漠不相關的界限。

注釋

　　眾所周知，吸引和排斥經常被看作是**兩種力**。它們的這個規定，還有與之相關的關係，必須與一些對應著它們而出現的概念進行比較。——在那個表象裡，二者被看作是獨立的東西，因此並沒有透過它們的本性而相互關聯，也就是說，每一方都不是一個過渡到對方的環節，而是堅持與對方相對立。除此之外，人們想像著二者融合在一個**第三者**亦即**物質**裡面，但與此同時，他們並不認爲這種「合爲一體」是它們的眞理，而是認爲，每一方都是一個原初東西，都是一個自在且自爲的存在者，至於物質及其各種規定，則是由二者設定並產生出來的。當人們說，「物質**在自身內具有兩種力**」，這其實是把力的統一體理解爲一個連繫，同時假定兩種力都是存在於自身之內，互不干涉。

[201]　　眾所周知，康德已經**用斥力和引力來建構物質**，或至少是（用他自己的話來說）提出了這個建構的形上學要素。——仔細考察一下這個建構，大概是一件有趣的事情。針對一個不僅本身，而且在其各種規定中看起來都完全屬於**經驗**的對象，這個**形上學的**闡釋之所以值得重視，一方面的原因在於，它作爲概念上的一個嘗試，至少已經激勵人們走向近代的自然哲學——這個哲學不是把自然界當作一個在知覺中以感性的方式被給予的東西，並將其當作科學的基礎，而是從一個絕對的概念出發，去認識自然界的各種規定——，

另一方面的原因在於，人們仍然經常止步於康德的那個建構，以爲它是物理學的哲學開端和基礎。

誠然，諸如「感性物質」之類實存，就和空間及空間規定一樣，都不是邏輯的對象。但是，就引力和斥力被看作是感性物質的力而言，二者也是以這裡已考察的關於單一體、「多」及其相互關聯的兩個純粹規定爲基礎；我已經把這兩個純粹規定稱作「排斥」和「吸引」，因爲這些名稱是最貼切的。

康德從兩種力裡推演出物質，並且把這個方法稱作「**建構**」（Konstruktion）。但仔細看來，他的方法配不上這個名稱，除非每一種反思，甚至是分析式反思，都被稱作「建構」。然而後來的某些自然哲學家恰恰就是這樣，他們把最膚淺的推理，把那種毫無道理可言的，由隨意的想像力和粗陋的反思炮製而成的大雜燴——這種大雜燴尤其喜歡談論所謂的引力因素和斥力因素，並且在任何地方都把它們掛在嘴邊——也稱作「**建構行動**」（Konstruieren）。

也就是說，康德的方法在根本上是**分析式的**，而非建構式的。他**預先設定物質的表象**，然後追問，需要用哪些力來維持它們的預　[202]　先設定的規定。所以，他一方面需要引力，其**理由**是，**假若只有排斥而沒有吸引，那麼物質根本不可能存在**（《自然科學的初始根據》第一版，第 53 頁以下）。另一方面，他又從物質推演出排斥，其**理由**是，**我們把物質想像為不可入的**，也就是說，物質是依據「排斥」這一規定而被呈現給**觸覺感官**，並透過這個感官而展示在我們面前。於是康德馬上斷定，排斥已經包含在物質的**概念**裡面，因爲它和物質一起，直接**被給予了**；與此相反，吸引是透過**推論**才被歸之於物質。但這些推論同樣以之前所述爲基礎，即一個僅僅具有斥力的物質並沒有窮盡我們關於物質的表象。——很顯然，這個方法來自於一種對經驗進行反思的認識活動，後者首先在現象裡**知覺到**

一些規定，然後把它們當作基礎，而為了**解釋**這些規定，它假定有
一些相應的**基本質料**或力產生出現象中的那些規定。

關於認識活動在物質裡面發現的斥力和引力之間的上述區別，
康德進而補充道，引力同樣**屬於**物質的**概念，儘管它並沒有從一開始
就包含在其中**。後面這句話的著重符號是康德自己加上的。但我們
看不出，這裡究竟有什麼區別；因為，如果一個規定屬於一個事物
的**概念**，那麼它**必定已經真實地包含在其中**。

[203]
康德之所以遭遇困難並提出這個空洞的遁辭，在於他從一開始
就片面地僅僅把我們只能透過**觸覺**而**知覺**到的「**不可入性**」規定歸
之於物質的概念，於是斥力，即從自身出發拒斥一個他者，就直接
被給予了。進而言之，「假若物質脫離吸引，就不可能**存在**」這一
主張的基礎，是一個從知覺那裡得出的物質表象；因此，「吸引」
這一規定必須同樣出現在知覺裡面。我們當然能夠知覺到，物質除
了具有自為存在，以揚棄（抵抗）為他存在之外，也具有**自為存在
者**的一個**相互關聯**，即空間中的**延展性**和**凝聚性**，以及一個就剛度和
強度而言非常堅實的凝聚性。解釋式的物理學為了拆解一個物體，
需要一個比物體各部分相互之間的**引力**更強大的力。從這個知覺出
發，反思同樣可以直接推演出引力，或者和對待斥力一樣，假定
它**被給予**。實際上，如果我們仔細考察康德用以推演出引力的那
些推論（比如該書對於「物質的可能性要求把一個引力當作第二個
基本力」這一命題的證明），就會發現，它們的意思無非是，透過
單純的排斥，物質不可能具有**空間性**。康德既然假定物質填滿了空
間，於是把延續性歸之於物質，然後假定引力是延續性的根據。

總的說來，這些所謂的對於物質的「建構」至多具有一個分析
的功績，而且由於表述不清而屢受責難。儘管如此，它們的基本思
想，即從這兩個相互對立的規定（兩個基本力）出發去認識物質，

始終是值得高度重視的。康德的主要任務在於破除普通機械論④的表象方式，後者止步於「不可入性」、「**自為存在著的單點**」等　[204]
單方面的規定，把相反的規定，把物質的**自身內關聯**或諸多物質（它們重新被看作特殊的單一體）的**相互關聯**理解爲某種**外在的東西**，——正如康德所說，機械論表象方式唯一承認的推動力，是那些僅僅透過擠壓和碰撞，亦即僅僅透過外在作用而產生的力。這種**外在的**認識活動總是已經假定運動是一種外在於物質的**現成已有的東西**，從沒想過把運動理解爲某種內在的東西，或在物質之內理解運動自身，而正因如此，物質也被單獨拿出來當作一種靜止的、僵化的東西。這個立場僅僅看到一種普通機械論，卻看不到一個內在的、自由的運動。——誠然，當康德把吸引，把彼此分離的物質的相互**關聯**或外在於自身的一般意義上的物質的關聯，理解爲**物質自身的一個力**，他就揚棄了那種外在性；但另一方面，他所說的兩個基本力雖然內在於物質，但**彼此之間**始終是外在的、各自獨立的。

那種認識活動從自己的立場出發而放置在兩個力之間的獨立區別是一種虛無飄渺的東西，而另一個區別，即那個鑑於兩個力的內容規定而**應當固定下來的東西**，同樣必須表現爲一種虛無縹緲的東西，因爲眞正說來，這兩個力僅僅是兩個相互過渡的環節。——接下來我要考察康德本人提出的其他區別規定。

他把引力規定爲一個**貫穿的**力，以便一個物質能夠透過接觸面而同樣**直接**作用於另一個物質的各部分；反之，他把斥力規定爲一個**表面的**力，以便各種物質只能在共同的接觸面上相互作用。爲了證明斥力只能是一個表面的力，康德提出如下理由：「**相互接觸**的　[205]
部分限定了彼此的作用範圍，而斥力只有藉助一個居間的部分才

---

④　此處及隨後的「機械論」（mechanisch）同時指「力學」。——譯者注

能夠推動一個較遠的部分；至於一個物質透過張力（在這裡叫做斥力）就穿越各個部分而直接作用於另一個物質，這是不可能的。」（參看該書第 67 頁的說明和附釋。）

這裡必須請大家注意：(1)一旦假定物質有**較近的**或**較遠的**部分，那麼**對於吸引而言**，其作用範圍同樣也會有**區別**；(2)當一個原子作用於**另一個**原子的時候，較遠的**第三個原子**──在它和第一個吸引的原子之間還有**別的**原子──會首先進入這中間更靠近它的那個原子的的關聯層面，因此第一個原子不可能**直接地**、單純地作用於第三個原子；由此可知，無論是引力還是斥力，都是間接地發揮作用；(3)進而言之，引力的**真正貫穿**之所以可能，唯一的前提是，物質的所有部分**自在且自為地**都是吸引者，而不是只有一個原子是主動的，其他原子都是被動的。──此外需要指出的是，在上述引文裡，相互**接觸**的部分（即一個**現成已有的**物質的**堅實性**和**延續性**）是直接地或對斥力自身而言出現的，而這個物質不允許排斥活動將其貫穿。各個部分在物質的堅實性裡相互**接觸**，不再被虛空分割開，但這個堅實性已經以**揚棄斥力**為前提；而按照當前占據支配地位的關於排斥的感性表象，相互接觸的部分不會相互排斥。也就是說，這個結果完全是一個恆真句，即：無論什麼地方，只要假定排斥不存在，那裡就不可能發生排斥。在這種情況下，斥力並未獲得一個更具體的規定。──其實只要人們稍作反思，想起相互接觸的部分只有在相互**分開**的時候才會相互接觸，就會認識到，斥力不應當僅僅位於物質的表面，而是應當位於單純的吸引層面之內。

[206]

康德進而假定，透過引力，物質**僅僅占據一個空間，但並未填滿這個空間**（見上引段落）；因為物質沒有透過引力而填滿空間，沒有其他居間的物質給它設定界限，所以它能夠透過**虛空的空間**而發揮作用。──這個區別和之前所說的那個區別（一個規定雖然屬

於一個事物的概念，但並沒有包含在其中）基本上是同一個意思，因為這裡宣稱，物質可以僅僅**占據**一個空間，卻沒有將其**填滿**。相應地，如果我們止步於**排斥**的第一個規定，即諸多單一體僅僅以否定的方式相互排斥，那麼它在這裡的意思則是，諸多單一體**透過虛空的空間而相互關聯**。然而按照康德的說法，是**引力**確保空間是一個虛空的東西；引力**並沒有**因為與諸原子相關聯就**填滿**空間，也就是說，它**確保諸原子**處於一個**否定的相互關聯**中。——我們看到，康德在這裡無意識地觸碰到了那個藏在事物的本性中的東西，也就是說，他恰恰把那個按照最初的規定而言與之相反的力歸之於引力。當他致力於強化兩個力的區別的時候，事與願違，其中一個力卻已經過渡到另一個力。——反過來，物質應當透過排斥而**填滿**一個空間，進而讓引力所維護的那個虛空的空間消失。實際上，排斥在揚棄那個虛空的空間時，也揚棄了諸原子或單一體的否定關聯，亦即揚棄了它們的排斥；這意味著，排斥被規定為它自己的對立面。

　　康德在抹煞這些區別的同時，還製造出一個混亂。也就是說，正如我們最初已經指出的那樣，康德對於兩個相互對立的力的闡述是分析式的，而且從一開始就把物質當作一個現成已有的、已經建構好的東西，殊不知物質首先應當依據其要素而被推導出來。在定義「表面的力」和「貫穿的力」的時候，二者都被假定為推動力，以便**物質**能夠要麼按照前者要麼按照後者而發揮作用。——因此按照這裡的闡述，不是物質首先透過兩個力才產生出來，毋寧說，物質已經是一個現成已有的東西，僅僅透過它們而運動。但是，這裡討論的是兩個力如何確保各種物質的相互作用和相互推動，既然如此，這就完全不同於討論它們作為物質的環節應當具有怎樣的規定的關聯。

　　在進一步的規定裡，**向心力**和**離心力**構成與引力和斥力同樣的

[207]

對立。它們看起來保持著一個本質上的區別，因為在它們的層面裡，有一個固定的單一體，有一個核心，相對它而言，其他單一體不再是自為存在者，所以這兩個力的區別能夠和這裡預設的區別（即**一個**居於核心位置的單一體和其他相對而言非固定的單一體的區別）連繫在一起。但是，既然人們用向心力和離心力來解釋運動的現象——正是出於這個目的，人們假定有**這兩個力**，並且假定它們和斥力以及引力一樣，相互之間是一種量的反比例關係，即只要一方增加，另一方就會減少——，那麼這個現象及其不一致性就應當首先從這兩個力裡面推導出來。實際上，人們只需從兩個力的對立裡面提取出一個最貼切、最好的對於現象的闡述，比如一顆行星在圍繞它的核心天體而運行的軌道上的不均勻的速度，就會立即認識到那個在其中占據支配地位的混亂，而且不可能區分出兩個力的大小，以至於，每當他們假定一個力在增加，但在解釋的過程中卻總是發現它在減少，反之亦然。為了清楚說明這一點，需要一個超出當前範圍的冗長得多的闡釋，但必要的東西還是會在後面的**反比例關係**中談到。

[208]

第二篇　大小

　　量和質的區別已經被提出來了。質是最初的、直接的規定性，而量則是一個已經和存在漠不相關的規定性，一個同時不是界限的界限；量是一個自為存在，同時完全等同於為他存在，──是諸多單一體的排斥，同時直接是諸多單一體的「非排斥」，即它們的延續性。

　　按照現在的設定，因為自為存在者不是把它的他者排除在外，而是以肯定的方式將自身延續到他者那裡，所以它就是異在；相應地，**定在**重新出現在這個延續性中，**與此同時**，定在的規定性不再屬於一個單純的自身關聯，不再是定在著的某東西的一個直接的規定性，而是被設定為一個自己排斥自己，並且在另一個定在（一個自為存在著的定在）那裡與自身相關聯的規定性。而且，由於這些定在**同時**是一些漠不相關的、折返回自身的、無關聯的界限，所以規定性一般地位於**自身之外**，是一個絕對地**外在於自身的東西**，而某東西同樣是一個外在的東西；這樣的界限，它們對自身的漠不相關，還有某東西對它們的漠不相關，構成了某東西的**量的規定性**。

　　界限作為**已規定的量**，即**定量**（Quantum），必須立即與**純粹的量**（Quantität）區分開。**首先**，純粹的量是一個已經回歸自身的、實在的自為存在，本身尚未具有任何規定性，──即一個堅實的、在自身內延續著自身的、無限的統一體。

[210]　　**其次**，這個統一體推進到一個在它自身那裡設定的規定性，一個同時不是規定性的規定性，或者說一個純粹外在的規定性。它轉變為定量。定量是一個漠不相關的規定性，即一個超越自身、自己否定自己的規定性；它作為異在的異在，落入一個**無限的**進展。然而無限的定量是一個已揚棄的漠不相關的規定性，是質的重建。

　　第三，定量在質的形式下是一個量的**比例關係**（Verhältnis）[1]。定量一般地僅僅超越自身；但在比例關係裡，它超越自身而進入它的異在，並在後者那裡具有它的規定，而異在同時被設定爲另一個定量，——於是這裡呈現出的，是定量的已經回歸自身的存在，以及定量在它的異在裡的一個自身關聯。

　　這個比例關係仍然以定量的外在性爲基礎，彼此相比的定量是**漠不相關的**，也就是說，它們在這種異在裡相互關聯；——就此而言，比例關係僅僅是質和量在形式上的統一體。比例關係的辯證法就是從比例關係過渡到它們的絕對統一體，過渡到**尺度**。

注釋

　　在某東西那裡，它的界限作爲質，在本質上就是它的規定性。但如果我們把界限理解爲一個量的界限，比如一塊農田的界限，那麼即使界限發生變化，農田仍然是一塊農田。反之，如果是它的質的界限發生變化，那麼它之所以爲農田的規定性也會發生變化，於是它轉變爲草地、森林等等。——紅色無論深淺，始終是紅色，但如果它的質有所改變，它就不再是紅色，而是轉變爲藍色等等。——**大小**的規定，作爲定量，如上面已經指出的，在任何別的例子那裡都有所體現，也就是說，它以一個恆久的存在爲基礎，**這**

---

[1]　「Verhältnis」這個詞通常譯爲「關係」，但在黑格爾《大邏輯》關於「量」的部分裡，它作爲一個專門的範疇，特指一個項與另一個項相互對比或互爲比例的的關係，尤其指部分與部分之間、部分與整體之間在量上的連動關係，因此本書在相關語境下將其譯爲「比例關係」。而在《大邏輯》下卷的「本質論」部分，當「Verhältnis」再次作爲一個專門的範疇而出現，強調的是已區分開的東西的對立統一體，因此在那些地方被譯爲「對比關係」。——譯者注

個存在和它所具有的規定性是漠不相關的。

[211]
正如之前的例子表明的那樣，「**大小**」（Größe）②這一術語被理解爲**定量**，而不是被理解爲量。正因如此，我們必須從外文那裡借用這個名詞。

數學裡面爲**大小**給出的定義也是涉及定量。按照通常的定義，大小是一個能夠**增加**或**減少**的東西。所謂「增加」，指某東西變得**更大**，而所謂「減少」，指某東西變得**更小**。這裡包含著一般意義上的大小與它自己的**區別**，即大小是一個可以改變其大小的東西。就此而言，這個定義是很笨拙的，因爲它所使用的那個規定本身應當首先得到界定。既然大小不能被用於同一個規定，那麼「**較多**」和「**較少**」就必須歸結爲「**添加**」和「**削減**」，前者按照定量的本性而言，是一個外在的肯定，後者同樣是一個外在的否定。在定量那裡，一般而言，**變化**的本性把自己規定爲這種**外在的**實在性和**外在的**否定。因此，在那個不完滿的術語裡，我們一定不能錯認事情的關鍵；也就是說，變化是一種漠不相關的東西，它的概念本身就包含著它自己的「較多」或「較少」，包含著它和自身的漠不相關。

---

② 「Größe」這個詞從字面意思上來說是「大」，但正如黑格爾指出的，很多德語詞彙在思辨的意義上本身就包含著自己的反面意思，而這個詞同時也意味著「小」，因此中文將其譯爲「大小」。——譯者注

第一章　量

A 純粹的量

　　量是已揚棄的自爲存在；進行排斥的單一體僅僅以否定的方式對待它所排斥的單一體，同時已經過渡到與後者的**關聯**，和他者表現爲同一個東西，從而也失去了自己的規定；自爲存在已經過渡到吸引。進行排斥的單一體的絕對堅固性已經消融在這個**統一體**裡面，而這個包含著單一體的統一體透過內在的排斥同時被規定爲**自身外統一體**和**自身內統一體**。透過這個方式，吸引成爲量裡面的**延續性環節**。 [212]

　　因此**延續性**（Kontinuität）是一個單純的、自身一致的自身關聯，一個不會透過界限和排外而中斷的東西，但**不是一個直接的統一體**，而是諸多自爲存在著的單一體的統一體。其中仍然包含著**彼此外在的多樣性**，但與此同時，後者並不是一個已區分的、**已中斷的東西**。多樣性在延續性裡被設定爲它自在所是的那個東西；「多」和他者合爲一體，每一方都等同於對方，因此多樣性是一個單純的、無區別的一致性。延續性作爲一個環節，代表著彼此外在的東西的**自身一致性**，意味著已區分的單一體自行延續到那些有別於它們的東西。

　　因此，大小在延續性裡直接具有**區間性**（Diskretion）環節，——這個環節如今在量那裡代表著排斥。——持續性（Stetigkeit）是自身一致性，但這是「多」的自身一致性，而「多」並沒有成爲一個排外的東西；只有排斥才把自身一致性擴張

爲延續性。因此，區間性從它自己那方面來看是一個融合式的區間性，其中的諸多單一體並沒有與虛空或否定者相關聯，毋寧說，它們自己的持續性或這種位於「多」之內的自身一致性從未中斷。

量是「延續性」和「區間性」這兩個環節的統一體，但在**形式**上首先只是兩個環節中的一個，即延續性，而這是自爲存在的辯證法的結果，因爲自爲存在已經融入「自身一致的直接性」這一形式。量本身是這個單純的結果，也就是說，它尚未把它的諸環節展開，並在自身那裡加以設定。—— 量**包含著**這些環節，它們首先被設定爲眞正意義上的自爲存在。因爲按照規定，自爲存在一邊與自身相關聯，一邊揚棄自身，恆久地來到自身之外。然而那被排除在外的東西就是自爲存在自身；因此排斥是一個不斷進行的自身流溢。基於「被排除出去的東西就是它自己」，這種區間活動是一個不間斷的延續性；而基於「來到自身之外」，這個延續性既是未中斷的，同時也是多樣性，而多樣性始終保持著它的自身一致性。

[213]

注釋一

純粹的量尚且沒有界限，或者說尚且不是定量；即使它轉變爲定量，也不會受到界限的限制；毋寧說，量的本性恰恰在於不受界限的限制，並且把自爲存在當作一個已揚棄的東西而包含在自身內。至於其中也有區間性環節，這件事情可以這樣解釋，即無論什麼時候，量都在自身內絕對地包含著單一體的**實在的可能性**，但反過來，單一體同樣是一個絕對延續的東西。

缺乏概念的**表象**很容易把延續性想像爲**複合**（Zusammensetzung），即諸多單一體的**外在的**相互關聯，彷彿單一體仍然保留著自己的絕對堅固性和排外性。但我們已經表明，單一體本身自在且

自爲地已經過渡到吸引，過渡到它的理念性，因此延續性不是位於
單一體之外，而是屬於單一體本身，並且立足於後者的本質。一般
說來，原子論就是執著於單一體的這種**外在的**延續性，並且在表象
活動中很難將其拋棄。——與此相反，數學譴責這樣一種形上學，
它企圖用一些時間點**構成**時間，用一些空間點**構成**一般意義上的空 [214]
間或最初的線，用一些線**構成**面，用一些面**構成**整個空間；也就是
說，數學根本不承認這類非延續的單一體。誠然，數學也把一個面
的大小規定爲無窮多的線的**總和**，但這個區間性僅僅是一個暫時的
表象，而且那個由**無窮多的**線構成的空間畢竟是一個受限的空間，
因此在說「無窮多」的時候已經揚棄了那些線的區間性。

　　斯賓諾莎已經掌握了那個與單純表象相對立的「純粹的量」的
概念（他主要關注的就是這個東西），因爲他（在《倫理學》第一
部分，命題 15 之附釋）談到量的時候是這樣論述的：

Quantitas duobus modis a nobis concipitur, abstracte scilicet
sive superficialiter, prout nempe ipsam imaginamur; vel ut substantia,
quod a solo intellectu fit. Si itaque ad quantitatem attendimus, prout
in imaginatione est, quod saepe et facilius a nobis fit, reperietur
finita, *divisibilis et ex partibus conflata, si autem ad ipsam, prout*
in intellectu est, attendimus, et eam, quatenus substantia est,
*concipimus, quod difficillime fit, ...**infinita, unica et indivisibilis***
reperietur. Quod omnibus, qui inter imaginationem et intellectum
distinguere sciverint, satis manifestum erit.〔我們以兩種方式理解
量：或者把它當作抽象的、表面的量（這是想像的產物），或者把
它當作實體（這只能依靠理智）。因此，如果我們考察那種位於想
像中的量（這件事情經常發生，而且更容易被我們注意到），就會
發現它是有限的、**可分割的**、**由部分複合而成的**；但是，如果我們考

察理智中的量，把它理解爲實體（這件事情是非常困難的），就會
發現……它是**無限的、唯一的、不可分割的**。對於所有懂得區分想像
和理智的人而言，以上情況是再清楚不過的了。〕③

　　如果人們要求純粹的量的更具體的例子，那麼，空間和時間、
一般意義上的物質、光等等，甚至自我都算是；但正如之前指出
的，唯一需要提醒的是，不要把量理解爲定量。空間、時間等等具
有廣延和多樣性，它們是一種來到自身之外的流動，但沒有過渡到
對立面，沒有過渡到質或單一體，毋寧說，這種來到自身之外的流
動是它們的統一體的恆久的**自身生產**。空間代表著這個絕對的**位於
自身之外的存在**，與此同時，它是絕對未中斷的，即「**反過來是異在
的異在**」（Anders-und Wieder-Anderssein），或者說一個自身同一
的東西，—— 時間代表著絕對地**來到自身之外**，它一邊生產出單一
體、時間點、「**現在**」，一邊直接消滅「現在」，反過來繼續消滅
這個消滅；在這種情況下，非存在的這種自身生產同樣是一個單純
的自身一致性和自身同一性。

　　至於作爲量的**物質**，在萊布尼茲流傳下來的第一篇論文的 **7 個
命題**（位於其著作集第一部分最後一頁）裡，其中一個命題（即
命題 2）是這樣說的：「Non omnino improbabile est, materiam et
quantitatem esse realiter idem.〔物質和量在現實中是同一個東西，
這並不是完全不可能的。〕」④—— 事實上，這些概念的唯一區別

[215]

---

③ 此段文字參照原書附注的卡爾·格布哈特（Carl Gebhardt）的德譯文以及斯賓
　諾莎的拉丁文原文譯出。—— 譯者注

④ 萊布尼茲這篇寫作於 1663 年的論文〈論個體化原理〉（*De Principio
　Individui*）直到 1837 年才完整發表。參閱格爾哈特（C. J. Gerhardt）主編《萊
　布尼茲哲學著作集》，柏林，1875 年起陸續出版。第四卷，第 15 頁以下；繹
　理 2，第 26 頁。—— 原編者注

在於，量是純粹的思維規定，而物質是位於外在實存中的思維規定。——**自我**同樣具有純粹的量的規定，因為自我是一個絕對地轉變為他者的東西，是一個無限的遠離或全方位的排斥，以便達到自為存在的否定的自由，但這個遠離或排斥始終是一個絕對單純的延續性，——即普遍性或自身記憶體在（Beisichsein）的延續性，它不會透過無窮多的界限，不會透過感覺、直觀等等的內容而中斷。——有些人拒不承認**多樣性是一個單純的統一體**，而且除了這個統一體的**概念**之外（這個概念意味著，在「多」裡面，每一個東西和他者都是同一個東西，即「多」中之「某一」）——因為這裡所談論的不是具體地已規定的「多」，不是綠色、紅色等等，而是自在且自為地看來的「多」——，還想得到這個統一體的一個**表象**，殊不知這類表象早就出現在各種具有持續性的東西那裡，而且這些東西是在單純的直觀中把演繹出來的量的概念呈現出來。 [216]

注釋二

量的本性在於，它是區間性和延續性的單純統一體，而這恰恰造成了空間、時間、物質等等的**無限可分割性**的衝突或**二律背反**。

這個二律背反的唯一理由在於，區間性和延續性必須同樣得到堅持。片面地堅持區間性導致把一個無限地或絕對地**已分割的存在**，隨之把一個直接的東西當作本原；反之，片面地堅持延續性導致把一個無限的**可分割性**當作本原。

眾所周知，康德的《純粹理性批判》提出了 **4** 個（宇宙論的）**二律背反**，其中**第二個**二律背反涉及**量的諸環節**所構成的一個**對立**。

康德的這些二律背反始終是批判哲學的一個重要部分；它們帶頭促成了之前的形上學的崩潰，而且可以被看作是一個通向近代哲

學的主要橋梁，因爲它們尤其是間接地促成一個信念，即從**內容**這方面來看，有限性的各種範疇是一個虛無縹緲的東西，——這是一條比流於形式的或主觀的唯心主義更正確的道路，因爲在它看來，這些範疇的缺陷僅僅在於，它們是一種主觀的的東西，而不是一種自在的東西。康德的二律背反雖然厥功甚偉，但其闡述是很不完備的；一方面，它在自身內設置障礙，與之糾纏不清，另一方面，它的結論也是不正確的，因爲這個結論的前提是，認識活動除了有限的範疇之外，不掌握別的思維形式。——從以上兩方面來看，這些二律背反都配得上一個更精確的批評，也就是說，我們既要細緻澄清其立場和方法，也要把它們的關鍵論點從那個強加在其身上的形式裡面解放出來。

[217]

首先，我注意到，康德企圖藉助他從範疇表那裡拿來的劃分原則，賦予他的4個宇宙論二律背反以完整性的假象。然而只要人們更深刻地認識到理性的二律背反本性（或更正確地說，理性的辯證本性），就會發現，**每一個**概念通通都是相互對立的環節的統一體，也就是說，這些環節在形式上都有可能成爲二律背反的主張。「轉變」、「定在」等等，還有每一個其他概念，都能夠提供一個特殊的二律背反，以至於有多少概念，就能提出多少二律背反。——古代的懷疑論已經不厭其煩地揭示出，它在各種科學裡面看到的全部概念都包含著這個矛盾或二律背反。

其次，康德不是按照概念本身，而是按照宇宙論規定的形式（這個形式已經是一個**具體的**東西）來理解二律背反。但是，爲了掌握純粹的二律背反，並且按照它們的單純概念來對待它們，思維規定不應當把它們應用到「世界」、「空間」、「時間」、「物質」等表象上面，與之混爲一談；毋寧說，思維規定必須拋開這種不能提供幫助的具體質料，單獨接受純粹的考察，因爲只有它們才

構成了二律背反的本質和根據。

　　按照康德爲這些二律背反給出的概念，它們不是詭辯的把戲，而是理性必定會「撞上」（借用康德的術語）的矛盾。——這是一個重要的觀點。「理性一旦看清二律背反的自然假象的根據，固然不會再受其欺騙，但始終不免被其迷惑。」（《純粹理性批判》第二版，第 449 頁）——批判主義的解決辦法，就是訴諸知覺世界 [218] 的所謂的先驗理念性，而其唯一的結果，就是把所謂的衝突理解爲某種**主觀的**東西，而在這種情況下，假象當然始終是同一個假象，亦即和從前一樣沒有得到解決。因此，二律背反的眞正解決辦法只能是這樣：既然兩個規定相互對立，並且必然屬於同一個概念，那麼每一方都不能作爲一個片面的東西而單獨發揮作用，也就是說，它們只有在它們的已揚棄的存在中，在它們的概念的統一體中，才具有它們的眞理。

　　仔細看來，康德的二律背反所包含的，無非是一個極其簡單的直言主張，即在一個規定的兩個相互對立的環節裡，**每一方都是脫離對方而孤立的**。但與此同時，這個單純直言的（實則斬釘截鐵的）主張籠罩著一整套歪曲的、牽強附會的推理，從而製造出證明的假象，把那個武斷因素隱藏起來，使之不被人察覺。這一點在更細緻的考察中會得到揭示。

　　與本書這部分內容有關的二律背反，涉及所謂的**物質的無限可分割性**，並且立足於量的概念所包含的延續性環節和區間性環節的對立。

　　按照康德表述，正題是這樣的：「**在世界中的每一個複合的實體都是由單純的部分構成的，而且除了單純的東西或者由單純的東西複合而成的東西之外，任何地方都沒有任何東西實存著。**」（《純粹理性批

判》第二版，第 462 頁）⑤

[219]

　　在這裡，康德把**複合物**與單純的東西或原子對立起來，這和持續的或延續的東西相比，是一個很落後的規定。——至於這些抽象東西（即世界裡的實體）的基體，在這裡無非意味著那些可知覺的感性事物，並且對於具有二律背反性質的東西毫無影響；它同樣可以被看作是空間或時間。——現在，由於正題所討論的僅僅是**複合**而非**延續性**，所以它其實是一個分析的或**恆真句的**命題。按照複合物的直接規定，它不是自在且自為的「**某一**」，毋寧僅僅是一個外在地連結而成的東西，**由他者構成**。然而複合物的他者就是單純的東西。也就是說，「複合物由單純的東西構成」是一個恆真句的命題。——當人們追問「某東西**由什麼東西構成**」的時候，其要求的答覆是**一個他者**，而且這個他者能夠和那個某東西**連繫起來**。假若人們說墨水是由墨水構成的，那麼在這裡追問某東西由什麼他者構成就沒有任何意義，因為問題根本沒有得到回答，而是僅僅重複自身。如此一來，人們必須進而追問，這裡談論的那個東西是否應當**由某東西構成**。複合物無論如何應當是一個連繫而成的東西，由他者構成。——假若單純的東西，作為複合物的他者，僅僅被當作一個**相對單純的東西**，即它本身又是複合而成的，那麼這個問題和從前也沒有任何區別。誠然，在表象看來，一切東西都是複合而成的，所以它可以隨意地把這個東西當作那個東西的**原子**，哪怕其本身仍然是一個複合物。但這裡討論的是**真正意義上的複合物**！

　　至於康德對於正題的**證明**，就和他對於所有別的二律背反命題

⑤　從這裡開始，本節關於康德《純粹理性批判》的引文皆採用李秋零譯文（康德《純粹理性批判》第二版，李秋零譯，中國人民大學出版社 2004 年版），個別地方略有修改。以下不另作說明。——譯者注

的證明一樣，採用了一種看起來非常囉嗦的**間接方法**，即**反證法**。

　　他說：「假定複合的實體不是由單純的部分構成的，那麼，當**一切**複合都在思想中**被取消**，就會沒有什麼複合的部分留存下來，而且（按照剛才的那個假設）也沒有任何單純的部分留存下來，從而也沒有任何東西留存下來，因而也沒有任何實體被給予。」（《純粹理性批判》第二版，第 462 頁）

　　這個推論是完全正確的：如果只有複合物，那麼，只要人們在思想中取消全部複合物，就沒有任何東西留存下來；——人們當然承認這一點，但他們完全可以拋開這個恆真句的囉嗦，直接從隨後的論述開始： [220]

　　「要麼不可能在思想中取消一切複合，要麼在取消一切複合之後就必須留存有某種無須任何複合而持存的東西，亦即單純的東西。但在前一種情況下，複合物就會不是由實體構成（**因為在種種實體這裡，複合僅僅是種種實體⑥的一種偶然的關係，即使沒有這種關係，實體也必須作為獨立持存的東西持存**）。如今，既然這種情況與前提條件相矛盾，那麼就只剩下第二種情況：也就是說，在世界中實體性的複合物是由單純的部分構成的。」（《純粹理性批判》第二版，第 462、464 頁）

　　那個被康德順帶著放到括弧裡面的理由恰恰是關鍵之所在，它使前面所說的一切都成爲完全多餘的廢話。這裡有一個兩難選擇：要麼複合物是持存的，要麼不是，毋寧單純的東西才是持存的。假若是前一種情況，即複合物是持存的，那麼持存的東西就不是種種實體，因爲**複合對它們而言僅僅是一種偶然的關係**；但種種實體是持

---

⑥ 在這裡，不僅證明是囉嗦的，就連語言都是囉嗦的，比如「因為**在種種實體這裡，複合僅僅是種種實體的一種偶然的關係**」這句話。——黑格爾原注

存的，所以持存的東西是單純東西。

很顯然，即使不採用間接的反證法，正題「複合的實體由單純的部分構成」也可以直接援引那個理由作爲其證明，**因為**複合僅僅是種種實體的一種**偶然的**關係，所以這種關係外在於實體，與它們本身毫不相干。—— 假若複合的偶然性是一個正確的論斷，那麼本質當然就是單純的東西。但這個關鍵的偶然性並沒有得到證明，而是直截了當地（而且是順帶放到括弧裡面）被當作某種不言而喻的或無關緊要的東西。複合意味著偶然性和外在性，這一點確實是不言而喻的；問題在於，假若這裡所討論的僅僅是一種偶然的複合，而非延續性，那麼我們根本沒有必要爲此提出一個二律背反，或更確切地說，對此根本就不可能提出任何二律背反。因此，正如之前指出的，主張「部分是單純的」僅僅是一個恆眞句。

[221]

因此，在間接的反證法那裡，我們看到那個本應作爲結論的主張已經出現了。簡言之，這個證明可以概括如下：

假設種種實體不是由單純的部分構成的，僅僅是複合的。現在，人們可以在思想中取消全部複合（因爲複合僅僅是一種偶然的關係）；如此，假若實體不是由單純的部分構成的，就不會留存下來。但我們必須有實體，因爲我們已經假定它們存在；我們不應當讓一切東西消失，而是應當讓某東西留存下來，因爲我們已經預先設定這種持存的東西，即所謂的實體；所以，留存下來的某東西必定是單純的。

爲完整性起見，還需要考察以下結論：

「由此直接**得出**：世界上的事物全都是單純的存在物，**複合只是它們的一種外在狀態**，而且，……理性必須把基本實體……設想爲單純的存在物。」（《純粹理性批判》第二版，第 464 頁）

這裡我們發現，複合的外在性（即偶然性）在此前的證明裡是

放在括弧裡面引入並得到使用的，但如今它已經被引以為**結論**。

康德盡力聲辯，他在處理二律背反的相互衝突的命題的時候沒 [222]
有玩弄騙人的把戲，沒有在搞（人們常說的）那種訟棍證明。但就
我們考察的這個證明而言，與其指責這是一個騙人的把戲，不如說
這是一個瞎忙的兜圈子，其唯一的用處在於製造出一個證明的外在
形態，同時遮遮掩掩地把那個本應作為結論而出現的東西放在括弧
裡面，當作證明的樞紐。也就是說，這根本不是一個證明，毋寧僅
僅是一個假定。

至於**反題**，則是這樣的：「**在世界中沒有任何複合的事物由單
純的部分構成，而且在世界中任何地方都沒有單純的東西實存著。**」
（《純粹理性批判》第二版，第 463 頁）

相關**證明**同樣採用了反證法。相比前一個證明，它同樣是應當
遭到責難的，只不過換一個方式而已。

康德說：「假定一個複合的事物（作為實體）由單純的部分
構成。由於一切**外部的關係**，從而還有實體的一切複合都唯有在**空
間**中才是可能的，所以，該複合物由多少部分構成，它所占有的空
間也就由多少部分構成。如今，空間不是由多個單純的部分，而是
由多個空間構成的。因此，複合物的每一個部分都必須占有一個空
間。但是，一切複合物的絕對最初的部分都是單純的。所以，單純
的東西占有一個空間。如今，既然一切占有一個空間的實在東西都
在自身中包含著彼此外在的雜多，從而是複合的，而且……是由實
體複合的，所以，單純的東西就會是一個實體性的複合物；而這是
自相矛盾的。」（《純粹理性批判》第二版，第 463 頁）

這個證明裡面堪稱有「整整一窩」[7]（借用康德在別的地方的

---

[7] 康德在《純粹理性批判》裡指出，在關於上帝存在的宇宙論論證裡，隱藏著

一個說法）錯誤的方法。

　　首先，這個間接的反證法是一個無根據的假象。因為，當人們假定，**一切實體性東西都在空間中**，以及**空間不是由單純的部分構成的**，這已經是一個直接的主張，並且被當作有待證明的東西的直接根據，而在這種情況下，整個證明其實已經完成了。

　　其次，這個反證法證明以命題「**實體的一切複合都是一個外部的關係**」為出發點，但令人詫異的是，它立即把這個命題忘得乾乾淨淨。也就是說，它進而推出，複合只有在**空間**中才是可能的，而空間不是由單純的部分構成的，因此那個占有一個空間的實在東西是複合而成的。但是，一旦假定複合是一個外部的關係，那麼空間性本身，即複合的可能性的唯一條件，對種種實體而言就恰恰是一個外部的關係，與實體毫不相干，既不觸及實體的本性，也不觸及人們能夠從空間性規定裡推導出來的其他東西。恰恰基於這個理由，種種實體就不應當被設定在空間裡面。

　　再次，康德假定，那個把種種實體包攬在自身內的空間不是由單純的部分構成的，因為按照他的規定，空間是一個直觀，一個只有透過唯一的對象而被給予的表象，而不是所謂的推論的概念。——眾所周知，自從康德區分直觀和概念之後，直觀活動已經成了一件莫名其妙的事情，而為了省略概念上的理解把握，康德已經把那個區分推廣到一切認識活動上面。這裡的相關問題僅僅在於，倘若人們一般地希望進行概念上的理解把握，就必須同時對空

「整整一窩辯證的僭越主張」（KdrV, B637）。黑格爾在之前的《精神現象學》裡也挖苦了康德的這個說法，指出其道德世界觀是「整整一窩」缺乏思想的矛盾。參閱黑格爾《精神現象學》，先剛譯，人民出版社 2013 年版，第 379 頁。——譯者注

間以及直觀本身進行**概念上的理解把握**。這樣一來，就產生出一個問題：假若空間作爲直觀也是一個單純的延續性，那麼我們是否必須認爲，空間按照其概念而言是由單純的部分構成的？如若不然，空間就會陷入只有實體才會置身其中的同一個二律背反。實際上，正如之前指出的，如果人們在抽象的意義上理解二律背反，那麼它就會涉及一般意義上的量，隨之涉及空間和時間。

[224]

　　但康德在證明的時候已經假定，空間不是由單純的部分構成的，正因如此，單純的東西不應當被設定在這個要素〔即空間〕裡面，而這不符合單純的東西的規定。—— 但在這種情況下，空間的延續性就和複合發生衝突；二者被混淆起來，前者被偷換爲後者（這在推論中造成了 Quaternio terminorum〔四詞項〕⑧）。康德曾經明確宣稱，空間是**唯一的**，其各個部分僅僅依賴於限制，因此這些部分「**並非作爲空間的組成部分而先行於**唯一的、無所不包的空間（否則空間就有可能是**複合而成的**。」（《純粹理性批判》第二版，第 39 頁）這個說法很正確地、明確地把空間的延續性和組成部分的複合**對立起來**。反之，按照這個論證，只要把實體設定在空間裡面，這個做法本身就會導致一種「**置身於**彼此之外的雜多」，隨之導致一個「**複合而成的東西**」。爲了避免這個情況，康德在前面的引文裡明確指出，雜多性在空間裡面的存在方式已經表明，複合是不可能的，且組成部分不可能先行於唯一的空間。

　　在反題證明的注釋中，批判哲學的另一個基本觀念也有明確表

---

⑧ 正確的三段論推論只能包含大詞、中項、小詞三個概念，而且中項只能出現在大前提和小前提裡面。如果兩次出現的中項雖然在字面上是同一個概念，但具有不同的意思，這就等於實際上使用了 4 個概念，而這就是「四詞項」錯誤。——譯者注

達，也就是說，只有當物體作爲**現象**，我們才對它們有一個**概念**；但是，作爲現象，物體必然以空間爲前提，把它當作一切外部現象的可能性的條件。如果這裡所說的「實體」僅僅指我們看到、摸到、嘗到的物體，那麼這裡所討論的根本就不是那些處於其概念中的物體，毋寧僅僅是一些透過感性而知覺到的東西。因此，反題的證明可以概括如下：我們的觀看、觸摸等全部經驗給我們揭示出來的，僅僅是複合物；即使是最好的顯微鏡和最精細的測量儀器，也不可能讓我們**撞上**任何單純的東西。所以，理性也不要指望撞上某種單純的東西。

[225]

　　現在，如果我們更仔細地審視這個正題和反題的對立，並且把它們的證明從一切無用的囉嗦和兜圈子裡面解放出來，那麼可以發現，反題的證明——把種種實體設定在空間裡面——武斷地假設了**延續性**，而正題的證明——把複合當作實體性東西的一種關聯——則是武斷地假設了**這個關聯的偶然性**，隨之武斷地假設種種實體是**絕對的單一體**。也就是說，整個二律背反可以歸結爲量的兩個環節的割裂和直接主張，即把這兩個環節當作絕對割裂的東西。按照單純的**區間性**，實體、物質、空間、時間等等是絕對地已分割的東西；單一體是它們的本原。按照**延續性**，這個單一體僅僅是一個已揚棄的東西；分割行動始終是可分割性，它始終是分割的**可能性**，但它作爲可能性，並沒有真正走到原子那裡。現在，即使我們止步於這些對立透過之前所述而獲得的那個規定，那麼也可以說，延續性本身就包含著「原子」這一環節，因爲延續性完全意味著分割的可能性。同理，那些已分割的東西，區間性，也揚棄了諸多單一體的全部區別——因爲這些單純的單一體是同一個東西——，隨之同樣包含著它們的一致性乃至它們的延續性。由於在相互對立的雙方裡，每一方本身就包含著對方，不可能被設想爲脫離對方，所以

由此可以推出，這些規定中的單獨某一個都不具有眞理，毋寧說，只有它們的統一體才具有眞理。這既是對它們的眞正的、辯證的考察，也是它們的眞正的結果。

相比剛才考察過的康德的二律背反，古代**埃利亞學派**提出的辯 [226]
證法例子，尤其是涉及**運動**的時候，具有無限豐富得多和深刻得多的意義，而這些例子同樣也是立足於量的概念，並且在這個概念裡面找到解決辦法。如果還要在這裡考察這些例子，恐怕就會鋪陳得太遠了；它們涉及空間和時間的概念，這些可以在哲學史裡面去討論。這些例子給它們的發明者的理性帶來了最高榮譽；它們把巴門尼德所說的純粹存在當作**結果**，因爲它們揭示出，一切已規定的存在都在自身之內瓦解，就此而言，它們本身就是赫拉克利特所說的**流逝**。正因如此，這些例子應當獲得一種更爲深刻的考察，而不是像人們通常宣稱的那樣，說這些只不過是詭辯。這個斷言倚仗的是經驗的知覺，並且追隨第歐根尼⑨的那個 —— 對普通人類知性來說如此明白的 —— 先例，因爲當一個辯證法家揭示出運動所包含的矛盾時，第歐根尼並沒有動用他的理性，而是透過沉默地來回走動以表明運動是一個顯而易見的事實⑩。這樣的斷言和反駁，比起深入到思想之中，緊盯著思想 —— 這個思想不是從遠處拿來的，而是在通常的意識裡自行形成的 —— 所陷入的糾紛，並且透過思想本身而找到解決辦法，當然要輕鬆得多。

亞里斯多德針對這些辯證形態而提出的解決辦法，應當得到

---

⑨ 希諾佩的第歐根尼（Diogenes von Sinope, 413-323），犬儒學派最重要的代
　表。——譯者注

⑩ 見第歐根尼・拉爾修（Diogenes Laertius）《名哲言行錄》（VI, 40）。——譯
　者注

高度讚揚，這個解決辦法包含在他關於空間、時間和運動的真正思辨的概念裡。在各種反對運動的證明裡，那些最著名的說法都是立足於無限的可分割性——這個東西彷彿只要出現在想像中，就已經實現了，並且和那種無限的已分割的存在（即原子）是同一個東西。——針對這種無限的可分割性，亞里斯多德提出時間和空間的延續性與之相對立，並且指出，無限的（亦即抽象的）多樣性僅僅**自在地**，就**可能性**而言，包含在延續性裡面。與抽象的多樣性和抽象的延續性相對立的現實東西，是具體的「多」和具體的延續性，即時間和空間本身，而相對於它們而言，運動和物質又是更具體的現實東西。**抽象的東西**僅僅自在地存在著，或者說僅僅就可能性而言存在著；它僅僅是一個實在東西的環節。貝爾[11]在他的《哲學詞典》的「芝諾」條目裡宣稱，亞里斯多德針對芝諾的辯證法而提出的解決辦法是「可憐的」，但他根本沒有理解「物質僅僅**就可能性而言**是無限可分割的」這句話究竟是什麼意思；他反駁道，物質既然是無限可分割的，那麼就**現實地**包含著無窮多的部分；但按照他的意思，這已經不是一個 en puissance〔潛在的〕無限者，而是一個實實在在地、現實地實存者的無限者。——實際上，**可分割性**本身僅僅是一個可能性，不等於**各個部分實存著**，而一般意義上的多樣性僅僅作為一個環節或已揚棄的東西被設定在延續性裡面。敏銳的知性——在這個方面，亞里斯多德也是無可匹敵的——沒有能力理解把握和評價亞里斯多德的思辨概念，正如第歐根尼的那種粗劣的感性表象也沒有辦法反駁芝諾的論證。那種知性的錯誤，在於把「無窮多的部分」之類思想物或抽象東西當作某種真實的、現實

[227]

---

[11] 貝爾（Pierre Bayle, 1647-1706），法國啟蒙主義哲學家，代表作為 1697 年出版的《歷史和批判詞典》（*Dictionnaire historique et critique*）。——譯者注

的東西；而這種感性意識的錯誤，則是在於沒能超越經驗而走向
思想。

康德對於二律背反的解決辦法，同樣只是提出：理性不應當**飛
越感性知覺**，而是應當把現象當作現象來處理。這個解決辦法把二
律背反的內容本身擱在一邊置之不理；它沒有從**概念**的本性出發理
解二律背反的各種規定，因此也不知道，每一個孤立出來的規定都
是一個虛無縹緲的東西，每一個規定本身只能過渡到它的他者，而
量作為它們的統一體，因此具有它們的真理。

B 延續的大小和區間的大小

[228]

1. 量包含著「延續性」和「區間性」這兩個環節。它必須被
設定在二者裡面，因為二者是它的規定。──它已經立刻是二者的
直接的統一體，也就是說，它本身首先僅僅被設定在其中一個規定
亦即延續性裡面，而這就是**延續的大小**。

換言之，延續性固然是量的環節之一，而且只有透過另一個
環節亦即區間性才會達到完滿。但量之所以是一個具體的統一體，
唯一的原因在於，它是**不同環節**的統一體。因此兩個環節必須被分
別對待，但不應當重新退回到吸引和排斥，而是應當按照它們的真
理，相互統一起來，亦即保持為一個**整體**。延續性只有作為區間性
的統一體，才是一個關聯性的、堅實的統一體；按照這個**設定**，它
不再僅僅是一個環節，而是完整的量，──即**延續的大小**。

2. **直接的**量是延續的大小。然而量根本不是一個直接的東西；
直接性是一個規定，當它被揚棄之後，就是量本身。因此量必須被
設定在它的內在規定性之內，而這個規定性就是單一體。量是**區間
的大小**。

　　區間性和延續性一樣，都是量的一個環節，但它本身也是完整的量，原因恰恰在於，它是量的整體的一個環節，因此和這個整體沒有區分開，沒有脫離它和另一個環節的統一體。——量是一種自在的「彼此外在」（Außereinandersein），當這種彼此外在把自己持續地設定為一個不包含否定的東西，一個在自身內與自身一致的連繫，這就是延續的大小。反之，當這種彼此外在不是延續的，而是中斷的，這就是區間的大小。雖然存在著諸多單一體，但這並不

[229]　意味著諸多原子和虛空（即一般意義上的排斥）會重新出現。正因為區間的大小是量，所以它的區間性本身就是延續的。區間性之所以是延續的，原因在於，諸多單一體是彼此一致的，或者說它們具有同一個**統一體**。因此，區間的大小是諸多**彼此一致的**單一體的彼此外在，它不是被設定為諸多一般意義上的單一體，而是被設定為**諸多單獨的統一體**。

注釋

　　在通常關於延續的大小和區間的大小的觀念裡，人們忽視了，**每一方**都在自身之內包含著「延續性」和「區間性」這兩個環節，至於它們的區別之所以被建構起來，只是由於其中一方是**已設定的**規定性，而另一方僅僅是自在存在著的規定性。空間、時間、物質等等都是一些持續的大小，因為它們自己排斥自己，在流動中來到自身之外，與此同時，這種「來到自身之外」並不意味著過渡到一個質的他者或與之發生關係。它們具有一種絕對的可能性，即能夠在自身的任何地方設定一個單一體；這不是一種空洞的可能性，即僅僅承認有一個他者（好比人們說，一棵樹可能取代這塊石頭的位置），毋寧說，它們本身就包含著單一體本原，而這個本原是它們

由之得以被建構起來的規定之一。

反過來，人們也不應當忽視，區間性大小本身就包含著延續性；這個環節，正如之前指出的，是作爲統一體的單一體。

延續的和區間的大小可以被看作是量的類（Art），但在這裡，大小不是按照某個外在的規定性，而是按照**它自己的環節的各種規定性**而被設定的；通常所說的從種（Gattung）到類的過渡允許某些**外在的**規定按照某個**外在的**劃分根據而出現。在這種情況下，延續的大小和區間的大小尚且不是定量；它們就是量本身，只不過　[230] 處於量的兩個形式之一。它們之所以被稱作「大小」，大概是因爲它們和定量有一個共同之處，即都是量本身的一個規定性。

C 量的限定

第一，區間的大小把單一體當作本原；第二，它是諸多單一體；第三，它在本質上是持續的，它是單一體，同時是一個已揚棄的東西，是**統一體**，即諸多單一體的區間性中的自身延續活動本身。因此，它被設定爲**一個**大小，而它的規定性就是單一體，一個在這個已設定的存在和定在那裡**進行排外的**單一體，即統一體自身那裡的界限。區間的大小本身不應當直接受到限定；但因爲有別於延續的大小，所以它是一個定在和某東西，其規定性是單一體，而它在一個定在那裡，也是最初的否定和界限。

這個界限與統一體相互關聯，並且是統一體**自身那裡的**否定；除此之外，它作爲單一體，也是一個**自身關聯**；唯其如此，它才作爲一個包攬式和包容式的界限而**存在著**。在這裡，界限一開始並未和它的定在（即某東西）區分開，毋寧說，它作爲單一體，直接就是這個否定的點本身。在這裡，存在雖然受到限定，但在本質上是

延續性，並且藉助這個延續性而超越了界限和這個單一體，與它們漠不相關。因此，實在的、區間的量是**一個量**或定量，—— 即作爲一個定在和某東西的量。

單一體，作爲界限，把區間的量的諸多單一體包攬在自身之內；就此而言，它既設定了這些單一體，也在自身之內揚棄了它們；它是一般意義上的延續性自身那裡的界限，於是在這裡，延續的大小和區間的大小的區別就是無關緊要的了；或更確切地說，它既是**其中一方**的延續性自身那裡的界限，同樣也是**另一方**的延續性自身那裡的界限；**二者**過渡到下一個環節，即作爲定量而存在。

第二章　定量（Quantum）

[231]

　　首先，定量是一般地具有一個規定性或界限的量，並且就它的完滿規定性而言，是**數**。

　　其次，定量首先將自身區分爲**外延的**定量（在它那裡，界限是對於定在著的**多樣性**的限制），然後——因爲這個定在過渡到自爲存在——又將自身區分爲**內涵的**定量，亦即**度數**，後者一方面是**自爲的**，同時是一個**漠不相關的**界限，另一方面直接**超越自身**，在一個他者那裡具有它的規定性。定量作爲這個已設定的矛盾，一方面是一個單純的自身規定，另一方面在自身之外具有它的規定性，並且指向自身之外的這個規定性。

　　第三，定量作爲一個在其自身那裡已設定的外在東西，過渡到**量的無限性**。

A 數

　　量是定量，換言之，無論是作爲延續的大小，還是作爲區間的大小，量都有一個界限。在這裡，這兩類大小的區別暫時沒有什麼意義。

　　量，作爲已揚棄的自爲存在，已經自在且自爲地與它的界限漠不相關。但這並不意味著，作爲界限或一個定量而存在對量來說是一件漠不相關的事情；因爲量包含著單一體，一個絕對的已規定的存在，並且在自身之內將其當作它自己的環節，因此這個環節在量的延續性或統一體那裡被設定爲量的界限，而這個界限始終保持爲

單一體，因爲量無論如何已經轉變爲單一體。

　　因此這個單一體是定量的本原，同時是**量的**單一體。在這種情況下，**第一**，單一體是延續的，它是**統一體**；**第二**，單一體是區間性的、自在存在著的諸多單一體（即在延續的大小中）或已設定的諸多單一體（即在區間的大小中），它們是相互一致的，都具有那種延續性，或者說都具有同一個統一體；**第三**，單一體作爲單純的界限，也是對於諸多單一體的否定，即把它的異在從它自己那裡排除在外，用它的規定去反對**其他**定量。就此而言，單一體是(a)一個**自身關聯的**界限，(b)一個**包攬式的**界限，(c)一個**將他者排除在外的**界限。

[232]

　　當定量按照這些規定而被設定爲一個完整的東西，就是**數**。完整的已設定的存在取決於界限的定在，而這個定在是**多樣性**，從而有別於統一體。正因如此，數雖然顯現爲區間的大小，但在統一體那裡同樣具有延續性。也就是說，數也是一種具有完滿**規定性**的定量，因爲在數那裡，界限是已規定的**多樣性**，而單一體作爲一個絕對地已規定的東西，把這種多樣性當作自己的的本原。單一體僅僅**自在地**，作爲一個已揚棄的東西，包含在延續性裡面，而當延續性被設定爲統一體，在形式上就是一種無規定性。

　　定量只有作爲嚴格意義上的定量，才是一般地受限定的；它的界限是定量的抽象的、單純的規定性。但由於定量是數，所以這個界限被設定爲一個**自身內的雜多東西**。界限包含著諸多單一體（它們構成了界限的定在），但並不是以不確定的方式包含著它們，毋寧說，界限的規定性就在那些單一體之內。界限把其他定在（即其他的「多」）排除在外，而那些被它包攬著的單一體則是一個已規定的數量（Menge），即**數目**（Anzahl）；數目是數裡面的區

間性，它的他者是**統一體或單位**①，即數的延續性。「**數目**」和「**單位**」構成了數的**兩個環節**。

關於數目，我們還得仔細看看，那些**構成**數目的諸多單一體，在界限那裡是怎樣的情形；當我們說，數目由「**多**」**構成**，這個說法是正確的，因爲諸多單一體在數目那裡不是已經被揚棄，而是**存在著**，只不過伴隨著一個排外的，與它們漠不相關的界限。也就是說，這個界限並非針對它們。在定在那裡，界限與定在的關係的首要表現，就是定在始終作爲一個肯定的東西持存於自己的界限之內，而界限或否定卻是超出定在，位於定在的邊緣；同樣，在諸多 [233] 單一體那裡，它們的中斷，即某個單一體對於其他單一體的排除，則是顯現爲一個位於那些被包攬的單一體之外的規定。但此前我們已經表明，首先，界限貫穿著定在，與定在形影不離，其次，某東西因此按照其規定而言就是受限定的，亦即有限的。——比如，人們在量的東西裡可以這樣設想「100」這個數，即只有當第 100 個單一體限定許多單一體之後，它們才是 100 個。一方面，這個想法是正確的；但另一方面，在這 100 個單一體裡，沒有哪一個具有優先地位，因爲它們是完全相同的；同理，每一個單一體都是第 100 個單一體；因此它們全都屬於界限，唯其如此，才有「100」這個數；就其規定性而言，「100」離不開任何一個單一體；因此，針對第 100 個單一體，其他單一體並未構成一個位於界限之外的定在，或一個僅僅位於界限之內而又不同於界限的定在。也就是說，數目並不是一種與進行包攬和限定的單一體**相對立**的多樣

---

① 迄今爲止，我們都把「Einheit」這個術語翻譯爲「統一體」；接下來，當它在具體語境中作爲「數目」的對立面而出現時，我們將其譯爲「單位」。在此提請讀者注意。——譯者注

性，而是親自構成了這個限定，即一個已規定的定量；諸多單一體構成了一個數，比如**一個「2」**，**一個「10」**、**一個「100」**等等。

現在，進行限定的單一體是與他者相對立的一個已規定的存在，是一個數與其他數的區分。然而這個區分並沒有轉變爲一個質的規定性，而是保持爲一個量的規定性，而且僅僅出現在那個對此進行比較的**外在**反思裡面；數作爲單一體，始終是一個已經回歸自身，與他者漠不相關的東西。這種**漠不相關**是數的本質規定；它構成了**數的自在的已規定的存在**，同時構成了**數自己的外在性**。——所以，數是一個**計數的**（numerisches）單一體，它作爲一個絕對地已規定的東西，同時具有單純的直接性的形式，因此對它而言，他者關聯是一種完全外在的東西。單一體作爲**數**，進而具有**一個作為他者關聯而存在著的規定性**，並且在區分「單位」和「數目」的時候把二者當作它自身內部的環節，而數目本身是**單一體**的多樣性，也就是說，單一體在自身之內就是這種絕對的外在性。——數或一般意義上的定量的這個自相矛盾，就是定量的質，而在這個質的各種進一步的規定中，這個矛盾也得到發展。

[234]

注釋一

空間大小和數的大小通常被看作是兩類大小，彷彿空間大小本身和數的大小一樣，都是一個已經明確規定的大小；據說，它們的區別僅僅在於「延續性」和「區間性」這兩個不同的規定，但作爲定量，它們處在同一個層次上。一般而言，幾何學在空間大小裡以延續的大小爲對象，算術在數的大小裡以區間的大小爲對象。由於對象不同，它們也不是以同樣的方式具有限定的完滿性或已規定的存在的完滿性。空間大小僅僅具有一般意義上的限定；既然它應

當被看作是絕對地已規定的定量，那麼就需要數。幾何學本身並不**測量**空間形象，它不是一種測量技藝，而是僅僅**比較**那些形象。即使在幾何學的定義那裡，一部分規定也是取材於邊、角、距離的**相等**。因為圓的唯一根據在於圓周上的全部可能的點與圓心的距離是**相等的**，所以它的規定不需要數。這些基於相等或不相等的規定是真正屬於幾何學的東西。但它們是不夠的，另外一些東西（比如三角形和四邊形）仍然需要數，因為數按照其本原（即單一體）而言，包含著自為存在，而不是透過一個他者的幫助（即透過比較）而包含著一個已規定的存在。誠然，空間大小在點那裡具有一個對應於單一體的規定性；但是當點來到自身之外，就成為一個他者，成為線；因為點在本質上僅僅是單一的**空間**，所以它在**關聯**中成為一個延續性，在其中，單點性，自為的已規定的存在（Für-sich-Bestimmtsein），單一體，已經被揚棄了。由於這個自為的已規定的存在應當在自身之外的存在中維繫自身，所以線必須被設想為一定數量的單一體，**界限**也必須在自身內獲得**諸多**單一體的規定，也就是說，直線的大小──和其他空間規定的大小一樣──必須被認為是數。 [235]

　　算術考察數及其形態，或更確切地說，它不是考察這些形態，而是用它們來運算。數是一個漠不相關的、僵化的規定性；它必須從**外部**獲得影響，並被置於關聯之中。這些關聯方式就是**算法**。它們在算術中被依次列舉出來，因此很顯然，一種算法是依賴於另一種算法的。儘管如此，那條指引著它們前進的線索在算術裡面並沒有凸顯出來。反之，數本身的概念規定輕易地展示出一個系統的排列，而教科書裡關於這些要素的說法，恰恰是要求這樣一個排列。這些占據主導地位的規定在這裡應當得到簡要評述。

　　數的本原是單一體，正因如此，一般而言，數是一個外在地

統攝起來的東西，是一個純粹分析的形態，不包含任何內在的連繫。既然數僅僅是一個外在地生產出來的東西，那麼一切計算都是數的產生，都是一種**計數**（Zählen），或**更確切地說**，一種**統計**（Zusammenzählen）。這種外在的產生始終做著同樣的事情，因此它的差異性只能取決於那些應當被統計的數相互之間的區別；這個區別本身必須來自別的地方，來自一個外在的規定。

[236] 　　質的區別構成了數的規定性，而正如我們看到的，這個區別就是**單位**和**數目**的區別；就此而言，任何能夠出現在算法中的概念規定，都必須歸結為這個區別。然而各個數作為定量所具有的這個區別，是一個外在的同一性和外在的區別，即**相等**和**不相等**；這些反思環節將在後面區分本質的各種規定時得到討論。

　　此外還可以預先指出，一般而言，數能夠以兩種方式產生出來：要麼透過統攝，要麼透過分割已經統攝起來的東西；—— 由於兩種做法都是涉及一些以同樣的方式被規定的數，所以人們可以把數的統攝稱作**肯定的**算法，把數的分割稱作**否定的**算法；至於算法本身的規定，並不依賴於這個對立。

　　1. 經過這些評述，我們可以在這裡列出一些計算方法。數的**最初的**產生是把「多」本身統攝起來，即把其中的每一個東西僅僅設定為**單一體**，—— 這就是**計數**（Numerieren）。由於諸多單一體是彼此外在的，所以它們透過一個感性形象呈現出來，而那個產生出數的運算，就是掰著幾根手指或看著幾個點而進行清點。什麼是「4」、「5」等等，只能加以**指陳**（gewiesen）。至於什麼時候中斷這個統攝，則是一件偶然的、隨意的事情，因為這是一個外在的界限。—— 當數目和單位的區別出現在算法的進程裡，就奠定了二進位、十進位等數的一個**體系**；就整體而言，這個體系是基於一種隨意性，因為人們總是可以隨意地把某個數目當作單位。

　　透過計數而產生出來的**數**又被計數；由於它們是被直接設定的，所以它們彼此之間尚且沒有任何關聯，與相等和不相等漠不相關；它們相互之間的大小是偶然的，因此一般說來是**不相等的**，——這就是**加法**。——人們之所以知道「7 + 5 = 12」，是因為他們用 5 個單一體（比如手指或別的什麼東西）接著 7 進行計數，——然後透過**死記硬背**②把這個結果保存下來；因為這裡沒有任何內在的東西。同樣，人們之所以知道「7×5 = 35」，也是藉助手指之類進行清點，透過 5 次對 7 進行計數而得到答案，然後同樣透過死記硬背而把這個結果保存下來。諸如「1 + 1 = 2」、「1×1 = 1」等等，都只能透過死記硬背而學會，但一旦它們成為現成的結論，這種去尋找總和或乘積的計數辦法就不那麼辛苦了。

　　康德（在《純粹理性批判》導論第 5 節裡）把命題「7 + 5 = 12」看作是一個綜合命題。他說：「人們起初固然會設想（沒錯！），這個命題是純粹分析的命題，即按照矛盾律從 7 和 5 的**總和**這一**概念**而得出結論。」總和的概念無非意味著一個抽象的規定，即這兩個數**應當**被統攝起來，而數是一種外在的（亦即無概念的）東西，——也就是說，從 7 開始繼續計數，直到應當添加的單一體（它們的數目已經被規定為 5 個）被全部列舉出來，結果就是那個眾所周知的「12」。康德接著說道：「只不過，如果人們仔細考察，就會發現，7 和 5 的總和的概念無非意味著，把兩個數**聯合**為唯一的一個把二者統攝起來的數，但與此同時，人們根本沒有**思考**這個唯一的數是**什麼**⋯⋯對於這個可能的總和的概念，無論我怎麼分析，都不能在其中找到 12。」憑藉對於總和的**思考**，對於概

[237]

---

② 德語的「死記硬背」（auswendig）在字面上的意思為「從外面拿來」。——譯者注

念的分析，當然不可能得出那個結果。於是康德補充道：「人們必須超越這些**概念**，藉助於直觀、5根手指等等，把**在直觀中被給予的**5個單位添加到 7 的**概念**上面。」誠然，5 在直觀中被給予了，也就是說，隨意重複的思想以一種完全**外在的**方式被整合在一起，被當作一個單一體；然而 7 同樣不是一個概念；這裡根本沒有什麼需要超越的概念。5 和 7 的總和是這兩個數的一個無概念的連繫，即在和概念無關的情況下，從 7 開始持續計數，直到 5 個東西被全部列出；對於這種做法，人們可以稱之爲整合、綜合，而這和從 1 開始計數沒有任何區別，—— 這種綜合就本性而言完全就是分析，因爲這個連繫完全是一個人爲的連繫，凡是其中包含的或後來進入的東西，沒有什麼不是完全外在的、現成已有的。要求把 5 加到 7 上面，相當於要求一般地進行計數；同理，要求延長一條直線，相當於要求拉伸一條直線。

「綜合」是一個空洞的說法，同樣，說什麼「綜合是**先天地發生的**」，這也是一個空洞的規定。誠然，計數不是一個感覺規定，因爲按照康德對於直觀的界定，感覺規定完全被看作是**後天的**東西，而計數行爲不管怎樣總是以抽象的直觀活動爲基礎，也就是說，這種直觀活動透過範疇而規定一個單一體，同時不但抽離了所有別的感覺規定，而且抽離了概念。一般而言，**先天的**東西是某種完全模糊不清的東西；感覺規定作爲衝動、感性等等，同樣在自身內具有先天性環節，而空間和時間是被後天地規定爲實存著的空間性東西和時間性東西。

這裡還可以補充與此相關的一點，即康德的那個主張，「純粹幾何學的原理具有綜合的性質」，同樣缺乏深入的考察。康德承認，有很多原理確實是分析的，但爲了支持他的那個綜合觀念，他僅僅舉出「兩個點之間的直線是最短的」這一原理。他說；「我關

[238]

於『直』的**概念**不包含大小，而是僅僅包含著一個質。因此，『最短的』這一**概念**完全是後來添加的，而且不可能透過分析『**直線**』的**概念**而得出。因此這裡必須求助於**直觀**，唯其如此，綜合才是可能的。」—— 這裡涉及的不是一般意義上的「直」的概念，而是「直線」的概念，但直線已經是一個空間性東西或被直觀到的東西。直線的規定（如果人們願意，也可以說直線的概念）無非意味著，它是一條**絕對**單純的線，即在來到自身之外（所謂的點的運動）的同時，絕對地與自身相關聯，而在直線的延展中，根本沒有設定規定的差異性，沒有設定它與另一個點或外面的另一條線的關聯，—— 這是**一個絕對內在於自身的、單純的方向**。這個單純性無疑是直線的質，如果說看起來很難以分析的方式給直線下定義，那也僅僅是出於單純性規定或自身關聯的緣故，此外還有一個原因，即反思在作出規定的時候，首先只掌握一種「更多」，因此是透過他者而作出規定。但本身說來，要理解把握「廣延在自身內的單純性」或「廣延不受他者規定」等等，這根本不是什麼難事；——歐幾里德的定義所包含的，無非是這個單純性。—— 現在的關鍵是，從質（「直」）到量的規定（「最短」）的過渡本應造成一個綜合，但它實際上完全是分析式的。線是一般意義上的空間性的量；從定量的角度來說，最單純的意思就是**最少**，而把這一點應用到線身上，就是**最短**。幾何學可以接受這些規定，將其當作定義的繹理；但我們應當知道，阿基米德在其關於圓球和圓柱體的著作（參閱 K. Fr.豪伯的譯本，圖賓根 1798 年版，第 4 頁）中，已經以最完滿的方式把直線的那個規定確立為原理，而在同樣正確的意義上，歐幾里德把平行線的規定放在諸原理的後面，因為這個規定的發展過程（其目標是成為一個定義）同樣不是直接屬於空間性，而是需要一些更為抽象的質的規定，比如之前提到的「方向的單純

[239]

[240]

性」和「相等」，以及諸如此類的東西。除此之外，這些古人賦予他們的科學以一種生動突出的特性，其表述則是嚴格遵循其素材的獨特性，隨之把那些對素材而言異質的東西排除在外。

康德在**先天綜合判斷**裡提出的那個概念——**區分開的東西**同樣是**不可割裂的，同一的東西**在其自身就是一個**未割裂的區別**——，屬於他的哲學的偉大而不朽的一部分。誠然，直觀活動同樣包含著這個概念，因為它就是概念本身，而一切東西自在地看來都是概念；然而那些例子所體現出來的各種規定，並沒有呈現出這個概念；毋寧說，數是一個同一性，計數是一個同一性的產生，這些情況完全是外在的，僅僅是一個外在的綜合，即諸多單一體的一個統一體，但這些單一體本身並不是相互同一的，而是被設定為彼此外在的、孤立的、割裂的東西；在直線那裡，「兩個點之間的最小距離」這一規定毋寧僅僅以「抽象的同一的東西」這一本身無區別的環節為基礎。

現在我從這段插話回到加法本身。與之對應的否定的算法，即**減法**，同樣是以一種純粹分析的方式在數裡面進行分割。也就是說，無論是在加法裡，還是在減法裡，數都是一般地被規定為彼此**不相等**的東西。

2. 接下來的規定，是那些應當被計數的數的**相等**。由於這個相等，它們是一個**單位**，與此同時，數那裡也出現了單位和**數目**的區別。**乘法**的任務在於對一定數目的單位加以統計，而這些單位本身就是一個數目。在這裡，兩個數中的哪一個被當作單位，哪一個被當作數目，這是無關緊要的。比如說在 4 乘以 3 的情況下，4 是數目，3 是單位，但人們也可以反過來說 3 乘以 4〔這時 3 是數目，4 是單位〕。——我們已經指出，乘積最初是透過單純的計數（即清點手指等等）而被找到的。在這之後，人們之所以能夠**直接**說出

[241]

乘積，只不過是依靠那些乘積的匯總，依靠演算法口訣和對於算法口訣的死記硬背。

按照同樣的區別規定，**除法**也是一個否定的算法。在除數和被除數這兩個要素裡，哪一個被規定爲單位，哪一個被規定爲數目，這同樣是無關緊要的。如果除法的任務在於找出，**一個數**（單位）有**多少次**（數目）包含在一個已知的數裡，那麼除數就被規定爲單位，而被除數則被規定爲數目。反之，如果任務在於把一個數分成一定數目的均等部分，並且找出這個部分（單位）的大小，那麼除數就被看作數目，而被除數則被看作單位。

3. 當兩個數分別被規定爲單位和數目，它們作爲數，對彼此而言都仍然是直接的，從而一般說來是**不相等的**。接下來的相等，是單位和數目本身的相等；這樣，那些包含在數裡面的相等之走向相等規定的進程就算完結了。按照這個完整的相等，計數是**乘方**（其否定的算法則是開平方）—— 即首先把一個數提升到**平方**，—— 而這是計數行爲在自身內達到的一種完滿地已規定的存在。在這裡，(1)諸多相加的數是同一些數；(2)它們的多樣性或數目，和那個被多次設定的數的多樣性或數目，是同一個東西，即單位。在數的概念裡，此外沒有什麼規定能夠提供一個區別；同樣，數裡面的區別也不可能達到另外一種平衡。至於把數提升到一些比平方更高的冪方，乃是一個**形式上的**持續工作：一方面，如果冪數是偶數，那麼這僅僅是平方的**一個重複**，另一方面，如果冪數是奇數，那麼就重新出現不相等；因爲，當一個新的要素既和數目，也和單位達到形式上的相等（比如首先在立方那裡），那麼它作爲一個與數目（平方）相對立的單位，就是一個不相等的東西（3 對 3×3）；至於 4 的立方，就更是如此，因爲數目 3 本身就不同於另外一個數，後者作爲單位應當依據它而進行自乘。——「數目」

[242]

和「單位」這兩個規定本身就構成了概念的本質上的區別，應當被均分為完整的「回歸自身」和完整的「來到自身之外」。此外，上述內容還包含著一個理由，即：一方面，為什麼更高階的方程式的解答必須以回到二次方程式為基礎，另一方面，為什麼奇數冪數的方程式只能在形式上得到規定，而且，恰恰只有當方根是有理數時，這些方程式才能透過一個虛構的公式而被發現，而這意味著，它既是方根的反面，也是方根所表達出來的東西的反面。—— 由此看來，算術的平方在自身內僅僅包含著一個絕對地已規定的存在，因此其他形式的冪方的方程式必須回溯到平方，正如在幾何學裡，直角三角形包含著一個絕對地在自身內已規定的存在（這在畢達哥拉斯定理那裡已經體現出來），因此一切別的幾何學形態都必須完全回溯到直角三角形的規定。

一門依據邏輯學構成的判斷而不斷推進的課程，應當在講授比例學說之前，首先講授冪方學說。誠然，比例關涉到單位和數目的區別，而這個區別構成了第2種演算法的規定；但比例已經脫離了**直接的**定量，後者作為一個單一體，僅僅把單位和數目當作自己的環節；依據於定量的持續規定對於定量本身來說始終是外在的。在比例關係裡，數不再是**直接的**定量；定量已經把規定性當作一個中介過程；至於質的比例關係，將在後面得到考察。

[243]

針對剛才提到的各種算法的持續規定，我們可以說，這不是一種關於算法的哲學，不是對於算法的內在意義的闡明，因為它實際上並不是概念的一個內在的發展過程。儘管如此，哲學必須懂得分辨這種按其本性而言外在於自身的質料，這樣才會知道，在這樣的東西裡，概念的進程只能以外在的方式發生，它的諸環節也只能出現在它們的獨特的外在性形式（比如這裡所說的「相等」和「不相等」）裡。為了對實在的對象進行哲學思考，同時避免用理念去干

擾外在東西和偶然東西的獨特性，或用不適當的質料去歪曲這些理念，並使之流於形式，人們必須在根本上學會區分各個層面，知道概念的哪一個特定形式會出現在哪一個層面上，即在那裡表現爲實存。但那個外在性——在其中，概念的諸環節在外在的質料亦即數那裡顯現出來——在這裡卻是一個適當的形式；這些環節把對象呈現爲一個可理解的東西，而且由於不包含思辨的要求而看起來很容易，所以適合在初級教科書裡得到應用。

注釋二

　　眾所周知，畢達哥拉斯已經用**數**來呈現**理性關係**或**哲學論題**；即使在近代，人們也在哲學裡使用數以及數的關聯形式（比如冪方等等），藉此整理或表達各種思想。——從教育學的角度看，數已經被當作內在直觀活動的最適宜的對象，而對於數的比例關係的計算則被看作是精神的活動，透過這個活動，精神直觀到了自己的最爲特有的關係，以及本質的全部基本關係。——正如我們看到的，數的概念本身就表明，數能夠在多大程度上具有這種崇高的價值。 [244]

　　我們曾經把數看作量的絕對規定性，把它的要素看作一個已經變得漠不相關的區別，——這是一個自在的規定性，同時完全只是被設定爲外在的。算術是一門分析的科學，因爲無論在它的對象那裡出現什麼連繫和區別，它們都不是位於這個對象之內，而是完全從外面施加在它身上。算術沒有一個具體的對象；具體的對象自在地具有一些內在的關係，這些關係剛開始的時候尚且不爲人知，不是在直接的表象中被給予，而是只有透過認識活動的努力才被揭示出來。算術不僅不包含概念，隨之沒有給概念把握式思維提出任務，而且它本身就是概念的反面。由於連繫不具有必然性，所以那

些被連繫起來的東西彼此之間是漠不相關的，而這意味著，思維在這裡的行動——這個行動同時是思維自身的極端外化——是**在無思想性中運動**，把那些不可能具有必然性的東西連繫在一起。這種對象是一個關於**外在性**本身的抽象思想。

作爲這個關於外在性的**思想**，數同時是感性雜多性的抽象；它從感性東西那裡所保留下來的，無非是外在性本身的一個抽象規定；這樣一來，感性東西在數裡面就最接近於思想；數是一個關於思想的自身外化的**純粹思想**。

[245]　　當精神試圖把一個要素當作它的純粹**表象**，當作**它的本質的運算式**（Ausdruck），它就超然於感性世界，並且認識到自己的本質。因此，在精神尚未把思想本身理解爲要素，隨之爲要素的呈現找到一個純粹的精神性運算式之前，它有可能陷入那種情況，即選擇了**數**，這個內在的、抽象的外在性。所以我們在科學史裡面發現，人們很早以前就把數當作哲學論題的運算式。數構成了那種不完滿性——即把普遍者和感性東西混雜在一起加以理解——的最後階段。古人已經明確意識到，數處在感性東西和思想的中間。根據亞里斯多德的記載（《形上學》第一卷，第 5 節），柏拉圖曾經說過，除了感性東西和理念之外，還有居間的事物的數學規定，其區別於感性東西的地方在於，它們是不可見的（永恆的）、不動的，其區別於理念的地方在於，它們是一種「多」，並且具有相似性，而理念是絕對的自身同一，本身僅僅是「某一」。——瑪律科斯③的《畢達哥拉斯生平》（里特胡斯版，第 30 頁以下）記載了卡

---

③　「瑪律科斯」是新柏拉圖主義哲學家波菲利奧（Porphyrios, 233-305）年輕時使用的名字。波菲利奧作爲柏羅丁的學生，其最大的貢獻是把亞里斯多德的邏輯學思想整合到柏拉圖主義之內。——譯者注

蒂克斯的摩德拉圖④關於這個問題的一個更具體和更深刻的反思，
即畢達哥拉斯學派雖然執著於數，但還沒有能力**在理性裡清晰地**理
解把握基本理念和最初的本原，因爲這些本原是很難加以思考和
表述的；他們在授課中頻繁使用數的圖示，這是以幾何學家爲榜
樣，因爲後者雖然不能在思想中表述形體東西，但卻能夠藉助各
種形狀而指出「這是一個三角形」等等，而他們這麼做的目的，
不是爲了把眼前的這個圖示當作三角形，而是僅僅爲了設想三角
形的思想。透過這個方式，畢達哥拉斯學派把「統一體」、「同
一性」、「相等」等思想，把一切自身同一的東西之所以達到和
諧、連繫和保存的根據，宣稱爲**單一體**，如此等等。── 這裡也無
需贅言，畢達哥拉斯學派已經從數的運算式過渡到思想的運算式，
過渡到「相等」和「不相等」、「界限」和「無限性」之類顯而
易見的範疇。至於那些數的運算式（參閱上書第 31 頁引自弗提奧⑤
《畢達哥拉斯生平》第 722 頁的注釋），我們透過記載已經知
道，畢達哥拉斯學派區分了「某一」（Monas）和「單一體」或
「一」（Eins），並且把前者看作思想，把後者看作數；同理，他
們把「2」（Zwei）看作算術的東西，而把「某二」（Dyas，因爲
它在那裡只應當被這樣稱呼）看作無規定者的思想。── 這些古人
很正確地率先認識到數的形式不能滿足思想規定，然後同樣正確地
指出，必須放棄起初的救急說法，轉而爲思想找到一個獨特的運算
式。他們的反思是如此之超前，相比之下，當代人們的做法卻正好
相反，即首先用數本身以及「冪方」之類數的規定去取代思想規

[246]

---

④ 摩德拉圖（Moderatos von Gades）生活於西元 1 世紀中期，新畢達哥拉斯主義
　者，通常被認爲是柏羅丁的思想先驅之一。── 譯者注
⑤ 弗提奧（Photius, 820-891），羅馬政治家和學者。── 譯者注

定，然後用「無窮大」、「無窮小」、「透過無限者而劃分出的單一體」或類似規定——這些規定本身通常只是一種顛倒的數學形式主義——去取代思想規定，並且認為，回到那種懵懵懂懂的童年的是一件值得讚美的，甚至非常深刻的事情。

[247]

按照之前的記載，數處於**感性東西**和思想的中間，而它和感性東西的共同點在於，其本身就是「**多**」或一種彼此外在的東西。對此需要指出的是，這個「多」本身，這個被接納到思想中的感性東西，就是「多」自身那裡的外在東西的相應範疇。至於進一步的、具體的、真正的**思想**，即那種最有生命力的、最為運動著的、僅僅**在關聯活動中得到概念把握的東西**，一旦被放置到「外在於自身的存在」這一要素裡，就會成為一些僵死的、靜止的規定。思想愈是具有豐富的規定性（隨之愈是具有豐富的關聯），其在數的形式裡的呈現就一方面愈是含糊混亂，另一方面愈是隨意武斷和意義空洞。無論是「1」、「2」、「3」、「4」，還是「獨一」（Henas）或「某一」、「某二」、「某三」、「某四」，都仍然接近於完全**單純而抽象的**概念；但是，如果數應當過渡到具體的比例關係，那麼人們就不要企圖始終把它們當作概念來對待。

現在，假如「1」、「2」、「3」、「4」造成的思維規定被稱作概念的運動，彷彿概念只有透過這些規定才是概念，那麼這將是思維遭遇到的最艱難的事情。思維在它的對立面（即無關聯性）的要素中運動；它的事業是一種瘋癲的工作。比如，要理解「1 是 3」和「3 是 1」，這件事情是非常困難的，原因在於，「1」是一種無關聯的東西，也就是說，它本身沒有表現出一個規定，然後過渡到它的對立面；毋寧說，「1」絕對地排除和拒斥關聯。反過來，知性卻利用這一點去反對思辨的真理（比如那個包含在所謂的「三位一體」學說中的真理），即透過對三位一體中那些構成**一個**

統一體的規定進行**計數**，以表明這是一個明顯的矛盾，——也就是說，知性本身就採取了一個悖謬的做法，即把那種純粹是關聯的東西理解爲一種無關聯的東西。但人們在使用「三位一體」這個詞語的時候當然沒有預料到，知性會把「一」和數看作是內容的**本質**規定性。這個詞語表達出一種對於知性的蔑視，但知性仍然執著於「一」和數，並且用這種虛妄做法來反對理性。

把數和幾何學形狀（比如圓形、三角形等等）當作單純的**象徵**，比如把圓形當作「永恆性」的象徵，把三角形當作「三位一體」的象徵，一方面看來是某種天眞質樸的表現，但另一方面看來卻是一個愚昧的觀點，即以爲象徵能夠**比思想把握和表達更多的東西**。這樣一些象徵，包括種種在各民族的神話和詩歌藝術裡透過**幻想**而產生出來的象徵，相比那些與幻想無關的幾何學形狀，無疑是一種貧乏的東西，因爲幾何學形狀應當**包含著**一種深刻的智慧，一種深刻的**意義**。而思維的唯一任務恰恰在於，把那種僅僅包含在**其中**（不僅在**象徵**中，而且在**自然界**和**精神**中）的智慧呈現出來；在象徵裡，眞理仍然受到感性要素的**干擾**和**遮蔽**；唯有在思想的形式裡，它才完全啓示在意識面前；**意義僅僅是思想本身**。 [248]

與此同時，有些人把數學範疇抓取過來，企圖用它們來規定哲學科學的方法或內容。這種做法在本質上是本末倒置，因爲，數學公式雖然意味著思想和概念區別，但它們的意義必須首先在哲學裡面得到宣述、規定和論證。在哲學的各門具體科學中間，哲學必須從邏輯學裡，而不是從數學裡提取出邏輯性。只有那些在哲學上一籌莫展的人，才會無奈求助於那種應急措施，把邏輯性在其他科學裡具有的形態分化——在這些形態分化裡，很多東西只是對於邏輯性的朦朧預感，其他東西也只是邏輯性的退化——當作哲學的邏輯性。不分青紅皂白地使用這些借用過來的公式，無疑是一個外在

的行爲；在使用它們之前，對於它們的價值和意義，人們必須有所意識，但這種意識僅僅來自於思維著的考察，而不是來自於數學爲

[249] 這些公式提供的權威。邏輯學本身就是對於數學公式的意識，這種意識剝奪了數學公式的特殊形式，使之成爲多餘的、無用的東西，並且糾正這些公式。唯有這種意識才給它們提供了校正、意義和價值。

迄今所說已經表明，就數和計算的使用應當構成**教育學**的主要基礎而言，這種使用具有哪些重要性。數是一個非感性的對象，而和數及數的關聯打交道的工作是一種非感性的工作；在這種情況下，精神專注於自身內反思，專注於一種內在的、抽象的工作，這件事情具有一種偉大的（然而片面的）重要性。從另一方面看，由於數僅僅以一個外在的、無思想的區別爲基礎，所以數學是一種無思想的、機械的工作。它主要付出的努力，在於堅持無概念的東西，同時以無概念的方式把它們連繫起來。內容是空洞的單一體；這個無內容的單一體必定會排除倫理生命和精神生命及其個體的形態分化的充實內涵，而人們本應用這些最高貴的營養成分來撫育年幼的精神；如果數學訓練被當作主要宗旨和主要事務，那麼唯一的後果就是在形式上和內容上掏空精神，磨鈍精神。正因爲計算是一種如此外在的，隨之如此機械的事務，所以它只能製造出各種**機器**，以最完滿的方式從事算數運算。對於計算的本性，假若人們唯一知道的就是上述情況，那麼無論他們想到什麼事情，都會堅決地把計算當作精神的主要訓練工具，以此折磨精神，並使自己成爲一臺完美的機器。

B 外延的和內涵的定量 [250]

a　二者的區別

1. 如前所述，定量以**數目**中的界限爲它的規定性。它是一個在自身內具有區間的東西，一個「多」，不具有一個有別於它的界限且位於界限之外的存在。所以，定量連同它的界限——這個界限在其自身是一個多重的東西——就是一個**外延的大小**。

外延的（extensive）大小必須與**延續的**大小區分開；前者的直接對立面不是區間的大小，而是**內涵的**（intensive）大小。外延的大小和內涵的大小是量的**界限**本身的規定性，而定量與它的界限卻是同一的；與此相反，延續的大小和區間的大小是**自在的大小**（即量本身）的規定，因爲在定量那裡，界限已經被抽離了。——外延的大小在其自身那裡，在它的界限那裡，就包含著延續性這一環節，因爲它的「多」完全是一個延續的東西；就此而言，界限作爲否定，在「多」的**這個相等**那裡顯現爲統一體的限定。延續的大小是一個自身推進的量，與界限無關，而當它被設想爲具有一個界限，這個界限就是一般意義上的限定，**同時在其自身那裡並沒有設定區間性**。假若定量僅僅是一個延續的大小，那麼就還沒有被眞正規定爲一個自爲的東西，因爲它缺乏單一體（這是「自爲的已規定的存在」的基礎），缺乏數。同樣，直接的區間的大小僅僅是一般意義上的區分開的「多」，而由於它應當具有一個界限，所以它僅僅是一個數量，即一個無規定的已限定的東西；假若它是一個已規定的定量，那就必須把「多」統攝爲單一體，使「多」與界限成爲同一個東西。延續的大小和區間的大小，每一方作爲一般意義上的**定量**，都已經在自身那裡僅僅設定兩方面之一，而透過這個方式，定 [251]

量得到完滿規定，成爲**數**。數是直接**外延的**定量，—— 即一個**單純**
的規定性，它在本質上是**數目**，只不過是同一個**單位**的數目。外延
的定量與數的唯一區別在於，在後者那裡，規定性被明確設定爲多
樣性。

　　2. 然而，不管某東西的大小如何，其透過數而獲得的規定性
都不依賴於別的大小的東西，也就是說，爲了規定這個大小的東
西本身，並不需要另一個大小的東西，因爲一般而言，大小本身的
規定性是一個已規定的、漠不相關的、單純地與自身相關聯的界
限；在數那裡，這個規定性被設定爲一個封閉在自爲存在著的單一
體之內的東西，並且**在其自身内部**具有外在性或他者關聯。進而言
之，界限本身的這個「多」和一般意義上的「多」一樣，並不是一
個在自身內不相等的東西，而是一個延續的東西；「多」裡面的每
一個東西和別的東西都是同一個東西；因此，它作爲許多彼此外在
的存在者或區間性東西，並未構成嚴格意義上的規定性。也就是
說，這個「多」和它自己的延續性融爲一體，成爲一個單純的統
一體。—— 數目僅僅是數的一個環節，但它**作為一定數量的計數單一**
體，並未構成數的規定性，毋寧說，這些單一體作爲漠不相關的、
彼此外在的東西，在數的已回歸自身的存在那裡遭到揚棄；外在性
雖然構成了諸多單一體，但已經消失在一個單一體（即數的自身關
聯）裡面。

　　定量作爲外延的東西，把它的定在著的規定性當作一個外在於
自身的數目，於是它的界限過渡到**單純的規定性**。在界限的這個單
純規定裡，它是**内涵的大小**；從現在起，那個與定量同一的界限或
規定性也被設定爲一個單純的東西，—— 即**度數**（Grad）。

[252]　　因此度數是已規定的大小，定量，但與此同時，它不是一個
數量，或者說不是一個**在其自身内部的**多數東西（Mehreres）；度

數僅僅是一個**多數性**（Mehrheit）；**多數性**是一個將多數東西收納其中的**單純**規定，是一個已經回到自為存在的定在。誠然，度數的規定性必須透過一個**數**而表現為定量的完滿的已規定的存在，但它不是**數目**，而是一個單純的東西，僅僅是**一個**度數。當人們說10度數或 20 度數的時候，那個在自身內包含著如此之多度數的定量，就是第 10 個度數或第 20 個度數，而不是各個度數的數目和總和，——否則的話，它就是一個外延的東西了；毋寧說，它僅僅是**一個**度數，即第 10 個度數或第 20 個度數。度數包含著一個屬於10、20 等數目的規定性，但這個規定性不是多數東西，而是數，即一個**已揚棄的**數目，一個**單純的**規定性。

3. 在數裡，定量被設定為一個完整地已規定的東西；但作為內涵的定量，就其概念而言或自在地看來，它被設定在它的自為存在之內。也就是說，定量在度數那裡所具有的自身關聯形式，同時也是**度數的位於自身之外的存在**。數作為外延的定量，是計數的多樣性，並且因此在其自身內部具有多樣性。這個外在性作為一般意義上的「多」，落入無區分的狀態，並且在數的單一體裡，在數的自身關聯裡，揚棄自身。但定量所包含的規定性就是數目；正如之前指出的，定量包含著數目，哪怕數目在它那裡並沒有被設定下來。也就是說，**度數**作為一個內化存在，不再是**在自身之內**，而是在**自身之外**具有這種**外在的異在**，以之為它的規定性，並且與之相關聯。一種外在於度數的多樣性構成了單純界限的規定性，而這個界限就是度數本身。數目一方面在數的內部屬於外延的定量，另一方面在其中揚棄自身，而這個規定的結果，就是數目被設定在數的外部。由於數被設定為單一體，被設定為一個折返回自身的自身關聯，所以它把數目的漠不相關和外在性從自己那裡排除在外，成為 [253] 這樣一種**自身關聯**，即透過自身而與一個外在東西相關聯。

定量於是具有一個與它的概念相適應的實在性。規定性的**漠不相關**構成了定量的質，也就是說，規定性在其自身就是一個外在於自身的規定性。—— 因此，度數是內涵的**多數性之下**的一個單純的大小規定性，這些內涵彼此有別，每一個都僅僅是一個單純的自身關聯，同時相互之間又有一個本質上的關聯，以至於每一個內涵都是在和其他內涵的延續性中具有自己的規定性。度數透過自身而與它的他者相關聯，這個關聯使度數表的升降成為一個持續的進程或流動，即一個不間斷的、不可分的變化；在彼此有別的多數東西裡，每一方都沒有脫離他者，而是僅僅在這些他者裡具有它的已規定的存在。作為一個自身關聯的大小規定，每一個度數和其他度數都是漠不相關的；然而自在地看來，它同樣與這個外在性相關聯，它只有藉助這個外在性才是一個度數；它的自身關聯，就是在一個度數裡並非漠不相關地與外在東西相關聯，並且透過這個關聯而具有它的質。

b 外延的大小和內涵的大小的同一性

度數不是一個在其自身之內而外在於自身的東西。關鍵在於，它不是一個**無規定的**單一體，不是一般意義上的數的本原，後者僅僅是否定的數目，因此不是數目。內涵的大小首先是**多數東西裡**的一個單純的**單一體**；存在著多數度數；但是這些度數既沒有**被規定為**單純的單一體，也沒有被規定為多數東西，而是僅僅處在這個**外在於自身的存在的關聯**之中，或者說處於單一體和多數性的同一性之中。因此，儘管多數東西本身是位於單純的度數之外，但度數的規定性卻是立足於它和它們的關聯；因此度數包含著數目。

[254] 正如「20」作為外延的大小把 20 個單一體作為區間性東西而包含在自身內，同樣，已規定的度數則是把它們當作延續性而包含在

自身內，而延續性就是這個已規定的多數性；這個度數是**第 20 個**度數，而且它只有藉助這個本身就外在於它的數目，才是第 20 個度數。

因此我們必須從雙重的方面考察內涵的大小的規定性。內涵的大小是由**其他**內涵的定量來規定的，並且與它的他者處於延續性中，以至於它的規定性就是立足於這個他者關聯。現在，**一方面**，由於它是**單純的**規定性，所以它是**相對於**其他度數而得到規定，也就是說，它把其他度數從自己那裡排除在外，而且它的規定性就在於這個排外。但是，**另一方面**，它在其自身就得到規定，而這意味著，數目是**它的**數目，不是被排除在外的數目或其他度數的數目。第 20 個度數本身就包含著「20」；它不是僅僅被規定為有別於第 19 個度數、第 21 個度數等等，毋寧說，它的規定性就是**它的數目**。但是，既然數目是它的數目，同時規定性在本質上是數目，那麼度數就是外延的定量。

因此，外延的大小和內涵的大小是定量的同一個規定性；它們的唯一區別在於，前者具有的數目在它自身之內，後者具有的同樣數目在它自身之外。外延的大小過渡到內涵的大小，因為前者的「多」自在且自為地融為一體，不再有位於統一體之外的「多」。但反過來，這個單純的東西僅僅在數目（而且是**它的**數目）那裡具有自己的規定性；它和其他已規定的內涵漠不相關，因此在其自身那裡就具有數目的外在性；所以，內涵的大小在本質上同樣是外延的大小。

伴隨著這個同一性，**質**的某東西也出現了；因為同一性是一個透過**否定它們的區別**而與自身相關聯的統一體；但這些區別構成了定在著的大小規定性；因此這個否定的同一性是**某東西**，確切地說，一個與它的量的規定性漠不相關的某東西。**某東西**是一個定 [255]

量；然而現在的情況是，這個質的定在，就其自在存在而言，卻**被設定為**一個與定量漠不相關的東西。過去，人們可以僅僅談論定量、數本身等等，彷彿不需要某東西作為它們的基體。但從現在起，某東西透過否定它的這些規定而實現**自身中介**，並作為一個**自為的定在者**而與它們相對立，而且，由於某東西具有一個定量，所以也具有一個外延的和內涵的定量。它所具有的定量，作為它的**唯一**的規定性，是在**單位**和**數目**等彼此有別的環節中被設定下來的；這個規定性並非僅僅**自在地**是同一個規定性，毋寧說，當它在這些區別中被設定為外延的和內涵的定量，就返回到一個否定的統一體，而這個統一體是一個被設定為與區別漠不相關的某東西。

注釋一

在通常的觀念裡，**外延的**和**內涵的定量**經常被區分為**兩類大小**，彷彿存在著這樣的對象，其中一**些**僅僅具有內涵的大小，而另一**些**僅僅具有外延的大小。此外還有一種關於哲學的自然科學的觀念，它把多數東西或**外延的東西**（比如按照物質的基本規定，以及按照其他概念，那種應當填滿一個空間的東西）轉化為**一種內涵的東西**，同時以為，內涵的東西作為**動力的東西**乃是一個真實的規定，至於密度或特殊的空間填充物等等，從本質上看，不能被理解為一個定量的空間裡的物質部分的某個**數量**或**數目**，而是應當被理解為物質的空間填充**力**的某個**度數**。

這裡必須區分兩個規定。當人們聲稱，機械論或力學的考察方[256]式已經轉化為動力學的考察方式，這就出現了兩個不同的概念，一個是「**彼此外在地持存著、獨立的部分**」（它們僅僅以外在的方式被連繫在一起），另一個是「**力**」。同樣的東西，從一個方面看，僅

僅是一群彼此外在的、填滿空間的原子，而從另一個方面看，則是一個基本的、單純的力的外化。——整體和部分的這個關係，還有這裡出現的相互對立的兩個東西（力與其外化）的關係，不是我們當前的討論對象，而是將在以後得到考察。這裡僅僅指出，**力**與其外化的關係對應於內涵的東西，它雖然相對於整體和部分的關係而言，是一個更真實的關係，但即便如此，力的片面性並不亞於內涵的東西，至於**外化**，或者說外延的東西的外在性，同樣是和力**不可分割的**，所以這兩個形式（即內涵的東西和外延的東西）裡面呈現出**同一個內容**。

這裡出現的另一個規定性，是**量**的規定性本身，它作為外延的力量已經被揚棄，已經轉化為度數，轉化為一個應當真實存在著的規定；但我們已經指出，度數和量的規定性都意味著，這一形式對於那一形式而言是本質性的，相應地，每一個定在都表明，它的大小規定既是外延的定量，也是內涵的定量。

就此而言，一切看起來具有大小規定的東西都可以作為上述情況的例子。即便是**數**，也必然在其自身那裡直接具有這個雙重的形式。就數是外延的大小而言，它是一個數目；但它也是單一體，一個「10」，一個「100」，因為它同時過渡到內涵的大小，而在這個統一體裡，雜多就融合為一個單純的東西。單一體是自在的外延的大小，能夠被想像為任意數目的部分。比如「第 10」和「第 100」就是這樣的單純的東西或內涵的東西，它在那些外在於它的多數東西那裡，亦即在外延的東西那裡，具有它的規定性。數是「10」、「100」，同時也是數的體系裡的「第 10」、「第 100」；二者是同一個規定性。

圓圈裡的單一體叫做**度數**，因為從本質上看，**圓圈**的部分是它在那些外在於它的多數東西那裡具有的規定性，並且被規定為這

[257]

些單一體的封閉的數目中的一個單一體。圓圈的度數，作爲單純的空間大小，僅僅是一個通常意義上的數；作爲度數來看，它是內涵的大小，這個大小只有透過一定數目的由圓圈分割而成的度數的規定，才具有意義，正如一般說來，數只有在數的序列裡才具有意義。

　　一個更具體的對象的大小，按照它的定在的雙重規定，同樣呈現出自己的雙重方面，即它既是外延的，也是內涵的，從其中一個規定來看，顯現爲**外在的東西**，而從另一個規定來看，又顯現爲**內在的東西**。比如，**質量**作爲重量，既可以是一個**外延的大小**（因爲它構成了一定數目的磅或公擔等等），也可以是一個**內涵的大小**（因爲它施加一定壓力，而壓力的大小是一個單純的東西），一個度數，並且在壓力度數表那裡具有它的規定性。作爲施加壓力的東西，質量顯現爲一個內化存在，顯現爲一個具有內涵的大小區別的主體。——反過來，施加壓力的這個**度數**的東西，有能力讓某個**數目**的磅移動位置，並透過這個方式來測量壓力的大小。

　　或者說，**熱**也有一個度數；熱的度數或溫度，無論是「第10」、「第 20」等等，都是一個單純的感覺，一個主觀的東西。然而這個度數同樣表現爲**外延的**大小，表現爲流體（比如溫度計裡面的水銀）、空氣或聲音等等的延展。更高度數的溫度表現爲一個更長的水銀柱或一個更狹窄的傳聲筒；按照同樣的方式，它能夠加熱一個較大的空間，而較低的度數只能加熱一個較小的空間。

　　更高度數的**聲音**，作爲**更有內涵的**或更強的聲音，同時也是一[258]個**更大數量**的振動；換言之，如果一個更響亮的聲音具有一個更高的**度數**，它就能夠在一個更大的空間裡被聽見。——按照同樣的方式，更有內涵的或更濃的**顏色**能夠比更淡的顏色渲染更大的平面；或者說，**更明亮的東西**（這是另一類型的內涵）比起不那麼明亮的

東西，能夠在更遠的地方被看見，如此等等。

　　同樣，在**精神性東西**裡，**內涵豐富**的性格、天分、天才也具有**更包羅萬象**的定在、**更廣泛**的影響和**更多方面**的接觸點。**最深刻**的概念具有**最普遍**的意義和應用。

注釋二

　　康德以一種獨特的方式，把內涵的定量的規定性應用於靈魂的一個形上學規定。在批判那些關於靈魂的形上學命題時（他把它們稱作純粹理性的謬誤推理），他發現人們是從靈魂的單純性推出靈魂的恆久性。針對這個推論，他反駁道：「即使我們承認靈魂有這種單純的本性，因爲它不包含彼此外在的雜多，從而不包含**外延的大小**，人們也畢竟**就像對任何一個實存者那樣**，不能否認**內涵**的大小，也就是說，不能否認就其一切能力而言的實在性的一個**度數**，甚至一切構成其存在的東西一個度數，這個度數可能透過一切**無限多的較小的度數**而減弱，這樣，所說的實體……雖然不是透過分解，但卻透過其力量的逐漸減退（remissio）……而轉化爲無。因爲即便是**意識**，也在任何時候都有一個總是還能夠減弱的度數，因此意識到自己的那種能力以及一切其餘的能力亦復如是。」（《純粹理性批判》第二版，第 414 頁）[6] —— 在理性心理學這種抽象的形上學裡，靈魂不是被看作精神，而是被看作一個單純直接的**存在者**，一個靈魂物（Seelending）。既然如此，康德當然有權利「像對任何一個實存者那樣」，把「定量」範疇應用到靈魂身上，正如　　[259]

---

[6]　據李秋零譯文，術語翻譯有所改動。——譯者注

只要這個存在者被規定為單純的東西，就可以把「內涵的定量」這一範疇應用到它身上。精神當然具有**存在**，但它的內涵完全不同於內涵的定量的內涵，也就是說，在精神的內涵裡，單純直接的存在的形式，以及這個存在的一切範疇。都已經被揚棄了。無疑，「外延的定量」範疇已經被拿走，但這還不夠，整個「定量」範疇都應當被拿走。此外人們還必須認識到，定在、意識、有限性如何存在於精神的永恆本性裡，並且從中脫穎而出，而精神並沒有因此轉變為一個物。

c 定量的變化

對於定量的規定性本身而言，外延的和內涵的定量的區別是漠不相關的。但一般說來，定量被設定為一個已揚棄的規定性，後者作為一個漠不相關的界限，同樣是它自身的否定。在外延的大小裡，這個區別得到發展，但內涵的大小卻是這個外在性（即內在於自身的定量）的**定在**。這個區別被設定為一個自相矛盾，也就是說，它既是一個單純的、**自身關聯的**規定性，也是它自身的否定，不是在它自己那裡，而是在另一個定量那裡具有它的規定性。

因此，一個定量就其質而言，被設定為與它的外在性，與它的異在處於一種絕對的延續性之中。定量不是僅僅**能夠**超越每一個大小規定性，不是僅僅**能夠**發生變化，毋寧說，按照它的**設定**，定量**必須**發生變化。大小規定延續到它的異在，以至於只能在與一個他者的延續性中具有它的存在；它不是一個**存在著的**界限，而是一個**轉變著的**界限。

[260]　　　單一體是無限的，換言之，它是一個自身關聯的否定，即一個自己排斥自己的東西。定量同樣是無限的，被設定**為**一個自身關聯的否定性；它自己排斥自己。然而定量是一個**已規定的**單一體，一

個已經過渡到定在，已經過渡到界限的單一體，也就是說，它是規定性的自身排斥，但不是像單一體的排斥那樣生產出自身一致的東西，而是生產出它的異在；現在，按照它自身那裡的設定，它必須**超越自身**，轉變為一個他者。定量的本質在於自身的增加或減少；它在自身那裡就是單純性的外在性。

定量超越自身；它所轉變而成的他者，本身首先是一個定量；這個定量同樣不是一個存在著的界限，而是一個推動自己超越自身的界限。在這個超越裡，又產生出一個界限，而不管怎樣，這個界限只能重新揚棄自身，走向下一個界限，**如此以至無限**。

C　量的無限性

a　量的無限性的概念

定量發生變化，轉變為另一個定量；至於這個變化的進一步規定（即「**推進到無限**」），則是在於定量被設定為一個本身就自相矛盾的東西。—— 定量轉變為一個**他者**；但它**延續**到它的異在；因此他者也是一個定量。但這個定量並非僅僅是**一個**定量的他者，而是定量**本身**的他者，是對它本身作為受限東西的否定，因而代表著它的非受限狀態或**無限性**。定量是一個**應當**；它意味著**自為地被規定**，而這個自為的已規定的存在毋寧說是**一個他者之內的已規定的存在**；反過來，它在一個他者之內的已規定的存在已經遭到揚棄，是一種**漠不相關**的自為持存。

在這種情況下，有限性和無限性，每一方都在自身那裡立即獲得一個雙重的，亦即相互對立的意義。定量的**有限性**首先在於它是一般意義上的受限東西，其次在於它超越自身，是一個他者之內 [261]

的已規定的存在。反之，定量的**無限性**首先在於它是一個非受限的存在，其次在於它已經回歸自身，成為一個漠不相關的自為存在。如果我們把這些環節加以比較，就會發現：首先，定量的有限性的規定，即超越自身而走向一個他者（定量的規定就在這個他者之內），同樣是無限者的規定；其次，界限的否定和規定性的超越是同一回事，因此定量在這個否定亦即無限者之內具有它的終極規定性。無限性的另一個環節是一個與界限漠不相關的自為存在；但定量本身是一個受限東西，而且它對於它的界限，隨之對於其他定量和它的超越，都是一個自為的漠不相關的東西。在定量那裡，有限性和（那個應當與它割裂的、惡劣的）無限性，每一方在自身那裡都已經把對方當作自己的一個環節。

質的無限者和量的無限者的區別在於，在前者那裡，有限者和無限者的對立是就質而言的，而且從有限者到無限者的過渡或二者的相互關聯僅僅位於**自在體**（Ansich）之內，即位於它們的概念之內。質的規定性，作為直接的規定性，在本質上與異在相關聯，並且把後者當作它的另一個存在；它之所以**被設定**，不是為了在其自身那裡具有它的否定或它的他者。反之，大小本身是一個**已揚棄的**規定性；它之所以**被設定**，是為了與自身不一致，和自身漠不相關，從而是一個可變化的東西。就此而言，質的有限者和質的無限者是絕對地（亦即抽象地）相互對立的；它們的統一體是一個位於根基處的**內在關聯**；所以，有限者僅僅**自在地**，但不是**在其自身那裡**，延續到它的他者。與此相反，量的有限者**在其自身那裡**就與它的無限者**相關聯**，並且在後者那裡具有它的絕對規定性。它的這個關聯首先呈現為**量的無限進展**。

[262]

b　量的無限進展

　　無限進展一般說來是矛盾的表現，而在這裡，則是量的有限者或一般意義上的定量包含著的矛盾的表現。它是有限者和無限者的交互規定，而我們在質的層面裡已經考察過這個交互規定，只不過這兩處地方的區別在於，正如剛才指出的，在量的東西裡，界限在自身那裡就推進到了它的彼岸世界，而量的無限者反過來也被設定為一個在自身那裡就具有定量的東西，因為定量在它的位於自身之外的存在那裡同時是它自身；定量的外在性屬於它的規定。

　　現在，**無限進展**僅僅是這個矛盾的**表現**，而非這個矛盾的**解決**；但由於一個規定性延續到另一個規定性，所以它把二者聯合起來，提出一個虛假的解決辦法。按照其最初的設定，無限進展是一個以無限者為目標的**任務**，並未達到無限者：它恆久地**生產出**無限者，卻沒有超越定量本身，沒有讓無限者成為一個肯定的、當前存在著的東西。定量在概念上就意味著，它有一個凌駕於它之上的**彼岸世界**。**首先**，這個彼岸世界是定量的**非存在**這一環節；定量自在地瓦解自身；因此它是按照**質**的對立環節而與它的**彼岸世界**或它的無限性相關聯。**其次**，定量處在與這個彼岸世界的延續性中，因為它的本質恰恰在於，它是它自己的他者，是一個外在於自身的東西；因此，這個外在的東西不是一個他者，毋寧就是定量；也就是說，**彼岸世界**或無限者本身就是**一個定量**。透過這個方式，已逃 [263] 離的彼岸世界被召喚回來，無限者也被達到了。但是，因為這個已經轉變為此岸世界的東西仍然是一個定量，所以這僅僅意味著又設定一個新的界限；這個新的界限作為定量，繼續逃離自身，自己超越自己，並且把自己從自己那裡排斥到它的非存在或它的彼岸世界中，而這個非存在或彼岸世界同樣恆久地轉變為一個定量，就和定

量不斷把自己排斥到彼岸世界中一樣。

　　定量和它的他者之間的延續性製造出二者的連繫，其表現是一個**無限大**或**無限小**的東西。由於二者在自身那裡仍然保留著定量的規定，所以它們始終是可變化的，而那個絕對的規定性（這應當是一個自為存在）並沒有被達到。規定的這種**位於自身之外的存在**被設定在一種雙重的，按照**較多**或**較少**而與自身相對立的無限者（即無限大和無限小）之內。在每一方自身那裡，定量都透過與它的彼岸世界的恆久對立而**保留下來**。大的東西，無論如何擴張，都會縮小為一個微不足道的東西；但由於它把無限者當作它的非存在而與之相關聯，所以對立是**質**的對立；也就是說，擴張的定量並沒有從無限者那裡拿來任何東西；無論什麼時候，無限者都是定量的非存在。換言之，定量的增大並未**接近**無限者，因為從本質上看，定量和它的無限性的區別也包含著這樣一個**環節**，即它不是一個量的區別。「無限大」僅僅是矛盾的一個更加尖銳的表現：它應當是**大的東西**，亦即是一個定量，但它又應當是**無限的**，亦即不是一個定量。——同理，無限小，作為小，也是一個定量，因此對無限者來說，它絕對地（即就質而言）太大了，並且與無限者相對立。無限大和無限小始終包含著無限進展的矛盾，而這個進展本來應當已經在二者裡面找到它的目標。

[264]　　這個無限性，就其牢牢地被規定為有限者的彼岸世界而言，可以稱作**惡劣的量的無限性**。它和質的惡劣的無限性一樣，都是在常駐的矛盾的一個環節和另一個環節之間，即在界限和界限的非存在之間，恆久地來回往復。在量的東西的進展裡，隨後的東西固然不是一個抽象的、一般意義上的他者，而是一個被設定為有所區別的定量，但它始終是以同樣的方式與它的否定相對立。就此而言，進展同樣不是一個推進和進步，而是同一個東西的重複：設定、揚

棄、重新設定、重新揚棄，—— 是一種軟弱無力的否定東西，也就
是說，每當它揚棄什麼東西，恰恰在這個揚棄活動中，那個東西又
作為延續的東西重新出現。兩個東西被連繫在一起，同時絕對地逃
避對方；但當它們逃避對方的時候，它們不可能分離，而是在它們
的相互逃避中被連繫在一起。

注釋一

　　惡劣的無限性，尤其是在「**量的東西的無限進展**」形式下 ——
不斷飛越界限，卻無力揚棄界限，並且恆久地重新落入界限 —— ，
經常被看作是某種崇高的東西和侍奉上帝的方式，而且在哲學裡也
被看作是一個終極答案。這個進展已經廣泛地服務於各種慷慨激昂
的言論，使之成為令人驚嘆的崇高作品。但實際上，這種**時髦**的崇
高並沒有使**對象**變得偉大（毋寧說，對象已經消遁了），而是僅僅
使那個氣吞山河的**主體**看起來很偉大。這種崇高始終是主觀的，它
沿著量的東西的梯子不斷爬升，最後終於發現自己是一個枯燥無味
的東西，並且承認它在白白地辛勞之後並未接近無限的目標半分，
因此如果要達到目標，當然得採取完全不同的做法。

[265]

　　以下的這類慷慨激昂的言論同時表明，這種崇高將過渡到什
麼東西，並終止於什麼東西。比如康德（在《**實踐理性批判**》的
結語裡）所展示的「崇高」就是這樣的：「主體藉助思想而使自己
超越它在感官世界裡所占據的位置，把連繫擴張到無限大，連繫到
諸星辰之上的諸星辰、諸世界之上的諸世界、諸天體體系之上的諸
天體體系，甚至連繫到它們的週期運動及其開端和延續的無窮時
間。—— 表象活動由於這種向著無限遠方的推進而疲於奔命，因為
最遙遠的世界之外始終有一個**更遙遠**的世界，**無論怎麼**回溯過去，其

後面**總還有**一個過去，**無論怎麼**前推未來，其前面**總還有**另一個未來；**思想**由於不可估量者的這個表象而**疲於奔命**；就像在夢裡，當一個人長途跋涉之後，仍然要面對一眼望不到盡頭的漫漫長路，就以**摔倒**或**暈倒**爲結局。」⑦這個表述精練而充分地描繪了量的崇高的內容，但它值得讚揚的地方，主要在於它的眞誠，因爲它坦率承認了這種崇高的最終下場：思想疲於奔命，結局是摔倒和暈倒。然而什麼東西能夠讓思想疲於奔命，並且讓它摔倒和暈倒呢？無非是**無聊的**重複，即讓一個界限消失、重新出現、重新消失，以至於一個東西**之後**總是有另一個東西，一個東西**裡面**總是有另一個東西，此岸世界在彼岸世界裡、彼岸世界在此岸世界裡，都是恆久地產生和消失。這些情況只能讓人感覺到這個無限者或這個應當的**軟弱無力**，即它想要主宰有限者，卻沒有能力做到這一點。

[266] 　　哈勒爾⑧對於**永恆**的描寫──康德稱這個描寫是「**令人戰慄的**」──也經常得到人們的讚嘆，但通常說來，人們所讚嘆的每每不是其眞正值得讚嘆的那一方面：

---

⑦ 黑格爾或許讀到了一個盜版的《實踐理性批判》，要不然就是他杜撰出這段文字的後半部分。按現今通行的康德《實踐理性批判》的各個版本，其「結語」裡只能找到這樣一段話：「前者〔我頭頂上的星空〕從我在感官世界裡所占據的位置開始，把我身處其中的連繫擴張到無限大，連繫到諸世界之上的諸世界和諸天體體系之上的諸天體體系，甚至連繫到它們的週期運動及其開端和延續的無窮時間。」（*Kants Werke*, Akademie Textausgabe, Band V, S. 162. Berlin 1968）接下來的破折號之後從「表象活動由於……」開始的部分沒有出現在康德的著作裡，而且從文風來看更像黑格爾自己的手筆。──譯者注

⑧ 阿爾布萊希特・馮・哈勒爾（Albrecht von Haller, 1708-1777），瑞士醫學家、植物學家、詩人，其詩歌方面的代表作品是 1729 年發表的宏大詩作《阿爾卑斯山》（*Die Alpen*）。──譯者注

　　我將龐大的數字，

　　堆積成萬千群山，

　　我將時間堆上時間，世界堆上世界，

　　當我站在可怕的峰巔，

　　暈眩著向你望來，

　　數的全部力量，哪怕乘以千萬遍，

　　都不及你一星半點。

　　我拿走它們，你就全然出現在我面前。⑨

　　假若人們僅僅關注數和世界的繁複堆砌，以為這就是對於永恆的描述，他們就忽視了，詩人本人不但指出這種「令人戰慄的」超越是某種徒勞而空洞的東西，而且由此推論出，只有**透過揚棄**這個空洞的無限進展，真正的無限者本身才會**活生生地**出現在他面前。

　　有些**天文學家**經常為他們的崇高科學感到沾沾自喜，因為天文學研究的是**無窮**數量的星辰，**無窮的**空間和時間，而在這樣的時空裡，那些本身已經如此巨大的距離和週期，就其從屬於統一體而言，即使乘以很多倍，仍然縮小為微不足道的東西。他們沉迷於膚淺的驚詫，眼巴巴地希求從一個星球旅行到另一個星球上去生活，並且在一種不可估量的東西裡面獲得**諸如此類的**新知識，—— 在他們看來，這就是他們的科學的主要卓越之處。然而真正值得驚嘆的，不是這種量的無限性，而是理性在這些對象裡面認識到的**尺度比例關係**和**法則**，這些東西作為理性的無限者，與那個非理性的無限性相對立。 [267]

---

⑨　阿爾布萊希特‧馮‧哈勒爾〈關於永恆的未完成詩作〉，出自《瑞士詩歌嘗試集》，伯恩 1732 年出版。── 原編者注

　　針對那種與外在的感性直觀相關聯的無限性，康德提出了另外一種無限性：「個體返回到他的不可見的自我，把他的意志的絕對自由當作一個純粹的自我，與命運和暴政的全部恐怖相對立，從他周圍最接近的事物開始，讓它們自行消失，進而讓那些看起來恆久不絕的東西，讓諸世界之上的諸世界，坍塌爲廢墟。這時他就孤獨地認識到**他的自身同一性**。」[⑩]

　　誠然，自我在這種孤獨的自身同一性裡就是已達到的彼岸世界，它已經回到自身，**停留在自己那裡**，停留在**此岸世界**；在純粹的自我意識裡，絕對的否定性成爲肯定和臨在，而在那種超越感性定量的推進裡，這些東西是沒有蹤影的。但是，由於這個純粹自我固化爲一個抽象的、無內容的東西，所以它仍然把一般意義上的定在，把自然宇宙和精神宇宙的充盈內容，當作一個與它相對立的彼岸世界。無限進展所立足的那個矛盾，同樣在這裡呈現出來；也就是說，它在回歸自身的同時，直接外在於自身，與它的他者（即它的非存在）相關聯；這個關聯始終是一個**渴慕**，因爲自我一方面堅持自己是一個無內容的、無立足點的虛空，另一方面又把那些在否定中呈現出來的充盈內容固化爲它的彼岸世界。

　　關於上述兩種崇高，康德還加上了一個注釋：「對於（第一種外在的）崇高的驚嘆和對於（第二種內在的）崇高的敬重雖然**激勵研究**，但不能彌補研究的**缺乏**。」[⑪]——就此而言，他承認那些超越是不能滿足理性的，因爲理性不可能止步於這類東西及相關情緒，

---

⑩　黑格爾引用的康德這段文字同樣不可考。——譯者注
⑪　康德《實踐理性批判》結語，其準確的原文爲：「只不過，驚嘆和敬重雖然激勵研究，但不能彌補研究的缺乏。」（*Kants Werke*, Akademie Textausgabe, Band V, S. 162. Berlin 1968）——譯者注

不可能把彼岸世界和虛空當作終極的東西。

　　實際上，無限進展主要是在應用於**道德性**的時候被當作終極的　[268]
東西。前面提到的有限者與無限者的第二個對立，即雜多世界與已
經提升到自由的自我的對立，首先是質的對立。自我在自己規定
自己的同時，也希望規定自然界，並且讓自己從自然界裡面解脫出
來；因此，自我是透過自身而與它的他者相關聯，後者作為外在的
定在，既是一種豐富多姿的東西，也是一種量的東西。與量的東西
相關聯，本身也會成為量的東西；因此，自我與量的東西的否定關
聯，自我對於非我，對於感性和外在自然界的掌控，就被設想成這
樣，即道德性應當愈加**增大**，而感性的力量應當愈加**減小**。至於意
志完全契合於道德法則，這件事情被放置到一個無限進展裡面，亦
即被設想為一個**絕對的**、**不可觸及的**彼岸世界，而且，正因為它是
一個不可觸及的東西，所以它才是真正的歸宿和真正的慰藉；據說
道德性應當是一個爭鬥，而爭鬥的唯一前提在於意志與法則的不契
合，因此法則對於意志而言是一個絕對的彼岸世界。

　　在這個對立裡，自我 vs.非我，或者說純粹意志和道德法則
vs.自然界和意志的感性，都被預設為完全獨立的、彼此漠不相關
的東西。純粹意志有著獨特的、在本質上與感性相關聯的法則；自
然界和感性同樣有自己的法則，這些法則不是來自於意志並與之契
合，而且，即使不同於意志，也並非自在地，在本質上就與意志相
關聯，毋寧說，它們根本就是為自己而規定的，在自身內完成而完
滿的。與此同時，意志和自然界是**同一個單純本質**（亦即自我）的
兩個環節；意志被規定為自然界的否定者，也就是說，意志之所以　[269]
是意志，僅僅因為存在著一個不同於它的東西，這個東西被意志
揚棄，而意志在這個過程中與之接觸，受到它的刺激。自然界，作
為人的感性，是一個包含著諸多法則的獨立體系，並不在乎透過

一個他者而受到限制；自然界受到法則意志的限定，藉此維繫自身，並且作爲一個獨立的東西進入關聯，反過來限定著那個法則意志。—— 意志規定自身並且揚棄自然界這一異在，後者被設定爲定在者，延續到它的被揚棄狀態，因此沒有被揚棄，這些情況都是**同一個**動作。這裡蘊含的矛盾在無限進展裡沒有被解決，反而被呈現並被斷定爲一個未解決的、不可解決的矛盾；道德性和感性的爭鬥被設想爲一個自在且自爲地存在著的、絕對的關係。

只要人們沒有能力掌控有限者和無限者的質的對立，沒有能力理解把握眞正意志的理念或實質性的自由，就會把**大小**當作自己的避難所，用它來當中介者，因爲它是已揚棄的質的東西，是一個已經變得無關緊要的區別。問題在於，由於對立雙方始終是兩個根本不同的東西，所以在這種情況下，當它們在相互關聯中表現爲兩個定量，其中每一方就立即被設定爲一個和這個變化漠不相關的東西。自然界受自我規定，感性受善良意志的規定；感性透過善良意志而在自身那裡出現的變化僅僅是一個量的區別，這個區別讓感性作爲感性而持存著。

費希特的知識學，作爲康德哲學（或至少是康德哲學的本原）的一個更抽象的表述，以同樣的方式把無限進展當作基礎和終極的東西。這個表述的第一個原理是「自我＝自我」，隨後的第二個原理（這個原理獨立於第一個原理）則是非我的**對立設定**

（Entgegensetzung）；接下來，自我和非我的**關聯**也被認爲是一個**量**的區別，即非我的**一部分**是受自我規定的，**一部分**則不是。透過這個方式，非我延續到它的非存在，並且在它的非存在中始終是一個未被揚棄的對立面。所以，當這些矛盾在體系裡面得到發展之後，最終的結果就是開端裡的那個關係；非我始終是一個無限的阻礙，一個絕對的他者；非我和自我的最終的相互關聯是一個無限進

展，**渴慕**和**追求**，—— 這個矛盾和起初的矛盾是同一個矛盾。

因爲量的東西是一個按照設定而言已揚棄的規定性，所以人們相信，只要把全部對立貶低爲一個純粹的量的區別，就能夠在很大程度上乃至完全掌握絕對者的統一體或那個**唯一的**實體性。曾經有一段時間，「**全部對立僅僅是量的對立**」⑫成了近代哲學的一個金科玉律；它的意思是，相互對立的規定具有同一個本質、同一個內容，它們是對立的兩個實在方面，其中每一方面都在自身內具有對立的兩個規定或兩個因素，只不過一個因素在這一方面**占有優勢**，另一個因素在那一方面**占有優勢**，或者說一個物質或活動在這一方面比在那一方面具有**更大的數量**或**更強的度數**。既然預設了不同的質料和活動，那麼量的區別毋寧是證實並且完成了它們的外在性，以及它們相互之間的漠不相關和對於它們的統一體的漠不相關。據說，**絕對**統一體裡的區別應當是一個純粹的量的區別；量的東西雖然是已揚棄的直接規定性，但僅僅是不完滿的否定或**第一個**否定，不是無限的否定，不是否定之否定。—— 當存在和思維被設想爲絕對實體裡的量的規定，它們作爲定量，就和低級層面裡的碳和氮一樣，也是完全外在於彼此，相互之間毫無關聯。唯有一個第三者，[271] 一個外在的反思，才會抽離它們的區別，認識到它們的**内在的**，僅僅**自在存在著的**，尚且不是**自為存在著的**統一體。因此，這個統一體實際上僅僅被設想爲最初的**直接的**統一體，或者說僅僅被設想爲這樣一個**存在**，它在它的量的區別中**保持**自身一致，但不是透過自身而**設定**自身一致；就此而言，它沒有被理解爲否定之否定，沒有被理解爲無限的統一體。只有在質的區別裡，才會出現一個已設定的無限性，即自爲存在，至於量的規定，正如接下來我們會看到的那

---

⑫ 這是謝林的同一性哲學主要強調的觀點。——譯者注

樣，其本身就過渡到質的東西。

注釋二

此前已經提到，當有限者和無限者的對立在一個**具體的**形態中應用於表象的一些更特殊的基體，其表現就是康德的**二律背反**。當初考察的那個二律背反，包含著質的有限性和質的無限性的對立。而在另一個二律背反，亦即 4 個宇宙論二律背反裡面的**第一個裡**，主要考察的是量的界限的衝突情況（《純粹理性批判》第 2 版，第 454 頁以下）。因此我願意在這裡對這個二律背反加以研究。

這個二律背反涉及**世界在時間和空間裡的有界或無界**。—— 這個對立同樣可以從時間和空間自身出發而加以考察，因為，無論時間和空間是事物自身的關係，抑或僅僅是直觀的形式，都不能改變一個事實，即時空中的有界或無界具有二律背反的性質。

透過進一步分析這個二律背反，我們立即發現，兩個命題及其證明 —— 這些證明和之前考察過的二律背反一樣，也採取了反證法的方式 —— 最終說來無非是兩個單純的、相互對立的主張：一方面，**有一個界限**，另一方面，**必須超越這個界限**。

[272]　　正題是：

「**世界有一個時間中的開端，就空間而言也被封閉在界限之內。**」

證明的**前半部分**涉及**時間**，它首先假定相反的情況：

「……假定世界在時間上沒有開端，那麼，**直到每一個被給予的時間點為止**，都有一個永恆已經過去，從而在世界中有種種事物前後相繼的各種狀態的一個無限序列**已經流逝了**。但如今，一個序列的無限性恰恰在於它絕不能透過漸進的綜合來**完成**。因此，一個無限的已經流逝的世界序列是不可能的，從而世界的一個開端是它

的定在的必要條件；這是首先要證明的一點。」

　　證明的**後半部分**涉及**空間**，並且歸結到時間。爲了把一個在空間上無限的世界裡的各個部分統攝起來，需要一個無限的時間，後者必須被看作已經流逝了，因爲空間裡的世界不應當被看作是一個正在**轉變**的東西，而是應當被看作一個已完成的被給予的東西。然而證明的前半部分已經指出，無限的時間不可能被看作是已經流逝的。

　　但人們立即發現，以上所述並不需要採取反證法的證明，甚至根本就不需要一個證明，因爲這個證明本身就直接包含著一個主張，而這個主張的基礎恰恰是需要加以證明的。也就是說，它假定，直到某一個或每一個**被給予的時間點**爲止，都有一個永恆已經過去（在這裡，「永恆」僅僅具有一個卑微的意義，即指一個惡劣無限的時間）。然而「**一個被給予的時間點**」無非意味著時間裡的一個已規定的**界限**。因此在上述證明裡，時間的界限已經被**預設**爲現實的東西；然而這個界限恰恰是**應當加以證明的**。因爲正題的觀點就是，世界有一個時間中的開端。

　　這裡的唯一區別在於，**假定的**時間界限作爲一個**現在**，意指之前已經流逝的時間的終點，而有待證明的時間界限作爲一個**現在**，則是意指一個未來的開端。但這個區別是無關緊要的。**現在**被假定爲一個點，在那裡，世間萬物的一個無限序列的前後相繼的狀態應當**已經流逝**，也就是說，現在被假定爲終點或一個**質**的界限。假若這個**現在**僅僅被看作是一個量的界限，一個不斷流動著，不僅不能被超越，甚至自己就超越自己的界限，那麼無限的時間序列在那裡就沒有**流逝**，而是繼續流動著，於是證明的論據也就崩潰了。反之，如果人們假定，時間點對於過去而言是一個質界限，因此同時對於未來而言是一個**開端**——因爲**自在地**看來，每一個時間點都

[273]

是過去與未來的關聯——，那麼對於未來而言，它也是一個**絕對的**（亦即抽象的）**開端**，而這恰恰是應當加以證明的。事情本身很清楚，在這個時間點的未來之前，在未來的這個開端之前，已經有一個過去；由於這個時間點是一個質的界限——之所以有此假定，在於「**完成**」、「流逝」、「**自身不再延續**」等規定已經意味著這一點——，所以時間在它那裡**中斷了**，而那個過去也和未來無關，後者只有在與過去相關聯的時候才能夠被稱作未來，而在沒有這個關聯的情況下，僅僅是一般意義上的時間，一個具有絕對開端的時間。但是，假若這個時間（無論採取什麼做法）透過現在這一被給予的時間點而與過去相關聯，隨之被規定爲未來，那麼從另一方面看，這個時間點也就不是一個界限，而無限的時間序列也會延續到所謂的未來裡，而不是像假定的那樣**已經完成**。

　　眞正說來，時間是純粹的量；至於康德在證明中提到的**時間點**（據說時間應當在它那裡中斷），毋寧僅僅是現在的**正揚棄著自身**[274]　的自爲存在。這個證明的唯一成果，就是把正題所主張的時間的絕對界限理解爲一個**被給予的時間點**，並且不由分說地假定這是一個已完成的（亦即抽象的）點，——這是一個通俗的規定，感性的表象活動很容易把它當作一個**界限**，從而在證明裡把這個本來有待證明的東西當作自明的前提。

　　反題的說法是：

　　「**世界沒有開端，沒有空間中的界限，相反，無論就時間而言還是就空間而言，它都是無限的。**」

　　對此的證明同樣首先假定相反的情況：

　　「假定世界有一個開端。既然開端是一個定在，有一個事物尚不存在的時間先行於它，所以，必須有一個世界尚不存在的時間，亦即一個虛空的時間已經過去了。但如今，在一個虛空的時間中**不**

可能有某個事物的產生，因為這樣一個時間的任何部分都不會先於別的部分，不會先於非存在的條件就自在地具有存在的某種**作出區分**的條件……因此，在世界中雖然可能開始一些事物的序列，但世界自身卻不可能有開端，因此它就過去的時間而言是無限的。」

這個反證法證明和其他證明一樣，包含著一些直接的、未經證明的主張，而這些主張恰恰是它應當加以證明的。也就是說，它首先假定世界定在的一個彼岸世界，一個虛空的時間，然後**持續不斷地讓世界定在同樣超越自身，進入這個虛空的時間**，並且透過這個方式揚棄虛空的時間，**推動著定在以至無限**。世界是一個定在；這個證明**假定**，這個定在是**產生出來的**，而且產生有一個在時間中**先行的條件**。然而**反題**本身的觀點恰恰希望**表明**，沒有什麼無條件的定在，沒有什麼絕對的界限，正相反，世界定在總是要求一個**先行的條件**。可見，有待證明的東西反而成了證明裡的自明的前提。—— 接下來，康德在虛空的時間中尋找**條件**，而這無非意味著，他把條件當作時間性的東西，隨之當作定在和受限制的東西。總的說來，這個證明假定，世界作為定在，以時間中的另一個有條件的定在為前提，如此以至無限。 [275]

關於**空間**中的世界的無限性，其證明也是一樣的。康德首先以反證法的方式假定世界在空間上的有限性；「這樣，世界就處在一個虛空的、無界的空間之內，並且與之有一個**關係**，而這意味著一個**沒有**相關對象的關係；但這樣的關係是無。」

在這裡，應當首先加以證明的東西，同樣在證明中被直接當作前提。它直接假定，有界的空間世界處於一個虛空的空間之內，並且應當與之有一個**關係**，也就是說，必須**超越**這個世界，—— 一方面進入虛空，進入彼岸世界和世界的**非存在**，但另一方面，這個世界又與彼岸世界有**關係**，亦即將**自身**延續到其中，於是在這種情

況下，人們只能在想像中用世界定在去充實彼岸世界。反題的主張，即空間中的世界的無限性，無非一方面意指虛空空間，另一方面意指世界與虛空空間的**關係**，亦即世界在虛空空間中的延續性，或者說虛空空間的充實；這個矛盾——空間是虛空的，同時是充實的——就是空間中的定在的無限進展。而在證明裡，這個矛盾本身，即世界與虛空空間的關係，卻被直接當作基礎。

可見，正題和反題及其證明無非呈現出兩個相互對立的主張：一方面，**有一個界限**，另一方面，界限只能是一個**已揚棄**的界限；界限有一個彼岸世界，同時與之**相關聯**，因此無論怎麼超越界限，總是有一個不是界限的界限再次產生出來。

和之前的二律背反一樣，這個二律背反的**解決辦法**也是先驗的，也就是說，它主張空間和時間作為直觀形式，是一種觀念性東西，而這意味著，世界**在其自身**並不自相矛盾，並不自己揚棄自己，毋寧說，只有那個進行著直觀，並且把直觀與知性和理性相關聯的**意識**，才是一個自相矛盾的東西。對於世界而言，這真是一個太過於溫情的做法，即為了把矛盾從世界中清除出去，反過來把矛盾放置到精神和理性裡面，並且聽任它在那裡得不到解決。實際上，精神是如此強大，它不但能夠忍受矛盾，而且懂得如何解決矛盾。至於人們所謂的世界——無論它叫做「客觀的、實在的世界」，還是按照先驗唯心主義的說法，叫做「主觀的直觀」和「受知性範疇規定的感性」——，在任何時候和任何地方都不缺少矛盾，但它沒有能力忍受矛盾，於是只好聽命於產生和消滅。

[276]

c 定量的無限性

1. 自在地看來，**無限的定量**，作為**無限大**或**無限小**，本身就是一個無限進展；作為大或小，它既是定量，同時也是定量的非存在。

因此，無限大和無限小是一種想像出來的東西，我們只需仔細考察，就可以發現它們只不過是一些虛無縹緲的朦朧陰影。但在無限進展裡，這個矛盾是明擺著的；相應地，定量的本性，那個作為內涵的大小已經獲得其實在性的東西，如今在它的**定在裡被設定為**在它的**概念裡**的樣子。這個同一性是我們現在要考察的。

定量作為度數，是一個單純的、自身相關聯的東西，並且在自身那裡就得到規定。透過這個單純性，異在和規定性在定量自身那裡被揚棄了，成為一個外在於定量的東西；定量在自身之外具有它的規定性。它的這個外在於自身的存在，首先是全部定量的**抽象的非存在**，是一種惡劣的無限性。進而言之，這個非存在也是一個大小；定量延續到它的非存在中，因為它恰恰是在它的外在性裡具有它的規定性；因此，它的這個外在性本身同樣是一個定量；這樣一來，它的那個非存在，無限性，就受到限定，也就是說，這個彼岸世界遭到揚棄，本身也被規定為一個定量，於是定量在遭到否定時仍然停留在自身那裡。

但這就是定量本身**自在地**所是的樣子。因為**它本身**恰恰透過它的外在存在而存在著；外在性所構成的那個東西，使定量停留在自身那裡。因此在無限進展裡，定量的**概念被設定下來**。

如果我們把這個概念首先放在其已經呈現出來的抽象規定裡考察，那麼可以發現，**這個概念不但包含著定量的揚棄，而且包含著它的彼岸世界的揚棄，也就是說，既包含著定量的否定，也包含著這個否定的否定**。它的真理就是它們的統一體，而它們是其中的一些環節。——這個統一體是矛盾的解決，而矛盾的表現是定量的概念，於是統一體的首要意義在於重建「**大小**」**概念**，即指出大小是一個漠不相關的或外在的界限。在嚴格意義上的無限進展裡，人們通常僅僅反思到，每一個定量，無論多大或多小，都會消失，所以定量

[277]

必須被超越，不能被當作目標；但他們沒有反思到，定量的這個揚棄，即彼岸世界或惡劣的無限者，本身也會消失。

最初的揚棄，即一般意義上的質的否定（定量因此被設定），**自在地看來**已經是否定的揚棄──定量是一個已揚棄的質的界限，從而是一個已揚棄的否定──，但與此同時，定量僅僅**自在地看來**是如此；它被設定為一個定在，於是它的否定固化為無限者，固化為定量的彼岸世界，而定量則是作為此岸世界，作為一個**直接的東**

[278]　**西**，持存著；在這種情況下，無限者僅僅被規定為**第一個**否定，於是看起來處在無限進展中。但我們已經指出，無限進展包含著更多的東西，包含著否定之否定或真正的無限者。此前我們已經發現，這導致定量的**概念**的重建；這個重建首先意味著，定量的定在已經獲得其更具體的規定；也就是說，已經有一個**受其概念規定的**定量產生出來，有別於之前的**直接的**定量；現在，**外在性**僅僅是它自身的反面，並且被設定為**大小本身**的一個環節，──即這樣一個定量，它藉助於它的非存在（即無限性），在另一個定量那裡具有它的**規定性**，亦即**就質而言**是定量所是的那個東西。儘管如此，定量的**概念**與定量的定在的這個比較，主要屬於我們的反思，屬於一個在這裡尚未出現的比例關係。按照最切近的規定，定量已經返回到**質**，從此被規定為一個質的東西。因為它的獨特性，它的質，就是規定性的外在性和漠不相關；按照現在的設定，定量在它的外在性裡才是它自己，才與它自身相關聯，才是一個單純的自身統一體，亦即被規定為一個**質的東西**。──這個質的東西仍然可以得到進一步的規定，即被規定為自為存在；原因在於，定量所獲得的自身關聯，來自於一個中介過程，來自於否定之否定。定量不再是在自身之外，而是在自身那裡就具有無限性，具有一個「自為的已規定的存在」（Fürsichbestimmtsein）。

　　無限進展裡的無限者僅僅具有一個空洞的意義，即指一個非存在，一個不可觸及，但總是被尋求的彼岸世界。但實際上，這個無限者無非是**質**。定量作為漠不相關的界限，超越自身，進入無限者；在這種情況下，它所尋求的無非是一個「自為的已規定的存在」，一個質的環節，但這個東西僅僅是一個應當。定量與界限漠不相關，從而缺乏一個自為存在著的規定性，於是只好超越自身；　[279] 正是這些情況使得定量成為定量；它的那個超越應當遭到否定，並且在無限者裡面找到它的絕對規定性。

　　總而言之：定量是已揚棄的質；但定量是無限的，它超越自身，否定自身；因此**自在地看來**，它的這個超越是對於已否定的質的否定，亦即質的重建；這個設定意味著，那曾經顯現為彼岸世界的外在性，被規定為定量**自己的一個環節**。

　　這樣一來，定量就被設定為一個遭到自身排斥的東西，從而有了兩個定量，但二者已經遭到揚棄，僅僅是**同一個統一體**的環節，而這個統一體就是定量的規定性。　── 當定量在它的外在性中作為一個無關緊要的界限而**與自身相關聯**，隨之被設定為一個質的東西，這就是**量的比例關係**。　── 在比例關係裡，定量外在於自身，不同於自身；它的這個外在性是一個定量與另一個定量的關聯，其中每一方都只有在與對方相關聯的時候才有效；現在，這個關聯構成了定量的規定性，而定量本身是一個統一體。在這個過程中，定量不是具有一個漠不相關的規定，而是具有一個質的規定，它在它的這個外在性中已經回歸自身，並且在這個外在性中就是它所是的那個東西。

注釋一：數學的無限者的概念規定性

　　一方面，**數學的無限者**之所以是有趣的，在於它被引入數學之後，不但擴展了數學，而且帶來了偉大的結果；另一方面，它之所以值得注意，在於這門科學仍然不能透過概念（眞正意義上的概念）來論證數學的無限者的使用。最終說來，各種論證都是基於一些按照那個規定並且**透過別的理由而得到證明的結果的正確性**，而不是基於對象的清晰性和得出結果的運算的清晰性，以至於運算本身反而被當作是一種不正確的東西。

[280]

　　這已經是一個自在且自爲的誤解；這樣一種方法是不科學的。此外它還帶來一個危害，也就是說，由於數學不懂得形上學，不懂得如何批判自己的這個工具，從而沒有認識到工具的本性，所以它既不能規定工具的應用範圍，也不能確保工具不會遭到濫用。

　　從哲學的角度看，數學的無限者之所以重要，是因爲它實際上立足於眞正的無限者的概念，從而遠遠高於通常所謂的**形上學的無限者**，而人們總是從後者出發，對數學的無限者提出各種責難。針對這些責難，數學科學經常採用的自救方法，就是去譴責形上學多管閒事，因爲在它看來，只要在自己的領域裡做到前後一貫，就和形上學毫不相干，而且不需要理睬形上學的各種概念。在數學看來，它不需要考察自在的眞相，只需考察它的領域裡的眞相。形上學在和數學相矛盾的時候，無法否認或取消後者在使用數學的無限者時獲得的輝煌結果，而數學也搞不清楚形上學對於數學概念的解釋，因此也搞不清楚在使用無限者的時候，需要怎樣的推導方式。

　　假若數學唯一感到棘手的困難在於搞不懂一般意義上的**概念**是怎麼回事，那麼它完全可以直截了當地把概念拋在一邊，因爲概念只不過給出一些本質上的規定性，即一個事物的知性規定，至於

這些規定性的**精確性**，卻逃不出數學的手掌心；換言之，數學作爲　[281]
一門科學，既不需要與它的對象的概念打交道，也不需要透過概念
的發展（哪怕僅僅透過推理）而生產出它的內容。然而在使用數學
的無限者的時候，數學發現，這個東西作爲科學的唯一**立身之本**，
作爲它的**獨特的方法**，本身卻包含著一個**重大矛盾**。因爲，爲了計
算無限者，其允許並且要求的解法，恰恰是數學在用有限的大小來
運算時必須完全拒斥的解法，與此同時，當數學處理無限的大小和
有限的定量時，又企圖把適用於有限的定量的解法應用於無限的大
小；由此看來，數學訓練的主要方面，就是要掌握普通演算的一個
形式，以便解釋和處理那些**超驗的**規定。

　　儘管兩種運算方法存在著衝突，但數學表明，它透過這些運
算而得出的結果，和那些透過眞正的數學方法（即幾何學方法和分
析方法）而得出的結果，是完全一致的。但是，**一方面**，並非全部
結果都是如此，而且數學之所以引入無限者，不是僅僅爲了縮短通
常的道路，而是爲了得到一些在通常的道路上不可能得出的結果。
另一方面，成果本身並不能論證**道路或方法**的合理性。就計算無限者
而言，這個方法的麻煩在於它本身就宣稱自己是**不精確的**，也就是
說，它首先給有限的大小添加一個無限小的大小，然後在接下來的
運算中，保留其一部分，省略其另一部分。這個解法的奇特之處在
於，它原本承認自己是不精確的，卻又忘記這一點，因此竟然宣
稱，這不是一個**大致如此的**，其誤差可以**忽略不計**的結果，而是一
個**完全精確的**結果。誠然，在得出結果之前，在進行**運算**的時候，
人們必須設想，有些東西雖然不等於無，但畢竟是如此之**微不足道**，
以至於可以忽略不計。但是，就我們理解的數學規定性而言，根本　[282]
談不上更大的精確性和更小的精確性的區別，正如哲學並不關心更
大的或然性和更小的或然性，而是僅僅關心眞理。假如無限者的方

法和使用是透過成果而得到論證的，那麼，要求把成果放在一邊而論證方法的合理性，就不是多此一舉，總好過要求鼻子證明它有使用鼻子的權利。數學知識作爲一種科學知識，在本質上就專注於證明，而且在面對各種結果的時候也是如此，也就是說，嚴格的數學方法不會把每一個結果都標記爲成果，因爲這個標記無論如何都僅僅是一個外在的標記。

我們有必要多費些力氣，更仔細地考察數學關於無限者的概念和一些最值得重視的嘗試，這些嘗試的意圖在於論證無限者的使用，並且克服方法遭遇到的困難。在這個注釋裡，我希望盡可能全面地考察數學的無限者的論證和規定，這個考察同時也會最充分地揭示眞正的概念本身的本性，並且表明，概念是如何浮現在那些論證和規定面前，成爲它們的基礎。

數學的無限者的通常規定是：它是這樣一個**大小**，如果被規定爲無限大，那麼**在它之上不再有更大的**大小，而如果被規定爲無限小，那麼**在它之下不再有更小的**大小，換言之，在前一種情況下，它比任何大小都更大，而在後一種情況下，它比任何大小都更小。—— 誠然，這個定義沒有表達出眞正的概念，而是如已經指出的，僅僅表達出無限進展裡的同一個矛盾；但我們不妨看看，什麼東西已經**自在地**包含在那裡面。在數學裡，「大小」被定義爲一個能夠增加和減少的東西，—— 因此一般說來是一個漠不相關的界限。現在，既然無限大或無限小是一個不再能夠增加或減少的東西，那麼它實際上就不再是**眞正意義上的定量**。

[283]

這個結論是必然的、直接的。但人們沒有想想，定量 —— 在這個注釋裡，我一般提到的定量都是指有限的定量 —— 已經被揚棄。只要反思到這一點，就會給通常的理解帶來困難，因爲定量既然是無限的，就要求被設想爲一個已經被揚棄的東西或一個不是定量的

定量，同時**始終保留著它的量的規定性**。

　　這裡我們引用一下康德對於那個規定的評價[13]。他發現，那個規定與人們所理解的「**無限的整體**」不一致：「按照通常的概念，一個大小，如果在它之上不可能有更大的大小（也就是說，超出其中所包含的一個被給予的統一體的**數量**），它就是無限的。如今，沒有任何數量是最大的數量，因為總是還能夠附加上一個或者多個統一體。──這個概念與人們對於一個無限的整體的理解不一致，由此並沒有表現出它有**多大**，從而它的概念也不是『**最大者**』概念（或『**最小者**』概念），而是由此僅僅思維了它與一個任意假定的**統一體**的**關係**，就這個統一體而言，它是大於一切的數。根據這個統一體被假定得更大或是更小，無限者也就更大或者更小；然而，無限性既然僅僅在於與這個被給予的統一體的**關係**，它就會總是保持為同一個無限性，哪怕整體的絕對的大小由此還根本不為人所知。」（《純粹理性批判》第二版，第 458、460 頁）

　　康德反對把無限的整體看作是一個「最大者」（Maximum）或一個被給予的統一體的一個**已完成的**數量。「最大者」或「最小者」（Minimum）看起來始終仍然是一個定量，一個數量。根據康德列舉的後果，這類表象不可避免會導向一個更大的或更小的無限者。簡言之，只要無限者被設想為一個定量，就總是會面臨一個更大東西或更小東西的區別。只不過，這個批判並沒有涉及真正的數學的無限者的概念，沒有涉及「無限差分」（unendliche Differenz）的概念，因為「無限差分」不再是一個有限的定量。

　　反之，康德關於「無限性」的概念，即他所說的「真正的先驗概念」，意思是說：「在測量一個定量的時候，統一體的漸進**綜合**

[284]

---

[13] 參閱《純粹理性批判》裡第一個二律背反的正題的說明。──黑格爾原注

絕不可能已經完成。」他假定，有一個一般地被給予的定量；這個定量應當透過統一體的**綜合**而成為一個數目，成為一個被明確規定的定量，但這個綜合絕不可能已經完成。很顯然，這裡所說的無非是一個無限進展，只不過被設想為一個**先驗的**，真正說來主觀的、心理學意義上的東西。誠然，自在地看來，定量應當已經完成，但是透過先驗的方式，即在**主體**裡（它把定量和一個統一體放在一個**關係**中），產生出來的僅僅是定量的一個未完成的、完全依附於彼岸世界的規定。因此，康德在這裡完全止步於大小所包含的矛盾，同時把這個矛盾分攤給客體和主體，以至於前者只是處於受限狀態，後者卻必須超越它所把握的每一個規定性，走向惡劣的無限者。

[285] 　　但此前我們已經指出，數學的無限者，尤其是在應用於高等分析的時候，它的規定是符合真正的無限者的概念的；現在，我們應當在一個更具體的發展過程裡面把這兩個規定整合起來。——首先，真正無限的定量已經把自己規定為一個**在其自身那裡**就無限的東西；它之所以是這樣一個東西，正如我們看到的，是因為有限的定量或一般意義上的定量、定量的彼岸世界、惡劣的無限者，都已經**以同樣的方式**遭到揚棄。因此，已揚棄的定量已經返回到單純性和自身關聯，但不是僅僅成為一個外延的定量，因為外延的定量早就過渡到內涵的定量，後者僅僅**自在地**在一個外在的多樣性那裡具有它的規定性，同時應當和多樣性漠不相關，且有別於多樣性。真正說來，無限的定量在其自身那裡首先包含著外在性，其次包含著外在性的否定；就此而言，它不再是某一個有限的定量，不再是一個把**定在**當作**定量**的大小規定性，而是一個單純的東西，從而僅僅是一個**環節**；它是一個具有**質**的形式的大小規定性；它的無限性就在於作為一個**質的規定性**而存在著。——因此，作為一個環節，

它與它的他者形成一個本質統一體，僅僅受它的這個他者所規定，也就是說，它只有在與一個與它處於**比例關係**中的東西相關聯的時候，才具有意義。**離開這個比例關係**，它就是**零**，因為定量本身恰恰應當和**比例關係**漠不相關，同時無論如何應當包含著一個**直接的**、靜止的規定。在比例關係裡，它僅僅是一個環節，不是一個自為的漠不相關的東西；正因為它同時是一個量的規定性，所以它在作為**自為存在**的無限性裡僅僅是一個為「**某一**」的東西。

　　無限者的概念在這裡已經以抽象的方式展示出來，並且將會表明自己是數學的無限者的基礎。只要我們把定量**當作一個比例關係環節**，由低到高考察其各個表現層次——在最低的層次上，定量同時仍然是定量本身，而在一個較高的層次上，定量已經意指並且表達出真正無限的大小——，那個概念本身就會更加清楚。

　　我們首先看看，**比例關係**中的定量，作為一個**分裂的數**（即分數），是什麼情況。比如 $\frac{2}{7}$ 這個分數，就不是一個如同 1、2、3 等等的定量，它雖然是一個通常意義上的有限的數，但不是一個直接的，如同整數那樣的數，而是由**另外兩個數**加以間接規定，這兩個數互為數目和單位，而且單位也是一個已規定的數目。但是，如果抽離它們相互之間的這個更具體的規定，僅僅按照它們在當前的這個關聯裡作為定量的樣子來考察它們，那麼可以說，2 和 7 其實是漠不相關的定量；但是，由於它們在這裡僅僅作為彼此的**環節**，隨之作為一個第三者——即那個號稱指數（Exponent）的定量——的**環節**而出現，所以它們不是直接作為 2 和 7 就有效，而是僅僅按照它們的**相互**規定性才有效。正因如此，人們同樣可以用 4 和 14 或 6 和 21 等等替代它們，如此以至無限。換言之，它們在比例關係裡開始具有一個質的特性。假若它們被當作純粹的定量，那麼

[286]

在 2 和 7 那裡，一個絕對地只是 2，另一個絕對地只是 7；至於 4
和 14，6 和 21 等等，則是某種絕對不同於 2 和 7 的東西，又因為
它們全都只是直接的定量，所以前者不能取代後者的位置。但是，
既然 2 和 7 按照規定性不能被當作直接的定量，那麼它們的漠不
相關的界限就被揚棄了；因此，從這個方面來看，它們在其自身那
裡就具有無限性這一環節，因為它們並非簡單地不再是定量，毋寧
說，它們的量的規定性保留下來，但表現為一個自在存在著的質的
規定性（也就是說，取決於它們在比例關係裡的值）。誠然，無限
多的其他的數能夠取代它們的位置，但按照比例關係所具有的規定
性，分數的值不會有任何改變。

　　儘管如此，無限性在一個分數那裡的呈現仍然是不完滿的，
因為分數的兩方面，2 和 7，也可以脫離比例關係，成為通常的漠
不相關的定量；2 和 7 之所以相互關聯，是為了在比例關係中作為
環節而存在，但這個關聯對它們而言是某種外在的、漠不相關的東
[287]　西。這個**關聯**本身同樣是一個通常的定量，即比例關係的指數。

　　普通算數運算所使用的**字母**，作為從數提升上來的第一種普遍
東西，按照其屬性而言並不屬於一個已規定的數值；它們僅僅是每
一個已規定的值的普遍符號和無規定的可能性。如此，分數 $\frac{a}{b}$ 看起
來是無限者的一個更合適的運算式，因為 a 和 b 一旦脫離它們的相
互關聯，就始終是無規定的，而且在割裂的情況下也不具有一個特
殊的、獨特的值。——只不過，雖然這些字母被設定為無規定的大
小，但它們的意義卻在於，作為某一個有限的定量而存在著。它們
雖然是普遍的表象，但僅僅屬於一個**已規定的數**，既然如此，它們
同樣無所謂是否處於比例關係之中，而且在這個關係之外也保留著
自己的值。

　　只要我們更仔細地考察比例關係所包含的東西，就會發現，比例關係本身就具有兩個規定：**首先**，它是一個定量，**其次**，這個定量不是一個直接的定量，而是在自身那裡具有一個質的對立；與此同時，它在這個對立裡始終是那個已規定的、漠不相關的定量，因為它已經擺脫它的異在，擺脫對立，返回到自身之內，從而也是一個無限者。這兩個規定在接下來的大家熟知的形式裡，呈現為進一步發展起來的相互有別的東西。

　　分數 $\frac{2}{7}$ 可以表現為 0.285714……，$\frac{1}{1-a}$ 可以表現為 $1 + a + a^2 + a^3$……。因此這是**一個無限的**序列；分數本身叫做這個序列的**總和**或**有限的運算式**。如果我們比較這兩個運算式，就會發現，前者（即無限的序列）不再把分數呈現為一個比例關係，而是將其呈現為這樣一個定量，它是一定**數量**的相互添加的東西，是一個數目。—— 這裡根本不用考慮，那些使分數成為數目的大小本身又是由一些十進位分數構成，亦即本身是由一些比例關係構成；因為這個情況所涉及的是這些大小的特殊類型的**單位**，而不是涉及那些構成**數目**的大小；這就好比，人們認定十進位體系的一個由眾多符號構成的整數在本質上是一個數目，並不關心它其實是由一個數和「10」及其冪方的**乘積**構成的。同理，我們也不關心，除了這裡所說的 $\frac{2}{7}$ 之外，是否存在著別的分數，以及它們成為十進位分數之後，是否提供一個無限的序列；但是，每一個分數都可以表現這個單位之外的其他單位的數的體系。

[288]

　　無限的序列應當把分數呈現為一個數目，現在，由於序列中的一個方面（分數作為比例關係）消失了，所以另一個方面（如之前指出的，分數**在其自身**就具有無限性）也消失了。但這個無限性已經透過別的方式滲透進來；也就是說，序列本身就是無限的。

　　現在，序列的無限性究竟屬於什麼類型，已經再清楚不過了；它就是惡劣的無限進展。序列包含著矛盾，呈現出矛盾，也就是說，某東西本來是一個比例關係，並且在這個關係裡具有**質**的本性，但這個東西必須被表述為一個不在比例關係中的東西，被表述為一個單純的**定量**或一個數目。相應的後果是，在序列表現出來的一個數目裡，總是缺少某種東西，以至於人們必須不斷超越已設定的東西，以便觸及他們所要求的那個規定性。進程的發展是眾所周知的；它就在定量的規定中（這個規定包含在分數裡），就在形式的本性中（形式應當表現出這個規定）。如果人們**覺得有必要**，數目確實可以透過序列的推進而成為一個相當精確的東西；但這種表現依賴於序列的推進，因此始終只是一個**應當**；它依附於一個不可能被揚棄的**彼岸世界**，因為，把一個立足於**質**的規定性的東西表現為**數目**，乃是一個**恆久的矛盾**。

[289]　　在這個無限的序列裡，**非精確性**是一個現實的東西，但它在真正的數學的無限者那裡僅僅作為假象而出現。這**兩類數學的無限者**就和兩類哲學的無限者一樣，絕不可以混淆起來。在把真正的數學的無限者呈現出來時，最初使用的是**序列的形式**，而這個形式在近代又死灰復燃了。但對於真正的數學的無限者來說，它並不是必然的；正相反，後面將會表明，無限序列的無限者在本質上有別於真正的數學的無限者。我們甚至可以說，無限序列比分數這一運算式更加低級。

　　也就是說，無限序列包含著惡劣的無限性，因為那個應當把序列表現出來的東西始終是一個**應當**，而它實際表現出來的東西，則是依附於一個不會消失的彼岸世界，並且**不同於**那個應當被表現出來的東西。序列之所以是無限的，不是因為有一些已設定的項（Glieder），而是因為它們是不完滿的，因為那個在本質上屬於

它們的他者，卻位於它們的彼岸世界；在無限序列裡，無論有多少已設定的項，實際存在著的都是一個真正意義上的有限者或一個註定了的有限者，即這樣一個東西，**它不是它應當所是的東西**。反之，這個序列的所謂的**有限的運算式**或**總和**，〔亦即分數〕，卻沒有欠缺；分數完整地包含著序列徒勞尋求的值；彼岸世界已經從逃避之處被召回；「它所是」和「它應當所是」不是割裂的，而是同一個東西。

　　更確切地說，二者的區別在於，在無限序列裡，**否定者**位於序列的諸項**之外**，這些項只有作為**數目**的部分，才出現在序列中。反之，在有限的運算式（即比例關係）裡，**否定者**是內在的，表現為比例關係兩端的**相互**已規定的存在，即一個已經回歸自身的存在或一個自身關聯的統一體，而作為否定之否定（比例關係的**兩端**僅僅是**環節**），它**在自身內**具有**無限性**這一規定。——因此，通常**所謂的總和**，$\frac{2}{7}$ 或 $\frac{1}{1-a}$，實際上是一個**比例關係**；至於這個所謂的**有限的運算式**，其實是真正**無限的運算式**。反之，無限**序列**真正說來其實是**總和**；它的目的在於，把那個自在地是比例關係的東西在總和的形式下呈現出來，至於序列裡的項，則不是一個比例關係的項，而是一個集合的項。進而言之，無限序列其實是一個**有限的運算式**，因為它是一個不完滿的集合，在本質上始終是一個有所欠缺的東西。從那些存在於序列中的東西來看，無限序列是一個已規定的定量，同時少於它應當所是的那個東西；這樣一來，它所欠缺的東西也是一個已規定的定量；這個欠缺的部分，實際上就是那個在序列裡號稱無限者的東西，後者從單純的形式方面來看，是一個欠缺的東西，是一個**非存在**，而從內容來看，則是一個有限的定量。只有當那些存在於系列中的東西再加上序列所欠缺的東西，才構成了分數

[290]

這一已規定的定量，即序列**應當**是，卻不可能是的那個東西。——「**無限**」這個詞語，即使在無限的序列裡，也被經常看作是某種崇高的、令人肅然起敬的東西；然而這是一種迷信，知性的迷信；人們已經發現，這個東西其實可以歸結爲「**有缺陷**」這一規定。

此外可以指出，有些無限序列是不能總和的，但對於一般意義上的序列形式而言，這僅僅是一個外在的、偶然的情況。相比能夠總和的序列，那些無限序列包含著一個更高類型的無限性，即一個不可通約性或一種不可能性，也就是說，不可能把包含在序列中的量的比例關係（哪怕它是一個分數）呈現爲一個定量；無論如何，序列具有的**序列形式**本身就包含著惡劣無限性這一規定，後者同樣出現在一個能夠得出總和的序列裡面。

[291]　　　剛才在分數和分數的序列那裡，我們已經看到了運算式的反轉。但這個反轉在另一種情況下也發生了，即人們把**數學的**無限者——這不是之前所說的，而是眞正的數學的無限者——稱作**相對的**無限者，反之把通常所謂的**形上學的**無限者——這裡指抽象的、惡劣的無限者——稱作**絕對的**無限者。但實際上，這個形上學的無限者僅僅是一個相對的無限者，因爲它所表達出來的否定僅僅與一個界限相對立，以至於後者始終在它之外**持存著**，並未被它揚棄；與此相反，數學的無限者已經在自身內眞正揚棄了有限的界限，因爲界限的彼岸世界已經和它合爲一體。

前面已經指出，無限序列的所謂的總和或有限的運算式，其實應當被看作是一個無限的運算式。正是在這個意義上，斯賓諾莎針對惡劣無限性的概念，提出了眞正無限性的概念，並且用一些例子來加以解釋。只要我把他的相關言論和我迄今的闡釋結合起來，他的那個概念就會變得極其明白。

他首先把**無限者**定義爲某一個事物的實存的**絕對肯定**，反過來

把有限者定義爲**規定性**或**否定**。也就是說，一個實存的絕對肯定必須被看作是這個實存的**自身關聯**，而不是由於有一個他者；反之，有限者是否定，是一個終止，意味著與一個**在它之外開始的他者**的**關聯**。誠然，一個實存的絕對肯定並沒有窮盡無限性的概念；這個概念意味著，無限性是一個肯定，但不是一個直接的肯定，毋寧僅僅是一個透過從他者那裡返回自身而得以重建的肯定，或者說否定之否定。但在斯賓諾莎那裡，實體及其絕對統一體在形式上是一個不動的，亦即沒有以自身爲中介的統一體，是一個僵化的東西，在其中，尚未出現自主體（Selbst）的否定統一體的概念，尚未出現主體性。

斯賓諾莎用來解釋眞正的無限者的數學例子（《書信集》之 [292] 12），是一個介於兩個不相等的圓圈之間的空間，其中一個圓圈包含在另一個圓圈之內，但沒有塡滿後者，而且二者不是同心的。[14] 他似乎非常看重這個圖示以及那個以圖示爲例的概念，甚至把它當作他的倫理學的座右銘。——他說：「數學家的推論是，那些能夠在這樣一個空間中出現的不相等是無限的，但這不是因爲有無限**數量**的部分（因爲空間的大小是**已規定的**和**有界的**，而且我可以隨意設定更大的或更小的這樣的空間），而是因爲**事情的本性**超出了任何規定性。」——很顯然，斯賓諾莎譴責那個把無限者想像爲未完

---

[14]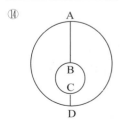
斯賓諾莎的具體說明和圖示可參閱《斯賓諾莎書信集》，洪漢鼎譯，商務印書館 1993 年版，第 53-54 頁。——譯者注

成的數量或序列的觀念，並且提醒我們，在這個作爲例子的空間裡，無限者不是位於空間的彼岸，而是完整而眞實地出現在這個空間裡；這個空間是有界的，但它同時是一個無限者，「因爲事情的本性超出了任何規定性」，因爲包含在其中的大小規定不可能同時呈現爲一個定量，或用康德的那個術語來說，因爲**綜合**不可能完成爲一個區間性的定量。—— 至於**延續的**定量和**區間性的**定量的對立究竟以什麼方式導致無限者，這一點應當在下一個注釋裡面加以討論。—— 斯賓諾莎把序列的那個無限者稱作**想像中的無限者**，反過來把作爲自身關聯的無限者稱作**思維中的無限者**或 infinitum actu〔**現實的無限者**〕。也就是說，後者之所以是**現實的**無限者，因爲它是一個已經在自身內完成，並且眞實地存在於我們眼前的東西。就此而言，序列 0.285714…… 或 $1 + a + a^2 + a^3$ …… 僅僅是想像中或意謂中的無限者，因爲它不具有現實性，總是絕對地欠缺某些東西；反之，$\frac{2}{7}$ 或 $\frac{1}{1-a}$ 是**現實的**無限者，其中不僅有序列中的那些項，而且有序列所欠缺的東西，即序列**應當所是**的東西。與此同時，$\frac{2}{7}$ 或 $\frac{1}{1-a}$ 或也是一個有限的大小，跟斯賓諾莎所說的介於兩個圓圈之間的封閉空間及其不相等的部分沒有什麼不同，而且和這個空間一樣，能夠變得更大或更小。當然，這並不會導致「更大的無限者」或「更小的無限者」之類荒謬東西，因爲整體的這個定量和它的環節的比例關係，和**事情的本性**（即質的大小規定）毫不相干；那**存在於**無限序列中的東西，同樣是一個有限的定量，但除此之外仍然是一個有所欠缺的東西。—— 與此相反，**想像**始終止步於定量本身，卻沒有反思到質的關聯，更不知道這個東西構成了眼前的不可通約性的根據。

[293]

　　在斯賓諾莎的例子裡，不可通約性一般地包含著曲線的函數，從而更加接近數學在這樣的函數裡，或一般地在**變數的函數**裡已經引入的無限者。後者作為**真正的數學的**無限者，量的無限者，也被斯賓諾莎想到了。現在這個規定應當得到更深入的討論。

　　首先，從**可變化性**（這裡指的是那些與函數相關聯的大小）這一如此重要的範疇來看，大小的可變化在意義上應當不同於在分數 $\frac{2}{7}$ 中，2 和 7 這兩個數的可變化，也就是說，後者能夠被 4 和 14、6 和 21 等如此以至無限的其他的數替代，同時並不改變那個在分數中已設定的值。同理，在 $\frac{a}{b}$ 裡，a 和 b 也能夠被任意的數替代，同時並不改變 $\frac{a}{b}$ 應當表達的東西。現在，只有當一個函數中的 x 和 y 也能夠被無窮**數量**的數替代，在這個意義上，a 和 b 才和 x 和 y 一樣，都是變數。正因如此，「**變數**」（veränderliche Größen）⑮這一運算式是一個非常含混的說法，而不幸的是，人們居然選擇它來指代「大小規定」（Größenbestimmung），殊不知後者的旨趣和處理方式**完全不在於**大小的單純的可變化性。 ［294］

　　高等分析致力於研究一個函數的諸環節，而為了搞清楚這些環節的真正規定之所在，我們必須把經歷過的層面明確地重新梳理一遍。在 $\frac{2}{7}$ 或 $\frac{a}{b}$ 裡，2 和 7 各自都是自為地已規定的定量，而關聯對它們而言不是本質性的；a 和 b 同樣應當代表著一些即使位於比例關係之外也仍然不失為定量的定量。此外，$\frac{2}{7}$ 和 $\frac{a}{b}$ 也是一個固定的定量，一個商數；比例關係構成一個數目，分母表示數目的單位，

---

⑮ 這個概念的字面意思為「可變化的大小」。——譯者注

分子表示這些單位的數目——或者反過來說，雖然 4 和 14 等等能夠替代 2 和 7，但比例關係作為定量，始終是同一個東西。但是，比如在函數 $\frac{y^2}{x}$ = p 裡，上述情形就發生了根本變化；在這裡，x 和 y 雖然能夠作為已規定的定量而存在，但是並非 x 和 y，毋寧只有 x 和 y^2 具有一個已規定的商數。就此而言，**首先**，比例關係的**兩端**，x 和 y，不是已規定的定量，**其次**，不僅如此，它們的**比例關係**也不是一個固定的定量（而且不像在 a 和 b 那裡一樣，**意謂著**這樣一個東西），不是一個固定的商數，毋寧說，商數**作為定量**，絕對是**可變化的**。但之所以如此，唯一的原因在於，x 並非和 y 之間有一個比例關係，而是和 y 的**平方**之間有一個比例關係。大小和**冪方**的比例關係不是一個**定量**，而是在本質上是一個**質**的比例關係；**冪方比例關係**作為一個**背景**，可以被視為**基本規定**。——但在直線函數 $y = ax$ 裡 $\frac{x}{y} = a$，是一個普通的分數和商數；因此，這個函數僅僅**在形式上**是一個變數函數，換言之，x 和 y 在這裡的情形和 $\frac{a}{b}$ 裡的 a 和 b 是一樣的，不需要按照微積分計算的規定來接受考察。——從

[295] 微積分計算的角度看，鑑於變數的**特殊**本性，所以合適的做法是，既為它們引入一個特殊的名稱，也為它們引入另外一**些標記**，以區別於每一個有限的（已規定的或無規定的）方程式裡的**未知量**的通常標記；因為，變數在本質上不同於方程式裡的單純的未知量，後者自在地看來，是完滿地已規定的定量或特定範圍內的已規定的定量。——同樣，人們之所以用直線方程式之類一階函數來處理單獨的微分計算，原因僅僅在於，他們不知道是什麼獨特的東西構成了高等分析的旨趣，並且導致微分計算的需求和發明；此外，另一種誤解也促成了這種形式主義，它以為，為了滿足方法的**普遍化**這一自在正確的要求，應當拋棄那個需求所立足其上的**特殊**規定性，以

至於這個領域裡面彷彿只處理**一般意義上的變數**。實際上，假若人們知道，形式主義並不涉及變數本身，而是涉及**冪方規定**，他們在考察和處理這些對象的時候，早就會把形式主義棄之如草芥了。

　　數學的無限者還會以獨特的方式出現在接下來的層次上。在一個方程式裡（x 和 y 首先透過一個冪方比例關係而被規定和設定在其中），x 和 y 本身仍然應當意味著定量；現在，這個意味已經完完全全消失在一些所謂的**無限小的差分**裡面。dx 和 dy 不再是定量，它們也不再應當意味著定量，而是僅僅在它們的關聯中，**僅僅作為一些環節**，具有意味和**意義**。它們不再是**某東西**（即作為定量的某東西），不再是有限的差分；但它們也**不是無**，不是一個無規定的零。誠然，假若離開它們的比例關係，它們就是純粹的零，但它們只應當被看作是比例關係的環節，只應當被看作是微分係數的 $\dfrac{dx}{dy}$ 規定。 [296]

　　在無限者的這個概念裡，定量真正完成為一個質的定在；它被設定為現實地無限的；它不是作為這個或那個定量而被揚棄，而是作為一般意義上的定量而被揚棄。但是，**量的規定性**，作為定量的**元素**，始終是本原，或如人們曾經說的那樣，是處在**其最初概念**中的定量。

　　一切針對這個無限者的數學基本規定的攻擊，還有一切針對微積分的數學基本規定的攻擊，都是指向這個最初概念。正是數學家自己的錯誤觀念，導致這個概念沒有得到承認；但主要說來，這些爭執的源頭在於，人們沒能論證對象就是**概念**。但正如前面已經指出的，數學在這裡不可能迴避概念；因為，只要數學去討論無限者，就不再把自己限定在它的對象的**有限**規定性上面，而在純粹數學裡面，空間和數及其規定就是僅僅作為有限的東西而得到考察並

相互關聯；毋寧說，數學現在是把一個從別處拿來，並由它處理過的規定輸入到**對立面的同一性**裡面，比如把一條曲線變爲一條直線，把圓圈變爲多邊形等等。也就是說，數學作爲微積分所採用的運算，與單純有限的規定的本性及其關聯完全衝突，於是只能在**概念**裡爲自己辯護。

[297] 如果數學在討論無限者的時候堅持認爲，那些量的規定是一些隨時消失的大小，即一個不再是定量，但也不是無，而是**與他者相對立的規定性**，那麼，在存在和無之間沒有一個所謂的**中間狀態**，這似乎就是再清楚不過的了。── 至於這個責難，還有所謂的中間狀態，究竟是怎麼回事，我們在前面討論「轉變」範疇的注釋四裡已經指出來了。無論如何，存在和無的統一體不是一個**狀態**（Zustand）；大致說來，狀態是存在和無的一個規定，這些環節僅僅透過錯誤的思維而以偶然的方式落入其中，就好像落入一種疾病或外在感染一樣；但實際上，唯有這個中項和統一體，這種消失或轉變，才是它們的**真理**。

此外，人們曾經說過：「無限者**不可**與更大的或更小的東西**做比較**，因此，無限者和無限者之間不可能有一個比例關係，至於無限者的秩序和等級之分，也不可能像數學裡的無限差分的區別一樣出現。」── 這個責難前面已經提到過了，它的一貫基礎在於認爲，這裡談論的**定量**應當是一些可供比較的定量，而且，只要諸規定不再是定量，相互之間就不再有比例關係。但實際上，那**僅僅**存在於比例關係中的東西，並不是定量；定量是這樣一個規定，它在離開比例關係之後，就僅僅具有一個完全漠不相關的定在，無所謂是否有別於一個他者；反之，質的東西僅僅是一個存在於與他者的區別中的東西。因此，那些無限的大小不僅是可比較的，而且僅僅作爲比較或比例關係的環節而存在著。

　　我在這裡列舉了數學關於這個無限者已經提出的一些最重要的規定；從中我們可以看出，它們的基礎，即事情的思想，與這裡已經得到發展的概念是一致的，只不過它們的原創者沒有把這個思想作爲概念而加以論證，而在應用它的時候，又不得不找來一些與他們的更好宗旨相矛盾的解決辦法。

　　沒有人比牛頓更正確地規定了這個思想。在這裡，我捨棄了那些屬於運動和速度的觀念——他把這個觀念稱作「流數」（Fluxionen）——的規定，因爲這裡出現的思想不再表現爲一個抽象的東西，而是表現爲一個具體的，與無關本質的形式混雜在一起的東西。牛頓宣稱（《自然哲學的數學原理》第五十節第一段，第十一輔助命題之附釋），他所理解的流數不是**不可分者**，而是一種**隨時消失的可分的東西**。然而早期的數學家，比如卡瓦列里[⑯]等人，就使用了「不可分者」（Unteilbares）[⑰]這一形式，其中包含著一個**自在地已規定的**定量的概念。再者，流數不是已規定的部分的總和和比例關係，而是**總和**和**比例關係**的**界限**（limites）。有人反駁說，隨時消失的大小不具有**最終的比例關係**，因爲在它們消失之前，談不上「最終的」，而在它們消失之後，又談不上「比例關係」。但實際上，「隨時消失的大小的比例關係」**不是**指一種在它們消失**之前**和**之後**存在著，而是指一種**和它們一起消失**（quacum evanescunt）的比例關係。同樣，正在生成的大小的**最初**比例關係，也是和**它們一起**生成的。

　　牛頓只是按照當時的科學方法的水準，指出對一個術語應當作

---

⑯　卡列瓦里（Francesco Bonaventura Cavalieri, 1598-1647），義大利數學家。——原編者注

⑰　這個詞語在字面上的意思等同於「原子」（Atom）。——譯者注

何理解；至於人們究竟將其理解爲什麼東西，眞正說來，僅僅是一個主觀的臆測或連帶著一個歷史學的要求，而這並沒有表明，這樣一個概念自在且自爲地就是必然的，並且具有內在的眞理。儘管如此，以上引證畢竟表明，牛頓提出的這個概念與前面的闡述裡透過對定量的反思而逐步產生出來的「無限的大小」是一致的。這是一些正在消失的大小，也就是說，它們不再是定量；此外，它們不是已規定的部分的比例關係，而是**比例關係的界限**。因此，不僅自爲的定量（即比例關係的兩端）應當消失，作爲定量的關聯關係也應當消失；大小比例關係的界限，就是意味著在那裡，這種關係既存在著也不存在著；確切地說，在那裡，定量已經消失，而保留下來的，只有比例關係（作爲質的量比例關係）和比例關係的兩端（作爲質的量環節）。——牛頓補充道，從隨時消失的大小的最終比例關係出發，並不能推出，存在著最終的大小或**不可分的東西**。否則的話，這仍然是從一個抽象的比例關係跳躍到比例關係的兩端，彷彿兩端作爲「不可分者」，作爲某個與比例關係無關的單一體，在脫離相互關聯的情況下本身仍然具有價值。

　　針對那個誤解，牛頓亦提醒我們，**最終比例關係**不是**最終的大小**的比例關係，而是一些界限，那些可以無限減少的大小的比例關係比每一個**被給予的**（亦即有限的）區別更加接近這些界限，但不會逾越它們，否則自己就成爲無。——正如之前所述，誠然，**最終的大小**本來可以被理解爲一個「不可分者」或單一體，但是，在**最終比例關係**的規定裡，無論是「漠不相關的單一體」或「與比例關係無關的東西」，還是「有限的定量」，所有這些表象都被清除了。因此，最終比例關係既不需要**無限的減少**（牛頓認爲這種情況只會發生在定量身上，而且僅僅表達出一個無限進展），也不需要可分性這一規定，因爲，假若被要求的規定已經把自己進而塑造爲大小

規定——它僅僅是比例關係的一個環節——的概念，可分性在這裡就不再具有一個直接的意義。

至於**即使諸定量消失，比例關係仍然保留下來**，這一點（在別的地方，比如卡爾諾[18]的《關於微分計算的形上學的反思》，1797）的表現在於，**藉助持續性法則**，隨時消失的大小仍然保留著比例關係，哪怕它們在消失之前已經脫離這個關係。——這個觀念**表達**了事情的真正本性，唯一的前提是，人們不要認為定量在無限進展裡具有的持續性會一直延續到定量的消失中，以至於在定量的**彼岸世界**裡，重新只是產生出一個有限的定量，即一個**新的序列項**；但是，一個**持續**的推進總是只能這樣來設想，即它所經歷的值仍然是一些有限的定量。反之，在那個向著真正的無限者的過渡裡，比例關係是**持續**的；它是如此地**持續**並且保存自身，以至於過渡的目標在於，一方面把比例關係純粹地提取出來，另一方面讓那個與比例關係無關的規定消失，因為這個規定的意思是，定量作為比例關係的一端，即使脫離這個關聯之後仍然是定量。——就此而言，所謂清除掉量的比例關係，無非是指**在概念上理解把握**一個經驗的**定在**。透過這個方式，定在被提升到它自身之上，而它的概念也和定在本身包含著**同樣的規定**，但這些規定如今是按照它們的本質性而被理解為概念的**統一體**，在其中，它們已經失去自己的漠不相關的、與概念無關的持存。

同樣令人感興趣的，是牛頓在闡述這裡所說的大小時，採用的另一個形式，即「**能生產的大小**」或「**本原**」。與此相反，一個**生產出來**的大小（genita）既可以是一個乘積，或商數、方根、長

[300]

---

[18]　卡爾諾（Lazare Nicolas Marguerite Carnot, 1753-1823），法國政治家。——原編者注

方形、正方形等等，也可以是長方形或正方形的邊長，——總之是一個**有限的定量**。「因爲它被看作是可變化的，即在持續的運動和流動中增加或減少，所以他使用了『**暫時**』（Momente）這一名稱，把它理解爲**暫時的**（monentan）**增量**或**減量**。但這些『暫時』不應當被理解爲一堆零碎的已規定的大小（particulae finitae），後者本身不是『**暫時**』，而是由『**暫時**』**生產出來的**大小。實際上，這些『暫時』應當被理解爲有限的大小的正在生成的**本原**或**開端**。」——在這裡，定量本身就區分出兩種情況：一種是作爲產物或定在者，另一種是作爲在它的**生成或轉變**中，在它的**開端**和**本原**中，亦即在它的**概念**中，或者說在它的質的規定中的東西；在後一種情況下，各種量的區別，無限的增量或減量，僅僅是一些環節；只有生產出來的東西才是一個已經過渡到定在的漠不相關和外在性的東西，即定量。——如果說這些鑑於增量或減量而引入的關於無限者的規定必須得到那種以眞正概念爲旨歸的哲學的承認，那麼同時需要指出的是，「增量」之類形式本身是位於「直接的定量」和剛才提到的「持續的推進」等範疇之內；至於因爲 x 的基礎上有了 dx 或 i 等等，所以對此大談**增量**、**增長**、增加之類觀念，則必須被看作是方法裡面的根本惡習，——必須被看作是一個恆久的阻礙，不讓人們從通常的定量的觀念裡純粹地提取出質的量環節的規定。

[301] （此為左側邊碼）

相比上述規定，「**無限小量**」[19]這一隱藏在增量或減量自身之中的**觀念**，是一個落後得多的觀念。按照這個觀念，不但相比有限的大小，無限小量**應當忽略不計**，而且它們的較高秩序相比較低秩序，或多數的乘積相比個別的乘積，也**應當忽略不計**。以前的數學家在處理這些大小的時候，發明了這個方法，而在萊布尼茲那裡，

----

[19] 這個概念的字面意思爲「無限小的大小」。——譯者注

對於這種**忽略不計**的要求同樣出現了，而且更加引入注目。無限小 [302] 量的主要問題在於，它雖然給運算帶來方便，但卻賦予這個運算以非精確乃至明顯不正確的外貌。——沃爾夫的獨特本領在於把事情通俗化，即把概念弄得混亂不堪，並用錯誤的感性觀念取代其位置，而他也嘗試過讓無限小量變得通俗易懂。也就是說，他把忽略不計較高秩序和較低秩序之間的無限差分，比擬為一個幾何學家的做法，後者在測量一座山的高度的時候，不會因為忽略風吹走了山頂的一粒沙子，其精確度就受影響，同理，他在計算月蝕的時候，也不會因為忽略了〔地面上的〕房屋和塔樓的高度，其精確度就受影響（見《普通數學原理》第一卷「數學分析原理」，第二部分，第 1 章之附釋）。

　　儘管普通人類知性容忍這樣一種非精確性，但反過來，所有幾何學家都在譴責這個觀念。很顯然，首先，數學科學裡面絕不會討論這種經驗意義上的精確性，其次，數學測量立足於運算或幾何學的構造和證明，因此完全不同於田野丈量，不同於對經驗中的線條和形狀等等的測量。即使不考慮這些，正如前面說過的，分析學家透過比較按照嚴格的幾何學方法和按照無限差分的方法而獲得的結果，也指出，兩種方法得出的結果是同一個東西，絕不會出現精確性的增加或者減少。不言而喻，一個絕對精確的結果不可能得自於一個不精確的方法。即便如此，從另一個方面來看，不管人們如何抗議前述論證方式，**任何方法本身**都避免不了那種忽略不計，因為有些東西確實是無足輕重的。正是由於這個困難，分析學家們致力 [303] 於澄清這裡包含的悖謬，並將其清除掉。

　　就這個問題而言，必須首先列出歐拉[20]的觀點。由於他以牛頓

---

[20] 歐拉（Leonhard Euler, 1707-1783），瑞士數學家。——原編者注

的一般定義爲基礎，所以他堅持認爲，微分計算所考察的是一個大小的**增量的比例關係**，而**無限差分**本身卻必須被完全看作是**零**（《微分計算教程》，柏林 1755 年版，第一部分，第 3 章）。── 如何理解這一點，前面已經談過了；無限差分僅僅是定量的零，而不是一個質的零，確切地說，它作爲定量的零，僅僅是比例關係的一個純粹環節。它不是**多出一個大小**的區別；然而正因如此，一方面，把那些叫做「無限小量」的環節也稱作增量或減量，並且稱作**差分**，這無論如何不是一個妥當的做法。這個規定的根據在於，首先有一個有限的定量，接下來給它**增添**一點東西或從它那裡**拿走**一些東西，而這就是加法或減法，一個**算術的**、**外在的**運算。至於從變數函數到它的微分的過渡，我們的看法是，必須把這個過渡看作是一個在本性上完全不同的東西，因爲按照之前的討論，它的意思是把有限的函數歸結爲一種質的比例關係，後者又是函數的量的規定之一。── 另一方面，當人們說，增量本身就是零，於是我們只需考察它們的比例關係，這顯然也是一個不妥當的做法，因爲零根本不再具有任何規定性。誠然，這個觀念可以一直走向定量的一個否定者，並且明確地將其說出來，但這個否定者並未同時包含著質的量規定的肯定意義，這些量的規定一旦離開比例關係，被

[304] 當作定量，就僅僅是零了。── 拉格朗日[21]（《解析函數理論》，巴黎 1797 年版，導言）對於「**界限**」或「**最終的比例關係**」等觀念的看法是，如果人們能夠很輕鬆地設想兩個始終有限的大小的比例關係，那麼，只要比例關係的項同時轉變爲零，這個關係就不會給知性提供一個清晰而明確的概念。── 實際上，知性必須超越這個

---

[21] 拉格朗日（Joseph-Louis Lagrange, 1736-1813），法國數學家，物理學家。── 譯者注

單純否定的方面（即比例關係的項是作為定量的零），以肯定的方式把諸項理解為質的環節。——關於這個規定，歐拉（在前引書第84節以下）補充了一些說法，以圖表明，兩個所謂的無限小量雖然無非就是零，但相互之間仍然有一個比例關係，因此我們不是使用零的符號，而是使用別的符號來指代它們；然而這些說法實在不能令人滿意。他希望透過算術比例關係和幾何比例關係的區別來論證這一點；在前者那裡我們關注的是差分，在後者這裡我們關注的是商數，儘管前者相當於兩個零之間的比例關係，但後者卻絕非如此；假若 2:1 = 0:0，那麼基於比例的本性，由於第1個項是第2個項的兩倍大，所以第3個項也必須是第4個項的兩倍大；因此按照比例，0:0 應當被看作是 2:1 的比例關係。——即使按照普通算術，也可以得知，如果 n:0 = 0，那麼 n:1 = 0:0。——問題在於，正因為 2:1 或 n:1 是定量的比例關係，所以沒有一個帶著 0:0 符號的比例關係與之對應。

　　我不想繼續堆砌例證，因為以上考察已經足以表明，無限者的真正概念確實包含在那裡面，只不過還沒有按照其規定性而得到提煉和理解。所以，只要人們推進到運算本身，就不可能讓真正的概念規定在其中發揮作用；毋寧說，有限的量的規定已經重新出現，而運算也不可能迴避一個單純的**相對小的東西**的觀念。計算必定會讓所謂的「無限大小」遵從加法等通常的算數運算（這些運算是基於有限大小的本性），從而把它們當作某一瞬間的有限大小來處理。但是，計算本來應當為自己的以下做法加以辯護，即它憑什麼一方面把無限大小貶低為有限大小，將其當作增量或差分來處理，另一方面把有限大小的形式和法則應用於無限大小，然後把後者當作定量而忽略不計？ [305]

　　關於幾何學家為克服上述困難而做出的嘗試，我再列舉其中最

主要的東西。

　　對於以上問題，古代的分析學家很少有什麼顧慮；但近代人的努力目標主要在於，讓無限者的計算重新獲得**真正的幾何學方法**的自明性，並且透過這個方法在數學裡達到「**古人的嚴謹證明**」（這是拉格朗日的原話）。然而，既然無限者的分析原理在本性上高於有限大小的數學原理，那麼這個分析就必須立即放棄對於**自明性**的追求，正如哲學也不可能要求具有一門以感性事物爲對象的科學（比如自然史）所具有的那種清晰性，——正如相比思維和概念理解，吃吃喝喝總是一項更容易理解的事務。因此，接下來就只談談那種想要達到「古人的嚴謹證明」的努力。

　　許多人已經做出嘗試，在完全拋開無限者的概念的情況下，掌握那些看起來必須使用這個概念的東西。——比如，拉朗格日就談[306] 到了蘭登[22]發明的一個方法，並且對此評論道，它是完全分析的，不使用無限差分，而是首先引入變數的**不同的值**，然後設定它們爲**相等**。此外，他亦指出，這樣一來，微分計算的獨特優點，即方法簡單、運算容易等，就失去了。——這個方法和笛卡兒的切線方法的基礎頗有契合之處，而對於後面這個方法，我們接下來還會詳談。這裡能夠指出的，是一些顯而易見且眾所周知的情況：第一，那整個一套方法（即首先假定變數的不同的值，然後將其設定爲相等）都是屬於微分計算方法本身之外的另一個數學領域；第二，微分計算的現實的、具體的規定可以歸結爲一種單純的比例關係，即推導出的函數與原初函數的比例關係，而這種關係的獨特性（對此我們後面還會加以詳細討論）並沒有得到強調。

---

[22]　蘭登（John Landen, 1719-1790），英國數學家。——原編者注

近代人裡的較老一輩，比如費馬㉓、巴羅㉔等人，第一次在那個後來發展爲微積分計算的應用裡使用了「無限小」。後來的萊布尼茲及其追隨者，包括歐拉，已經堅定地相信，可以忽略無限差分的乘積及其更高的冪方，其唯一的理由是，它們**相對於**較低的秩序而言已經**消失**了。唯有以此爲基礎，他們才提出那個**基本原理**，去規定什麼東西是一個乘積或一個冪方的微分，也就是說，**他們的整個理論學說都可以歸結爲這一點**。除此之外，一部分是發展的機械論，一部分是下面還會加以考察的應用，而這個應用實際上是更高的，或更確切地說，唯一令人感興趣的東西。—— 就當前討論的問題而言，這裡只需舉出一些初步的東西，也就是說，基於同樣的理由（即認爲「無限小」是**無足輕重的**），人們也假定了曲線的一個基本原理，即曲線的元素（橫座標和縱座標的**增量**）之間的比例關係相當於**次切線和縱座標的比例關係**；爲了獲得相似的三角形，人們把弧線——它使自己成爲三角形的第三條邊，補上過去那個名副其實的**典型**三角形的兩個增量——看作是一條直線，是切線的一部分，隨之認爲其中一個增量達到了切線。這些假定一方面把那些規定提升到有限大小的本性之上，但另一方面卻把方法應用到現在所謂的無限環節身上，殊不知那個方法僅僅適用於有限大小，而且不容許任何東西由於「無足輕重」就被忽略不計。在這些處理方式裡，方法所遭遇的巨大困難始終壓在人們頭上。

[307]

這裡可以提到牛頓的一個值得注意的手法（《自然哲學的數學原理》第二卷，第 2 輔助定理，第 7 命題之後），—— 爲了克服算術在求微分時採取的錯誤做法（即把無限差分的乘積或無限差分

㉓　費馬（Pierre de Fermat, 1601-1665），法國數學家。—— 原編者注

㉔　巴羅（Isaac Barrow, 1630-1677），英國數學家和數學家。—— 原編者注

的較高秩序忽略不計），他發明了一個巧妙的技藝。他以如下方式
發現了乘積的微分，從而很輕鬆地推導出商數、冪方等等的微分。
也就是說，對於 x 和 y，如果每一方的無限差分都減小**一半**，那麼
它們就過渡到 $xy = \dfrac{xdy}{2} - \dfrac{ydx}{2} + \dfrac{dxdy}{4}$；但是，如果讓 x 和 y 同樣增
加一倍，那麼它們就過渡到 $xy + \dfrac{xdy}{2} + \dfrac{ydx}{2} + \dfrac{dxdy}{4}$。現在，如果拿
走這第二個乘積，$ydx + dxy$ 就成了盈餘，而這就是**增長一整個 dx
和一整個 dy 之後的盈餘**，因為正是這個增長把兩個乘積區分開來；
所以這就是 xy 的微分。——很顯然，在這個處理方式裡，其主要
困難在於 $dxdy$ 這一項（即兩個無限差分的乘積）自己就把自己清
除了。但是，如果不顧忌牛頓的鼎鼎大名，那麼我們必須指出，
這樣一個運算雖然是很基礎性的，但仍然是錯誤的；也就是說，
$\left(x + \dfrac{dx}{2}\right)\left(y + \dfrac{dy}{2}\right) - \left(x - \dfrac{dx}{2}\right)\left(y - \dfrac{dy}{2}\right) = (x+dx) + (y+dy) - xy$ 是錯誤的。
我猜想，如果不是為了論證流數計算的重要性，否則一個像牛頓這
樣的人是不會蒙蔽於這樣一個證明的。

[308]

　　牛頓在推導微分時使用的其他形式，涉及元素及其冪方的具
體的，與運動相關聯的意義。——他的傑出方面在於使用了**序列形
式**，但我們很容易發現，任何人在任何時候都有權利透過添加更多
的項而使大小達到**他所需要的那個精確性**，同時認為其忽略不計的都
是**相對而言無足輕重的東西**，因此總的說來，結果僅僅是一個**近似**。
然而上述理由是不能令人滿意的，正如人們不可能基於一個粗俗
的理由（即認為某些東西是微不足道的），就用近似的方法去解答
高階方程式，把那些更高的冪方——它們之所以出現，是為了替
代給定的方程式裡的每一個已發現的，但仍然不精確的值——忽略
不計；對此可參看拉格朗日《數字方程》（1788 年版），第 125
頁。

　　牛頓的**錯誤**在於透過忽略不計那些具有本質意義的更高冪方來解決問題。這個錯誤給他的敵手們可乘之機，即用他們的方法去戰勝他的方法。拉格朗日在其最新的相關研究（《解析函數理論》第三部分，第 4 章）中已經揭示出這個錯誤的真正起源，並且證明，那個工具的使用仍然包含著**流於形式的東西**和**不確切的東西**。拉格朗　[309]
日指出，牛頓之所以犯了那個錯誤，是因為他忽視了序列的項，而項所包含的冪方才是解決問題的關鍵之所在。也就是說，牛頓執著於那個流於形式的膚淺原理，堅持要忽略不計那些相對而言微不足道的項。—— 眾所周知，在**力學裡**，一個運動的函數是在序列中展開的，而序列的諸項具有一個**已規定的意義**，即第 1 個項或第 1 個函數應當與速度環節相關聯，第 2 個函數應當與加速力相關聯，第 3 個函數應當與阻力相關聯。就此而言，序列的項不應當僅僅被看作一個總和的**諸部分**，而是應當被看作**一個概念整體的質的環節**。這樣一來，對於其餘項（它們屬於惡劣的無限序列）的**忽略不計**就獲得了一個**完全不同的意義**，即不再是以那些項相對而言的微不足道為理由而把它們忽略不計。⑤牛頓的解決辦法之所以犯了那個錯

---

⑤ 拉格朗日在討論直線運動的一章裡把函數理論應用到力學身上時，用一個簡單的方式把兩個觀點並列起來（《函數理論》第 3 部分，第 1 章，第 4 節）。已經過的空間被看作是已流逝的時間的函數，從而提供了 $x = ft$ 這一方程式；這個方程式作為 $f(t + \theta)$ 得到發展之後，就提供了 $ft + \theta f't + \dfrac{\theta^2}{2} f''t + \text{usw}$。於是，在時間裡已經過的空間就透過這個公式呈現出來：$= \theta f't + \dfrac{\theta^2}{2} f''t + \dfrac{\theta^2}{2 \cdot 3} f'''t + \text{usw}$。因為這個空間是藉助運動而經過的，又因為分析的發展過程提供了許多乃至無限多的項，**所以**，可以說運動是由不同的局部運動**組合而成的**，而這些局部運動與時間相對應的空間，就是 $\theta f't, \dfrac{\theta^2}{2} f''t, \dfrac{\theta^2}{2 \cdot 3} f'''t$，如此等等。在已知的運動裡，第一個局部運動在形式上是勻速的，其速度被規定為 $f't$；第二個局部運動是均勻的加速運動，來自於一個與 $f''t$ 成比例的加速力。「現在，既然

誤，**不是因爲它把序列的項僅僅看作一個總和的諸部分**，而是因爲它沒有注意到，**項所包含的質的規定**才是解決問題的關鍵之所在。

在這個例子裡，方法應當依賴於一個質的**意義**。就當前的連繫而言，我們可以提出一個普遍的主張：假若人們不是採用形式主義的做法——即在給微分**取名字**的時候，才提出**微分**的規定，或在一個函數的變數得到**增長**之後，才提出這個函數和它的**變化**的一般區別——，而是指出原理的**質的**意義，並且使運算依賴於這個意義，那麼原理的整個困難都將會被克服了。在這個意義上，當一個序列透過（$x + dx$）^{n} 的發展而表現出來，x^n 的微分就透過該序列的第一個項而表現爲一個已經完全窮盡的東西。至於其餘的項之所以沒有得到考慮，並不是因爲它們是相對而言微不足道的；——這裡並沒有預設一個非精確性，一個可以透過別的謬誤而得到**抵消**或**改良**的錯誤或謬誤；正是基於這個觀點，卡爾諾爲微分計算的通常方法進

[311] 行辯護。由於這裡**不是**涉及一個**總和**，而是涉及一個**比例關係**，所以微分完全可以**透過第一個項**就被找到；即使它還需要更多的項，需要更高秩序的微分，那麼其規定也沒有包含著作爲**總和**的一個序

---

[310]
其餘的項**不是與單純的、已知的運動相關聯，那麼就沒有必要**特殊地**考慮**它們，而且我們將指出，按照運動的規定，人們在時間點的開端**把它們抽離**。」隨後這一點確實被指出來了，當然，僅僅是透過**比較**以下兩個東西：一個是各種序列（它們的項**全都**屬於在時間中已經過的空間的**大小規定**），另一個是該書第一章第三節爲落體運動提出的 $x = at + bt^2$ 這一方程式（其中只有這兩個項）。然而這個方程式之所以獲得這個形態，只是因爲它預設了一個**解釋**，將其**強加在**那些**透過分析的發展過程**而產生出來的項上。它所預設的是，均勻加速運動是由一個藉助在之前的時間部分裡得到的速度而持續推進的勻速運動和一個被指派給重力的增長（$s = at^2$ 中的 a，即一個經驗係數）**組合而成的**，——這個區別絕不可能在事情的本性中具有任何實存或根據，而是僅僅以錯誤的物理學方式表達出那個在假定的分析處理過程中冒出來的東西。——黑格爾原注

列的延續，而是包含著同一個**比例關係**的**重複**，而這個比例關係是人們唯一想要得到的東西，並且**在第一個項那裡已經是完滿的**。因此，對一個**序列**及其總和的**形式**的需要，還有與之連繫在一起的東西，都必須與那種**對於比例關係的興趣**完全區分開。

　　卡爾諾爲「無限大小」的方法作出的種種解釋，包含著一些最爲清楚明白的東西，並且以最清楚的方式揭示出了那些出現在上述觀念裡的東西。然而在過渡到運算本身的時候，或多或少都會出現那樣一些通常觀念，即認爲相比另外一些項而言，被忽略不計的項是無限地**微不足道**的。實際上，卡爾諾對於那個方法的辯護，不是基於事情本身的本性，而是基於「**結果是正確的**」這一事實，基於引入「**不完整的方程式**」——按照他的說法，在這類方程式裡，確實發生了一種在算術上不正確的忽略不計——而爲簡化和縮短計算而帶來的**便利**。

　　眾所周知，拉格朗日重新撿起了牛頓的原初方法，即序列的方法，以便克服「無限小」以及「最初和最終的比例關係和界限」等觀念本身具有的困難。他的函數計算在精密性、抽象性和普遍性等方面的優點已經得到足夠承認，而這裡唯一需要指出的是，他的出發點是這樣一條基本原理，即差分雖然不會轉變爲零，**但可以被看作如此之小，以至於序列的每一個項在大小上都超越了所有後續項的總和**。——此外，這個方法是從函數的「**增長**」和「**差分**」等範疇開始，當函數的變數得到**增長**，就會出現原初函數的一個令人厭煩的序列；同樣，在追溯這個序列的時候，那些可以忽略不計的項只是由於構成一個**總和**，才得到考慮，至於爲什麼要把它們忽略不計，則是基於它們的**定量**的相對性。因此，一方面，這裡的忽略不計並沒有一般地返回到此前指出的那個出現在某些應用中的觀點，即序列的項應當具有一個已規定的、**質的意義**，而某些項之所以被忽略 [312]

不計，不是因爲它們在大小上是無足輕重的，而是因爲它們在質上是無足輕重的；另一方面，這個忽略不計本身在一個根本重要的觀點裡也被拋棄了，而這個觀點在拉格朗日那裡，只有在涉及所謂的微分係數的時候，只有在所謂的計算應用裡，才以明確的方式凸顯出來，對此我們將會在下一個注釋里加以更詳細的討論。

　　透過討論所謂的「無限小」裡的大小形式，**一般意義上的質的特性**已經得到證實。這個特性的最直接的出沒之處，就是剛才提到的「**比例關係的界限**」範疇，而在計算中使用這個範疇已經被標記爲一個獨特的方法。拉格朗日對這個方法的評價是，第一，它在應用中並不方便，第二，「**界限**」這一說法沒有提供一個明確的理念，如此等等；在這裡，我們願意接受其第二條評價，並且看看「界限」可以具有哪些分析的意義。「界限」觀念確實包含著一個已經提到的眞正範疇，即變數的「**質的比例關係規定**」；因爲，那些基於變數的形式，即 dx 和 dy，無論如何應當僅僅被視爲 $\dfrac{dy}{dx}$ 的環節，而 $\dfrac{dy}{dx}$ 本身應當被視爲一個唯一的不可分的符號。這裡不必

[313]　理睬，在這種情況下，對於計算的機理而言，尤其是在計算的應用中，它透過孤立微分係數的各方而得出的優點已經失去了。現在，那個界限應當是一個給定的函數的**界限**；——它應當在和這個函數相關聯的時候，給出一個透過推導的方式而得到規定的值。然而，無論是藉助於單純的範疇，還是藉助於這個注釋裡已經討論過的東西，我們都不能進而揭示出，那個在微分計算中作爲 dx 和 dy 而出現的「無限小」並非僅僅具有一個否定的、空洞的意義，即僅僅指一個非有限的、未給定的大小——好比「無限的數量」、「如此以至無限」之類說法，——而是具有一個已規定的意義，即指量的東西或一個比例關係環節本身的質的規定性。儘管如此，這個範疇

和一個給定的函數之間尚且沒有一個比例關係，而且它本身沒有介入對於這個函數的處理，沒有被用來在函數身上提出那個規定；在這種情況下，假若「界限」觀念止步於這個透過它而得到證實的規定性，就不會推導出任何東西。然而「**界限**」這一說法本身就已經意味著，它是**某東西**的界限，亦即表達出了一個包含在變數函數中的值；而我們必須看看，界限的這個具體情況是怎樣的。——它應當是兩個**增量**之間的**比例關係**的界限，人們假定這兩個增量又**增長**了兩個變數，這兩個變數在一個方程式裡相互連繫在一起，其中一個被看作另一個的函數；在這裡，「增長」被看作一般地無規定的，因此「無限小」沒有用武之地。但是，首先，這個尋找界限的方法同樣導致了其他方法也包含著的前後不一貫。這個方法是這樣的：如果 $y = fx$，那麼，當 y 過渡到 $y + k$，fx 就應當發生變化，成為 $fx + ph + qh2 + rh3 \dots$，所以 $k = ph + qh2 \dots$，而 $\frac{k}{h} = p + qh$ $+ rh2 \dots$。現在，如果 k 和 h 消失了，那麼除 p 之外，第二個項也消失了，於是從現在起，p 是兩個增長的比例關係的界限。可見，h 作為定量被設定為 0，但與此同時，$\frac{k}{h}$ 不應當因此就是 $\frac{0}{0}$，而是應當保持為一個比例關係。「**界限**」觀念提供了一個優點，就是拒絕這裡出現的前後不一貫；與此同時，p 不應當是諸如 $\frac{0}{0}$ 這樣的現實的比例關係，毋寧僅僅應當是一個已規定的值，比例關係可以**無限地接近**這個值，以至於**每一個後來的區別都能夠小於前面給定的區別**。接下來我們要考察，對於那些真正應當彼此接近的東西而言，「**接近**」有什麼更確定的意義。——誠然，相比任何一個給定的量的區別，不僅**能夠**，而且**應當**有一個更小的已規定的量的區別，絕無例外，這一點本身是如此之清楚，如此之自明，可以說不亞於數學中的任何自明的東西；但這個情況仍然沒有超越 $\frac{dy}{dx} = \frac{0}{0}$。反

[314]

之，如果 $\dfrac{dy}{dx}=p$ 被假定爲一個已規定的量的比例關係（事實上也的確如此），那麼 $h=0$ 這一預設就反過來處於尷尬之中，而只有透過這個預設，人們才找到 $\dfrac{k}{h}=p$。但是，如果人們承認 $\dfrac{k}{h}=0$ —— 實際上，只要 h 等於 0，那麼 k 本身也等於 0，因爲從 k 到 y 的增長僅僅以 h 的增長爲前提——，那麼我們就得追問，p 作爲一個完全已規定的量的值，究竟是什麼東西？對此人們立即可以找到一個簡單的、枯燥的答案，即它是一個係數，是透過推導而產生出來的，——是原初函數透過一個確定的方式推導出來的第一個函數。

[315]

如果人們滿足於這個答案，正如實際上拉格朗日**事後**也對此感到滿足那樣，那麼可以說，微分計算科學的普遍部分，緊接著還有它的這個形式本身（所謂的**界限理論**），就擺脫了增長，隨之擺脫了增長的無限的或任意的小，擺脫了那樣一個困難，即除了第一個項（或更確切地說，第一個項的係數）之外，必須再次把序列裡透過引入那些增長而不可避免會出現的其他項忽略不計；除此之外，與之相關聯的，首先是「無限者」、「無限接近」等形式上的範疇，然後是「延續的大小」㉖等在這裡同樣空洞的範疇，還有人們通常

㉖ 「**延續的大小**」或「**流動的大小**」等範疇是透過考察**外在的**和**經驗的**大小變化而確立下來的，而這些大小透過一個方程式而具有一個互爲函數的關聯；但是，既然微分計算的科學對象是某一個（通常透過微分係數而表達出來的）比例關係，而這個規定性又可以被稱作**法則**，那麼對於這個特殊的規定性而言，單純的延續性從一個角度看來已經是一個陌生的方面，而從另一個角度來看無論如何都是一個抽象的，在這裡可以說空洞的範疇，因爲它除了表達出延續性法則之外，沒有表達任何別的東西。—— 至於這裡最終會出現怎樣一個流於形式的定義，可以參看我尊敬的同事狄爾克森教授〔Enno Heeren Dirksen, 1792-1850。柏林大學數學教授〕關於微分計算的演繹的基本規定而作出的敏銳而全面的闡述，這個闡釋同時批評了最新的幾部關於微積分的著作，並且發表於《科學批判年鑑》（1827）第153號以下；他在該年鑑第1251頁甚至引用了這

認爲必不可缺的**一個變化**的「**目標**」、「**轉變**」、「**時機**」等範疇，也被清除了。但這樣一來，人們有必要指出，p 除了具有一個在理論上能夠令人滿足的枯燥規定（即它無非是一個透過二項式的發展過程而推導出來的函數）之外，還有什麼**意義**和**價值**，即對以後的數學需求而言，還有什麼**關聯**和**用處**；這些應當是下一個注釋處理的問題。——這裡接下來討論的，是人們由於經常使用上述「**接近**」觀念而已經帶來的混亂，而人們之所以使用這個觀念，還是爲了理解把握迄今我們一直討論的比例關係的眞正的、質的規定性。 [316]

我們已經指出，第一，所謂的「無限差分」表達了作爲定量的比例關係兩端的消失，第二，剩餘下來的東西，即它們的量比例關係，是一個純粹的東西，因爲它是以質的方式得到規定；在這個過程中，質的比例關係並沒有消失，毋寧說，它恰恰是那個透過有限大小之轉化爲無限大小而得出的結果。正如我們看到的，事情的整個本性就在於這個地方。——因此，比如在**最終比例關係**裡，橫座標和縱座標的定量就消失了；然而這個比例關係的兩端在本質上始終分別是橫座標的元素和縱座標的元素。由於人們在想像中讓一個縱座標**無限接近**另一個縱座標，所以之前區分開的縱座標就過渡到另一個縱座標，而之前區分開的橫座標也過渡到另一個橫座標；但就本質而言，縱座標不會過渡到橫座標，橫座標也不會過渡到縱座標。如果要繼續使用變數的這個例子，那麼可以說，縱座標的元素不應當被看作**一個縱座標和另一個縱座標的區別**，毋寧說，它作爲

樣一個定義：「一個**持續的**或**延續的**大小，即延續物，是人們在轉變狀態下想到的每一個大小，**而且是這樣**，即這個轉變不是**以跳躍的方式**，而是透過**不間斷的推進**而發生的。」但很顯然，這僅僅是關於**被定義者**的一個恆真句。——黑格爾原注

區別或**質**的大小規定，是與**橫座標的元素**相對立；**一個變數的本原和另一個變數的本原之間**有一個比例關係。由於區別不再是有限大小的

[317]　　區別，也就不再是一個在自身內部多樣化的東西；它已經消融爲一個單純的內涵，消融爲一個質的比例關係環節針對另一個質的比例關係環節而具有的規定性。

　　　　但是，事情的這個狀況之所以被弄得雲裡霧裡，是因爲所謂的「元素」（比如縱座標的元素）被理解爲**差分**或**增量**，以至於它僅僅是一個縱座標的定量和另一個縱座標的定量之間的區別。就此而言，**界限**在這裡並不意味著比例關係；它僅僅被當作最終的值，另一個大小能夠按照人們的意願以同樣的方式不斷接近它，以至於幾乎和它沒有區別，於是最終的**比例關係**成了**相等**比例關係。所以，無限差分就是一個定量與另一個定量的游移不定的區別，至於質的本性（它使 dx 在本質上不是針對 x，而是針對 dy 而有一個比例關係規定），則是退回到觀念中。人們希望 dx^2 在 dx 面前消失，但實際上是 dx 在 x 面前消失，而這其實意味著，它**僅僅和 dy 有一個比例關係**。—— 幾何學家在闡述這些問題的時候，主要目的是想**解釋**一個大小如何**接近**其界限，以及定量與定量的區別如何既是一個區別，又不是一個區別。但不管怎樣，「接近」這一範疇本身沒有說出任何東西，也沒有解釋任何東西；dx 已經把「接近」拋在身後，它既不是近的，也不是一個更近的東西；所謂「無限的近」本身不過是對於臨近和接近的否定。

　　　　從現在已經發生的事情來看，增量和無限差分僅僅是從定量的方面得到考察——後者已經在前兩者中消失——，僅僅被看作定量的界限，而在這種情況下，它們就被理解爲一些**與比例關係無關**的環節。由此會得出一些錯誤的觀念，以爲在最終的比例關係裡，

[318]　　可以把橫座標和縱座標——或者正弦、餘弦、切線、反正弦以及一

切別的東西——設定爲相等。乍看起來，如果把弧線當作一條切線來處理，這個觀念是合適的；因爲，**弧線**也是不能用一條**直線**來**通約**的，而且它的元素就**質**而言本來就不同於直線的元素。相比混淆橫座標和縱座標、餘弦和正弦等等，看起來更荒謬和更不能讓人接受的，是 quadrata rotundis〔圓的正方形〕之類東西，或把弧線的一個無限小的部分當作一段切線，從而當作直線來處理。——只不過，這個處理方法和剛才譴責的那個混淆有著本質上的區別；它的正當性在於，無論是把一條弧線的元素及其橫座標和縱座標的元素當作三角形的三條邊，還是把弧線的那個元素當作一條直線（即切線）的要素，在這兩種情況下，都是**同一個比例關係**；那些**角**——它們構成一個**本質性的比例關係**，也就是說，即使抽離諸元素本應具有的有限大小，諸元素之間仍然是同一個比例關係——也是同樣的一些角。對此人們也可以說，那些無限小的直線已經過渡到曲線，而它們在其無限性中的相互比例關係是曲線比例關係。按照其定義，直線是兩點之間的**最短**距離，既然如此，它與曲線的區別就是基於**數量**規定，基於那個能夠以這個方式區分開的東西的**較小數量**，而這就是一個關於**定量**的規定。但是，就直線被看作內涵的大小、無限的環節、元素而言，這個規定已經消失了，相應地，它和曲線的區別，作爲一個僅僅基於定量區別的區別，也消失了。——因此，作爲無限的東西，直線和弧線之間沒有保留量的比例關係，從而（根據那個已知的定義）也沒有保留質的差異性，毋寧說，直線已經過渡到弧線。

　　以上做法在於斷定那些異質的規定是相等的；與之相似，但又有所不同的，還有一個本身無規定的、完全無關緊要的假設，即認爲同一個整體的**無限小的部分**是彼此**相等的**；然而，一旦把這個假設應用於一個在自身內異質的對象（也就是說，這個對象的大小 [319]

規定在本質上是一個不均勻的東西），它就會導致一個包含在高等力學命題中的獨特反轉。這個命題認為，在**相等的**，且無限小的時間裡，一條曲線的無限小的部分是在**勻速**運動中經過的；與此同時它又認為，藉助這個運動，在相等的、**有限的**，亦即實存著的時間部分裡，經過了曲線的**有限的**，亦即實存著的、**不相等的**部分，也就是說，這個實存著的運動是，並且被認為是一個非勻速的運動。這個命題用文字表達了一個分析項應有的意味，這個項是在一個公式的上述發展過程中產生出來的，而公式所涉及的對象，則是一個非勻速的，此外又符合法則的運動。早期的數學家試圖用文字和命題表達新發現的微積分計算——它始終都是和具體對象打交道——的結果，並且用幾何學圖表將它們呈現出來，而這些做法的根本目的，是為了按照通常的證明方式把它們當作定理來使用。分析的處理方法把一個對象（比如運動）的**大小**分解為一個數學公式裡的諸項，而這些項在那裡獲得了一個**對象**的意義，比如可以指代著速度、加速度等等；它們應當按照這些意義而提供正確的命題和物理法則，而按照分析的連繫，它們的客觀的連結和比例關係也應當得到規定，比如，恰恰是在一個均勻加速的運動裡，存在著一個特殊的、與時間成比例的速度，但除此之外，總是還要加上重力的

[320] 增長。這類命題在力學的現代形態亦即分析的形態裡，總是被當作計算的結果而加以引用，但人們既不關心它們本身是否具有一個**實在的**意義（即與一個實存相符合的意義），也不關心這個意義的證明；如果某些規定確實具有實在的意義，那麼，要解釋它們的連繫，比如從那個絕對均勻的速度到一個均勻的加速度的過渡，就是一件困難的事情，但人們認為，分析的處理方法已經完全克服這個困難，因為根據這個方法，它們的連繫就是運算如今的固定權威的單純結果。人們宣稱，科學的一個重大勝利在於透過單純的計算就

超越了經驗，並且找到了實存的一些法則或命題，哪怕它們本身並不具有一個實存。然而在微積分計算最初的幼稚時期，人們應當藉助於幾何學圖示而賦予那些規定和命題以一個實在的、自足的意義，使其令人信服，並且在這個意義上用它們來證明那些關鍵的主要命題（此處人們可參看牛頓在《自然哲學的數學原理》第一卷第二部分第 1 命題對他的萬有引力理論的基本原理的證明，並且將其與舒伯特[㉗]的《理論天文學》第一版〔萊比錫，1798 年版〕第三卷第 20 節做比較，在後者那裡，作者承認，在證明的關鍵之處，事情本身並不是像牛頓所假定的那樣**精確**）。

　　不可否認的是，在這個領域裡，人們主要是藉助於「無限小」這一煙霧彈而坦然地把許多東西當作證明，而他們這樣做的唯一理由，就是任何結果都始終是事先已知的，而這樣安排得出的證明，至少製造出了**一整套證明的假象**——直到現在，人們仍然覺得這個假象勝過單純的信仰和那些來自於經驗的知識。但我毫不猶豫地認為，這種手法完全是一個單純的鬼把戲，是一種掛羊頭賣狗肉冒充證明的東西。甚至牛頓的證明，尤其是剛才提到的他那些說法，也可以歸入其中，而人們居然依據這些東西就把牛頓吹捧上了天，甚至把他放到克卜勒的頭上，究其原因，無非是牛頓以數學的方式「證明」了克卜勒**僅僅透過經驗**而發現的東西。 [321]

　　人們製造出這一套空洞的「證明」，去證明物理法則。但數學根本沒有能力去證明物理學的大小規定，因為後者是一些立足於諸環節的**質的本性**的法則；理由很簡單，因為數學不是哲學，**不是從概念**出發，而且質的東西也不是透過輔助定理而得自於經驗，因

㉗ 舒伯特（Friedrich Theodor von Schubert, 1758-1825），德國天文學家。——譯者注

此位於數學的層面之外。有些人宣稱，數學的**尊榮**在於一切數學命題都應當得到**嚴格的證明**，而這個說法讓數學經常忘記了自己的界限；曾幾何時，人們認為，只要承認**經驗**是**經驗命題**的源泉和唯一證明，就冒犯了數學的尊榮；後來的時間裡，相關意識已經變得更有教養；但是，只要人們還沒有清楚地意識到那個區別，即什麼東西是數學可以證明的，什麼東西只能取自別的地方，以及，什麼東西僅僅是分析發展過程的項，什麼東西是物理的實存，那麼科學性就不可能把自己提升到一個嚴格的和純粹的態度。── 毫無疑問，牛頓的那一套證明，還有他的另外一座由**光學實驗**和相關的**推論**搭建起來，卻沒有根基的輝煌大廈，都將遭到同樣的公正審判。應用數學仍然是一堆由經驗和反思構成的大雜燴；但是，正如長久以來，**事實上**牛頓的光學已經一部分接著一部分在科學裡遭到無視，哪怕有點出人意料的是，剩餘的那些與科學相矛盾的東西仍然保留下來，── 同樣，那些虛假證明的一部分已經自行沉入忘川或被別的證明取代，這也是一個**事實**。

[322]

注釋二：從微分計算的應用推導出微分計算的目的

在前面的注釋裡，部分考察了微分計算中使用的「**無限小**」的概念規定性，部分考察了這個概念規定性之所以引入微分計算的原因；二者都是抽象的，因此本身都是很容易的；至於所謂的應用，則是既表現出更大的困難，也表現出更有趣的一方面；這個具體方面的元素應當是現在這個注釋的討論對象。── 微分計算的整個方法都在以下這個命題裡交代完畢了：$dx^n = nx^{n-1}dx$，或 $\dfrac{f(x+i) - fx}{i} = P$，也就是說，$P$ 是按照 dx 或 i 的冪方而展開的二項

式「$x + d, x + i$」的第一個項的**係數**。〔除此之外，〕人們不需要學習更多的東西；隨後的各種形式，比如一個乘積或一個指數大小的微分，都可以以機械的方式從中推導出來；只需要一點點時間，或許半個小時，人們就能夠掌握整個理論，因為只要找到微分，就可以反過來透過它們而找到原初函數，亦即積分。真正耗費時間的，是為了認識並且理解以下問題而必須付出的努力：也就是說，誠然，第一個**情況**的任務在於**找到那個係數**，其辦法是首先讓變數透過一個增長而獲得二項式的形式，然後按照分析的，亦即完全算術的方式，透過變數的函數的發展而找到那個係數；但是，在第一個情況輕鬆搞定之後，**第二個情況**，即在一個正在產生的序列裡，除了起初的項之外，其餘的項必須被忽略不計，也應當具有其正確性。假若人們僅僅需要那個係數，那麼正如之前所述，人們可以藉助係數的規定在半小時以內就處理完一切涉及理論的東西，至於把序列的其餘的項忽略不計，這件事情不構成任何困難，因為這裡並沒有把它們當作序列的項來討論（它們作為第 2、第 3 個函數等等，其規定同樣已經伴隨著第一個項的規定而交代完畢），因為這裡的事情跟它們毫不相干。

[323]

　　這裡可以預先指出，顯而易見，微分計算的方法不是為著它自己而被發明和建立的；人們不僅違背它的本性而把它確立為另一種分析方法，而且他們的那種粗暴做法更是完全違背了一切數學原理。也就是說，他們不由分說地斷定，那些在一個函數的發展過程中產生出來的項——這裡已經假定，這個發展過程的**整體完整地隸屬於事情**，因為事情被看作是一個變數（其在形態上已經是二項式）的已發展的函數與原初函數的**區別**——可以忽略不計。人們需要一種分析方法，而這種方法本身又缺乏論證，這些情況立即表明，其源頭和基礎必定在於別的什麼地方。在別的科學中也曾經發

生過這樣的事情，即人們從一開始就把某些東西確立爲基礎性的東西，然後從中推導出科學的各種命題，但那些東西並不是自明的，而且它們的理由和基礎反而取決於後來的東西。微分計算的歷史進程表明，在各種所謂的切線方法裡，其出發點基本上都是一個**彷彿位於人工製品中的事情**；只有當方法被應用於更多對象之後，人們才自覺地把它的處理方式納入一些抽象的公式，進而試圖把這些公式也提升爲**原理**。

[324]　　　我們已經指出，諸定量首先被設定爲一些相互具有比例關係的定量，而它們的**質的**量規定性，就是所謂的「**無限小**」的概念規定性；與此相連繫的是一種經驗研究，即在一些關於「無限性」（就其被假定爲無限差分或類似東西而言）的描述或定義中，去證實這個概念規定性。——這件事情只有出於對抽象的概念規定性本身的興趣才會發生；接下來的問題大概是，這個概念規定性如何過渡到數學的形態和應用。爲了澄清這一點，首先，人們必須繼續考察理論的東西，即概念規定性，而它本身將會表明自己並不是一無是處的；其次，人們必須考察它和應用的關係，並且就當前的討論範圍而言在二者那裡證實，一般的結論不但符合微分計算的目的，而且符合微分計算的處理方式。

　　　首先有必要提醒的是，數學裡討論的概念規定性所具有的那個形式，已經被順帶提出來了。量的東西的質的規定性最初是在一般意義上的量的**比例關係**裡揭示出來的；但在驗證各種所謂的計算方法的時候（參看相關注釋〔邊碼 234 以下〕），我們已經預見到，正是在那個後來應當在其獨特位置而得到考察的**冪方比例關係**那裡，只要把數的各個概念環節（即單位和數目）當作相同的東西，數就被設定爲一個已經回歸自身的數，從而在其自身就獲得了「無限性」或「自爲存在」（即一個自己規定自己的存在）這一環

節。相應地，正如同樣已經提醒過的，那個明確表達出來的質的大小規定性就在本質上與各種冪方規定相關聯，而且，既然微分計算的獨特之處在於使用質的大小形式來運算，那麼它的獨特的數學對象就必定是冪方形式的處理方式，而微分計算的全部任務及其解決都表明，冪方規定的處理方式是唯一令人感興趣的東西。 [325]

儘管這個基礎是如此之重要，並且立即把某些東西置於頂端位置，不但用其替代「變數」、「延續的大小」、「無限的大小」等純粹流於形式的範疇，而且替代一般意義上的函數，但它還是太空泛了；其他運算同樣也在做這些事情；無論是提升到冪方和方根，還是處理指數大小和對數、序列、高階方程式等等，其唯一感興趣並為之付出努力的東西，都是一些基於冪方的比例關係。無疑，它們必須合在一起構成一個冪方處理方式的體系；但是，在各種比例關係裡，究竟哪一個能夠包含冪方規定，究竟哪一個是微分計算的真正對象和唯一興趣之所在，這些關鍵必須取決於微分計算本身，也就是說，取決於微分計算的所謂的**應用**。實際上，這些應用就是事情本身，就是數學在解決一定範圍內的問題時採用的現實方法；這個方法比理論或普遍的部分更早出現，只有當它與一個後來創立的理論——後者一方面企圖給它提出一個普遍的方法論，另一方面企圖給它提供原理（即論證）——相連繫，才被稱作「應用」。但是，我們在前一個注釋裡面已經指出，無論是給方法的迄今理解方式找出一些原理，指望它們真正解決其中出現的矛盾，還是僅僅以某些東西雖然對數學方法來說是必要的，但在這裡卻是無足輕重的為例，將這個矛盾忽略不計，或者以有可能無限接近或隨意接近這樣一個東西為藉口，以圖諒解或掩蓋這個矛盾，這些全都是白費力氣的操勞。假若我們能夠在迄今的做法之外另闢蹊徑，從數學的現實部分亦即所謂的「微分計算」裡抽取出方法的普遍因素，那麼， [326]

那些原理和那些與之相關的操勞都可以省省了，更何況它們本身就表明自己是某種歪斜的、恆久地處於矛盾中的東西。

只要我們直接接受那些現成地包含在數學的這個部分裡的東西，然後去探究其獨特之處，我們就會發現：

(1)對象是一些方程式，在其中，任意數目的大小（一般而言，我們可以在這裡始終以數目「2」為限）結合成這樣一個規定性整體，**首先**，就像一個方程式那裡通常發生的那樣，這些大小先是以作為固定界限的**經驗大小**為自己的規定性，然後以它們與經驗大小的連繫方式和它們自身之間的連繫方式為自己的規定性；但是，由於兩個大小只有**一個**方程式（雖然相對而言，更多的大小有更多的方程式，但方程式在數目上終歸少於大小），所以這些方程式屬於**無規定的**方程式。**其次**，這些大小在這裡之所以具有自己的規定性，是因為它們（至少它們中的一個）在方程式裡處於一個比最初的**冪方更高的**冪方。

此處還需要補充幾句。第一，按照剛才所說的第一個規定，大小的唯一特性在於，它們是那些出現在**無規定的**分析任務中的**變數**。它們的值是未規定的，但其特點在於，如果從別的地方得出一個完滿已規定的值，也就是說，如果一個大小獲得一個數值，那麼另一個大小也得到規定，所以一個大小是另一個大小的**函數**。因[327] 此，正如之前說過的，「變數」、「函數」之類東西的範疇，對於這裡討論的特殊的大小規定性而言，僅僅是**流於形式的**，因為它們來自於這樣一個普遍性，其中尚未包含著微分計算唯一感興趣的特殊東西，自然不可能透過一種分析而從自身中展示出這樣的東西；它們本身是一些單純的、無足輕重的、輕鬆的規定，只有當人們把那個原本不屬於它們的東西（即微分計算的特殊規定）放置到它們裡面，以便隨後將其從中推導出來，它們才會帶來困難。──第

二，至於所謂的**常數**，那麼可以說，它首先是一個無關緊要的經驗大小，同時僅僅在經驗定量方面規定著變數，表現爲變數的最小值和最大值的界限；但是，對於特殊函數（即這些大小）的本性而言，常數和變數的連繫方式本身就是諸多環節之一。反過來，常數本身也是函數；比如，如果一條直線的意義在於作爲一條拋物線的**參數**而存在，那麼它的這個意義就在於，它是函數$\frac{y^2}{x}$；正如在二項式的一般發展過程裡，如果常數是第一個發展項的係數，那麼它就是諸方根的總和，而如果它是是第二個發展項的係數，那麼它就是兩個方根與兩個方根的乘積的總和，如此等等，因此一般說來，這些常數就是諸方根的函數；在積分計算裡，如果常數是由一個已知的公式所規定的，它就被當作這個方程式的一個函數來處理。接下來，我們將按照另一個規定，不再把那些係數看作是函數，但函數在具體東西裡的意義恰恰是唯一的興趣之所在。

那個把微分計算中的變數考察和無規定的任務中的變數考察區分開的獨特東西，已經在前面指出來了，也就是說，在那些大小裡，至少有一個或乾脆全都處於一個比最初的冪方更高的冪方，而在這種情況下，那些大小究竟是否全都處於同一個更高的冪方，還是處於不同的冪方，這仍然是無關緊要的；它們之所以在這裡具有一個特殊的無規定性，原因僅僅在於，它們**在這樣一個冪方比例關係裡**是互爲**函數**的。這樣一來，變數的變化就被規定爲**質**的東西，從而是**延續的**，而這個延續性——它本身仍然僅僅是一個流於形式的範疇，比如「**同一性**」、「在變化中保留下來的、保持等同的規定性」——在這裡具有它的已規定的意義，或者也可以說，延續性僅僅在冪方比例關係裡具有它的已規定的意義，因爲冪方比例關係不但把定量當作自己的指數，而且構成了變數的比例關係的**非量的**、恆久的規定性。所以，針對另一種形式主義，還需要指出，第一個

[328]

冪方只有在與更高冪方的比例關係裡才是冪方；本身而言，x 僅僅是某一個無規定的定量。所以，去求直線方程式 $y = ax + b$ 或絕對均勻的速度 $s = ct$ 本身的微分，根本沒有意義；如果 $y = ax$ 或 $y = ax + b$ 轉變爲 $a = \dfrac{dx}{dy}$，或 $s = ct$ 轉變爲 $\dfrac{ds}{dt} = c$，那麼同樣可以說，$a = \dfrac{y}{x}$ 是切線的規定，或 $\dfrac{s}{t} = c$ 是絕對速度的規定。後者作爲 $\dfrac{dy}{dx}$ 的指數，處於均勻加速運動的發展過程的**連繫**中；但是，正如早先指出的，以爲有一個單純的、絕對均勻的，亦即不受運動的某一環節的更高冪方所規定的速度，而且以爲這個速度會出現在均勻加速運動的體系裡，這些本身是一個空洞的、僅僅墨守陳規的假設。既然這個方法的出發點是變數應當承受的增長，那麼變數作爲第一個冪方的函數，當然也能夠承受一個增長；在這個基礎上，爲了找到微分，如果必須區分由此產生出來的第 2 個方程式和已知的方程式，那麼運算就表現爲一個空虛的東西，因爲正如已經指出的，無論是對於所謂的增長而言，還是對於變數本身而言，方程式在運算之前和之後都是同一個方程式。

[329]

（2）透過以上所述，有待處理的方程式的本性已經得到規定，而現在需要指出，方程式是基於**什麼興趣**而得到**處理**。這個考察只能提出一些眾所周知的結果，即那些在形式上尤其遵循拉格朗日的理解而得出的結果；但我已經把這個解釋置於如此基礎的地位，以便把那些與之混雜在一起的異質規定清除掉。——就已知類型的方程式的處理而言，其基礎在於，把**位於自身內部的**冪方理解爲一個比例關係，理解爲**比例關係規定的一個體系**。冪方在前面已經被表述爲數，因爲按照之前的證明，它的變化是**透過它自己而規定的**，它的兩個環節（單位和數目）是同一的，——它首先在平方中是完滿的，然後在更高的冪方裡是更形式的（這一點無關宏旨）。現在，

既然冪方作爲**數**——如果人們覺得「**大小**」這個說法勝過那些更一般的說法，那麼它**自在地**始終是數——是一個**數量**，並且呈現爲一個總和，那麼人們當然可以首先在它內部把它分解爲任意數量的數，而這些數對彼此而言和對它們的總和而言，都只有一個規定，即它們加起來等於這個總和。然而冪方也可以透過除法而成爲這樣一些差分的**總和**，它們是由**冪方的形式**規定的。如果冪方被看作總和，那麼總和的基數，即方根，也可以被理解爲總和，並且可以任意分解爲雜多東西，而這些雜多東西就是無關緊要的經驗的量的東西。方根應當是總和，當這個總和回溯到它的單純規定性（即它的眞正的普遍性），就是**二項式**；對於項而言，接下來的所有增加都是同一個規定的單純**重複**，因此是某種空洞的東西。[330] 因此，這裡唯一的關鍵，是項的**質的規定性**，這個規定性是透過被假定爲總和的方根的**乘方**而得出的，而且僅僅包含在乘方這一變化之中。就此而言，這些項完全是**乘方和冪方的的函數**。現在，將數呈現爲一定**數量**的項（即乘方的函數）的總和，以及那個想要找到這些函數的**形式**，進而找到一定數量的項的總和的興趣（因爲這個找到必須僅僅依賴於那個形式）——，這些方面構成了大家都知道的一種關於**序列**的特殊學說。但在這個過程中，我們必須在根本上區分出一個更大的興趣之所在，即**一個位於根據處的大小本身**——它的規定性作爲一個複合物（在這裡指一個方程式），**在自身內包含著**一個冪

---

⑳ 分析必然會要求一種**普遍性**，而只有那種沉迷於普遍性的形式主義，才會用$(a + b + c + d...)$替代$(a + b)^n$，以此描述冪方的發展過程，而且這種做法在別的許多情況下也發生了。但我們必須認識到，這樣一個形式只不過是在賣弄普遍性的假象。在二項式裡，**事情已經被窮盡**；透過二項式的發展，人們已經找到了**法則本身**，而且法則作爲眞正的普遍性，不是指法則的外在的、完全空洞的重複，而這個重複僅僅是由那個 $a + b + c = d...$ 造成的。——黑格爾原注

方——**與它的乘方的函數的比例關係**。這個比例關係已經完全抽離之前所說的對於**總和**的興趣，它將表明自己是現實的科學產生出來的唯一觀點，應當得到微分計算的最大重視。

儘管如此，關於以上所述，還需要預先補充一個規定，或更確切地說，還需要首先清除其中的一個觀點。此前我們說過，變數（冪方就在它的規定中）**在其自身內部**被看作一個總和，而且被看作諸項（即乘方的函數）的一個體系，而在這種情況下，方根也被看作一個總和，並且在其單純地已規定的形式中被看作這樣一個二項式：$x^n = (y+z)^n = (y + ny^{n-1}z + ...)$。對於冪方的發展過程，亦即對於它的乘方函數的獲取而言，呈現是從**總和**本身出發的；但是，這裡所關注的既不是一個**總和**本身，也不是一個發源於總和的**序列**，毋寧說，這裡的總和僅僅被看作是一個關聯。諸大小的**關聯**本身，一方面是抽離一個總和本身的**增加**之後剩餘的東西，另一方面是為了找到冪方的發展函數而必需的東西。但這樣一個關聯已經是被規定的，因為這裡的對象是一個方程式，而 $y^m = ax^n$ 也已經是許多（變）數的一個**複合物**，其中包含著變數的一個冪方規定。在這個複合物裡，每一個大小都被絕對地設定在與另一個大小（其可以說意味著大小自身的的一個**增加**）的**關聯**中，——被設定為其他大小的函數；它們的互為函數的特性賦予它們「**增加**」（plus）這一規定，但這個「增加」恰恰是一個**無規定的**東西，不是「增長」（Zuwachs）、「增量」（Inkrement）等等。當然，我們也可以把這個抽象的觀點放到一邊置之不理；事情可以完全簡單地止步於以下結論：變數在方程式裡作為彼此的函數而被給予，於是這個規定性包含著一個冪方比例關係，在這之後，應當比較每一個變數的**乘方的函數**，——這第二類函數只能透過乘方自身而得到規定，捨此別無他法。人們可以**首先**提出一個**隨意性**或**可能性**，把一個方程式

從它的變數的冪方轉移到它的發展函數的之間的一個比例關係；至於進一步的**目的**、益處、用處等等，只能由方程式的這個轉移帶來的**便利**所決定；實際上，這個轉移已經由於它帶來的便利而引起人們的注意。如果說之前的出發點在於藉助一個大小（它被看作**自身內微分的總和**）而呈現出這個乘方規定，那麼可以說，這個做法一方面僅僅在於指出這些函數是什麼類型，另一方面在於找到這些函數的方式。 [332]

　　這樣一來，我們就置身於通常的分析發展過程，它服務於微分計算的目的，被理解為這樣，即變數獲得一個增長（dx, i），於是二項式的冪方透過其下屬的項序列而呈現出來。但所謂的增長不應當是一個定量，毋寧僅僅是一個**形式**，其全部價值在於給發展過程**提供幫助**；人們（尤其以歐拉和拉格朗日最為堅決）在早先提到的「界限」觀念裡已經承認並且企圖得到的那些東西，僅僅是變數的不斷出現的冪方規定，亦即增長及其冪方的所謂的**係數**，因為冪方規定對序列作出安排，並且包含著不同的係數。對此可以指出的是，由於增長（它本身沒有一個定量）是為了發展過程的緣故而被假定的，所以最合適的做法大概是用「1」（單一體）來指代它，因為它在發展過程中僅僅作為因數而出現，而「1」這個因素恰恰滿足了那個目的，即沒有什麼量的規定性和變化應當透過增長而被設定；反之，如果 dx 糾纏於「量的差分」這一錯誤的觀念，如果其他符號（比如 i）糾纏於一個在這裡毫無用處的普遍性假象，就會總是具有**定量及其冪方**的外觀和假託；於是這個假託帶來很多麻煩，迫使人們將其**消滅**或**忽略不計**。為了保留一個按照冪方而發展的序列的形式，人們同樣可以把指數符號作為指標（indices）而安 [333]
放在「1」後面。無論如何，人們必須抽離序列，抽離係數按照其在序列中的位置而具有的規定；這一切東西之間的比例關係是同一

個比例關係；第 2 個函數完全是從第 1 個函數那裡推導出來的，正如後者是從原初函數那裡推導出來的，而對於第 2 個函數而言，第一個導出的函數又相當於原初函數。但就根本而言，人們的興趣不是在於序列，而是完全且僅僅在於那個在發展過程中出現的冪方規定，以及它和那個**對它而言直接的**大小的比例關係。因此，與其把冪方規定規定爲發展過程的**第 1 個**項的**係數**——因爲，只要一個項在和序列中隨後出現的其他項的關聯中被稱作**第 1 個**項，那麼冪方（即一個增長的冪方）以及序列本身就不屬於討論之列——，不如把「**推導出來的冪方函數**」這一簡單的說法，或像之前所說的那樣，把「大小的**乘方**的函數」放在最前面，並假定它是眾所周知的，而透過這個方式，推導就被看作是封閉於一個冪方**內部**的發展過程。

現在，如果說分析學的這個部分的眞正的數學開端無非是找到一個透過冪方的發展過程而規定的函數，那麼接下來的問題就是，如何開始著手處理這個由此獲得的比例關係？它在什麼地方具有**應用**和**使用**？或更實際地說，我們究竟是爲了什麼**目**的而去尋找這些函數？答覆是：只要在**具體對象那裡**找到一些可以回溯到抽象的分析對象的比例關係，微分計算就已經獲得了它的巨大興趣。

就可應用性問題而言，只需根據事情的本性，無需藉助於實際的應用事例，就可以透過已經揭示出的冪方環節的形態，自行得出以下結論。冪方大小的發展過程導致其乘方的諸函數產生出來，[334] 而只要抽離其進一步的規定，就意味著一般地把大小**降格**爲最近的較低冪方。因此，這個運算的**可應用性**是在那樣一些**對象**身上出現的，它們同樣包含著冪方規定的區別。現在，我們反思一下**空間規定性**，就會發現它包含著 3 個次元，而爲了把這 3 個次元和抽象的「長」、「寬」、「高」的區別區分開來，我們可以稱它們爲**具體**

的區別，即「線」、「面」和「總體空間」的區別；當我們把它們看作單純的形式，使之與自身規定相關聯，隨之與分析的次元相關聯，我們就得到了直線、平面、作為平方的平面和立方。直線具有一個經驗的定量，但是，伴隨著平面，質的東西亦即冪方規定出現了；至於接下來的各種樣態，比如質的東西也可以伴隨著平整的曲線而出現，我們可以存而不論，因為這裡暫時只是討論一般意義上的區別。由此也產生出來一個**需要，即從一個較高的冪方規定過渡到一個較低的冪方規定，並且反過來也如此**，因為，比如線的規定應當從面等等的給定的方程式裡推導出來，反之亦然。── 此外，我們是藉助已經經過的空間和為此所需的時間的大小比例關係來考察**運動**，而運動則是表現在「絕對勻速的運動」、「均勻加速的運動」、「以交替的方式時而均勻加速，時而均勻減速而向著自身返回的運動」等不同規定中；由於這些不同類型的運動是按照運動的環節（即空間和時間）的大小比例關係而表現出來的，所以有一些基於各種冪方規定的方程式與它們對應，而且這裡可能有一個需要，即用另一個類型的運動來規定一個類型的運動或與之連繫在一起的空間大小，而運算同樣會導致從一個冪方函數到一個較高的或較低的冪方函數的過渡。── 我們希望，這兩個對象的例子已經可以滿足之所以引用它們的目的。 [335]

　　至於微分計算在其應用中表現出來的偶然性假象，只要我們意識到這些應用領域的本性，意識到這個應用的獨特需要和條件，就已經將其大為淡化。接下來，在這些領域自身之內，關鍵是要知道，那個以獨特的方式將微分計算建立起來的比例關係，究竟是出現在數學任務的對象的哪些**部分**之間。在此必須順帶指出，現在有兩種比例關係值得注意。如果我們是按照**一個方程式**的變數的導出的函數來考察它，那麼它的開方運算所得出的結果，**本身**真正說來

就不再是一個方程式，而是一種**比例關係**；這種比例關係是**真正的微分計算**的對象。正是在這種情況下，第 2 種比例關係，即較高的冪方規定（原初的方程式）本身和較低的冪方規定（推導出來的東西）的比例關係，也出現了。我們在這裡暫時不討論這第 2 種比例關係；它將表明自己是**積分計算**的獨特對象。

　　我們首先考察第 1 種比例關係，並且針對那個取自於所謂的應用的「環節」規定（這是運算的興趣之所在），舉一個最簡單的關於曲線的例子，這些曲線是透過第 2 個冪方的一個方程式而被規定的。眾所周知，**直接**透過方程式，就給定了一個冪方規定裡的座標線的比例關係。基本規定的後果，就是「與座標線有關的其他直線」、「切線」、「次切線」、「垂直線」等規定。但這些線和座標線之間的方程式，卻是**直線**方程式；這些線被規定為整體的各個部分，而整體就是幾條**直線**構成的直角三角形。現在，從包含著冪方規定的基本方程式到那些直線方程式的過渡，包含著前面提到的那個過渡，即從原初函數（這是一個**方程式**）到導出的函數（這是一種**比例關係**，而且是某些包含在曲線裡面的線之間的比例關係）的過渡。而這裡的任務，就是要找到這些線的**比例關係**和曲線**方程式**之間的連繫。

　　就歷史方面可以補充的而言，同樣令人感興趣的是，最早的揭示者只知道用完全經驗的方式來闡釋他們的發現，卻沒有能力去評價那個始終外在的運算。關於這個問題，我覺得以牛頓的老師巴羅為例子就夠了。巴羅在其《光學講義》和《幾何學講義》[29]中，是按照「不可分者」的方法——這個方法顯然不同於微分計算

[336]

---

[29]　伊薩克・巴羅《光學講義》，倫敦 1669 年版；《幾何學講義》，倫敦 1670 年版。——原編者注

的特點——來處理高等幾何的問題，他並且承認，這是「因爲他的
朋友們曾經督促他」（第十講）去規定切線的方法。人們必須親自
去閱讀他的著作，了解這個任務的情況，才能夠準確地知道，這個
方法如何被確定爲一個完全**外在的規則**，——其在風格上和之前的
算術教科書所講授的「三分律」（Regeldetri）演算法，或更確切
地說，和所謂的「去九法」（Neunerprobe）演算法，是完全一樣
的。他首先畫出一些細微的線（人們後來把這些線稱作一條曲線的
典型三角形中的**增量**），然後頒布一條單純的**規則**：必須把那些在
方程式的發展過程中作爲增量或乘積的冪方而浮現出來的項當作**多
餘的東西**而予以**抛棄**（etenim isti termini nihilum valebunt〔因爲這 [337]
些項的值爲零〕）；類似的規則是：必須抛棄那些僅僅包含著由
原初方程式所規定的大小的項（這就是後來所謂的「從由增量構
成的方程式裡面去掉原初方程式」），最後還有：**必須用縱座標本
身替代縱座標的增量，用次切線替代橫座標的增量**。人們不得不說，這
根本就不是一位算術老師應當採用的方法；——最後提到的那種替
代，對於通常的微分方法中的切線規定而言，是一個已經成爲基礎
的**假定**，即縱座標和橫座標的增量與縱座標和次切線之間有一種**比
例性**；在巴羅的規則裡，這個假定暴露出一種赤裸裸的、完全的幼
稚。實際上，人們早就發現，可以透過一個簡單的方式（即找出最
大值和最小值）去規定切線；羅伯瓦爾[30]和費馬的手法同樣得出了
類似的結論，——這個方法，作爲費馬的出發點，立足於同樣的基
礎和同樣的處理方式。那個時代曾經充斥著一種數學的狂熱，即
一方面企圖找到某些所謂的**方法**（即巴羅式的規則），另一方面又

---

[30] 羅伯瓦爾（Gilles Personne de Roberval, 1602-1675），法國數學家。——原編
　　者注

企圖透過它們而製造出一個祕密，殊不知這個祕密不僅是容易的，而且本身從一個角度（即它們之所以是容易的）來看，也是必要的，── 也就是說，這些都是因為發明者僅僅找到一個經驗的外在規則，卻沒有找到真正的方法，即一種從得到承認的原理中推導出來的東西。萊布尼茲是從他的時代那裡把這些所謂的方法**接受下來**，而牛頓不僅從同一個時代，而且直接從他的老師那裡把它們**接受下來**；透過把這些「方法」的形式和可應用性加以普遍化，他們為科學開闢了新的道路，同時不得不把處理方式從單純外在規則的形態中截取出來，嘗試給它提出一個必要的修正。

[338]　　　　如果我們進一步分析方法，那麼可以說，真正的過程是這樣的。**首先，**方程式所包含的冪方規定（這裡指變數的冪方規定）被降格為它們的最初的函數。但這樣一來，方程式的項的值就發生了變化；所以，沒有什麼方程式保留下來，毋寧說，只有其中一個變數的最初函數與另一個變數的最初函數之間的一個**比例關係**產生出來；$px = yx^2$ 被 $p:2y$ 取代，或者說，$2ax - x^2 = y^2$ 被 $a - x:y$ 取代，而這在後來通常被稱作 $\frac{dy}{dx}$ 的比例關係。這個方程式是曲線方程式；反之，這個完全不依賴於曲線方程式，並且（像上面那樣按照一個單純的**規則**）而推導出來的比例關係，是一個直線比例關係，它使某些線處在比例中；$p:2y$ 或 $a - x:y$ 本身是從曲線的直線（即座標線和參數）而得來的比例關係；但**人們由此仍然不知道任何東西**。這裡的興趣在於，知道**另外一些**在曲線那裡出現的線也**具有那個比例關係**，並且找到兩個比例關係的一致性。── **其次，**接下來的問題是，那些由曲線的本性所規定的，處在這樣一個比例關係中的直線，究竟是什麼東西？── 然而這是一件早就眾所周知的事情，即這個透過那個方式而得到的比例關係是縱座標與次切線的比例關係。古人已經以機智的幾何學方式發現了這一點；至於近代

的發現者所揭示出來的，是一個經驗的處理方式，即如此安排曲線方程式，是它提供那個最初的比例關係，而**人們已經知道**，這個比例關係和線（即這裡應當加以規定的次切線）包含著的比例關係是一致的。一方面，人們是遵循方法（即微分）而有意識地做出方程式的那個安排，但另一方面，人們又發明了座標線的想像出來的增量，以及透過前者和切線的同等增量而想像出來的典型三角形，以圖表明，透過方程式的開方而找到的比例關係與縱座標和次切線的比例關係的比例性不是某種經驗的，僅僅從陳舊的知識那裡接受下來的東西，而是一種已經得到證明的東西。但一般說來，而且在上述規則形式裡最顯而易見的是，唯有依據和援引那些陳舊的知識，人們才會**假定典型三角形和那個比例性**。　　[339]

　　拉格朗日已經拋棄這種假冒的貨色，並且開闢了一條真正的科學道路；人們之所以認識到事情的關鍵，得感謝他的那個方法，即把那兩個為了解決任務而提出來的過渡分開，對每一方單獨進行處理和證明。這個解決的前一部分——因為為了更具體地了解進程，我們仍然要使用找到次切線之類基礎任務的例子——，即理論部分或普遍部分，就是從給定的曲線方程式裡找出**最初的函數**，而這個部分本身已經調整就緒；這個部分揭示出了一個**直線比例關係**，即那些出現在曲線規定體系裡面的直線的比例關係。解決的後一個部分是找出曲線那裡處於上述比例關係裡的一些直線。現在，這些解決已經以直接的方式做到了（《分析函數理論》，第二部分第 2 章），也就是說，沒有假定典型三角形，沒有假定無限小的弧線、縱座標和橫座標，沒有把這些東西規定為 dx 和 dy（即那個比例關係的兩端），沒有直接斷定比例關係等同於縱座標和次切線本身。一條線（一個點也是如此）只有在構成三角形的一條邊的情況下，才具有它的規定，正如一個點的規定也只能包含在這樣一個三

[340]　角形裡面。順帶說一句，這就是解析幾何學的基本原理，它引入座標線的目的，和力學裡引入力的平行四邊形的目的是一樣的，而正因如此，人們根本就不需要耗費許多力氣去證明這樣一個平行四邊形。——現在，次切線被設定爲三角形的一條邊，另外兩條邊分別是縱座標和與之相關聯的切線。切線作爲直線，其方程式是 $p = aq$（對於這個規定而言，沒有必要在 aq 後面加上 b，因爲後者僅僅是由於隨意的普遍性的緣故而加上去的）；**比例關係 $\frac{p}{q}$ 的規定位於** a（亦即 q 的係數）裡面，而這個係數就是方程式的相對應的最初函數，但正如已經說過的，一般而言，它只需要被看作 $a = \frac{p}{q}$，被看作直線的本質規定，而直線則是作爲切線而被應用於曲線。接下來，由於假定了曲線方程式的最初函數，所以它同樣也是**一條直線的規定**；接下來，由於假定了第一條直線的座標線 p 和曲線的縱座標 **y** 是同樣的線，也就是說，有一個點，既是那個被假定爲切線的直線與曲線的接觸點，也是那個由曲線的第 1 個函數所規定的直線的出發點，所以關鍵是要表明，這第 2 條直線與第 1 條直線是重合的，亦即是一條切線；用代數來表達，就是，由於 $y = fx$ 和 $p = Fq$，所以，只要假定 $y = p$，亦即 $fx = Fq$，那麼 $f'x = F'q$。現在，透過額外假定橫座標的**增量** i 和由函數的發展過程所規定的縱座標的增量，就會表明，那個被當作切線來應用的直線和那個在方程式裡由它的最初函數所規定的直線是重合的，因此後者也是切線。在這裡，同樣出現了那個聲名狼藉的增量；但我們之所以引入這個增量，並且按照它來展開函數，都是爲了服務於上述目的，而這一點

[341]　必須明確地與之前提到的增量的用法區分開來，因爲後者是爲了找到微分計算和爲了典型三角形而引入增量。這裡的用法是合理的、必然的；它位於幾何學的範圍之內，因爲它屬於一條切線本身的幾

何學規定，也就是說，在它和曲線之間（它和曲線有一個共同的點），沒有別的直線能夠將它們貫通，並且同樣落在這個點上。透過這個規定，切線或非切線的質被歸結為大小區別，也就是說，只要**「更大的小」**（這是關鍵之所在）總是能夠按照規定落在一條線上面，這條線就是切線。這個貌似純粹相對的「小」根本不包含任何經驗的東西，也就是說，不包含任何依賴於一個定量本身的東西；有待比較的變數依賴於環節，而如果環節的區別就是冪方的區別，那麼這個「小」就質而言就是透過公式的本性而被設定的；由於這個區別的結果是 i 和 i^2，由於 i 最終應當意味著一個數，隨之應當被設想為一個分數，所以 i^2 **自在且自為地**就小於 i，以至於哪怕設想一個能夠代表 i 的**任意**大小，在這裡都是多餘的，甚至根本不得其所。正因如此，對於「更大的小」的證明根本就不需要一個「無限小」，後者在這裡完全不需要出現。

　　我還想談談笛卡兒的切線方法，哪怕僅僅是出於它的美妙，以及它在今天雖然已經基本被遺忘，但仍然值得享有的聲譽；除此之外，這個方法也和方程式的本性有關，因此我們還需要對其作出一個更深入的評論。透過這個獨立的方法，笛卡兒藉助那個導出的函數，同樣找到了我們想要得到的直線規定。在他的無論從哪方面來看都如此富有成果的《幾何學》裡（《全集》，庫桑主編〔11 卷，巴黎 1824 年以來陸續出版〕，第五卷，第 2 冊第 357 頁以下），笛卡兒也宣講了這個方法，在那裡，他闡述了方程式和分析學的本性的偉大基礎及其幾何學建構，隨之把分析學極大地擴展為一般意義上的幾何學。在他那裡，相關問題在形式上是一個任務，即應當在曲線的任意一個地方畫出垂直線，於是切線等等就得到規定；人們不難理解笛卡兒在談到自己的發現時的一絲得意，因為這個發現涉及當時的科學普遍感興趣的一個對象，[342]

從而遠遠超出他的競爭者們使用的那些剛才提到的單純的規則方法。他說：「j'ose dire que c'est ceci le probléme le plus utile et le plus général, non seulement que je sache, mais meme que j'ai jamais désiré de savoir en géometrie.〔我敢說，在幾何學裡，這是我所知道的，甚至是我迄今以來一直希望認識到的一個最富有成果和最普遍的問題。〕」——他認為，問題的解決是以直角三角形的分析方程式為基礎，而直角三角形的構成需要如下幾個要素：(1)曲線上的一個點的縱座標，而且問題所要求的直線應當垂直於這個點；(2)這條直線本身，即垂直線；(3)透過縱座標和垂直線而截取的一部分軸，即次垂直線。現在，一個已知的曲線方程式轉變為那個三角形方程式，而值（無論它是縱座標的值還是橫座標的值）就被替換了，而在這種情況下，人們就得到一個二階方程式（而且笛卡兒指出，那些包含著高階方程式的曲線如何也歸結為二階方程式），在其中，那些變數只剩下一個，即那個在正方和第 1 個冪方裡出現的變數；——即一個正方方程式，且首先顯現為一個所謂的「不純粹的」方程式。笛卡兒對此的想法是，如果設想曲線上那個假定的點是曲線和圓的相切點，而且這個圓還會在另一個點上面與曲線相切，那麼對於兩個由此產生出來的且不相等的 x 而言，就會出現兩個具有同樣的常數和同樣的形式的方程式，——或者說只出現**一個**方程式，但其 x 具有不同的值。但是，**一個**方程式只能對應於**一個**三角形，在其中，垂直於曲線的弦就是垂直線，而人們對此的設想的是，可以讓曲線與圓的兩個相切點重合，隨之讓圓與曲線相交。但這樣一來，就不能說正方方程式有兩個**不相等的方根** x 或 y 了。但在一個有兩個相等的方根的正方方程式那裡，項（它包含著第一個冪方裡的未知數）的係數，就是那**同一個**方根的兩倍；這就給出一個方程式，使人們找到所要求的那些規定。這個過程可以說是一

[343]

個眞正的分析式頭腦的天才把握，與之相比，那個完全以武斷的方式假定的比例性，即切線和縱座標與應當無限小的，所謂的橫座標增量和縱座標增量的比例性，簡直不值一提。

　　以上述方式得到的最終方程式，把正方方程式的第二個項的係數設定爲與兩倍的方根或未知的方根相等。這個方程式和那個透過微分計算的處理方式而找到的方程式是同一個方程式。$x^2 - ax - b = 0$ 的微分得出一個新的方程式 $2x - a = 0$；或者說，$x^3 - px - q = 0$ 的微分得出 $3x^2 - p = 0$。但這裡需要指出的是，以上結論絕不意味著，這樣推導出來的方程式不言而喻也是正確的。在一個具有兩個變數的方程式那裡，因爲變數是可變化的，所以它們一直保持著「未知的大小」這一特性，而正如我們前面已經看到的，在這個方程式那裡只會出現一個**比例關係**，其理由也很簡單（而且前面也說過），因爲只要以乘方的函數替換冪方本身，方程式的兩個項的值就會發生變化，而且本身說來，我們尙且不知道，在值發生變化以後，它們之間是否仍然有一個方程式。方程式 $\dfrac{dy}{dx} = p$ 的所有意思，無非是說 P 是一個**比例關係**，除此之外，$\dfrac{dy}{dx}$ 並未獲得任何實在的意義。然而關於這個比例關係 P，我們同樣不知道，它和別的哪一個比例關係是相等的；只有這樣的方程式，即**比例性**，才會賦予比例關係以一個值和意義。—— 正如之前說過的，這個意義，即所謂的應用，是人們從別的地方，以經驗的方式接受下來的，而正因如此，人們必定是從別的地方知道，這裡所討論的透過微分而推導出來的方程式之是否正確，取決於它們是否具有相等的方根。但各種教科書並沒有明確地表達出這個情況，沒有讓人們關注這件事情；毋寧說，人們對此置之不理，而是採用別的辦法，即把一個具有未知方根的方程式歸結爲零，直接設定其等於 y，而這樣一來，

[344]

在求微分的時候當然只能得出 $\dfrac{dy}{dx}$ 這一比例關係。無論如何，函數
計算應當處理乘方的函數，微分計算應當處理微分，但絕不能由此
得出，大小在其微分或乘方的函數被拿走的情況下，本身也**僅僅**應
當是**其他**大小的函數。在理論部分裡，即使人們指出，微分（即乘
方的函數）應當被推導出來，他們也不一定意識到，那些據說在這
個推導之前就應處理的大小本身應當是其他大小的函數。

　　至於求微分的時候把常數忽略不計，這裡再指出**值得注意**的一
點，即求微分在這裡意味著，只要諸方根是相等的，那麼常數對於
它們的規定而言就是漠不相關的，因爲這個規定已經透過方程式的
第二個項的係數而被窮盡了。正如剛才引用的笛卡兒的例子，常數
是諸方根本身的正方，於是一個方根既可以由常數來規定，也可以
由係數來規定，因爲一般說來，它和係數一樣，都是方程式的諸方
根的函數。在通常的闡述裡，爲了忽略不計那些僅僅透過加號和
減號而與其餘的項連繫在一起的所謂的常數，必須採用一個純粹機
械的處理方式，即，爲了找到一個複合的運算式的微分，就僅僅賦
予變數以一個增長，並且從原初的運算式那裡拿走那個由此形成的
運算式。這裡根本就不會談到常數的意義和對其忽略不計的意義，
比如它們在何種情況下本身是函數，以及按照這個規定是否有用處
等等。

　　與常數的忽略不計連繫在一起的，還可以做一個關於「微分」
和「積分」的**名稱**的評論，類似於之前關於有限的運算式和無限的
運算式的評論，即在它們的規定裡，毋寧包含著運算式所陳述的東
西的反面。求微分指設定差分；但透過求微分，一個方程式毋寧被
降格爲更少的次元，而透過忽略不計常數，規定性的一個環節被拿
走了；正如之前指出的，如果變數的諸方根被設定爲相等的，那麼

[345]

變數的差分就被揚棄了。反之在積分裡，常數應當重新添加進來；不管怎樣，方程式透過這個方式得到積分，但它的意思是說，諸方根的之前被揚棄的**差分**得以**重建**，而那些曾經被設定爲相等的東西，現在要重新求微分。——通常的運算式有助於掩蓋事情的本質本性，並且把一切東西都置於一個低級的，甚至與主要事務毫不相干的立場，這個立場一方面關心無限小的差分、增量之類東西，另一方面關心給定的函數和導出的函數之間的一般意義上的差分，卻沒有標注出它們的特殊的，亦即質的區別。 [346]

　　另一個使用微分計算的主要領域，是**力學**；此前我們已經順帶提到不同的冪方函數的意義，這些冪方函數是在各種基礎方程式及其對象（即**運動**）那裡出現的；這裡我願意從這些意義直接談起。也就是說，絕對匀速的運動的方程式或數學運算式是 $c = \dfrac{s}{t}$ 或 $s = ct$——在其中，按照一個經驗的統一體 c（即速度的大小），已經經過的空間和已經流逝的時間是成比例的——對於微分而言沒有提供任何意義；係數 c 已經完全得到規定，並且是已知的，不可能有進一步的冪方發展過程。至於應當如何分析落體運動的方程式 $s = at^2$，前面已經有所提醒；分析式 $\dfrac{ds}{dt} = 2at$ 的第一個項如果轉化爲語言並且轉化爲實存，那就是：一個**總和**（這是我們早就清除掉的一個觀念）的一個項應當是運動的一部分，而且這個部分應當添加到慣性力（即一個絕對均匀的速度）裡面，以至於運動在**無限的**時間部分裡是**匀速的**，但在**有限的**（即事實上實存著的）時間部分裡卻不是匀速的。誠然，$fs = 2at$，還有 a 以及 t 本身的意義，都是已知的，正如這樣一來，就設定了一個運動的均匀速度的規定；一般說來，只要 $a = \dfrac{s}{t^2}$，那麼 $2at = \dfrac{2s}{t}$；但到此爲此，人們就不知道任何一點更多的東西了；只有那個錯誤的假定，即以爲 $2at$ 是

作爲一個**總和**的運動的一部分，才會給出一個物理學命題的錯誤假象。因素 a 本身，經驗的統一體——即一個定量本身——，被歸之於重力；當人們使用「重力」範疇的時候，對此必須指出，$s = at^2$ 這個整體恰恰是重力的作用，或更確切地說，是重力的法則。

[347] 至於那個從 $\dfrac{ds}{dt} = 2at$ 推導出來的命題——**假若**重力停止發揮作用，那麼，一個物體藉助它在下落的**終點**所達到的速度，在相等於它落下的那段時間裡，將經過它曾經經過的空間的兩倍，——同樣也是如此。—— 這些地方包含著一種本身已經扭曲的形上學；落下的**終點**，或者說物體落下所用的一個時間部分的**終點**，本身終究也是一個時間部分；假若它**不是**一個時間部分，那就得假定**靜止**，從而假定沒有速度了；速度的提出，只能依據在一個時間部分裡已經經過的空間，而不能依據這個時間部分的終點。—— 現在，如果人們最終把微分計算應用於另外一些甚至與運動無關的物理學領域，比如光的比例關係（所謂的「在空間中傳導的光」是個例外），色彩的大小規定，並且把正方函數的第一個函數也稱作「速度」，那麼我們必須認爲，這是一種更不能令人接受的臆造實存的形式主義。

拉格朗日說，我們是在物體下落的經驗中發現方程式 $s = at^2$ 所代表的那個運動；在這個運動之後，最單純的運動就應當是方程式 $s = ct^3$ 所代表的一個運動，然而自然界根本沒有表現出這類運動；這樣我們就不知道，係數 c 究竟意味著什麼東西。即便如此，反過來卻存在著方程式 $s^3 = at^2$ 所代表的一個運動，即太陽系天體運動的克卜勒定律；反之，關於第一個導出的函數 $\dfrac{2at}{3s^2}$ 等等在這裡究竟應當意味著什麼東西，接下來透過如何微分而直接處理這個方程式，以及那個從**這個出發點**出發的絕對運動將會怎樣展開自己的法則和規定，這些看起來必定是一個更有趣的任務，而分析將會

在其中綻放出最可貴的光芒。

　　本身而言，把微分計算應用於運動的基礎方程式，這並沒有提 [348]
供什麼**實際的興趣**；至於形式上的興趣，則是來自於一般的機械計
算。但是，當連繫到運動軌跡的規定，運動的分析就獲得了另一個
意義；如果這是一條曲線，並且它的方程式包含著更高的冪方，那
麼這就需要從直線函數（即乘方的函數）過渡到冪方本身，因為，
由於運動的原初方程式包含著時間因素，所以只有去除時間之後，
才能得到那些直線函數，與此同時，時間因素必須降格為較低的發
展過程函數，這樣人們才能夠從這些函數裡面得到直線規定的那些
方程式。這個方面導致人們對微分計算的另一個部分產生興趣。

　　迄今所述的目的在於凸顯並確立微分計算的單純而特殊的規
定，並用一些基礎例子來證實這個規定。正如我們已經看到的，這
個規定意味著，人們應當從冪方函數的一個方程式中找到發展過程
的項的係數，即所謂的第一個函數，並且在具體對象的諸環節裡指
明一個**比例關係**（它就是那個函數），進而得出一個介於兩個比例
關係之間的方程式，使這些環節本身得到規定。同樣，我們也需要
簡要考察一下**積分計算**的原理，以及當這個原理應用於微分計算的
特殊而具體的規定時，所產生出來的東西。這種計算觀點其實是已
經得到簡化並且更為正確的了，因為人們不再認為計算是過去那種
與求微分相對立的**求和法**，那時候，增長被看作是一個關鍵成分，
相應地，求和法也看起來在本質上與序列形式有關。── 起初而
言，這個計算的任務既是一個理論上的任務（或更確切地說，形式
上的任務），也是微分計算的任務，但眾所周知，它實際上成了微 [349]
分計算的反面；── 這裡的出發點是一個函數，它被看作是一個**導
出的函數**，即從尚且未知的方程式裡產生出來的第一個項的係數，
而人們應當從它那裡找出原初的冪方函數；那在發展過程的自然秩

序裡應當被看作原初函數的東西，在這裡是導出的函數，而那個以前被認為是導出的函數的東西，在這裡卻是給定的或一般地開端的函數。現在看來，這個運算的形式方面已經透過微分計算而被掌握了，因為在這個過程中，已經一般地確立了從原初函數到發展過程函數的過渡和比例關係。如果說在這些地方，一方面，我們必須設定那個作為出發點的函數，另一方面，為了促使它過渡到原初函數，我們在許多情況下必定會把**序列形式**當作自己的避難所，所以首先必須確定，這個形式本身和求積分的獨特原理沒有任何直接的關係。

考慮到那種形式上的運算，看起來計算的任務的另一部分就是運算的**應用**。現在，這個應用本身就是一個**任務**，即在上述理解的基礎上，認識到原初函數從一個特殊對象的給定的、被看作是最初的函數那裡獲得的**意義**。自在地看來，這個學說同樣已經在微分計算裡完全展現出來了；只不過，另一個情況的出現使得事情不是那麼簡單。也就是說，既然這個計算表明，已經從一個曲線方程式的最初函數裡得出一個直線比例關係，那麼人們隨之也知道，這個比例關係的積分給出了橫座標和縱座標的比例關係裡的一個曲線方程式；換言之，假若能夠給出一個曲線的平面的方程式，那麼，微分計算必定已經教導人們，這樣一個方程式的最初函數的意義在於，這個函數把縱座標呈現為橫座標的函數，隨之呈現出一個曲線方程式。

[350]

但現在的關鍵是，在方程式自身之內，對象的哪一個規定環節是**給定的**？因為，分析的處理方式只能以給定的東西為出發點，然後從那裡過渡到對象其餘的規定。比如，這裡給定的，不是曲線的一個平面空間的方程式，不是一個透過曲線的旋轉而產生的物體的方程式，不是曲線的一段弧線的方程式，毋寧僅僅是橫座標和縱座

標在曲線方程式自身之內的比例關係。因此，微分計算本身並不能
處理從那些規定到這個方程式本身的過渡；只有積分計算才承擔著
這個任務，即去找出這些比例關係。

此外我們已經指出，一個包含著許多變數的方程式，其微分計
算的結果，即發展過程冪方或微分係數，不是一個方程式，而是一
個比例關係；那麼，現在的任務就是，對於這個作為**導出的函數**的
比例關係而言，應當在對象的諸環節裡給出第二個比例關係，並且
使二者相等。反之，積分計算的對象是**原初函數**與在這裡應當給定
的**導出的函數**之間的**比例關係**本身，而相應的任務則是，在給定的
最初函數的對象裡，指出那個亟待被找到的原初函數的意義，或更
確切地說，由於這個**意義**，比如一個曲線的平面或一個亟待被掰直
的、被想像為直的曲線等等，已經作為一個**問題**被陳述出來，所以
這裡的任務就是要指出：首先，這個規定是透過一個原初函數而找
到的；其次，什麼東西是對象的**環節**；再次，什麼東西是**這裡為著
作為出發點的**導出的函數而必須被假定的。

現在通行的方法是把「差分」觀念當作「無限小」觀念來使　　[351]
用，這就把事情變得很容易；因此，在求曲線的平方時，它就把一
個無限小的長方形（即縱座標和橫座標的元素或無限小的東西的乘
積）當作這樣一個梯形，它的一條邊具有無限小的弧線，與橫座標
的那個無限小的東西相對立；現在，乘積的積分是在以下意義上得
到的，即積分所給出的是無限多的梯形的總和，即平面，而平面的
規定，即平面的那個元素的**有限的**大小，恰恰是人們想要知道的。
同樣，這個方法用弧線的無限小和與之相應的縱座標和橫座標構成
一個直角三角形，在其中，那條弧線的平方等於另外兩個無限小的
平方的總和，而它們的積分表明弧線是一條有限的弧線。

這個處理方式以那個普遍的發現（它在這個領域裡也是分析

的基礎）爲前提，而它在這裡的意思是說，成爲平方的曲線、掰直了的弧線等等，其與某一個透過曲線方程式而給定的函數的關係，相當於**所謂的原初函數與導出的函數的比例關係**。因此，這裡的關鍵在於，如果一個數學對象（比如一條曲線）的某一部分被假定爲一個導出的函數，那麼我們應當知道，這個對象的另外哪一個部分是透過相應的原初函數而表達出來的。人們都知道，如果那個透過曲線方程式而給定的**縱座標**函數被假定爲一個導出的函數，那麼，那個相對而言的原初函數就是從這個縱座標上面截取下來的曲線**面積**的大小表現，以及，如果某一個**切線規定**被看作是一個導出的函數，那麼它的原初函數就表達出這個具有切線規定的**弧線**的大小，如此等等，但現在，這些比例關係（其中一個是原初函數與導出的函數的比例關係，另一個是數學對象的兩個部分或兩種情況下的大小的比例關係）構成了一個比例，——然而，這些方面的認識和證明都被那個使用無限小並以之作機械運算的方法省略了。這個敏銳的方法的獨特貢獻，就是從別的地方找到這裡已知的結果，即一個數學對象的某些和哪些方面是處於原初函數和導出的函數的比例關係中。

[352]

　　在這兩個函數裡，導出的函數，或按照其已經獲得的規定而言，乘方的函數，在這個計算裡是**給定的**，與原初函數相對立，而且後者應當透過積分而在前者那裡被找到。只不過，導出的函數並不是直接給定的，而且事情本身也不清楚，究竟數學對象的哪一個部分或哪一個規定應當被看作是導出的函數，以便透過把它回溯到原初函數而找到另一個部分或規定，而整個問題所要求的，恰恰是這個部分的大小。而通常的方法，正如之前所述，是從一開始就把對象的某些部分想像爲無限小，而在形式上是導出的函數，於是這些函數可以透過求微分而一般地從對象的原初給定的方程式那裡得

到規定（好比用一些無限小的橫座標和縱座標來掰直一條曲線）。
爲了達到這個目的，這個方法假定，某些方法和問題的對象（這
裡以弧線爲例，並且同樣把它想像爲無限小的）處於一個已經在初
等數學裡確定下來的連繫中，而在這種情況下，如果那些部分是已
知的，那麼這個對象也得到規定，於是接下來的任務是找到它的大
小；所以，爲了掰直曲線，上述三個無限小都被置於直角三角形方
程式的連繫中，而爲了求平方，縱座標和無限小的橫座標就被置於
一個乘積的連繫中，因爲一般說來，一個平面在算術上都是被假定 [353]
爲各種線的乘積。接下來，從這樣一個所謂的平面元素（比如弧線
等等）到平面的大小或弧線的大小的過渡，僅僅相當於從無限的運
算式到有限的運算式的上升，或者說到無限多元素的**總和**的上升，
而人們想要知道的大小就應當是由這些元素構成的。

　　因此，人們只能以浮光掠影的方式指出，積分計算只不過是微
分計算的一個反轉過來的，但總的說來更爲困難的問題；毋寧說，
積分計算的**實際的**興趣僅僅在於找出具體對象裡的原初函數與導出
的函數的比例關係。

　　在積分計算這個領域裡，拉格朗日同樣沒能透過那些直接的
假定而克服問題的困難。我在這裡同樣利用少數幾個例子來進一步
討論他的處理方式，這或許有助於澄清事情的本性。他的處理方式
給自己的提出的任務，恰恰是要**證明**，在一個數學整體（比如一條
曲線）的兩個特殊規定之間，出現了原初函數與導出的函數的比例
關係。但在這個領域裡，這一點不可能藉助比例關係自身的本性，
以直接的方式實現，因爲在數學對象那裡，比例關係把曲線和直
線、直線次元及其函數和平面次元及其函數等等**在質上不同的東西**
連繫在一起；所以，人們只能把規定理解爲一個介於**較大的東西**和
較小的東西之間的東西。在這種情況下，一個帶著**增加**和**減少**的**增長**

形式重新浮出水面，而它在現在這個位置上的表現，是一種強有力的 développons〔發展〕；但是，「增長」在這裡僅僅具有算術上的、有限的意義，這一點在前面已經談過了。假定這個有待規定的大小比一個可輕鬆規定的界限更大，但比另一個界限更小，那麼只要展開這個條件，就可以推導出如下這類結論，比如相對於面積的函數而言，縱座標的函數是第一個導出的函數。

[354]

　　由於拉格朗日的出發點是阿基米德原理，所以他在掰直曲線或求曲線的長時，其旨趣是希望把阿基米德的方法**輸入**（Übersetzung）近代分析學的原理，以便讓人們洞察到另外那種機械行事的活動的內核和真正意義。這個處理方式和之前提到的處理方式必然是類似的；阿基米德定理認為，一條曲線的弧線比它的弦更大，但比兩條在弧線的終點引出的切線的總和更小，因為它們包含在這些點和它們的相切點之間；但這個定理沒有給出一個直接的方程式。所謂把阿基米德的基本規定輸入（Übertragung）近代分析學的形式，就是發明一個運算式（它本身是一個單純的基礎方程式），而相比之下，那個形式僅僅提出一個**要求**，即在一個太大的東西和一個太小的東西之間（二者任何時候都是已規定的），應當無限地前進，這個推進雖然總是會給出一個新的太大的東西和一個新的太小的東西，但它們的界限卻是越來越接近。藉助於無限小的形式主義，於是立刻設定了 $dz^2 = dx^2 + dy^2$ 這一方程式。與此相反，拉格朗日的解釋是從剛才所說的那個基礎出發的，它指明，弧線的大小相對於一個導出的函數而言，是原初函數，這個函數獨有的項本身又是一個函數，並且來自於導出的函數與縱座標的原初函數的比例關係。

　　阿基米德的方法後來也被克卜勒用來處理立體幾何學的對象，因為這個方法裡出現了「無限小」觀念，所以人們經常引以為權

威，以證明微分計算也有權利使用這個觀念，卻根本沒有注意到　[355]
這個方法的獨特的、與眾不同的地方。「無限小」首先意味著某
些東西（比如所謂一個所謂的「**有限的運算式**」或「**已完成的規定
性**」）的定量本身的否定，雖然它們確實包含著定量本身。同樣，
在隨後的瓦雷里奧[31]、卡瓦列里的以考察幾何學對象的比例關係為
基礎的著名方法裡，也有這樣一個基本規定：那些僅僅在比例關係
裡得到考察的規定，其**定量**本身應當出於這個目的而被放到一邊
之不理，至於那些規定，從此以後應當被看作是一個「**非大小的東
西**」（Nicht-Großes）。但這樣一來，一方面，那個躲在單純的否
定後面的一般意義上的**肯定東西**，就沒有被認識到和得到凸顯，哪
怕它在前面已經以抽象的方式展現為**質**的大小規定性，而這個規定
性則是以更明確的方式表明自己位於冪方比例關係中，——另一方
面，由於這個比例關係本身和冪方及其發展函數的比例關係一樣，
又在自身之內包攬著一定數量的更具體的比例關係，所以它們也是
繼續立足於同一個「無限小」的普遍而否定的規定，並且應當從那
裡被推導出來。在剛才強調過的拉格朗日的解釋裡，這個已規定的
肯定東西，這個位於阿基米德解決問題的方式裡的東西，已經被找
到了，相應地，那個曾經只懂得無限超越的方法也已經獲得其正確
的界限。近代的發明之所以偉大，之所以能夠解決前人無法駕馭的
問題，並且能夠以一個簡單的方式處理前人頗費周折才解決的問
題，唯一的原因在於他們發現，原初事物和所謂的導出的事物之間
有一個比例關係，以及一個數學整體的各部分就是處於這樣一個比
例關係之中。

　　上述例證基本上可以滿足我們的目的，即把諸大小的獨特的　[356]

---

[31] 瓦雷里奧（Luca Valerio, 1552-1618），義大利數學家。——原編者注

比例關係凸顯出來，而這個比例關係，就是這裡討論的特殊類型的計算的對象。這些例證可以侷限於一些簡單的問題及其解決辦法；至於去研究微積分計算的所謂的整個應用領域，並且把那個已經揭示出來的原理當作應用的基礎，然後把微積分計算的全部問題及其解決辦法追溯到那個原理，以此達到完整的歸納等等，這些事情不但和這裡唯一關注的概念規定沒有什麼關係，而且也不在我的能力範圍之內。但以上所述已經足以表明，每一個特殊的計算方式如何把一個特殊的規定性（即大小比例關係）當作自己的對象，以及，這個比例關係和微積分計算一樣，如何建構起加法、乘法、乘方和開方根、對數的計算、序列等等；對於那些屬於這個計算的東西而言，或許「冪方函數和它的發展函數或乘方函數的比例關係」這一名稱是最適合的，因為它最接近於對事情本性的認識。只不過，正如我們在整個從事微積分計算的時候，也使用了一些依據其他大小比例關係的運算，比如加法等等，所以我們同樣可以使用對數比例關係、圓的比例關係、序列比例關係，而這尤其使我們能夠更好地駕馭一些運算式，以便進行那些應當去做的運算，即從發展過程的函數裡面推導出原初函數。藉助序列形式，微分計算和積分計算確實具有一個共同的更明確的興趣，去規定發展過程的函數，即序列裡的諸項的係數；但是，由於微分計算的興趣僅僅在於原初函數[357]　與其發展過程的起初的係數的比例關係，所以，序列在一定數量的按照冪方（它們具有那些係數）而排列的項裡，想要呈現出一個**總和**。那個出現在無限序列中的無限者，是一般意義上的定量的否定者的一個無規定的運算式，和微分計算的無限者所包含的肯定規定沒有任何共同之處。同樣，「無限小」，作為**增長**（發展過程由於它而落入序列形式），對於發展過程而言僅僅是一個外在的工具，而它的所謂的無限性的唯一意義，就是作為這樣一個工具而存在，

捨此之外沒有任何別的意義；至於序列，因爲它實際上並不是我們追求的目標，所以製造出**太多的東西**，迫使我們重操辛勞，將其忽略不計。這些辛勞同樣壓迫著拉格朗日的方法，因爲他就特別喜歡序列形式；儘管如此，透過這個方法，一種眞正的獨特性在所謂的**應用**中脫穎而出，也就是說，他不是把 dx, dy 等形式強行**輸入**對象，而是直接指出對象的哪一個部分具有導出的（發展過程的）函數的規定性。這件事情本身表明，序列形式在這裡根本就不是一個值得關注的東西。㉜

㉜ 在剛才引用的那個批評裡（《科學批判年鑑》第二卷，1827 年，第 155-156 號），引用了一位精湛的專業學者斯貝爾先生〔Friedrich Wilhelm Spehr, 1799-1833，居住於布朗施維克的德國數學家〕在其《流數計算的新原理》（布朗施維克，1826年版）中的一些有趣的說法。這些說法所涉及的一個情況，在本質上助長了微分計算裡面的晦澀不清的、非科學性的東西，而且完全符合我們此前談到這個計算的**理論**的普遍關係時所說的情況。斯貝爾先生說：「誠然，純**算術研究**和所有類似的研究一樣，首先都與微分計算有關，但人們並沒有把它們和真正的微分計算分開，拉格朗日等人甚至認為這些研究就是**事情本身**，哪怕絕大多數人僅僅把它們看作是微分計算的**應用**。這些算術研究在自身包含著求微分的規則、泰勒〔Brook Taylor, 1685-1731，英國數學家〕定理的推導等等，甚至包含著各種求積分的方法。**事實完全相反**；恰恰是那些應用才構成了**真正的微分計算的對象**，而且，所有那些算術發展過程和運算都是這種從分析學出發的**微分計算的前提**。」── 我們已經指出，在拉格朗日那裡，所謂的應用與普遍部分的那個從序列出發的方法的區分，如何恰恰突出了微分計算本身的**獨特事情**。但按照斯貝爾先生的有趣的觀點，反而是所謂的**應用**構成了**真正的**微分計算的**對象**，既然如此，那麼我們不得不驚嘆，他怎麼可能坦然接受（剛才提到的）那種**流於形式的**形上學，只懂得連續的大小、轉變、流動等等，甚至企圖在這類壓艙物之外添加更多的壓艙物；這些規定之所以是**流於形式的**，在於它們僅僅是普遍的範疇，而範疇恰恰沒有說出**事情的特殊方面**，因為事情應當透過具體的學說和應用而得到認識，並從中抽象出來。── 黑格爾原注

[358]

注釋三：還有一些與質的大小規定性有關的形式

　　微分計算的「無限小」就其肯定意義而言是**質的**大小規定性，而我們已經指出，這個規定性在微分計算裡不是僅僅表現爲一般意義上的冪方規定性，而是表現爲一個特殊的冪方規定性，即一個冪方函數與發展過程的冪方的比例關係。但質的規定性也出現在其他的可以說更弱的形式裡，而這個形式，以及與之相關的「無限小」的使用及其在這個使用中的意義，還需要在這個注釋裡得到考察。

　　我們從之前所說的內容出發，就此而言，有一點需要提醒，即各種冪方規定首先是從**分析的**方面表現出來的，因此它們僅僅是流於形式的，並且在某種意義上是完全**同質的**，即它們意味著**數的大小**，而數的大小本身並不具有那種相互對立的質的差異性。但是，

[359]　當它們應用於空間對象，分析的比例關係就按照其質的規定性而表現爲從線的規定到面的規定的過渡，從直線規定到曲線規定的過渡，如此等等。除此之外，這個應用本身也導致，各種空間對象（它們按其本性而言是在「**延續的**大小」這一形式下被給予的）被理解爲**區間的**東西，於是，面被理解爲一定數量的線，線被理解爲一定數量的點，如此等等。現在，這個解決辦法的唯一興趣在於，親自去規定那些把線消融在其中的點，那些把面消融在其中的線等等，以便能夠從這個規定出發，以分析的方式亦即眞正算術的方式向前推進；對於有待規定的大小規定而言，這些出發點是一些**元素**，從它們那裡應當推導出**具體東西**（即**延續的**大小）的函數和方程式。那些對使用這個方法饒有興趣的問題，要求在一個元素裡以**一個自爲地本身已規定的東西爲出發點**，這就與那個間接的進程**相對立**，因爲後者反過來只能從一些**界限**出發，把那個處在界限之間的自爲地已規定的東西當作它的**目標**。但是，由於人們只能找到接下

來的持續推進的一個法則，卻不能獲得其想要得到的完滿規定，即所謂的有限的規定，所以兩個方法得出的是同一個結果。克卜勒之所以廣受讚譽，在於他第一個想到了那個進程的反轉，並且把區間的東西當作出發點。他作出的解釋，還有他對於阿基米德在測量圓的時候提出的第一個命題的理解，都以簡單的方式表明了這一點。眾所周知，阿基米德的第一個命題是說，圓等於這樣一個直角三角形，其一條直角邊等於圓的半徑，另一條直角邊等於圓的周長。對於這個命題，克卜勒的理解是：有多少個**點**，**圓周**就有多少個部分，因此，圓周有無限多的部分，其中每一個部分都可以被看作是一個直角三角形的底邊，如此等等；而在這種情況下，他已經說出了**解決辦法**，即把**延續的東西**置於「**區間性**」形式中。這裡出現的「**無限者**」運算式，尚且遠遠沒有達到它在微分計算中應當具有的那個規定。——現在，對於這些區間的東西而言，雖然找到了一個規定性，亦即函數，但接下來它們應當被統攝在一起，在本質上成爲延續的東西的元素。但是，由於點的一個總和並不構成線，線的一個總和也不構成面，所以點**已經立即**被當作**線性的**點，正如線已經立即被當作面性的線。與此同時，因爲那些線性的點**不應當是線**（假若它們被當作定量，按說就應當是線），所以它們被設想爲**無限小的東西**。區間的東西只能有一個**外在的**統攝關係，在其中，各個環節始終意味著區間的單一體；這些環節的分析的過渡僅僅在它們的**總和**那裡發生，而這個過渡到並非同時是幾何學的過渡，比如從**點**到**線**的過渡，或從**線**到**面**的過渡等等；所以，當一個元素作爲點或作爲面而具有它的規定，也就和點或面一起，同時獲得了線的質或面的質，相應地，許多微小的線的總和就成了一條線，正如許多微小的面的總和就成了一個面。

　　人們需要質的過渡這一環節，也需要爲此把「**無限小**」當作一

[360]

個避難所，這類需要必須被看作是所有那些觀念的源頭，它們想要解決那個困難，然而它們自身就是一個最大的困難。爲了避免剛才說的那個救急辦法，人們必須表明，在分析方法（它看起來僅僅是一種**加法**）自身之內，實際上已經包含著一種**乘法**。但在這個角度下，又出現了一個新的假定，正是以它爲基礎，算術的比例關係才被應用於幾何學的形狀；也就是說，人們假定，即使對於幾何學規定而言，算術乘法也可以過渡到一個更高的次元，——以及，諸大小按照其空間規定而言是**線**，而它們的算術乘數同時是從線性東西到**面的規定**的一個乘積；3 乘以 4 尺直線得出 12 尺直線，但 3 尺直線**乘以** 4 尺直線卻是得出 12 面尺或平方尺，因爲二者中的統一體作爲區間的大小，是同一個統一體。**線與線相乘**乍看起來是某種荒謬的東西，因爲一般說來，相乘所涉及的是數，也就是說，相乘是這樣一些數的一個變化，它們和它們所過渡而成的東西（亦即**乘積**）是**完全同質的**，只是**大小**發生了變化而已。反之，所謂的線本身與線的相乘——人們已經把這稱作 ductus lineae in lineam〔線導出線〕或 plani in planum〔面導出面〕，就和 ductus puncti in lineam〔點導出線〕一樣，——並非僅僅是大小本身發生的變化，毋寧說是大小作爲**空間性的質的規定**（亦即作爲一個次元）而發生的變化；所謂從線到面的過渡，必須被理解爲線**來到自身之外**，正如點來到自身之外就是線，面來到自身之外就是一個完整的空間。這和想像從點到線的**運動**是同一回事；然而運動包含著時間規定，因此在那個想像裡便像是一個偶然的、外在的狀態變化；真正需要關注的是，是那個透過「來到自身之外」而表達出來的概念規定性，——這是質的變化，而它在算術的意義上，就是指單位（作爲點等等）透過相乘而得出數目（線等等）。——此外還可以指出，就面來到自身之外而言（其表現就是面透過相乘而得出面），

[361]

會出現一個假象，彷彿算術的乘法不同於幾何學的乘法，以至於面之來到自身之外，作爲 ductus plani in planum〔面導出面〕，在算術的意義上是第 2 個次元規定與第 2 個次元規定相乘，從而給出一個包含著4個次元的乘積，然後透過幾何學規定而被降格爲 3 個次元。一方面看來，正因爲數把單一體當作自己的本原，所以它爲外在的量的東西給出了一個固定的規定，但另一方面，數的相乘同樣是流於形式的；3・3，如果作爲數的規定，其自乘就是 3・3×3・3；但同一個大小，作爲面的規定，其自乘就在 3・3・3 那裡被遏制了，因爲空間被設想爲從點這一純粹抽象的界限出發而進行超越，而它的眞正界限，則被想像爲從線出發而在第 3 個次元裡面獲得的**具體**規定性。上述區別可以表明自己對於自由運動是有效果的，在這個運動中，其中一個方面，即空間的方面，遵循的是幾何學的規定（即克卜勒定律 s^3: t^2），另一個方面，即時間的方面，遵循的是算術的規定。 [362]

　　至於質的東西，就我們這裡對它的考察而言，如何區別於前一個注釋裡面的對象，現在已經可以無需任何進一步的評論就自行表現出來。在前一個注釋裡面，質的東西位於冪方規定性中；但在這裡，質的東西和「無限小」一樣，僅僅作爲因素而在算術的意義上與乘積相對立，或者說作爲點而與線相對立，作爲線而與面相對立，如此等等。透過設想延續的大小消解爲區間的東西，於是質的過渡，亦即從區間的東西到延續的東西的過渡，就作爲一種加法而得以實現。

　　因此，所謂的單純的相加實際上是一種相乘，因此其在自身內包含著從線的規定到面的規定的過渡。這一點可以以最簡單的方式，藉助一個例子表現出來，即一個梯形的面積等於兩條平行邊的總和與一半的高的乘積。這個高僅僅被設想爲應當加在一起的一定

數量的**區間的**大小的**數目**。這些大小是線，處在那兩條相互限定的平行線之間，與之平行；它們是無限多的，因為它們應當構成面，

[363]　但它們又是線，因此，為了成為一個面性的東西，必須同時伴隨著否定而被設定。為了避免「許多線的總和構成一個面」這一困難，人們立即假定線是面，只不過是一種**無限狹小的**面，因為它們唯有在梯形的平行界限的線性因素裡才具有它們的規定。作為由梯形的另外一對直邊（即兩條斜邊）所限定的平行線，它們可以被設想為一個算術進程的諸項，其差分一般說來是同一個差分，但不需要得到規定，而且其中的第一個項和最後一個項構成了那兩條平行邊；眾所周知，這樣一些序列的總和就是那兩條平行邊與諸項的一半**數目**的**乘積**。這個最終的定量，只有在完全與「無限多的線」這一觀念相關聯的時候，才被稱作數目；它就是一個**延續的東西**（即梯形的高）的一般意義上的大小規定性。很顯然，那叫做總和的東西，同時也是 ductus lineae in lineam〔從線到線的推導〕，亦即線性東西與線性東西的**相乘**，而按照上述規定而言，就是面性東西的產生。現在，在最簡單的情況下，即在一個直角 ab 那裡，兩個因素中的每一個都是一個單純的大小；但是，在接下來的一個同樣基礎性的例子亦即梯形那裡，只有其中一個因素已經是單純的東西（即一半的高），反之另一個因素是由算術進程來規定的；後面這個因素同樣是一個線性東西，但它的大小規定性卻更為複雜；鑑於這個大小規定性只能透過一個序列而表達出來，所以只有分析學亦即算術才有興趣把它加起來；在這裡，幾何學的環節是相乘，即作為質的東西，從線的次元過渡到面；其中一個因素只有相對於另一個因素的算術規定而言才被當作**區間性東西**，但就本身而言，前一個因素和後一個因素一樣，都是一個線性東西的大小。

此外，只要一個相乘本身不是為了得出結果，人們也經常使

用這個方法，即把面設想爲許多線的總和。如果事情的關鍵不在於　[364]
指出方程式裡的大小是定量，而是在於指出一個比例中的大小是定
量，這種事情就會發生。比如，人們透過一個著名的方式指出，一
個圓的面積與一個以這個圓的直徑爲大軸的橢圓的面積，其關係相
當於大軸與小軸的關係，因爲這兩個面分別被看作是其專屬的**縱座**
標的總和；橢圓的每一個縱座標與圓的與之對應的縱座標的關係，
相當於小軸與大軸的關係；由此可以推知，兩套縱座標的**總和**之間
的關係，亦即兩個**面**之間的關係，同樣也是如此。在這件事情上，
有些人企圖避免把面設想爲許多線的總和，於是他們藉助通常的、
完全多餘的輔助手段，把縱座標理解爲一個寬度無限小的**梯形**；既
然方程式僅僅是一個比例，那麼在面的兩個線性元素裡，就只有一
個得到比較。另一個元素，即橫座標軸，被認爲在圓和橢圓裡都是
同樣的，都是算術的大小規定的因素，因此等於 1，所以，比例就
是完全並且僅僅依賴於一個作出規定的環節的比例關係。對「平
面」**表象**而言，兩個次元是必需的；然而**大小規定**，就其在那個比
例中被揭示出的情形而言，僅僅與其中**一個**環節有關；因此，所謂
順從或幫助一個表象，無非是把「**總和**」表象添加到這其中**一個**環
節上面，而眞正說來，這就是沒有認識到，對於數學規定性而言，
這裡的關鍵究竟在什麼地方。

　　這裡已經討論的東西，也包含著一個標準，用以衡量早先提
到的卡瓦列里的「**不可分者**」方法，而且這個方法同樣因此得到辯
護，不需要把「無限小」當作避難所。當卡瓦列里觀察一個面（平
方面或小圓面）的時候，當他觀察一個棱錐體或圓錐體等等的時
候，這些不可分者就是線；他把一個假定已規定的底邊或底面稱作
「**規則**」；這就是常數，在和序列相關聯的時候，就是序列的第一
個或最後一個項；藉助於常數，那些不可分者就被看作是平行的，　[365]

亦即就形狀而言具有相同的規定。現在，卡列瓦里的普遍的原理是（《幾何學習題集》第六卷；後期著作《習題集》〔1647 年版〕第一卷第 6 頁）這樣的：「一切形狀，無論平面的還是立體的，都和它們的一切不可分者處於**比例關係**之中，因此，必須把這些不可分者合起來加以比較，並且，如果它們中間有一個共同的比例關係，就把它們分別加以比較。」──出於這個目的，他在那些具有**相等的**底邊和高的形狀裡，以底邊為準，引出一些與底邊平行，並且與底邊**距離相等**的線，然後比較它們的比例關係；一個形狀的所有這些線都具有同一個規定，並且構成了這個形狀的全部內容。比如，透過這個方式，卡瓦列里也證明了一個基礎命題，即「同等高度的平行四邊形和它們的底邊處於比例關係之中」；在兩個形狀裡，如果分別引出兩條與底邊距離相等並且與之平行的線，那麼它們和底邊的比例關係就是同一個比例關係，因此這兩個完整的形狀也是如此。事實上，線不是把形狀當作**延續的東西**而構成其內容，毋寧說，線構成的內容是一個應當在算術的意義上**得到規定**的內容；線性東西是內容的元素，而內容的規定性必須僅僅透過這個元素而得到理解把握。

　　既然如此，我們就得反思一個區別，後者是在考慮到一個形狀的**規定性**時出現的；也就是說，在這裡，形狀要麼和形狀的**高**在性質上是同一個東西，要麼是一個**外在的界限**。就它是**外在的界限**而言，人們承認，形狀的**延續性**可以說是**出自**界限的相等或比例關係；比如，相互**重合**的形狀之所以是相等的，在於那些作出限定的線是相互重合的。然而在那些具有相等的高和底邊的平行四邊形裡，只有後面這個規定性（即相等的底邊）才是一個外在的界限；諸形狀的**第 2 個主要規定**，即**它們的比例關係**，不是基於一般意義上的**平行性**，而是基於高，因此是高引伸出第 2 個原理，去規定那些

[366]

外在的界限。歐幾里德證明，如果某些平行四邊形具有相等的高和底邊，那麼它們是相等的，而這個相等又可以回溯到三角形，回溯到一些**外在受限的**延續的東西；在卡瓦列里的證明裡，首要關注的是平行四邊形的比例性，也就是說，他把界限解釋爲一般意義上的**大小規定性本身**，而且假定，在每兩條以同樣的距離在兩個形狀裡引出來的線那裡，都有這個大小規定性。這些相等的線，或者說，這些與底邊處於相等的比例關係之中的線，**集合起來**，就給出了處於相等的比例關係之中的諸形狀。雖然線的「**堆積**」觀念有悖於形狀的延續性，但對於線的考察已經完全窮盡了這個關鍵的規定性。針對一個經常出現的困難，「既然『不可分者』表象自帶一個無限者，那麼無限的線或無限的平面究竟能否在**數目**上加以比較呢」，卡瓦列里給出了答案（《新幾何學：論不可分的延續東西》〔1635年版〕第二卷，第 1 命題之附釋）；他做出了一個正確的區分，即他並不比較我們尚且不認識的線的**數目**——因爲正如此前已經指出的，「數目」毋寧是一個拿來救急的空洞表象，——而是僅僅比較**大小**（即量的規定性本身），而這個大小和這些線所占據的空間是相等的；正因爲空間封閉在界限之內，所以它的那個大小也是封閉在同樣的界限之內；他說，**延續的東西不是別的，恰恰是諸「不可分者」自身**；假若有什麼東西位於這些「不可分者」之外，那麼它們是不可比較的；反過來，如果認爲有界的延續東西卻不能相互比較，那麼這也是一個非常愚蠢的想法。

　　由此可見，卡列瓦里希望區分兩種東西：一種屬於延續東西的**外在實存**，一種包含著延續東西的**規定性**，並且爲了做比較，爲了提出相關論題，它們才被單獨拿出來予以強調。當他宣稱，延續的東西是由「不可分者」**複合**而成或組成，或提出類似觀點的時候，他所使用的這些範疇當然是不充分的，因爲在這種情況下，同時 [367]

需要對於延續東西的直觀，或如前面指出的，需要這個東西的外在
實存；相比「延續的東西無非是諸『不可分者』自身」之類說法，
一個更正確的、從而本身立即清楚明白的說法，大概是：「延續的
東西的大小規定性無非是諸『不可分者』自身的大小規定性。」卡
瓦列里從不採用「存在著更大的和更小的無限者」之類**來自於學院
派**的惡劣推論，而這類推論的源頭則是那樣一個表象，即「諸『不
可分者』構成了延續的東西」；而且，他在後面某個地方（《新幾
何學》第七卷前言）表達出了一個更爲明確的意識，即他絕不會
由於他的證明方式而求助於「延續的東西是由諸『不可分者』複合
而成」這一表象；毋寧說，**延續的東西僅僅出自諸「不可分者」的比
例**。他說，他之所以採用「不可分者」的堆積，不是因爲它們看起
來爲了**無限數量的線或平面**的緣故而落入無限性的規定，而是因爲
它們本身就具有**受限東西的一個已規定的狀況和本性**。儘管如此，爲
了搬走這塊絆腳石，他還是不辭辛勞，在該書專門爲此而增補的第
七卷裡，用另一個方式，即在不考慮無限性的情況下，證明他的幾
何學的主要命題。——如今的這個手法是把證明歸結到之前引用過
的那個通常形式，即各種形狀的**重合**，而正如我們已經指出的，這
意味著把規定性想像爲**外在的空間界限**。

　　關於「重合」形式，首先可以指出的是，它對於感性直觀而
言，完全可以說是一個幼稚的幫助。在那些關於三角形的基礎命
[368]　題裡，人們想像出這樣兩個並列的，分別由 6 個部分組成的三角
形，首先假定一個三角形的 3 個部分和另一個三角形的與之對應
的 3 個部分在大小上是相等的，然後指出這兩個三角形是彼此相合
的，也就是說，前者**餘下的 3 個**部分和後者餘下的 3 個部分在大小
上是相等的，——「因爲它們藉助前面那 3 個部分的相等而**相互重
合**。」如果更抽象地理解這件事情，那麼可以說，恰恰因爲兩個三

角形裡每一組對應的部分是相等的，所以真正存在著的只有**一個**三角形；在這個三角形裡，3 個部分被假定為**已經被規定的**，由此也得出餘下 3 個部分的**規定性**。這個方式表明，規定性在 3 個部分裡已經**完成**；因此對於規定性本身而言，餘下的 3 個部分都是一種**多餘**，即**感性實存是多餘的**，或者說對延續性的直觀是多餘的。以這個形式表述出來之後，質的規定性在這裡就表現出它與那個位於直觀裡的東西（即一個在自身內延續的整體）的區別；反之，**重合**並不能讓人意識到這個區別。

　　正如已經指出的，藉助於平行線，在平行四邊形那裡出現了一個新的情況：一方面僅僅是角的相等，另一方面是形狀的高，但後者不同於平行四邊形的外在界限，即它們的邊。於是這裡也出現了一種含糊不清的情況，即在這些形狀那裡，除了其中一條邊（即作為外在界限的底邊）的規定性之外，人們究竟是在什麼意義上把**另一個外在界限**（即平行四邊形的另一條邊或高）當作另一個規定性？在這兩個底邊和高相等的形狀那裡，如果其中一個是直角形狀，而另一個有著很銳的角，因而其對角是一個很鈍的角，那麼就直觀而言，後者很容易顯得比前者更大，因為直觀認為後者的大邊是**作規定的**，並且按照卡瓦列里的想像方式，依據一定**數量**的能夠將形狀分割開的平行線去比較兩個**平面**；也就是說，**更大的**邊彷彿 [369] 能夠比直角的垂直邊提供**更多的**線。然而這樣的想像並不能幫助人們去譴責卡瓦列里的方法，因為那些在兩個平行四邊形裡被想像著拿來做比較的一定數量的平行線同時有一個前提，即它們**彼此之間的距離**或與底邊的距離是相等的，由此可以得出，高——而非平行四邊形的另一條邊——是**另一個作規定的環節**。此外，如果拿來做比較的是這樣兩個平行四邊形，它們雖然就底邊和高而言是相等的，但不是位於同一個平面上，並且和第 3 個平面形成不同的

角，那麼情況還會發生改變；也就是說，在這裡，如果人們想像第
3 個平面是透過前兩個平面而設置的，並且以自身平行的方式向前
移動，這樣就會產生一些平行的截面，但它們相互之間的距離不再
是相等的，於是那兩個平面也不再是相等的了。卡瓦列里非常仔細
地強調這個區別，即他所說的「不可分者」的 transitus rectus〔垂
直移動〕和 transitus abliquus〔偏斜移動〕的區別（見《習題集》
第 12 題以下，亦見《新幾何學》第一卷第 2 命題），從而切斷了
那個有可能在這個方面產生出來的膚淺誤解。巴羅在前面引述過的
他的那部著作裡（《幾何學講義》第二卷，第 21 頁），同樣使用
了「不可分者」的方法，只不過這個方法已經糾纏於一個假定——
曲線三角形（比如所謂的典型三角形）可以等同於直線三角形，
只要二者是無限小的，亦即**非常**小的，——從而已經被玷汙了。遺
憾的是，恰恰是他把這個假定傳授給他的學生牛頓和當時的其他數
學家，包括萊布尼茲。如果我沒記錯的話，巴羅曾經引用了塔奎[33]

[370]　對此的一個尖銳指責，後者作為一位思想敏銳的幾何學家，其時也
在積極地探索各種新的方法。塔奎所指出的困難同樣涉及到一個
問題，即在計算圓錐體和圓球體的表面積時，對於一個以區間性東
西的應用為基礎的考察而言，哪一條線應當被看作是**規定的基本環
節**？塔奎反對「不可分者」方法，因為，假若要計算一個直角椎體
的表面積，那麼按照那個算術方法，就得把椎體的三角形想像為由
一些與底邊平行，與軸垂直的直線複合而成，這些直線同時也是**各
個圓的半徑**，而椎體的**表面**就是由這些圓組成的。現在，如果一方
面把這個表面規定為各個圓周的總和，另一方面透過它們的半徑的
數目（即軸的大小）和椎體的高來規定這個總和，那麼這個結果就

---

[33] 塔奎（André Tacquet, 1612-1660），比利時數學家。——原編者注

和阿基米德此前所教導的和已證明的眞理相矛盾。反之，巴羅指出，不應當把軸，而是應當把椎體的三角形的一條**邊**當作那條規定著表面的線，因爲表面是透過這條邊的旋轉而產生出來的；所以，人們必須假定，對於一定數量的圓周而言，並非軸，毋寧三角形的一條邊才是它們的大小規定性。

這類指責或疑難的的唯一源頭，在於它們使用了「**無限數量**」這一無規定的表象，進而認爲線是由無限數量的點組成的，面是由無限數量的線組成的，如此等等；透過這個表象，線或面的本質上的大小規定性已經變得模糊不清。——迄今的這些注釋的意圖在於，當數學變著法子使用「無限小」的時候，我們卻把那些可以說隱藏在其背面的**肯定**規定揭示出來，並且把它們從那種由於單純以否定的態度看待範疇而陷入其中的雲裡霧裡的狀態裡面凸顯出來。在無限序列那裡，就和阿基米德測量圓的時候一樣，無限者無非意味著，雖然持續規定的法則是已知的，但所謂的**有限的**運算式，即算術運算式，卻沒有被給予，所以弧線不可能被歸結爲直線；這個不可通約性是它們的質的差異性。一般說來，區間性東西和延續的東西的質的差異性同樣包含著一個否定的規定，這個規定使它們看起來是不可通約的，進而製造出一個無限者，後者的意思是，當延續的東西被當作區間性的，就不應當繼續按照其延續的規定性而具有定量。延續的東西在算術裡被看作**乘積**，從而在其自身那裡就被設定爲區間性東西，也就是說，它被分解爲一些元素，亦即乘積的因素；它的大小規定性就包含在這些元素或因素之內；正因爲它們是元素或因素，所以屬於一個較低的次元，而且，就冪方規定性出現而言，屬於一個比大小更低的冪方，相當於這個冪方的元素或因素。在算術裡面，這個區別顯現爲一個單純的量的區別，——即方根和冪方的區別（無論這個冪方具有什麼規定性）；儘管如此，如

[371]

果運算式僅僅涉及量的東西本身，比如 $a: a^2$ 或 $d \cdot a^2 = 2a: a^2 = 2: a$，或落體法則 $t: at^2$，那麼它只不過給出了一些無所云謂的比例關係，比如 $1:a$，$2:a$，$1:at$ 等等；然而比例關係的兩端必須違背它們的單純的量的規定，透過不同的質的意義而相互分開，就像 $s: at^2$ 那樣，而在這種情況下，大小就表現爲一個質，表現爲另一個質的大小的函數。這樣一來，意識所面對的就僅僅是一個量的規定性，可以依據它的特點而毫無困難地進行運算，而且人們在用一條線的大小和另一條線的大小相乘的時候，也不會遭遇什麼麻煩；但是，

[372]　這些大小的相乘同時也造成了一個質的變化，即從線過渡到面；在這種情況下，一個否定的規定出現了；這個規定所造成的困難是可以解決的，只要我們認識到它的獨特性和事情的單純本性就行了；反之，假若人們企圖藉助於無限者而消弭這個規定，就只會陷入到混亂狀態之中，使困難永遠懸而未決。

第三章　量的比例關係

　　定量的無限性已經被規定爲定量的一個否定的彼岸世界，但定量是在其自身那裡具有這個彼岸世界。這個彼岸世界是一般意義上的質的東西。無限的定量，作爲兩個環節（即量的規定性和質的規定性）的統一體，首先是**比例關係**。

　　在比例關係裡，定量不再具有一個純粹漠不相關的規定性，而是作爲質的東西，被規定爲絕對地與它的彼岸世界的相關聯。它使自身延續到它的彼岸世界；彼岸世界首先是一般意義上的**另一個**定量。但從本質上看，它們並非作爲外在的定量而相互關聯，毋寧說，**每一方都是在這個他者關聯中具有它的規定性**。因此，它們在它們的這個異在之內已經回歸自身；每一方是什麼，在它的異在之內也就是什麼；他者構成了每一方的規定性。── 因此，定量的自身超越如今意味著，定量既不是僅僅變化爲一個他者，也不是變化爲它的抽象的他者（即它的否定的彼岸世界），而是在這個過程中達到了自己的規定性；它在它的彼岸世界（這是另一個定量）裡面找到它**自己**。定量的**質**，或者說它的概念規定性，是它的一般意義上的外在性，而在比例關係裡，它被**設定**爲這樣一個東西，(1)它在它的外在性中，在另一個定量那裡，具有它的規定性，(2)它在它的彼岸世界裡面，作爲它所是的那個東西而存在著。

　　存在著一些定量，其相互之間的關聯就是此前出現的那個關聯。這個**關聯**本身也是一個大小；定量不是僅僅**在比例關係中被設定的**，毋寧說，**它本身就被設定爲比例關係**；它是**一個**一般意義上的定量，**在自身內部**就具有那個質的規定性。也就是說，由於定量在 [373]

自身內部就具有它的已規定的存在的外在性，並且在這個外在性中僅僅與自身相關聯，從而本身是一個無限的東西，所以，它作為比例關係，就表現為一個封閉在自身內的總體性，並且和它的界限漠不相關。

一般而言，比例關係是

1. **正**比例關係。在它裡面，**質的東西**尚未作為質的東西而自為地出現；它尚且停留在定量的層次，亦即被設定為一個在它的外在性中具有它的規定性的東西。—— 自在地看來，量的比例關係就是外在性和自身關聯的矛盾，或者說諸定量的持存與諸定量的否定的矛盾；—— 這個矛盾揚棄自身，而這首先是因為

2. 在**反**比例關係裡，只要設定一個定量的**否定**本身，同時就設定了另一個定量的變化，以及直接的比例關係本身的可變化性；

3. 但在**冪方比例關係**裡，那個在它們的區別中與自身相關聯的統一體，把自己確立為定量的單純的自身相乘；這個質的東西最終在單純的規定中被設定為與定量同一，於是轉變為**尺度**。

關於以下各種比例關係的本性，在前面那幾個涉及量的無限者（即量本身的質的環節）的注釋裡，已經在許多方面預先有所提及；因此，剩下來的就只是對這些比例關係的抽象概念的辨析。

[374]

A 正比例關係

1. 在那個直接是**正**比例關係的比例關係裡，包含著一個定量的規定性與另一個定量的規定性之間的對立。二者只有**同一個**規定性或界限，這個規定性或界限本身也是定量，即比例關係的**指數**。

2. 指數是某一個定量；但是，只有當它在自身那裡就具有它的自身區別，具有它的彼岸世界和異在，它才是一個在它的**外在性**

中、在自身那裡、**與自身**相關聯、就質而言已規定的定量。但是，定量在**自身**那裡的這個區別就是**單位**和**數目**的區別；單位是一個自為的已規定的存在，而數目是一個在規定性那裡漠不相關的來回擺動，是定量的外在的漠不相關。最初，單位和數目是定量的環節；如今在比例關係裡，亦即在這個已實現的定量裡，它的每一個環節都顯現爲**一個自足的定量**，顯現爲它的定在的規定，顯現爲針對其他單純外在的、漠不相關的大小規定性而作出的限定。

指數作爲單純的規定性，就是這個區別，也就是說，它在自身那裡直接具有兩個規定的意義。**首先**，指數是定量；所以，指數是數目。如果比例關係的一端（即單位）表現爲計數的單一體——而且它僅僅被當作這樣一個東西，——那麼另一端（即數目）就是指數自身的定量。**其次**，指數是單純的規定性，即比例關係兩端的質的東西；如果一端的定量得到規定，那麼另一端的定量也透過指數而得到規定，至於前者究竟透過什麼方式得到規定，這是完全無關緊要的；它作爲一個自爲地已規定的定量，不再有任何意義，毋寧說，它同樣可以是任何別的定量，同時並不改變比例關係的規定性，因爲這個規定性僅僅取決於指數。那個被當作單位的定量，無論變得多大，都始終是一個單位，與此同時，另一個定量無論變得多大，都始終是那個單位的**同一個數目**。　　　[375]

3. 因此眞正說來，二者僅僅構成**同一個**定量；其中一方相對於另一方而言只有單位的價值，沒有數目的價值；另一方只有數目的價值；因此，**按照它們的概念規定性而言**，它們本身**不是完整**的定量。這個非完整性是它們自身那裡的一個否定，而且，這個情況不是由於它們的一般意義上的可變化性——可變化性意味著，其中一方（二者中的每一方都是其中一方）能夠接納一切可能的大小，——而是由於這樣一個規定，即如果一方發生變化，那麼另

一方同樣會有相應的增加或減少；也就是說，正如已經指出的，只有其中**一方**，即單位，才作爲定量而發生變化，至於另一方，即數目，則始終是**諸單位**的同一個定量，而單位同樣也是僅僅**被當作**單位，無論它如何作爲定量而發生變化，都是如此。因此，每一方都僅僅是定量的兩個環節之一，至於它們獨有的獨立性，則是自在地就**被否定了**；在這個質的連繫裡，它們必須**被設定爲**相互**否定**的東西。

指數應當是一個完整的定量，因爲**兩端**的規定在它裡面融合了；但實際上，它作爲商數，本身僅僅具有**數目**的價值或**單位**的價值。這裡沒有任何規定說，比例關係的兩端裡，哪一端必須被當作單位，哪一端必須被當作數目；如果其中一端，即定量 B，是由作爲單位的定量 A 來衡量的，那麼商數 C 就是這些單位的數目；但是，如果 A 本身被當作數目，那麼商數 C 就是數目 A 爲了衡量定量 B 而需要的一個單位；因此，這個商數作爲指數，並沒有被設定爲它應當所是的那個東西，即比例關係的作規定者，或者說它的質的統一體。只有當商數具有這個價值，即能夠作爲**兩個環節**（單[376] 位和數目）**的統一體**而存在，它才會被設定爲那個質的統一體。誠然，在展開的定量亦即比例關係裡，兩端都應當是定量。它們也確實呈現爲這樣的東西，但與此同時，由於它們作爲比例關係的兩端，其價值僅僅在於作爲**不完整的**定量而存在，而且僅僅被當作那些質的環節之一，所以它們必須伴隨著它們的這個否定而被設定；這樣一來，就產生出一個與自己的規定更契合、更實際的比例關係，在其中，指數意味著這個比例關係的乘積；按照這個規定性，它是**反比例關係**。

B 反比例關係

1. 如今出現的比例關係，是**已揚棄的**正比例關係；後者曾經是一個**直接的**比例關係，因而尚且不是真正已規定的比例關係；從現在起，已經增添了一個規定性，即指數被當作乘積，被當作單位和數目的統一體。過去按照直接性，指數可以漠不相關地既被當作單位，也被當作數目，就像前面已經指出的那樣，——而在那種情況下，它曾經僅僅被當作一般意義上的定量，從而首要地是數目；一端是單位，被當作單一體，相對於它而言，另一端是一個固定的數目，同時是指數；就此而言，指數的質僅僅意味著，這個定量被當作固定的定量，或更確切地說，固定的東西僅僅具有定量的意義。

如今在反比例關係關係裡，指數同樣被當作一個直接的定量，而且任何一個定量都可以是固定的定量。然而相對於**比例關係裡**的另一個定量亦即**單一體**而言，這個定量不是一個**固定的數目**；比例關係在前面是固定的，如今卻被設定為可變化的；如果把一端的單一體與另一個定量做比較，那麼另一端就不再是前者的諸單位的**同一個數目**。在正比例關係裡，這個統一體僅僅是兩端的共有物；單 [377] 位作為統一體，把自己延續到另一端，延續到數目；數目本身或指數和統一體是漠不相關的。

但從現在起，按照比例關係的規定性，數目本身相對於那個構成比例關係的另一端的單一體而言，發生了變化；任何時候，只要它相對於**單一體**而言被當作另一個定量，就轉變為另一個數目。因此，雖然指數也僅僅是一個直接的定量，僅僅以任意的方式被假定為固定的，但它並不是在比例關係的一端裡保持為這樣一個定量，毋寧說，這一端，隨之兩端的正比例關係，都是可變化的。於是

在當前的比例關係裡，指數作為一個作規定的、自身否定的定量，就被設定為比例關係的定量，進而被設定為一個質的東西，亦即界限，而在這種情況下，質的東西也表現出與量的東西的區別。——在正比例關係裡，兩端的**變化**僅僅是定量的一個變化，因為那個被當作共有物的統一體就是定量，於是只要有一端增加或減少多少，另一端也會增加或減少東西；比例關係本身和這個變化漠不相關，因為變化是外在於它的。反之，在反比例關係裡，變化儘管按照一個漠不相關的量的環節來說也是任意的，但卻被控制在**比例關係的內部**，而這個任意的量的超越也是透過指數的否定規定性（即一個界限）而受到限制。

2. 反比例關係的這個質的本性還需要在更具體的情況下，即在其實現過程中，得到考察，而糾纏在其中的肯定東西和否定東西也應當得到辨析。—— 定量是就質而言被設定為定量，也就是說，它自己規定自己，在自身那裡呈現出它的界限。在這種情況下，**首先**，它作為**單純的**規定性，是一個直接的大小，作為**存在著的、**

[378] 肯定的定量，是一個**整體**。**其次**，這個直接的**規定性**同時是一個界限；為此它被區分為兩個定量，兩個起初相互對立的定量，—— 但作為它們的質的規定性，且作為一個完整的規定性，它是單位和數目的統一體，是乘積，而單位和數目則是它的因素。所以，一方面看來，它們的比例關係的指數在它們裡面與自身同一，並且作為一個肯定東西而使它們成為定量；另一方面看來，指數作為在它們那裡被設定的否定，是它們的**統一體**，按照這個統一體，每一方起初是一個直接的、一般意義上的有界定量，同時也是一個僅僅**自在地**與它的他者**同一**的有界定量。**第三**，指數作為單純的規定性，是它區分而成的兩個定量的否定統一體，是它們的相互限定的界限。

按照這些規定，兩個環節在指數的內部相互**限定**，彼此都是對

方的否定者，因為指數是它們的已規定的統一體；一方變得大多少，對方就變得小多少；就此而言，每一方所具有的大小，就是在自身那裡具有對方所缺失的大小。透過這個否定的方式，一方的大小就延續到對方的大小；因此，每一方有多大的數目，就在對方那裡揚棄多大的數目，並且只有透過對方在它那裡設定的否定或界限才成為它所是的那個東西。透過這個方式，每一方也**包含著**對方，並且以對方為尺度，因為每一方都應當僅僅是對方所不是的一個定量；對於每一方的價值而言，對方的大小都是不可或缺的，隨之和它不可分割。

　　雙方之間的這個延續性構成了**統一體**這一環節，使雙方處於比例關係之中，──這是**唯一的**規定性或單純的界限，即指數。這個統一體，作為整體，構成了每一方的**自在存在**，並且有別於它們的**現成已有的**大小，按照這個大小，每一方只有從它們的共同的自在存在那裡，從整體那裡，擺脫對方，才會存在著。但是，只有當它等同於這個自在存在，它才能夠擺脫對方；它在指數那裡達到它的最大值，而按照上述第 2 個規定，指數是它們的相互限定的界限。而且，由於每一方只有在限定對方，隨之被對方限定的時候，才是比例關係的一個環節，所以，當它使自己等同於它們的自在存在時，就失去了它的這個規定；在這個過程中，非但對方的大小沒有變為零，反倒是它自身消失了，因為它不應當是單純的定量，毋寧說在本質上只應當是比例關係的一個環節。所以，每一方都是兩個規定的矛盾，因為按照其中一個規定，它是自在存在，是整體（指數）的統一體，而按照另一個規定，它是比例關係的一個環節；這個矛盾是在一個新的獨特形式下再次出現的**無限性**。

　　指數是它的比例關係兩端的**界限**，在這個界限內部，兩端此消彼長，並且按照肯定的規定性（即作為定量的指數）而言，不可能

[379]

等於指數。所以，作為它們的相互限定的界限，(a) 指數是它們可以**無限地**接近，但永遠不可能觸及的**彼岸世界**。它們可以接近的這個無限性，是無限進展的惡劣的無限性；它本身是有限的，並且在它的對立面（即每一方和指數本身的有限性）那裡具有它的限制，因此僅僅是一種**接近**。(b) 但是，惡劣的無限性在這裡同時**被設定為**它**在真理裡**所是的那個東西，即一般意義上的純粹**否定的**環節，按照這個環節，指數是與比例關係的不同定量相對立的**單純界限**，即自在存在，而定量的有限性（作為絕對可變化的東西）雖然與自在存在相關聯，但後者作為它們的否定，始終與它們有所區別。因此，它們能夠接近的這個無限者，同樣是一個現成已有的、當前存在著的**肯定的此岸世界**，—— 即指數的單純定量。在這裡，比例關係的兩端所糾纏不清的彼岸世界，就被達到了；**自在地看來**，比例關係是兩端的統一體，換言之，自在地看來，它是每一方的對方；因為，每一方具有多少價值，僅僅取決於對方不具有多少價值；也就是說，每一方的完整規定性都位於對方之內，而它們的這個自在存在，作為肯定的無限性，無非是指數。

[380]

3. 但這樣一來，反比例關係已經從它曾經具有的規定過渡到另一個規定。按照從前的規定，一個定量是作為直接的定量而與另一個定量相關聯，後者變小多少，前者就變大多少，因此前者是透過這種和後者的否定關聯而成為它所是的那個東西；同樣，第 3 個大小就是它們的這種變大變小的共同限制。在這裡，這個變化與質的東西相對立，因為質的東西是**固定的**界限，是它們的獨特性；它們的規定來自於**可變化的**大小（即變數），而對於變數而言，那個固定的東西是一個無限的彼岸世界。

我們必須把這裡表現出來的各種規定統攝起來加以把握，它們不僅意味著，這個無限的彼岸世界同時是一個當前存在著的、有

限的定量，而且意味著，這樣一個無限的彼岸世界是透過它的穩固性而與質的東西相對立，而這個穩固性只有作爲一個抽象的自身關聯，才是存在的質，進而發展爲一個在它的他者（即比例關係的有限者）那裡進行的自身中介活動。這裡包含的普遍意義在於，一般說來，整體作爲指數，是兩個項的相互限定的界限，是**否定之否定**，而在這種情況下，就設定了無限性，即一種**肯定的**自身比例關係。更確切地說，**自在地看來**，指數作爲乘積，已經是單位和數目的統一體，但這兩個項裡的每一方都僅僅是這兩個環節之一，所以指數把它們包攬在自身之內，並且在它們裡面**自在地**與自身相關聯。但是，這個區別在反比例關係裡已經發展爲量的存在的**外在性**，至於質的東西，既不是單純固定的東西，也不是僅僅直接在自身之內包攬著諸環節，而是在一個**存在於自身之外的異在**那裡呈現自己，自己**與自己**合併。正是這個規定，在這些環節裡面作爲一個結果而表現出來，凸顯出來。也就是說，指數表現爲一個自在存在，它的環節在定量以及定量的一般意義上的可變化性裡得到實現；在它們的變化中，它們的漠不相關的大小呈現爲一個無限進展；從根本上看，在它們的漠不相關中，它們的這個這個規定性意味著在對方的價值裡具有自己的價值，所以，(a) 按照它們的定量的肯定方面，它們應當**自在地**作爲指數的整體而存在；(b) 同樣，對於它們的否定環節，對於它們的相互限定而言，它們具有指數的大小；它們的界限就是指數的界限。它們之所以不再有別的內在的界限，不再有一個固定的直接性，原因在於，它們的定在和限定是一個無限進展，每一方的特殊價值都遭到否定。就此而言，這個否定是對於指數在它們中呈現出來的外在存在的**否定**，與此同時，指數本身是一個一般意義上的定量，並且也分化爲諸多定量，所以它被設定爲一個透過否定它們的漠不相關的持存而維繫自身的東西，一個與自

[381]

身合併的東西，即一個規定著這種自身超越的東西。

因此，比例關係被規定為**冪方比例關係**。

C 冪方比例關係

1. 定量在它的異在裡設定著自身同一性，規定著它的自身超越，於是成為自為存在。所以，當質的總體性把自己設定為一個已發展的東西，就把數的概念規定（單位和數目）當作自己的環節；

[382] 在反比例關係裡，數目仍然不是一個透過單位本身，而是從別的地方，透過一個第三者而得以規定的數量；而現在，數目被設定為僅僅透過單位而得以規定。這件事情在冪方關係裡發生了，在這裡，單位在其自身是數目，同時也是一個針對它自己作為單位而言的數目。異在，諸多單位的數目，是**單位**自身。冪方是一定數量的單位，其中每一個單位都是這個數量自身。定量作為一個漠不相關的規定性發生變化；但是，就這個變化意味著提升到冪方而言，它的這個異在是完全透過自身而受到限定。──因此，定量在冪方裡被設定為已經回歸自身；它直接地既是它自己，也是它的異在。

這個比例關係的**指數**，不再像在正比例關係和反比例關係裡面一樣，是一個直接的定量。它在冪方比例關係裡完全具有**質**的本性，而這個**單純**的規定性意味著，數目是單位自身，定量在它的異在裡與自身**同一**。與此同時，這裡也包含著指數的**量**的本性方面，即界限或否定不是被設定為一個直接的存在者，而是被設定為一個透過它的異在而建構起來的定在；因為，質的真理恰恰在於，作為量（這是已揚棄的直接規定性）而存在著。

2. 冪方比例關係首先顯現為一個適用於任何定量的外在變化；但它與定量的**概念**有一個更密切的關聯，也就是說，定量在冪

方關係裡發展爲定在，並且在這個定在裡達到了它的概念，已經以完滿的方式將其實現；這個比例關係是定量的**自在存在**的呈現，並且表達出了定量的規定性或**質**，從而使一個定量區別於另一個定量。定量是**漠不相關的、被設定爲已揚棄的**規定性，亦即一個作爲界限的規定性，但這個界限同樣不是界限，而是延續到它的異在，在異在裡面保持自身同一；所以，定量是在冪方比例關係裡**被設定的**；而它的異在，即超越自身而進入另一個定量，也是由它自身所規定的。 [383]

　　如果我們比較一下迄今的這些比例關係裡的實現過程，那麼可以說，定量的質就在於作爲一個自身設定的自身區別而存在著，而總的說來，就是在於作爲比例關係而存在著。作爲正比例關係，定量起初僅僅是一般意義上的或直接地已設定的區別，以至於它的自身關聯，亦即它作爲指數相對於它的區別而言具有的自身關聯，僅僅被當作單位的一個固定的數目。 —— 而在反比例關係裡，定量按照其否定的規定而言也是一個自身關聯， —— 但這裡的「自身」是它的否定，而它恰恰是在這個否定裡具有它的價值；作爲肯定的自身關聯，它是一個指數，而指數作爲定量，僅僅**自在地**是它的諸環節的規定者。但在冪方比例關係裡，定量呈現爲一個**自身區別**。規定性的**外在性**是定量的質；現在，這個外在性按照定量的概念，被設定爲它的自身規定，被設定爲它的自身關聯，它的**質**。

　　3. 但是，爲了讓定量按照它的概念而**被設定**，它已經過渡到另一個規定，或者也可以說，現在它的**規定**也是**規定性**，**自在存在**也是**定在**。它之所以是**定量**，在於已規定的存在的外在性或漠不相關 —— 如人們所說，它是一個能夠增大或減小的東西 —— 僅僅被當作、被設定爲**單純的**或**直接的**東西；定量已經轉變爲它的他者，亦即質，因爲那個外在性如今被設定爲一個自身中介過程，被設定爲

一個環節，也就是說，定量恰恰**在外在性裡面才與自身相關聯**，才是作爲質的存在。

因此，嚴格意義上的量首先顯現爲與質相對立；然而量本身也是**一個質**，一個總是與自身相關聯的規定性，有別於那個不同於它[384] 的規定性，即質本身。只不過，量並非僅僅是**一個質**，毋寧說，質本身的眞理就是量；質已經表明自己正在過渡到量。反之，量在其眞理中是一個已經回歸自身的、不再漠不相關的外在性。因此，量就是質本身，以至於除了這個規定之外，質本身就不是別的什麼東西了。—— 至於總體性**被設定**，這件事情包含著**雙重的**過渡，也就是說，不僅有前一個規定性到後一個規定性的過渡，而且同樣有後一個規定性到前一個規定性的過渡或回歸。只有透過第 1 個過渡，才會出現質和量的**自在的**同一性；—— 質包含在量裡面，但在這種情況下，量仍然是一個片面的規定性。至於量反過來同樣包含在質裡面，因此同樣只是一個已揚棄的量，這些情況都是在第 2 個過渡亦即向著前者的回歸裡面出現的；以上關於**雙重的**過渡的必然性的評論，對於科學方法的整體而言是極爲重要的。

從現在起，定量不再是一個漠不相關的或外在的規定，毋寧說，它作爲這樣一個規定同樣已經遭到揚棄，成爲質，成爲那個使某東西是其所是的東西，而這就是定量的眞理，即作爲**尺度**而存在。

注釋

此前，在關於量的無限者的幾個注釋中，我們已經討論了這個東西以及相關困難（這些困難的根源在於**質的**環節在量的環節裡面出現），尤其討論了冪方比例關係的質的東西如何導致雜多的發

展過程和複雜局面；我們亦指明，那阻礙著概念的理解把握的，是 [385]
這樣一個基本缺陷，即在看待無限者的時候，僅僅止步於一個否定
的規定（把無限者當作定量的否定），而不是推進到一個單純的肯
定規定（把無限者當作質的東西）。——這裡唯一剩下的事情，就
是再談談在哲學裡面最近發生的一個僭越，即用量的東西的形式去
干涉思維的純粹的、質的形式。特別是**冪方比例關係**，在近代已經
被應用於**各種概念規定**。據說，概念在它的直接性中，是「**第 1 個
潛能階次**」①，在它的異在或差別中，在它的諸環節的定在中，是
「**第 2 個潛能階次**」，而在它的自身回歸或總體性中，是「**第 3 個
潛能階次**」。——很顯然，我們在這裡使用的「冪方」，是一個範
疇，而且在本質上屬於定量；——在談到這些冪方的時候，我們根
本沒有考慮亞里斯多德所說的「潛能」（potentia, δυναμις）。所
以，冪方比例關係所表達出的規定性是一個區別，但它強調的是這
個區別在「定量」這一**特殊的概念**裡如何達到它的真理，而不是它
在概念本身那裡就如何如何。定量包含著否定性，這個否定性屬
於概念的本性，但根本還沒有設定在概念的獨特規定之內；定量所
具有的區別，對於概念本身而言是一些流於表面的規定；它們還遠
遠沒有被規定為它們在概念中的樣子。在哲學思考的童年時期，比
如在畢達哥拉斯那裡，已經用數來標示一些普遍的、事關本質的區
別，而且在這種情況下，第 1 個潛能階次、第 2 個潛能階次等等

---

① 「潛能階次」是謝林哲學的核心概念之一，主要用來標示絕對者在逐漸實現自
　身的發展過程中，所處的層層上升的階次。它和黑格爾本章所說的「冪方」是
　同一個詞，即「Potenz」，而這個詞（拉丁文「potentia」）恰恰來源於亞里斯
　多德的「潛能」（δυναμις）概念。黑格爾和謝林這裡的分歧在於，前者僅僅
　把「Potenz」當作一個屬於定量的數學範疇，後者則是把它當作一個形上學範
　疇，並且在亞里斯多德的「潛能—現實」的框架下討論這個問題。——譯者注

並沒有什麼優越於數的地方。這是純粹的、思維著的理解把握的初級階段；只有到了畢達哥拉斯的後人那裡，人們才發明出思想規定本身，亦即意識到它們是**自為的**東西。至於那種離開思想規定而退回到數的規定的做法，則是來源於一種自覺虛弱無力的思維，它與當前已經習慣於思想規定的哲學教養相對立，企圖把那種虛弱確立為某種新穎的、高貴的東西，甚至確立為一個進步，而這只不過是徒增笑話。

[386]

反之，假若「冪方」一詞僅僅被當作**符號**來使用，那麼這是無可指責的，正如我們並不反對數或概念的其他類型的符號：但與此同時，我們也反對人們用一切符號系統（Symbolik）來呈現概念規定或哲學規定。哲學不需要這些幫手，既不需要求助於感性世界，也不需要求助於表象式想像力，更不需要求助於那些從屬於哲學的特殊部門，因為這些部門的規定不適合更高的層面，不適合整體。一般說來，如果人們把有限者的範疇應用於無限者，就會發生上述不合適的事情；比如，通行的「力」、「實體性」、「原因和結果」等規定同樣只是一些符號，用來指代一些活生生的或精神性的關係，也就是說，對於這些關係而言，它們其實是一些不真實的規定，至於用「定量的冪方」和「可計數的冪方」等等來指代這類關係和一般意義上的思辨關係，就更是如此了。——諸如「數」、「冪方」、「數學的無限者」之類東西，如果人們不是把它們當作符號，而是當作哲學規定的形式，甚至當作哲學形式來使用，那麼，人們必須首先指明它們的哲學意義，亦即它們的概念規定性。如果人們真這樣做了，那麼它們本身就是一些多餘的標示；概念規定性自己標示自己，唯有它的標示是正確的、合適的標示。因此，人們無非是把那些形式當作一個方便的工具來使用，以圖省略對於概念規定的把握、揭示和辯護。

第三篇　尺度

在尺度裡面，抽象地說，質和量達成了統一。**存在**本身是規定性的一個直接的自身一致性。規定性的這個直接性已經揚棄自身。量是一個如此回歸自身的存在，並且作爲單純的自身一致性，和規定性漠不相關。然而這種漠不相關僅僅是外在性，意味著不是在自身那裡，而是在他者那裡具有規定性。現在，第三者是一個外在的自身關聯；而作爲自身關聯，它同時是一個**已揚棄的**外在性，並且在自身那裡具有一個自身區別；這個區別作爲外在性，是**量的環節**，作爲已經收回自身的外在性，是**質的環節**。

由於先驗唯心主義的範疇表在「量」和「質」之後插入「關係」，緊接著又引入「**樣式**」（Modalität），所以這裡可以談一談它。這個範疇在那裡意指**對象**和**思維**的關聯。按照先驗唯心主義的理解，思維在本質上總是外在於自在之物。由於其他範疇僅僅具有這樣一個先驗的意義，即作爲**意識的客觀東西**而隸屬於意識，所以相應地，「樣式」範疇作爲與主體的關聯，包含著「自身**反映**」這一規定；也就是說，樣式下面的 3 個範疇缺乏其他範疇具有的客觀性；按照康德的說法，這 3 個範疇絲毫沒有擴大客體的概念或規定，而是僅僅表達出客體與認識能力的關係（《純粹理性批判》第二版，第 99、266 頁）。—— 至於康德概括在樣式下面的範疇，

[388]　「可能性」、「現實性」和「必然性」，接下來將會出現在它們的合適位置；康德沒有把這個無比重要的「三聯體」形式 —— 這個形式在他那裡起初只是作爲一個流於形式的火花而閃現 —— 應用於他的範疇的種（量、質等等），而且就連這個名稱，也只是應用於範疇的類；所以，他不可能爲質和量找到第三者。

在斯賓諾莎那裡，「**樣式**」（Modus）同樣是「實體」和「屬性」之後的第三者；他宣稱，樣式是實體的**情狀**（Affektionen），或者說那個存在於一個他者之內，並且透過一個他者而得到理解的

東西。^①按照這個概念，這個第三者僅僅是外在性本身；而我們在別的地方已經指出，在斯賓諾莎那裡，僵化的實體性總的說來缺乏一個自身回歸。

這裡所作的評論可以更一般地推廣至各種泛神論體系，在這些體系裡面，思想已經得到了某種教化。存在、一、實體、無限者、本質是第一位的東西；針對這個抽象的東西，那麼第二位的東西，或者說全部規定性，一般說來同樣只能以抽象的方式被概括爲有限者、偶性、隨時消失的東西、位於本質之外且無關本質的東西等等，而這在一種完全流於形式的思維那裡是一件慣常的、首要的事情。但這個第二位的東西和第一位的東西的連繫是一個非常迫切的問題，以至於人們不得不同時把它們放在一個統一體裡面來理解，正如在斯賓諾莎那裡，**屬性**就是整個實體，只不過是從知性（它本身也是一個限制或樣式）來理解^②；但是，既然樣式，即全部非實體性的東西，只能透過一個他者來理解，那麼它就構成了實體的另一極端，即一般意義上的第三者。抽象地看來，**印度教**的泛神論^③已經在其龐大的幻想中同樣得到這個教化，並且把它當作一條提供尺度的線索，透過那些幻想無度的東西而導向一個統一的旨趣，使梵天（代表著抽象思維的一）經過毗溼奴的形態分化（尤其是克里希納^④的形式下）而走向第三者，即溼婆。這個第三者的規定， [389]

---

① 斯賓諾莎《倫理學》第一部分，界說 5。——譯者注

② 斯賓諾莎《倫理學》第一部分，界說 4。——譯者注

③ 以下所說的梵天（Brahman）、毗溼奴（Wischnu）和溼婆（Schiwa）是印度教的三大神。但與黑格爾在這裡列出的順位不同，印度教三大神的順位通常是梵天（代表原初的統一體）、溼婆（代表分裂和毀滅）、毗溼奴（代表重建的統一體）。——譯者注

④ 克里希納（Krischina）即「黑天」（意為「黑色的神」），是毗溼奴的諸多化

就是樣式、變化、產生和消滅等全部外在性的領域。如果說印度的這個三聯體很容易讓人將其與基督教的三位一體進行比較，那麼人們除了應當在二者中間認識到概念規定的一個共同元素之外，還應當伴隨著一個更明確的意識在本質上去理解區別；這不僅僅是一個無限的區別，毋寧說，真正的無限性構成了區別本身。按照其規定而言，印度教的第 3 個本原是實體性統一體分化為它的對立面，**不是這個統一體的自身回歸，**—— 確切地說，是一個無精神的東西，不是精神。在真正的三聯體裡，不僅有統一體，而且有合一體（Einigkeit），即在一個**富有內容的**、**現實的**統一體裡達到完結，後面這個統一體按照其完全具體的規定而言，就是**精神**。一般而言，樣式和變化的那個本原其實並沒有把統一體排除在外；也就是說，在斯賓諾莎主義看來，樣式本身恰恰是非真實的東西，反之只有實體才是真實的東西，一切東西都應當回溯到它，而這就等於把一切內容都湮沉到虛空性中，湮沉到一個純粹流於形式的、無內容的統一體中；同理，溼婆也是重新成為大全，和梵天沒有區別，就是梵天本身；也就是說，區別和規定性只不過是再次消失了，沒有保存下來，沒有被揚棄，不但統一體沒有回歸具體的統一體，分裂也沒有回歸和解。對於一個身陷產生和消滅等一般意義上的樣式層面的人而言，最高目標就是湮沉到無意識狀態之中，湮沉到與梵天的統一體亦即毀滅之中；至於佛教所說的涅槃、寂滅等等，也是同一回事。

現在，儘管一般意義上的樣式就是抽象的外在性，既和質的規定漠不相關，也和量的規定漠不相關，儘管在本質上不應當把外在的、非本質的東西當作關鍵，但人們另一方面在很多事情上面卻

身中最重要的一個，在《薄伽梵歌》裡尤其得到稱頌。—— 譯者注

承認，一切的關鍵在於**樣式和方式**（Art und Weise）；而這等於是 　[390]
說，樣式本身在本質上屬於一件事情的實體性東西；這個極不確定
的關聯至少包含著一點，即這種意義上的外在東西並不是絕對抽象
的外在東西。

在這裡，樣式明確意味著**尺度**。斯賓諾莎的樣式和印度教的變
化本原一樣，都是無尺度的東西。反之希臘人已經模糊地意識到，
一切東西都有一個尺度，以至於哪怕是巴門尼德，在提出抽象的存在
之後，也把**必然性**當作**一切東西遭遇的古老界限**而引入，所以，希臘
人的意識相比實體及實體的樣式的區別所包含的意識，是一個高級
得多的概念的開端。

進一步發展的、更具有反思意義的尺度，是必然性；命運，涅
墨西斯女神⑤，通常把自己限定在尺度的規定性上面，也就是說，
她把那些**失度的東西**，那些自視甚高和甚大的東西，打入另一個極
端，貶低為虛無，隨之重新製造出尺度的中點或中道狀態。——
「絕對者或上帝是萬物的**尺度**」這一宣言相比「絕對者或上帝是
存在」這一定義，並不具有更多的泛神論意味，但卻無限真實得
多。——尺度雖然是一種外在的樣式和方式，一種更多或更少，但
它同時已經折返回自身之內，不再僅僅是一個漠不相關的、外在的
規定性，而是一個自在存在著的規定性；所以，它是**存在的具體真
理**；正因如此，許多民族把尺度當作某種神聖不可侵犯的東西而加
以崇敬。

尺度已經包含著**本質**的理念，即已規定的存在的直接的自身
同一性，而在這種情況下，直接性透過自身同一性降格為一個經

---

⑤ 涅墨西斯（Nemisis）是希臘神話中的復仇女神，代表著絕不妥協的正義。——
　譯者注

過中介的東西，反過來，自身同一性同樣僅僅以這個外在性爲中介，但這是一個**自身**中介，——或者說一個反映，它的各種規定雖然**存在著**，但在這個存在裡面僅僅是它們的否定統一體的諸環節。在尺度裡，質的東西是量化的；規定性或區別是一個漠不相關的東西，因此這是一個不是區別的區別，它已經被揚棄；這個量化（Quantitavität）構成了一個自身回歸（它在其中成爲一個質的東西），構成了一個自在且自爲的存在，即**本質**。然而尺度僅僅**自在地**或在概念中是本質；尺度的這個**概念**尚未**被設定**。嚴格意義上的尺度本身仍然是量的東西和質的東西的**存在著的**統一體；它的諸環節作爲一個定在，作爲一個質及其定量，存在著，這些定量僅僅自在地是不可分割的，但尚未意味著這個經過反映的規定。尺度的發展過程既包含著這些環節的區分，同時也包含著這些環節的關聯，而這意味著，同一性（即它們的**自在存在**）**成爲**它們的相互關聯，亦即**被設定下來**。這個發展過程的意義就是尺度的實現，在其中，尺度把自己設定爲自身之間的比例關係，從而同時把自己設定爲一個環節；透過這個中介活動，它被規定爲已揚棄的東西；它的直接性和它的諸環節的直接性都消失了，僅僅作爲經過反映的東西而存在著；如此，當它作爲它在概念上所是的那個東西出現，就已經過渡到**本質**。

[391]

尺度首先是質的東西和量的東西的**直接統一體**，於是，

第一，尺度是**一個定量**，具有質的意義，並且**作爲尺度**而存在著。它的進一步的規定是，**在它自身那裡**，在這個自在地已規定的東西那裡，區分出它的各個環節，即質的已規定的存在和量的已規定的存在。這些環節進而把自己規定爲尺度的整體，並在這個意義上是**獨立的東西**；由於它們在本質上相互關聯，所以，

第二，尺度成爲特殊的定量（**作爲各種獨立的尺度**）的**比例關**

係。但從本質上看，它們的獨立性同時立足於量的比例關係和大小區別；所以，它們的獨立性轉變爲一種相互過渡。這樣一來，尺度就在**無尺度的東西**裡面消滅了。—— 但是，尺度的這個彼岸世界僅僅是自在的尺度本身的否定性；因此在這種情況下，

第三，尺度是各種尺度規定的**無差別**，並且實際上具有無差別 [392] 所包含的否定性。它被設定爲**各種尺度的反比例關係**，後面這些尺度作爲獨立的質，在本質上僅僅立足於它們的量，立足於它們相互之間的否定關聯，從而證明自己僅僅是它們的眞正獨立的統一體的環節，而這個統一體則是它們的自身反映及其設定，即**本質本身**。

後面探討的尺度發展過程，是最困難的問題之一；由於它是開端於直接的、外在的尺度，所以它一方面必須推進到量的東西的持續規定（一門**自然哲學**），另一方面必須至少在一般的意義上指明這個尺度規定和自然事物的**質**的連繫；因爲，只有那些以具體事物爲對象的專門科學，才能夠明確證明，從具體對象的概念那裡產生出來的質的東西和量的東西之間有一個**連繫**，—— 對此可以參看《哲學科學百科全書》（第三版〔1830 年〕，第 267 節和 270 節注釋）裡面提到的關於自由落體法則和天體運動法則的例子。這裡可以一般地指出，尺度藉以實現自身的不同形式，也屬於自然實在性的不同層面。已發展的尺度，亦即尺度的**各種法則**，其完整的、抽象的漠不相關只能出現在**機械論**的層面，因爲在機械論看來，具體的形體物僅僅是一種本身就抽象的物質；物質的各種質的區別在本質上是把量的東西當作它們的規定性；空間和時間是純粹的外在性本身，至於物質和品質的**數量**，重量的**厚度**等等，同樣是一些外在的規定，並且把量的東西當作自己的獨特規定性。反之，抽象物質的這類大小規定已經透過多數性，隨之透過各種質的衝突，在**物** [393] **理領域**尤其是**有機領域**裡遭到破壞。但在這裡，不僅出現了各種質

本身之間的衝突，而且尺度也從屬於一些更高層次的比例關係，以至於尺度的**內在發展過程**被歸結爲直接尺度的單純形式。動物有機體的肢體具有一個尺度，它作爲一個單純的定量，與其他肢體的其他定量處於比例關係之中；人體的比例是這類定量的一些固定的比例關係；自然科學還需要多多學習，才能夠在某種程度上認識到這類大小與那些完全依賴於它們的有機功能之間的連繫。至於把一個內在的尺度貶低爲一個單純以外在的方式已規定的大小，**運動**就是一個最切近的例子。在天體那裡，運動是一個自由的、僅僅由概念來規定的運動，就此而言，它的大小同樣是僅僅依賴於概念（參看上引章節），只不過它已經從一種有機的東西降格爲一種**隨意的**或機械地合乎規則的運動，亦即一般意義上的抽象的、流於形式的運動。

在精神王國裡，更不太可能出現尺度的一個獨特的、自由的發展。人們確實已經認識到，共和制——無論是雅典的共和制，還是一種摻雜著民主制的精英制——只能在一定大小的國家裡面占有一席之地，而在已發展的市民社會裡，諸多從屬於不同行業的個體則是處於比例關係之中；但這個比例關係既不提供尺度的法則，也不提供尺度的獨特形式。在精神性東西自身之內，出現了性格的**厚度**，想像力、感覺、表象等等的**強度**的區別；但在這類不確定的**強度**或**弱度**之上，卻沒有任何規定。人們爲感覺、表象等等的強度和弱度的比例關係而提出的那些所謂的法則，其結果是何其地混雜和完全空虛！對此我們只需看看那種在這些方面煞費苦心的心理學，就可以了然於胸。

[394]

第一章　特殊的量

首先，質的量是一個直接的、**特殊的定量**。

其次，這個特殊的定量，在與別的東西的比例關係中，轉變爲一個量的特殊化，即對於漠不相關的定量的揚棄。就此而言，這個尺度是一個**規則**，並且包含著尺度的**兩個區分開來的環節**，即自在存在著的量的規定性和外在的定量。但在這個區別裡，這兩個方面轉變爲質，而規則轉變爲二者的比例關係。

第三，尺度呈現爲**質的比例關係**，這些質起初具有**同一個**尺度，然而這個尺度接下來把自己特殊化爲各種尺度的一個內在的區別。

A 特殊的定量

1. 尺度是定量的單純的自身關聯，是定量特有的自在的規定性本身；就此而言，定量是質的東西。它起初作爲一個直接的尺度，是一個直接的定量，因而是某一個已規定的定量；同樣，那個屬於尺度的質也是一個直接的質，因而是某一個已規定的質。——定量不再是一個漠不相關的界限，而是一個自身關聯的外在性，因此它本身就是質，而它同時與質的區別在於，它不超出質，正如質也不超出它。就此而言，它作爲一個規定性，已經回歸單純的自身一致性；它和已規定的定在合爲一體，正如已規定的定在與它的定量合爲一體。

如果人們願意從當前已獲得的規定裡面提出一個命題，那麼可以這樣說：「**一切定在者都具有一個尺度。**」一切定在都具有一個大 [395]

小，而這個大小屬於某東西自身的本性；它構成了某東西的已規定的本性和內化存在。某東西和這個大小不是漠不相關的，彷彿大小發生變化以後，它仍然是那個東西，毋寧說，大小的變化已經改變了某東西的質。定量作爲尺度，不再是一個不是界限的界限；從現在起，它是事情的規定，以至於只要這個定量有一丁點增加或者減少，事情就會消滅。

一個尺度，作爲通常意義上的尺規（Maßstab），乃是一個定量，它被假定爲一個**自在地已規定的**統一體，與外在的任意數目相對立。誠然，這樣的統一體在事實上也有可能是一個自在地已規定的統一體，比如「尺」之類原初的尺度，但是，就它作爲尺度同時被應用於其他事物而言，它對於後者來說僅僅是一個外在的尺度，不再是它們的原初尺度。——所以，地球的直徑或鐘擺的長度可以被看作是自爲的特殊定量。但是，究竟把地球的直徑或鐘擺的長度的多少部分，並且在哪個次元上取其部分，以把它們用作尺規，這卻是一個隨意的做法。更何況，對於其他事物而言，這樣一個尺規也是某種外在的東西。其他事物進一步以特殊的方式把這個普遍的特殊定量加以特殊化，並因此使自己成爲特殊的事物。所以，奢談事物的「自然尺規」是一個愚蠢的行爲。無論如何，一個普遍的尺規只能用於外在的比較；而在這個最膚淺的意義上，即把尺規當作**普遍的尺度**的意義上，究竟用什麼東西作爲尺規，這是完全無關緊要的。尺規不應當被理解爲這種意義上的基本尺度（Grundmaß），彷彿特殊事物的自然尺度在它那裡呈現出來，隨之按照一個規則，被看作一個普遍的尺度（即它們的普遍形體的尺度）的特殊化。但是，如果沒有這個意義，一個絕對的尺規的唯一令人感興趣的地方或者說其唯一的意義就在於，它是一個**共通的東西**，而這樣一個東西並非**自在地**，而是透過約定俗成而成爲一個普

[396]

遍者。

　　直接的尺度是一個單純的大小規定，比如有機物本身的大小，其肢體的大小，如此等等。然而每一個實存者都有一個大小，以便成爲它所是的那個東西，並且一般地具有一個定在。——作爲定量，它是一個漠不相關的大小，能夠接受外在的規定，並且能夠在「更多」和「更少」之間來回往復。但與此同時，作爲尺度，它又有別於它自己（這裡的「自己」指一個和規定漠不相關的定量），轉而在一個界限之內限制著那種漠不相關的來回往復。

　　現在，由於量的規定性在定在那裡是一個雙重的規定性，即一方面與質連繫在一起，另一方面能夠在不損害質的情況下來回往復，所以，當某個具有尺度的東西的定量發生變化，這個東西就走向消滅。一方面看來，這個消滅是**出人意料的**，因爲定量能夠在不改變尺度和質的情況下發生變化，但另一方面看來，它又是完全可以理解的，即這是基於一種**逐漸性**（Allmählichkeit）。人們很容易抓住這個範疇，用它來想像或**解釋**一個質或某東西的消滅，也就是說，人們彷彿能夠永遠注視著這個隨時消失的東西，因爲，既然定量被設定爲一個外在的、就其本性而言可變化的界限，那麼不言而喻，**變化**就僅僅是定量的變化。但事實上，這個說法沒有解釋任何東西；變化在本質上同時是從一個質到另一個質的過渡，或更抽象地說，從一個定在到一個非定在的過渡；這裡面的規定不同於逐漸性裡面的規定，後者僅僅是一種增加或減少，是對大小的片面堅持。

　　2. 一個貌似僅僅是量的變化也會導致一個質的變化——古人 [397] 已經注意到這個連繫，並且用一些通俗的例子展示了那些由於不懂得這個連繫而產生出來的混亂；這就是〔麥加拉學派〕以「禿子」和「穀堆」爲例提出的著名**辯駁**，而按照亞里斯多德的解釋，這種

方法的意圖在於迫使人們說出他們之前的主張的反面。它問：如果從腦袋上或馬尾巴上拔下**一根**毛髮，是否會造成一個禿子？或者說，如果從穀堆拿走**一粒**穀子，這裡是否不再是一個穀堆？對於這些情況，人們可以不假思索地承諾沒有問題，因爲這種褫奪僅僅造成一個本身完全無足輕重的區別；於是**一根**毛髮和**一粒**穀子被拿走了，如此不斷重複，每次都如承諾的那樣，只拿走一根毛髮和一粒穀子；到最後，質的變化出現了，腦袋和馬尾巴變禿了，穀堆也消失了。究其原因，人們在做出那個承諾的時候，不僅忘了事情的「重複」，而且忘了，質的整體是由那些本身無足輕重的量（就和那些本身無足輕重的財產支出一樣）**累積**而成的總和構成的，以至於到最後，這個整體消失了，腦袋禿了，錢袋也空了。

這裡作爲結果而出現的困惑或矛盾，並不是通常的字面意思上的詭辯，彷彿這樣的矛盾僅僅是一種故弄玄虛。那個回答問題者（實即我們的通常意識）所犯的錯誤，在於假定一個量僅僅是一個漠不相關的界限，也就是說，假定量是一個已規定的量。這個假定[398]被量所導致的眞理推翻了，即量是尺度的一個環節，並且和質連繫在一起；眞正被駁倒的，是對於抽象的定量規定的片面堅持。——正因如此，那種辯駁也不是空洞的或咬文嚼字的遊戲，毋寧說，它本身是正確的，並且是那種對於思維裡面出現的現象產生興趣的意識的產物。

由於定量被當作一個漠不相關的界限，所以在它這個方面，定在遭到猛烈的攻擊，走向消滅。概念的**狡計**在於從這個方面來理解定在，彷彿它的質不會遭到任何威脅，——以至於一個國家或一筆財產的擴大雖然給國家和財產所有者帶來不幸，而乍看起來卻好像是一個幸運。

3. 尺度在其直接性裡是一個通常意義上的質，同時有一個已

規定的、專屬的大小。這裡也要區分兩個方面：一方面看來，定量是一個漠不相關的界限，在那裡，可以在不改變質的情況下來回往復；另一方面看來，定量是質的、特殊的東西。兩方面都是同一個東西的大小規定；但按照尺度起初所在的直接性，這個區別接下來應當被看作是一個直接的區別；就此而言，兩方面也具有一個不同的實存。尺度的實存，作為一個**自在地**已規定的大小，相對於可變化的、外在的方面的實存而言，是對於它們的漠不相關狀態的揚棄，即尺度的**特殊化**。

B 特殊化的尺度

首先，這個東西是一個規則，一個與單純定量相對立的外在尺度；

其次，這個東西是特殊的量，規定著外在的定量；

第三，**雙方**作為特殊的量的規定性的**質**，互相表現為**同一個** [399]
尺度。

a 規則

規則，或者說此前已經談到的尺規，首先作為一個自在地已規定的大小，即一個與定量（一個特殊的實存）相對立的單位，在另一個某東西（這個某東西不同於規則的某東西）那裡實存著，按照規則而被測量，即被規定為那個單位的數目。這個**比較**是一個**外在的**行動，而那個單位本身是一個任意的大小，並且同樣能夠被重新設定為數目（比如「尺」就被設定為「寸」的一個數目）。然而尺度不僅僅是一個外在的規則，毋寧說，它作為特殊的尺度，自在地看來本身就和它的他者（一個定量）有關。

b　特殊化的尺度

　　尺度是一個特殊的規定活動，針對著**外在的**，亦即漠不相關的大小，後者是在尺度的某東西那裡由別的一般意義上的實存加以設定的，而尺度雖然本身是一個定量，但又不同於定量，也就是說，它作為一個質的東西，規定著單純漠不相關的、外在的定量。某東西本身從一個方面來看就是為他存在，能夠經受一種漠不相關的增加和減少。那個內在的測量者是某東西的一個質，而與之對立的，是另一個某東西那裡的同一個質，但在後者這裡，質首先與一般意義上的無尺度的定量有關，與那個被規定為測量者的質相對立。

　　就某東西是一個內在的尺度而言，它的質的大小在它那裡發生了一個外在的變化；這裡不需要假定算術意義上的數量。它的尺度對此作出的反應，就是表現為一個與數量相對立的內涵東西，並且以一個獨特的方式將其接納下來；它改變了這個外在地已設定的變化，把這個定量改造為一個他者，並且透過這個特殊化，在這個外在性中，表現為一個自為存在。—— 這個**以特殊的方式被接納下來的數量**本身是一個定量，而且依賴於別的數量，或者說依賴於純粹**外在的數量**。就此而言，**特殊化**的數量同樣是可變化的，但正因如此，它不是一個定量本身，而是一個外在的定量，一個以恆常的方式特殊化的東西。所以，尺度的定在是一個**比例關係**，而一般說來，尺度的特殊之處就是這個比例關係的**指數**。

　　過去在談到**內涵的**定量和**外延的**定量的時候，我們已經知道，其中是**同一個**定量，只不過有時以內涵的形式呈現，有時以外延的形式呈現。在這個區別中，居於基礎地位的定量沒有發生變化，因為這個區別僅僅是一個外在的形式。反之，在特殊化的尺度裡，定量有時位於它的直接的大小之中，但有時又透過比例關係的指數被

[400]

看作是位於另一個數目之中。

指數構成了特殊之處，它首先看起來是一個固定的定量，並且被規定為外在定量和質的定量的比例關係的商。但在這種情況下，它無非是一個外在的定量；在這裡，我們必須僅僅把指數理解為質的東西的一個環節，它使定量本身特殊化。正如我們此前已經看到的，定量的真正內在的質的東西，僅僅是**冪方規定**。這個冪方規定必須把比例關係建構起來，並且在這裡作為一個自在存在著的規定而與定量（作為一種外在的狀況）相對立。定量把計數的單一體當作自己的本原，後者構成了定量的自在地已規定的存在；而且，計數的單一體的關聯是一個外在的關聯，至於那個僅僅透過直接的定 [401] 量本身的本性而被規定的變化，本身就在於這樣一個計數的單一體的添加，然後是又一個這樣的單一體的添加，如此等等。因此，當外在的定量在算術級數中發生變化，尺度的質的本性就作出一個特殊化反應，即製造出另一個序列，後者與那個算術級數相關聯，和它一起增加或者減少，但這不是在一個由數的指數所規定的比例關係裡面發生的，而是按照一個冪方規定，在一個與數不可通約的比例關係裡面發生的。

注釋

舉例而言，**溫度**就是這樣一個質，在它那裡，外在的定量和特殊化的定量這兩個方面有所區分。作為定量，溫度是一個外在的溫度，而且是一個作為普遍媒介的物體的溫度，而人們假定，它的變化是沿著算術級數的刻度進行的，並且是以均勻的方式增加或者減少；但實際上，溫度以不同的方式被它內部不同的、特殊的物體吸收，因為這些物體是由它們的內在尺度來規定應當接受多少外在的

溫度，至於物體的溫度變化和媒介與之對應的溫度變化，或者說物體相互之間的溫度變化，並不是處在一個正比例關係裡面。不同的物體，如果在同一個溫度下做比較，就會得出它們的特殊熱量或它們的熱容的比例關係數值。但這些物體的熱容在不同的溫度下發生改變，相應地，一個變化的出現就和一個特殊的形態連繫在一起。於是在溫度的增加或減少裡，表現出一個特別的特殊化。在一個被想像為外在溫度的溫度和一個已規定的物體的溫度（它同時依賴於前者）之間，其比例關係並不具有一個固定的比例關係指數；這些

[402] 熱量的增加或減少並不是均勻地伴隨著外在溫度的增加或減少而進行的。── 在這些地方，人們總是假定了一個外在的溫度，以為它的變化僅僅是外在的變化或完全是量的變化。殊不知它本身就是空氣的溫度，或者說別的特殊溫度。如果對此做更仔細的考察，那麼我們必須指出，比例關係其實不是一個單純的量的定量與一個質化的定量的比例關係，而是兩個特殊的定量的比例關係。接下來，特殊化的比例關係馬上就要自己規定自己，也就是說，尺度的諸環節不是僅僅立足於同一個質的兩個方面（即量的方面和定量的質化方面），而是立足於兩個質的比例關係，而這兩個質本身就是尺度。

c 作為質的兩方面的比例關係

1. 定量的質的、自在地已規定的方面，僅僅是與外在的量的東西的關聯；作為定量的特殊化，這個關聯就是揚棄那使得定量是定量的外在性；因此，關聯把定量當作自己的前提，把它當作自己的開端。然而定量就質而言也是有別於質本身；雙方的這個區別必須被設定在一般意義上的存在的**直接性**裡，而且尺度也仍然位於這個直接性裡面；所以，雙方就質而言是相互對立的，每一方本身都是這樣一個定在，它起初作為一個僅僅形式上的、在其自身未規

定的定量，是一個某東西及其質的定量，而到如今，它們的相互關聯不但把自己規定爲一般意義上的尺度，而且規定了這些質的特殊的大小。這些質按照尺度的規定——即它們的指數——處在它們相互之間的比例關係裡面；但自在地看來，它們已經在尺度的**自爲存在**裡相互關聯，而定量在它的雙重存在裡，既是外在的定量，也是 [403] 特殊的定量，以至於在這些不同的量裡面，每一方在其自身都具有這個雙重的規定，同時絕對地與另一方相交叉；唯其如此，這些質才是已規定的質。因此，它們不但對彼此而言是一般意義上的存在著的定在，而且被設定爲不可分割的，至於那個與它們連繫在一起的大小規定性，則是一個質的統一體，——即**一個**尺度規定，在其中，它們按照它們的概念而相互連繫在一起。就此而言，尺度是**兩個質相互之間的內在的量**的比例關係。

2. 在尺度裡，出現了**變數**這一事關本質的規定，因爲尺度是已揚棄的定量，也就是說，它不再是作爲定量時應當所是的那個東西，而是在作爲定量的同時，作爲某個他者；這個他者是質的東西，並且按照迄今的規定，無非是定量的冪方比例關係。在直接的尺度裡，這個變化尚未被設定；在那裡，只有某個一般意義上的個別定量與一個質連繫在一起。在前面的規定亦即尺度的特殊化中，或者說在單純外在的定量透過質的東西而發生的一個變化中，已經設定了那兩個大小規定性的區分狀態，隨之在一個共通的外在定量那裡一般地設定了許多尺度；只有當定量既表現爲同一個定在（比如媒介的同一個溫度），同時又表現爲不同的，而且是量的定在（即媒介中的物體的不同溫度），定量才會表明自己是一個存在於這種自身區分狀態中的尺度。定量在不同的質——不同的物體——裡面的這種區分狀態，給出了尺度的另外一個形式，在其中，雙方作爲在質上已規定的定量相互之間有一個比例關係，而這種情況可

以叫做已實現的尺度。

　　大小作爲一般意義上的大小是可變化的，因爲它的規定性是一個不是界限的界限；就此而言，變化僅僅涉及一個特殊的定量，[404] 其位置可以被另一個定量替代；然而眞正的變化確實定量本身的變化；按照這個理解，高等數學給變數提出了一個有趣的規定，也就是說，人們既不應當止步於一般意義上的**可變化性**的形式方面，除了概念的單純規定之外，也不應當隨便抓來別的規定，而按照那個單純規定，**定量的他者**僅僅是**質**的東西。因此，實在的變數的眞正規定在於，它是質的東西，從而正如我們已經充分指出的那樣，是一個由冪方比例關係所規定的東西；但按照這個變數的**設定**，定量不是依據自己就被當作定量，而是依據它的另一個規定亦即質的規定而被當作定量。

　　一般而言，這個比例關係的兩端從其抽象方面來看，意味著某一個特殊的東西，比如空間和時間。在它們的尺度比例關係裡，它們首先被一般地看作是大小規定性，其中一個是在外在的算術級數裡來回往復的數目，另一個是由前者加以特殊規定的數目，即前者的單位。既然每一方都同樣只是一個一般意義上的特殊的質，那麼，就它們都是大小規定而言，究竟把哪一方當作單純外在的、量的東西，把哪一方當作在量的特殊化裡發生變化的東西，似乎也沒什麼區別。比如，如果它們之間是方根和平方的關係，那麼，究竟是在哪一方裡，增加或減少被看作以外在的方式在算術級數裡進行，反之哪一方在這個定量那裡以特殊的方式規定自身，這都是一回事。

　　然而這些質並不是作爲未規定的東西而彼此不同，因爲它們作爲尺度的諸環節，應當包含著尺度的特殊化。這些質本身的最切近的規定性是：其中一方是**外延**，即在自身那裡就是外在性，另一方

是前者的否定，即**內涵**，或者說一個內化存在者。就此而言，在這 [405]
些量的環節裡，前者具有數目，後者具有單位；因此可以說，在單
純的正比例關係裡，前者是被除數，後者是除數，而在反比例關係
裡，前者是冪方或他者之**轉變**，後者是方根。就這裡仍然在計數，
亦即仍然反思著外在的定量（這個東西在這種情況下是一個完全偶
然的、經驗上所謂的大小規定性），從而變化被看作是在一個外在
的算術級數裡面進行的而言，這些是單位或內涵的質這一方面出現
的情況；反之，外在的、廣延的方面必須呈現爲一個在特殊化的序
列裡發生變化的東西。但在這裡，正比例關係（如一般意義上的速
度 $\frac{s}{t}$）已經降格爲一個流於形式的規定，不是屬於一個實存著的反
思，而是僅僅屬於一個抽象的反思；而且，如果人們認爲，在方根
和平方的比例關係（比如 $s = at^2$）裡，方根是經驗的定量，並且是
在算術級數裡進行的，反之另一方是特殊化的東西，那麼量的質化
就有一個更高的，與概念相對應的實現，即雙方按照一些更高的冪
方規定（比如 $s^3 = at^2$）而出現在一個比例關係裡。

注釋

關於尺度裡的一個定在，其質的本性與其量的規定的連繫，
以上討論已經在此前提到過的運動例子裡有所應用，即在作爲經過
的空間和流逝的時間的正比例關係的**速度**中，時間的大小被當作分
母，反之空間的大小被當作分子。一般說來，如果速度僅僅是一個
運動裡的空間和時間的比例關係，那麼在這兩個環節裡，究竟應當
把哪一個看作數目，把哪一個看作單位，這是無關緊要的。然而空 [406]
間和比重裡的重量一樣，是一個外在的、一般意義上的實在整體，

因而是數目；反之，時間和體積一樣，是一個觀念性東西或否定者，即單位這一方面。——但從本質上看，這裡還有一個更重要的比例關係，即在**自由運動**裡，首先在那個尚且有條件的自由**落體運動**裡，時間的量（作爲方根）和空間的量（作爲平方）是相互規定的，或者在絕對自由的天體運動裡，運行週期（作爲平方）和距離（作爲立方）也是相互規定的，而且前者比後者低一個冪方。諸如此類的基本比例關係都是基於那些存在於比例關係中的質（空間和時間）的本性，並且基於它們相互之間的關聯方式，即要麼是機械運動（不自由的，並非由諸環節的概念所規定的運動），要麼是落體運動（有條件的自由運動）或絕對自由的天體運動，——這些類型的運動及其法則都是基於它們的環節（空間和時間）的概念的發展，因爲這些質本身已經**自在地**（亦即在概念裡）證明它們是**不可分割的**，而且它們的量的比例關係作爲尺度的**自爲存在**，僅僅是同一個尺度規定。

至於那些絕對的尺度比例關係，這裡不妨提醒一下，如果「**自然數學**」（Mathematik der Natur）想要配得上科學的名稱，就必須在本質上是一門關於尺度的科學；這門科學雖然在經驗方面成果卓著，但在眞正的科學亦即哲學方面仍然是毫無建樹。如果「**自然哲學的數學原理**」——這是牛頓對他自己的著作的稱呼——想要在哲學和科學方面比牛頓和培根那整整一代人更深刻地滿足它的這個使命，就必須把一些完全不同的事物包攬進來，以便給這些仍然晦暗的，但極爲值得考察的領域投去一絲光明。——誠然，認識到自然界的經驗意義上的數，比如諸星球相互之間的距離，這已經是一個[407]巨大的功績，但是，讓經驗的定量消失，把它們提升到量的規定的一個**普遍形式**，進而使它們成爲同一個**法則**或尺度的環節，這卻是一個無限大得多的功績；——比如伽利略在自由落體運動方面，克

卜勒在天體運動方面，就取得了這樣的不朽功績。對於他們已經找到的法則，他們是這樣予以**證實**（erweisen）的，即指出所有的個別知覺都符合那些法則。然而這些法則必須要求一種更高層次的**證明**（Beweisen），而這無非意味著，應當從質或與之相關的已規定的概念（比如時間和空間）出發，認識到它們的量的規定。無論是在**自然哲學**的那些數學原理裡，還是在這方面的進一步的努力中，都找不到這類證明的一絲痕跡。此前在談到自然界的比例關係的時候，我們已經注意到一種虛假的、透過濫用「無限小」而作出的數學證明，也就是說，這些證明其實是**數學的**，既不是依據經驗，也不是依據概念，因而這類嘗試都是一個荒謬的舉動。這些證明是從經驗出發，**預設**它們的論題，即上面那些法則，而它們的唯一功勞，就是把這些法則歸結為抽象的表述式和簡便的公式。毫無疑問，當牛頓和克卜勒研究同樣一些對象時，前者之所以被認為更勝一籌，是因為他更清晰地反思了數學能夠達到和已經達到的成就，而不是因為他炮製出一整套虛假的證明。只要我們清楚地認識到這一點，那麼可以說，牛頓的全部實在的功績只不過是**改寫了運算式**⑥，改寫了那個在**開端**之後引入的分析處理方式。

C 尺度裡的自為存在 [408]

1. 在剛才考察的「特殊化的尺度」這一形式裡，雙方的量的東西已經在質上得到規定（二者處於冪方比例關係裡）；因此，它

---

⑥ 參閱《哲學科學百科全書》第 270 節的相關注釋，其中談到牛頓如何把克卜勒的 $\frac{S^2}{T^2}$ 改寫為 $\frac{S^2 \cdot S}{T^2}$，並且把 $\frac{S}{T^2}$ 這一部分稱作「重力」。——黑格爾原注

們作爲環節，具有質的本性的**同一個**尺度規定性。但在那個時候，這些質起初只是被設定爲直接的、**單純不同的**質，它們本身不在那個比例關係中，而它們的大小規定性卻是那個比例關係中，也就是說，如果**脫離**這個比例關係，它們就既不具有意義，也不具有定在，而這就是大小的冪方規定性所包含的意思。因此，質的東西所掩蓋的不是它自己，而是特殊化的大小規定性；只有在這個大小規定性**那裡**，它才**被設定**，但就其自身而言，它是**直接的**質本身，除了大小被設定爲與它有差別之外，除了與別的質有關聯之外，其本身仍然具有一個持久的定在。因此，空間和時間這二者除了那個特殊化，亦即在落體運動或絕對自由的天體運動中具有大小規定性之外，也被當作一般意義上的空間和一般意義上的時間，即一個在時間之外並且無需時間就獨自持存的、綿延的空間，和一個獨立於空間而獨自流逝的時間。

　　質的東西的直接性與它的特殊的尺度關聯相對立，而與之連繫在一起的，是一個量的直接性，以及一個**量的東西**在自身那裡對於它的這個比例關係的漠不相關；直接的質也有一個純粹**直接的定量**。所以，特殊的尺度首先也有一個外在變化的方面，其進程僅僅是算術意義上的，不受尺度的干擾，其中只有外在的，亦即經驗的大小規定性。質和定量，雖然以這種方式出現在特殊的尺度之外，但同時也與之相關聯；直接性是諸環節之一，而這些環節本身又屬[409]　於尺度。所以，直接的質也屬於尺度，相互之間同樣有關聯，並且按照大小規定性而處於一個比例關係中，這個比例關係除了特殊化的比例關係亦即冪方規定之外，本身僅僅是一個正比例關係關係和一個直接的尺度。至於這個推論及其連繫，還需要加以更詳細的解釋。

　　2. 當直接已規定的定量本身作爲尺度的環節也自在地立足於

一個概念連繫，於是在與特殊尺度的關聯之中，就表現為一個外在地已給定的定量。由此設定的直接性，是對於質的尺度規定的否定；這個直接性此前已經在這個尺度規定的各方面那裡被揭示出來，正因如此，各方面都顯現為獨立的質。這樣的否定，以及這個向著直接的量的規定性的回歸，就包含在一個就質而言已規定的比例關係裡面，因為不同東西之間的比例關係一般地包含著它們的關聯，將其當作**同一個**規定性，在這種情況下，這個規定性就在量的東西裡面作為一個定量而有別於比例關係的規定。作為對於不同的就質而言已規定的方面的否定，這個指數是一個自為存在，一個絕對地已規定的存在；然而指數僅僅**自在地**是這樣一個自為存在，——作為定在，它是一個單純的、直接的定量，即尺度的各方面的比例關係的商或指數，而這個比例關係雖然被看作是一個正比例關係，但一般在經驗中，它是作為一個統一體而出現在尺度的量的東西裡面。——在物體的下落中，經過的空間與流逝的時間之間是一個平方比例關係，即 $s = at^2$；這是一個特殊的已規定的比例關係，即空間和時間的冪方比例關係；假若空間和時間是彼此漠不相關的質，那麼它們之間也會有另一個比例關係，即正比例關係；這個關係應當是空間與**第一個**時間環節的比例關係，同一個係數 a 保留在一切隨後的時間點裡面，——作為一個通常的定量，它對於其餘的由特殊化的尺度所規定的數目而言就是**單位**。與此同時，它 [410] 被看作是那個正比例關係的指數，而正比例關係則是屬於一個**想像中的**、單調的（亦即流於形式的）、不是由概念加以特殊規定的速度。這樣的速度在這裡是不存在的，正如早先提到的那種速度，即物體在一個時間環節的**終點**那裡獲得的速度，也是不存在的。前者被認為屬於下落的**第一個**時間環節，但這個所謂的時間環節本身僅僅是一個假定的統一體，並且作為這樣一個原子式的點不具有任何

定在；運動的開端——這個開端據說是「微小的」，不會造成什麼區別——同樣是一個大小，而且是一個透過落體法則而特殊化的大小。那個經驗的定量被認為屬於重力，而且這個力本身不應當與既有的特殊化（冪方規定性）或獨特的尺度規定有任何關聯。在落體運動中，一個時間統一體（一秒，而且是所謂的**第一秒**）大約與 15 個假定為「尺」的空間統一體的數目有關，這個情況作為一個**直接的**環節，是一個**直接的**尺度，好比人的肢體的尺度大小，星球的距離、直徑等等。但這類尺度的規定是從別處借來的，不是從質的尺度規定（這裡即落體法則本身）的內部產生出來的；至於這樣一些**數**，以及一個尺度的單純直接的，亦即經驗方面的表現，究竟依賴於什麼東西，具體科學還從來沒有給我們揭示出任何端倪。在這些地方，我們僅僅和這個概念規定性打交道；這個概念規定性的意思是，那個經驗的係數構成了尺度規定裡的自為存在，嚴格說來僅僅構成了**自為存在**的一個環節，因為自為存在是一個**自在的**東西，從而是一個直接的東西。另一個環節是這個自為存在的**發展結果**，即各方面的特殊的尺度規定性。——落體運動一半是有條件的，一半是自由的，在它的比例關係裡，重力必須按照這第 2 個

[411]　環節被看作是一個自然力，而這樣一來，它的比例關係就是由時間和空間的本性所規定的，相應地，那個特殊化（冪方比例關係）也是歸屬於重力；那個單純的正比例關係僅僅表達出時間和空間的一個機械的比例關係，一個流於形式的、外在地產生和加以規定的速度。

3. 至此，尺度已經把自己規定為一個特殊化的大小比例關係，這個比例關係作為量的東西，本身具有通常的外在定量；但這不是一個一般意義上的定量，而是在本質上作為比例關係本身的一個規定環節；因此，它是一個指數，而現在作為一個直接的已規定

的存在，是一個不變的指數，進而是那個已經提到的質的正比例關係的指數，而透過這個比例關係，那些質相互之間的大小比例關係也以特殊的方式得到規定。在剛才提到的落體運動的尺度的例子裡，這個正比例關係彷彿是被預見到的，並且被假定爲一個現成已有的東西；但正如我們已經指出的，它在這個運動中尚且不存在。—— 但它構成了下一步的規定：首先，尺度如今透過這個方式得以實現；其次，它的兩端是尺度 —— 區分爲一個直接的、外在的尺度和一個在自身內特殊化的尺度 ——，而它則是二者的統一體。作爲這個統一體，程度包含著一個比例關係，在其中，諸大小由質的本性所規定，並且被設定爲有差別的東西，而比例關係的規定性則是一個完全內在的、獨立的東西，同時融入直接的定量的自爲存在，與一個正比例關係的指數合爲一體；在這個過程中，它的自身規定**被否定了**，因爲它在它的這個他者那裡具有一個最終的、自爲存在著的規定性；反過來，直接的尺度雖然在其自身應當是一個質的東西，但它只有在比例關係那裡才眞正具有一個質的規定性。這個否定的統一體是一個**實在的自爲存在**，是一個**某東西**的範疇，而作爲那些存在於尺度比例關係裡的質的統一體，它是一個完全的**獨立性**。那兩個已經表明自己是不同的比例關係的東西，也直接給出了一個雙重的定在；或更確切地說，這樣一個獨立的整體作爲一般意義上的自爲存在，同時又分裂爲**不同的獨立東西**，而這些東西的質的本性和持存（物質性）則是取決於它們的尺度規定性。 [412]

第二章　實在的尺度

　　尺度被規定為諸尺度的一個關聯，而這些尺度構成了不同的、獨立的某東西——或用更通行的話來說：**物**——的質。剛才考察的各種尺度規定屬於時間和空間之類抽象的質；接下來有待考察的尺度規定是比重①和各種化學特性，這些例子都是**物質性**實存的規定。空間和時間也是這樣一些尺度的環節，但它們現在已經從屬於進一步的規定，相互之間不再僅僅按照它們自己的概念規定而處於比例關係之中。比如在聲音那裡，一定數目的振動是在**時間**裡相繼發生的，而時間則是一種從屬於規定環節的空間性東西，即振動的物體的長度、厚度等等；然而那些觀念性環節的大小是以外在的方式被規定的，它們相互之間不再表現出一個冪方比例關係，而是表現出一個通常的正比例關係，而諧音則是歸結為一些完全外在的、單純的數，它們的比例關係是最容易理解把握的，從而提供了一個完全屬於感覺的滿足，因為這裡沒有想像、幻想、思想之類可以滿足精神的東西。由於構成尺度的兩方面本身也是尺度，同時也是實在的某東西，所以它們的尺度首先是直接的尺度，而作為一些隸屬於[413]度的比例關係，則是正比例關係。現在要考察的，就是這樣一些比例關係之間的比例關係及其持續規定。

　　從現在起，尺度已經是一個實在的尺度，就此而言，

　　首先，它是一個物體的獨立尺度，和**其他**尺度之間有一個比例

---

① 「比重」（spezifische Schwere）在字面上的意思是「特殊的重力」。——譯者
注

關係，並且在這個比例關係裡不但把尺度特殊化了，而且進而把獨立的物質性特殊化了。這個特殊化，作爲一個一般意義上的與許多他者的外在關聯，產生出其他比例關係，從而在尺度裡產生出其他尺度，至於特殊的獨立性，並沒有停留於**同一個**正比例關係，而是過渡到**特殊的規定性**，即**諸尺度的序列**。

其次，由此產生出來的正比例關係是一些自在地已規定的、排他的尺度（親和性）；但與此同時，由於它們相互之間的區別僅僅是量的區別，所以這裡呈現出比例關係的推進，這個推進雖然一方面看來是單純外在的、量的推進，但另一方面看來則是透過質的比例關係而中斷，並且構成了**特殊的獨立東西**的一個**節點線**（Knotenlinie）。

第三，在這個推進裡，出現了尺度的一般意義上的**無尺度性**，或更確切地說，出現了尺度的**無限性**，在這個無限性裡，彼此排斥的獨立東西合爲一體，而獨立東西則是轉變爲一個否定的自身關聯。

A 獨立尺度之間的比例關係

現在，尺度不再僅僅叫做「直接的尺度」，而是叫做「獨立的尺度」，因爲它們本身已經轉變爲一些特殊化了的尺度之間的比例關係，從而在這個自爲存在裡作爲某東西，作爲物理的，尤其是物質的物而存在著。但是，這個整體，作爲這樣一些尺度之間的比例關係，

(a) 首先本身是**直接的**；就此而言，雖然兩方面本身被規定爲獨立的尺度，但它們已經彼此分離，在一些特殊的事物那裡持存著，並且被設定在一個**外在的連繫**之中； [414]

(b) 獨立的物質性之所以就質而言是它們所是的那種東西，唯一的原因在於，它們透過自己作爲尺度而具有的量的規定，從而透過一個就量而言的他者關聯，被設定爲與他者**不同**（所謂的**親和性**），被設定爲這種量的比例關係的**同一個序列的項**；

(c) 與此同時，這個漠不相關的、雜多的比例關係閉合爲一個**排他的**自爲存在，——即所謂的**選擇的親和性**。

a　兩個尺度的連繫

某東西在自身內被規定爲諸定量的一個尺度比例關係，這些定量進而獲得質，而某東西就是這些質的關聯。其中一個質是某東西的**內化存在**，它使某東西成爲一個自爲存在者，成爲一個物質性東西（從內涵的方面看，是重量，或者從外延的方面看，是**數量**，但這是物質性部分的數量）；另一個質是**外在性**（抽象的東西、觀念性東西、空間）。這些質就量而言是已規定的，而它們相互之間的比例關係構成了物質性某東西的質的本性，——重量與體積的比例關係就是已規定的比重。體積，作爲觀念性東西，可以被看作是單位，而內涵的東西可以被看作是數目，因爲它在量的規定性裡，在與體積的比較裡，顯現爲外延的大小，顯現爲一定數量的自爲存在著的單一體。——在這個過程中，這兩個大小規定性的純粹的、質的比例關係，從一個冪方比例關係的角度來看，已經消失了，也就是說，在自爲存在（物質性存在）的獨立性裡，直接性重新出現了，由於這個直接性，大小規定性就被規定爲一個定量本身，而這個定量與另一方面的比例關係同樣是由一個正比例關係的通常指數所規定的。

[415]　　　　這個指數是某東西的特殊定量，但它是一個直接的定量，而這個定量，還有這一個某東西的特殊本性，只有在和這類比例關係

的其他指數的**比較**裡才得到規定。指數構成了一個**特殊的自在地已**規定的存在，即某東西的內在的、獨特的尺度；但是，由於它的這個尺度立足於定量，所以這僅僅是一個外在的、漠不相關的的規定性，而在這種情況下，這樣一個某東西如果不考慮其內在的尺度規定，就是可變化的。所謂可變化是相對於一個他者而言的，而這個他者不是一定數量的物質，不是一般意義上的定量——因爲它的特殊的自在地已規定的存在是抗拒這個東西的——，而是這樣一個定量，它同時也是這類特殊的比例關係的指數。在這裡，兩個具有不同的內在尺度的物，比如兩種比重不同的金屬，出現在關聯和連繫中；至於爲了達到這樣一種連繫，還需要它們的本性具有哪一種同質性，則不屬於這裡的考察範圍，比如我們討論的並不是一種可以與水連繫在一起的金屬。——現在，一方面，兩個尺度中的每一方都是在變化中維繫著自身（變化只能透過定量的外在性而出現在尺度那裡），因爲它就是尺度，但另一方面，這種自身維繫本身又是以否定的方式對待這個定量，是定量的一個特殊化，因爲定量是尺度比例關係的指數，是尺度本身的一個變化，而且是雙方都會發生的一個特殊化。

　　按照單純的量的規定，所謂連繫，就是一個質的兩個大小與另一個質的兩個大小的單純累積，比如，兩個比重不同的物質的連繫就是兩個重量和兩個體積的累積，而在這種情況下，不僅混合物的重量始終等於那個總和，而且它所占據的空間也始終等於那些空間的總和。但事實上，只有重量才是那些連繫起來的重量的總和；自爲存在著的那一方已經透過累積而成爲一個固定的定在，隨之具有不變的、直接的定量，——這就是物質的重量，或者從量的規定性的角度而換一個同樣的說法，物質性部分的數量。然而各個指數發生了變化，因爲它們是質的規定性的運算式，是自爲存在（作爲尺

[416]

度比例關係）的運算式，而由於定量本身透過添加的總和而發生了一個偶然的、外在的變化，所以尺度比例關係同時表明自己是對於這個外在性的否定。正如已經指出的，質的東西的這個內在的規定活動不可能出現在重量那裡，既然如此，它就只能出現在另一個質那裡，亦即比例關係的觀念性方面。感性知覺很容易發現，兩個比重不同的物質混合之後，累積的體積會發生一個變化，而且通常是一個減少；空間本身構成了彼此外在地存在著的物質的持存。相對於自為存在在自身內包含著否定性而言，這個持存是一個非自在的存在者，一個可變化的東西；透過這個方式，空間被設定為它真正所是的東西，即觀念性東西。

但這樣一來，不僅一個質的方面被設定為可變化的，而且尺度本身以及以此為基礎的某東西的質的規定性，都已經表明，其本身不是一個固定的東西，而是和一般意義上的定量一樣，在另一個尺度比例關係裡具有它的規定性。

b 尺度作為諸尺度比例關係的序列

1. 假若某東西和它的他者連繫在一起，同時每一方都是僅僅[417]透過單純的質而被規定為它所是的東西，那麼它們在這個連繫中只會揚棄自身。某東西作為自身內的尺度比例關係，是獨立的，但正因如此，它同時可以與這樣的一個某東西連繫在一起；它在這個統一體中被揚棄了，於是透過它的漠不相關的、量的持存而維繫自身，同時表現為一個新的尺度比例關係的特殊化環節。它的質被掩蓋在量的東西下面；就此而言，這個質同樣和其他尺度漠不相關，並且延續到別的尺度那裡，形成一個新的尺度；新的尺度的指數本身僅僅是某一個定量，或一個外在的規定性，隨之呈現為一種漠不相關，因為以特殊方式規定的某東西和其他這樣的尺度一起，達到

了兩方面的尺度比例關係的類似中和；如果僅僅依靠其中一個由上述指數和另一個指數構成的尺度，那麼它的特殊的獨特性不會表現出來。

2. 當許多尺度連繫在一起，就給出了不同的比例關係，因此它們具有不同的指數。獨立的東西只有在和他者的比較中，才具有它的自在地已規定的存在的指數；但另一方面，它和他者的中和才造成了它與他者的實實在在的比較；因此它是透過它自己而與他者做比較。但這些比例關係的指數是不同的，在這種情況下，獨立的東西把它的質的指數呈現為這些**不同的數目的序列**，或者說**與他者的特殊比例關係的序列**，而它則是那些數目或比例關係的統一體。質的指數，作為一個直接的定量，表達出一個個別關聯。真正說來，獨立的東西是透過諸指數的**獨特的序列**而區分自身，因為這個序列是它作為統一體而與其他這樣的獨立東西構成的，而當另一個獨立的東西作為統一體而與同樣獨立的東西相關聯，就形成了另一個序列。——現在，這個序列的內部比例關係構成了獨立東西的質的方面。

現在，這個獨立東西與其他獨立東西的序列構成諸指數的一個序列，既然如此，為了把它和這個序列之外的一個與它做比較的獨立東西區分開來，似乎只有一個辦法，即讓後者藉助同樣的對立面而製造出諸指數的另一個序列。但透過這個方式，這兩個獨立東西就**不可比較**了，因為每一方都被看作是它的指數的**統一體**，而且這兩個從上述關聯中產生出來的序列都是**未規定的其他序列**。這兩個應當拿來做比較的獨立東西，首先只是作為定量而相互區分開來；為了規定它們的比例關係，需要一個共通的、自為存在著的統一體。這個已規定的統一體只能出現在那樣一個比例關係裡，在其中，正如已經指出的，做比較的東西具有它們的尺度的特殊定

[418]

在，也就是說，這是序列的諸比例關係指數之間的一個比例關係。但是，只有當序列的諸項把諸指數的這個比例關係當作兩個獨立東西之間的**恆常的**比例關係，這個比例關係本身才是一個自為存在著的、事實上已規定的統一體；唯其如此，這個比例關係才能夠是**二者的共通的統一體**。因此，唯有在這個統一體裡，這兩個被認為不是彼此中和，而是彼此漠不相關的獨立東西才是可比較的。在脫離比較的情況下，每一方都是比例關係和與之對立的項的統一體，這些項是與統一體（單位）相對立的數目，從而代表著諸指數的序列。反過來，這個序列是那兩個獨立東西的統一體，而當它們相互比較的時候，對彼此而言都是定量；作為定量，它們本身是它們的上述統一體的不同的數目。

　　進而言之，那些與兩個（或更確切地說，**多個**）東西相互對立和相互比較，並且和它們一起構成它們的比例關係的指數的序列的東西，在其自身同樣是獨立東西，每一個都是一個特殊的某東西，[419] 具有一個自在地屬於它的尺度比例關係。就此而言，它們中的每一個都同樣可以被看作是統一體，所以它們在剛才所說的兩個或不確定的多個做比較的東西那裡具有指數的一個序列，而這些指數就是那些東西的比較數；同理，反過來，那些個別的，被認為相互獨立的東西的比較數，對於第一個序列的諸項而言，就是諸指數的序列。按照這個方式，雙方都是序列，在其中，**首先**，每一個數都是一般意義上的統一體，與它所面對的序列相對立，並且在那裡具有它的自為地已規定的存在（即諸指數的一個序列）；**其次**，每一個數本身對於它所面對的序列的每一個項而言，都是諸指數之一；**第三**，每一個數對於它的序列裡的其他數而言都是一個比較數，並且本身作為指數就具有這樣一個數目，同時在它所面對的序列那裡具有它的自為地已規定的統一體。

3. 在這個比例關係中，過去的那個樣式和方式再次出現了，即定量如何被規定爲單純的自爲存在者（即度數），並且在一個存在於它之外的定量（即諸多定量形成的一個整體）那裡具有大小規定性。但在尺度裡，這個外在性不再是一個定量和和一個由諸多定量形成的整體，而是諸多比例關係數的一個序列，這些比例關係數的整體就包含著尺度的自爲的已規定的存在。正如定量的自爲存在是度數，同樣，獨立尺度的本性也轉變爲獨立尺度自身的外在性。尺度的自身關聯首先是一個**直接的**比例關係，因此只有在定量那裡，它才和他者漠不相關。所以，它的質的方面就落入這種外在性，而**它和他者的比例關係**則是進而構成了這個獨立東西的特殊規定。因此，這個特殊規定完全是立足於這個比例關係的量的樣式和方式，而這個樣式和方式既是由他者規定的，也是由它自己規定的，至於這個他者，則是諸多定量的一個序列，而且每一個定量 [420] 對彼此而言都是這樣一個他者。兩個特殊的東西在這個關聯裡特殊化爲某東西，特殊化爲一個第三者，即指數，因此這個關聯還意味著，其中一方並沒有過渡到另一方，因而並非僅僅是一般意義上的**某一個**否定，毋寧說，**二者**都被設定爲否定的東西，而且由於每一方都漠不相關地維繫著自身，所以**它的否定**再次**遭到否定**。在這種情況下，它們的這個質的統一體就是一個自爲存在著的、**排外的**統一體。諸指數首先是一些並列的比較數，只有在「排外」這一環節裡，它們在自身那裡並且對彼此而言具有它們的眞正特殊的規定性，而它們的區別同時也具有了質的本性。但這個區別是立足於量的東西；**首先**，獨立東西之所以與它的就質而言的另一方面的**多數東西**處於比例關係中，只是因爲它在這個比例關係中同時是漠不相關的；**其次**，中和的關聯透過包含在其中的量化（Quantitavität）不僅被設定爲變化，而且被設定爲否定之否定，即一個排外的統一

體。這樣一來，一個獨立東西與另一方面的多數東西的**親和性**就不再是一個漠不相關的關聯，而是一個**選擇的親和性**。

c 選擇的親和性

這裡使用的「**選擇的親和性**」術語，還有之前使用的「**中和**」、「**親和性**」等術語，都是一些與**化學**比例關係有關的術語。因爲在化學的層面裡，物質性東西在本質上是透過與它的他者的關聯而具有它的特殊規定性；它僅僅作爲這個差異而存在著。除此之外，這個特殊的關聯與量連繫在一起，同時不僅與個別的他者相關聯，而且與這些與它對立的差異者的序列相關聯；與這個序列的

[421]　諸多連繫，是依靠與序列中的**每一個**項的所謂的**親和性**，但與此同時，在這種一視同仁的情況下，每一個連繫都是彼此排斥的，而相互對立的規定的這個關聯還需要得到考察。——但是，並非只有化學領域裡才會出現這種情況，即特殊的東西在諸多連繫形成的一個整體中呈現出來；個別的聲音也只有在和另一個聲音以及其他聲音的序列的比例關係和連繫中才具有它的意義；在諸多連繫形成的這樣一個整體裡，和諧或非和諧構成了聲音的質的本性，這個本性同時立足於一些量的比例關係，後者構成了諸指數的一個序列，並且是兩個特殊的比例關係之間的比例關係，而每一個連繫在一起的聲音在其自身都是這樣的比例關係。個別的聲音是一個體系的基音，但在每一個別的基音的體系裡，同樣又是一個個別的項。和諧是一些排他的選擇親和性，但與此同時，它們的質的獨特性同樣消融爲單純的量的推進過程的外在性。——至於那樣一些親和性（化學的、音樂的或其他的），即那些並列的、彼此對立的親和性，其尺度的本原究竟位於什麼地方，這一點將在後面談到化學的親和性的時候予以討論；總的說來，這個更高層次的問題與真正的質的東西

的特殊方面有著最爲密切的連繫，並且屬於具體的自然科學的特殊部門。

　　現在，一個序列的項所具有的質的統一體，取決於它和一個對立的序列整體的比例關係，而這個序列的諸項僅僅透過定量（它們是依據定量而與那個項達到中和）而有別於彼此，既然如此，這個多樣化的親和性裡的更特殊的規定性同樣只是一個量的規定性。在選擇的親和性（作爲一個排外的、質的關聯）裡，比例關係擺脫了這個量的區別。由此呈現出來的第一個規定是，數量作爲**外延的**大小有一個區別，這個區別在一方面的諸項中間是爲了中和另一方面的一個項而出現的，而這個項與另一個序列的諸項的選擇親和性也是以這個區別爲準繩，以至於所有的項之間都有一個親和性。排外性，作爲一個**更穩固的**結合，反對另外一些可能的連繫；其理由大概在於，按照早先已經證明的外延的大小和內涵的大小的形式的同一性（因爲在這兩個形式中，大小規定性是同一個規定性），排外性彷彿轉變爲一個數量上更大的**內涵**。但在作爲同一個定量的基本規定的本性那裡，這個轉變——即「外延的大小」這一片面的形式轉變爲「內涵的大小」這另一個形式——並沒有改變任何東西；就此而言，事實上根本沒有任何排外性被設定，毋寧說，這裡究竟是只有不確定的任意數量的項的**一個**連繫或結合，還是只有一些來自於那些項，並且按照其相互之間的比例關係而與所要求的定量相對應的分量（Portionen），這些都是無關緊要的。 [422]

　　只不過，連繫（我們也稱之爲「中和」）並非僅僅是內涵的形式；指數在本質上是尺度規定，從而是排外的；從「排外的比例關係」這一方面來看，數已經失去了它們的延續性和相互聯合的可能性；現在是**較多**或**較少**獲得了一個否定的特性，至於指數相對於其他數而言的**優越性**，已經不再取決於大小規定性。但這另一個方面

同樣存在著，從它看來，一個環節究竟是從許多與它對立的環節那裡獲得中和的定量，還是從每一個環節相對於其他環節而言的特殊規定性那裡獲得中和的定量，這仍然是無關緊要的；與此同時，排外的、否定的比例關係也遭到了量的方面的這種介入。—— 就此而言，這裡既設定了漠不相關的、單純量的比例關係關係向著質的比例關係的轉變，反過來也設定了特殊的已規定的存在向著單純外在的比例關係的過渡，—— 這些比例關係形成一個序列，在其中，它們有時候僅僅具有單純的量的本性，有時候是特殊的比例關係，是尺度。

[423]

注釋

　　化學元素是這類尺度的最獨特的例子，它們作爲尺度的環節，僅僅在相互的比例關係中具有那個構成它們的規定的東西。酸和鹼或一般的鹽基顯現爲一些直接的、自在地已規定的物，但它們其實是一些不完滿的物體元素或組成部分，其眞正說來不是獨自實存著，而是僅僅透過這個實存而揚棄它們的孤立的持存，以便與別的東西連繫在一起。此外，那使它們成爲**獨立東西**的區別，不是在於這個直接的質，而是在於比例關係的量的樣式和方式。也就是說，這個區別不是限定在酸和鹼或一般的鹽基的化學對立上面，而是特殊化爲一個**飽和尺度**，並且立足於自身中和的元素的量的特殊規定性。就飽和而言，這個量的規定性構成了一個元素的質的本性；它使元素成爲其自爲地所是的東西，至於那把這個情況表現出來的數，在本質上是一個對立的統一體的諸多指數之一。—— 這樣的元素與另一個元素之間有一個所謂的親和性；假若這個關聯始終具有量的本性，那麼 —— 就和磁極或電極的關聯一樣 —— 其中一個規定

性就僅僅是另一個規定性的否定，與此同時，雙方就不是表現爲對
彼此漠不相關的東西。但是，因爲關聯也具有量的本性，所以這些
元素裡面的每一個都有能力與**許多**元素中和，而不是限定在一個對
立的元素上面。不僅一種酸和一種鹼或鹽基之間有一個比例關係，　　[424]
毋寧說，許多酸和許多鹼或鹽基之間都有比例關係。它們相互之間
首先是透過這類辦法來凸顯自己的特性，比如，一種酸爲了達到中
和，比另一種酸需要更多的鹼。但自爲存在著的獨立性的眞正表
現，卻是各種親和性相互排斥，其中一個親和性之所以比另一個親
和性更優越，是因爲一種酸能夠和所有的鹼化合，反之亦然。一種
酸與另一種酸的主要區別在於，哪一種與鹼之間有一個更接近的親
和性，亦即有一個所謂的選擇的親和性。

　　關於酸和鹼的化學親和性，人們已經發現這樣一個法則：當
兩種中性的溶液混合起來產生一種離析，隨之產生兩種新的化合
物，那麼這些產物同樣是中性的。由此可知，爲了使兩種酸達到飽
和，其分別需要的鹼鹽基的數量是處於**同一個比例關係**之中；一般
說來，如果對於一種鹼而言，**比例關係數的序列**已經被規定爲統一
體，在其中，不同的酸使同一個東西飽和，那麼對於每一種別的鹼
而言，這個序列都是一樣的，只不過不同的鹼必須有不同的數目罷
了──這些數目對於每一種相對的酸而言，同樣構成了這樣一個恆
久的指數序列，因爲這些指數對於每一種個別的酸和對於每一種別
的酸一樣，都是處於同一個比例關係之中。── 費習爾[2]立足於李
希特爾[3]的工作，已經首次強調了這些**序列**的單純性，對此可參看

────────────────

[2]　費習爾（Ernst Gottfried Fischer, 1754-1831），德國物理學家。── 原編者注
[3]　李希特爾（Jeremias Benjamin Richter, 1762-1807），普魯士礦業冶金部部
　　長。── 原編者注

[425]　他給貝托萊④《論化學中的親和性法則》德譯本撰寫的注釋，第232
頁，以及貝托萊《化學靜力學》⑤第一部分，第134頁以下。——這
些自從發表以來已經在多方面達到完備的知識，涉及到化學元素的
混合的比例關係數。要在這裡考察它們，恐怕會離題太遠，因為這
種經驗的，從某些方面來看單純猜想式的擴張仍然侷限於同樣一些
概念規定之內。但是，關於那裡使用的一些範疇，此外，關於化學
的選擇的親和性本身及其與量的東西的關聯的觀點，以及把這個選
擇的親和性建立在已規定的物理的質上面的嘗試，還需要補充一些
解釋。

　　眾所周知，貝托萊透過「**一個化學品質**的作用性」這一概念改
造了通行的「選擇的親和性」觀念。但這裡要區分一個情況，即這
個改造對於化學的飽和法則的量比例關係本身沒有任何影響，反而
是排他的選擇親和性本身的質的環節不是僅僅被削弱，而是被揚棄
了。如果兩種酸作用於一種鹼，其中一種酸與鹼有一個更大的親和
性，而且它的定量有能力使鹽基的定量達到飽和，那麼在這種情況
下，按照選擇的親和性的觀念，就只能得出這種飽和；另一種酸始
終是完全不起作用，並且被排除在中和連繫之外。反之，按照「**一
個化學品質**的作用性」這一概念，兩種酸都是在比例關係裡起作用
[426]　的，而這個比例關係是由它們既有的數量和它們的飽和能力或所謂
的親和性組成的。貝托萊的研究工作已經揭示出了一些更具體的情
況，在那裡，化學質料的作用性被揚棄了，一種酸（親和性更強的

---

④ 貝托萊（Claude Louis Berthollet, 1748-1822），法國化學家。——譯者注
⑤ 貝托萊《化學靜力學論集》（*Essai de statique chimique*），2卷本，巴黎1803
　年版。該著作的德譯本書名為《克勞德・路易・貝托萊論化學靜力學，或一種
　關於化學自然力的理論》，譯者為格奧爾格・威廉・巴托爾蒂，注釋者為恩斯
　特・哥特弗里德・費習爾。柏林1811年版。——原編者注

酸）看起來驅逐了另一種酸（親和性較弱的酸），並且把後者的作用**排除在外**，從而是在選擇親和性的意義上活動著。他也揭示出，這種排除是出現在凝固的強度、精鹽在水中的不可溶性等等**情況**下，但這些情況並不是試劑本身的質的本性，——這些情況同樣能夠被別的情況（比如溫度）取代。克服這些障礙以後，化學品質就可以無所顧忌地發揮作用，至於那個曾經顯現爲純粹質的排外性，顯現爲選擇的親和性的東西，卻表明自己僅僅處在一些外在的變形中。

本來，在這件事情上，我們應當主要傾聽貝采里烏斯[6]的意見。但他在他的《化學教程》（6 卷本，1808-1828 年出版）裡，對這個問題沒有揭示出任何獨特的和更明確的東西。他不但接納，而且在字面上重複貝托萊的觀點，只不過是用一種獨特的、未經批判反思的形上學包裝起來，而這種形上學使用的範疇是我們在這裡唯一需要仔細考察的。理論超出了經驗，一方面發明出一些在經驗裡根本不可能出現的感性表象，另一方面使用各種思想規定，並透過這兩個方式使自己成爲邏輯批判的對象。所以，我們希望考察一下他在《化學教程》第三卷第 1 部分（沃勒爾譯本，德勒斯登 1825-1831 年版，第 82 頁以下）裡對於「理論」的看法。他說： 「人們**必須設想**，在一種均勻混合的溶液裡面，溶解物的每一個**原子**都是被溶劑的**同樣數目的原子**所包圍；而且，如果許多實體溶爲一體，那麼它們必須**瓜分**溶劑的各個原子之間的**間隙**，以至於在一種均勻混合的溶液裡，就產生出諸原子的**位置的對稱性**，而且個別物體的**全部原子**在和其他物體的**原子相關聯**的時候，**處在一個均勻的位** [427]

---

[6] 貝采里烏斯（Jöns Jakob Berzelius, 1779-1848），瑞典化學家。他第一個提出了「有機化學」的概念，被譽為「有機化學之父」。——原編者注

置；因此人們可以說，溶解的特徵在於諸原子的**排列的對稱性**，而**連繫**的特徵在於一個**已規定的比例**。」—— 接下來，就是以硫酸加到氯化銅溶液裡面而產生的化合爲例子，來解釋上述言論；當然，這個例子既沒有表明**原子**存在著，也沒有表明溶解物的一定數目的原子**包圍著**溶劑的原子，或兩種酸的自由原子環繞在那些始終（與氧化銅）化合的酸周圍，更沒有表明**排列和位置的對稱性**，或諸原子之間存在著間隙等等，—— 最重要的是完全沒有表明，已溶解的實體會**瓜分**溶劑的諸原子之間的**間隙**。而這意味著，任何地方，只要溶劑**不存在**，已溶解的實體就會在那裡占據自己的位置 —— 因爲溶劑的間隙就是那些**空無**溶劑的空間，—— 這樣一來，已溶解的實體就**不是**處在溶劑**之內**，而是 —— 要麼包圍或環繞著溶劑，要麼被溶劑包圍或環繞著 —— **位於溶劑之外**，因此當然不會被溶劑所溶解。就此而言，我們實在不能理解，爲什麼必須設想這類在經驗中不會出現，而且在本質上相互矛盾，即使換了別的方式也沒法立足的**表**

[428]　**象**。本來，以上設想只能立足於對這些表象本身的考察，亦即立足於一種作爲邏輯學的形上學；但它們既沒有透過這種形上學，也沒有透過經驗而得到證實 —— 毋寧說正相反！除此之外，貝采里烏斯也承認了我們之前已經談到的一點，即貝托萊的各種命題並不違背確定比例理論，—— 只不過他又補充道，它們也不違背「微粒哲學」（即前面所說的那種認爲固定物體的諸原子填滿了溶劑的**間隙**的設想）的觀點；但從本質上看，後面這種毫無根據的形上學與飽和比例本身毫不相干。

　　因此，各種飽和法則所表達出來的特殊方面，僅僅涉及一個物體本身的量的統一體（而非原子）的**數量**，至於另一個在化學上不同於前者的物體，其量的**統一體**（同樣不是原子）就是用那個數量來中和自己；差異性僅僅在於這些不同的比例。雖然貝采里烏

斯的比例學說完全只是一個對於**數量**的規定，但他也談到了親和性
的**度數**，比如他在該書第 86 頁，把貝托萊的**化學品質**解釋爲由起
作用的物體的既有的量而得出的**親和性度數**的總和，而不是像貝托
萊那樣以更澈底的方式堅持使用「capacité de saturation〔飽和的
容量〕」這一說法，而這樣一來，他自己也陷入了「**內涵的大小**」
的形式。恰恰是這個形式，構成了所謂的「**動力學哲學**」的獨特之
處，而他在前面（該書第 29 頁）已經把這種哲學稱之爲「某些德
國學派的思辨哲學」，並且對其大加鞭笞，以凸顯「**微粒哲學**」
的優越之處。他在那裡說，這種動力學哲學假定，諸元素在其化
學連繫中會相互**滲透**，而中和就是立足於這種**相互的滲透**；而這無 [429]
非意味著，那些在化學上彼此不同，並且作爲**數量**而相互對立的
微粒，融合爲一個單純的**內涵的**大小，其表現就是體積的減少。反
之，在微粒理論裡，那些在化學上連繫在一起的諸原子也應當在
間隙裡（亦即在**外在於彼此**的情況）維繫自身，而這就是「並置」
（Juxtaposition）；在這樣一種僅僅作爲外延的大小或持存的**數量**
的比例關係裡，親和性的**度數**沒有任何意義。與此同時，貝采里烏
斯宣稱，確定比例的現象對動力學觀點來說是完全沒有預料到的；
然而這僅僅是一個外在的歷史狀況，更何況貝托萊已經了解李希特
爾在費習爾排列法的基礎上提出的化學量法序列，而且我在這部
《大邏輯》的第一版（1812）裡已經證明，舊的和想要創新的微粒
理論所依據的那些範疇，都是虛無飄渺的。反之，貝采里烏斯卻作
出了一個錯誤的判斷，彷彿在「動力學觀點」的支配之下，確定比
例的現象「永永遠遠」都將是不爲人知的，──也就是說，彷彿那
個觀點和比例規定性不共戴天似的。無論如何，比例規定性都僅僅
是大小規定性，至於它是處於外延的形式還是處於內涵的形式下，
這是無所謂的，──因此，即使貝采里烏斯如此依賴於前一種形式

（即數量的形式），他本人還是使用了「親和性度數」這一表象。

由此可見，當親和性被歸結爲量的區別，它作爲選擇的親和性就被揚棄了；但在這裡作爲**排外者**而出現的東西，則是被歸結爲那樣一些狀況（即那些看起來外在於親和性的規定），比如已產生的化合物的凝聚性和不可溶性等等。對這個表象的處理可以在某些方面與對重力作用的考察做比較，在那裡，那個**自在地**歸屬於重力本身的情況，即擺動的鐘擺必然會透過重力而達到靜止，僅僅被看作是一個同時出現的狀況，比如運動軌跡上的空氣的外在阻力等等，而且這被認爲不是由重力造成的，而是僅僅由**摩擦**造成的。—— 在這裡，對於選擇的親和性裡面的**質的東西**的本性而言，這個東西究竟是不是出現在那些狀況的形式之下，並且以之爲條件並得到理解，這是無關緊要的。質的東西本身就開啓了一個新的秩序，而它的特殊化不再僅僅是一個量的區別。

現在，只要人們企圖明確地區分兩個區別，一個是量的比例關係序列裡面的化學親和性，另一個是已出現的質的規定性的選擇親和性，其比例關係和前一個秩序是絕不重合的，那麼，當人們像近代那樣把化學比例關係和**電的**比例關係摻雜在一起，就會把選擇的親和性重新置於完全的混亂之中，至於另一個希望，即從這個應當處於更深層次的本原出發而揭示出那個最重要的本原（亦即尺度比例關係），也會成爲一個完全的錯覺。這個理論認爲，電的現象和化學現象必須是完全**相同的**，因爲它涉及物理的東西，而不是僅僅涉及尺度比例關係；但我們在這裡不可能仔細考察這個理論，而是只需指出，假若是那樣的話，尺度規定的區分狀態就會變得混亂不堪。本身而言，這是一個非常膚淺的理論。爲什麼呢？因爲它以爲，只需取消差異性，不同的東西就成爲相同的東西。在這裡，當化學過程被認爲等同於電的過程，進而等同於火的現象或光的現

[430]

象，那麼親和性就被歸結爲「兩種對立的電的中和」。把電等同於化學東西，這本身就是莫名其妙的，對此我們不妨看看以下（《化學教程》第 63 頁）相關闡述：「電的現象確實可以解釋物體在更大或更小的距離中的作用，它們在化合（即**尚且不是**化學的比例關係）**之前的吸引**，以及透過這個化合而產生出來的**火**（？），然而對於這個化合——它的力量是如此之強大，以至於在**消滅了**對立的**電的狀態之後**，仍然**持續地把物體聯合在一起**——的原因，它們卻**沒有給我們任何啓發**」；也就是說，貝采里烏斯的意思是，理論已經揭示出電是化學比例關係的原因，但電還沒有揭示出什麼是化學過程裡面的化學東西。——由於一般說來，化學上的區別被歸結爲正電和負電的對立，所以分別屬於兩方面的試劑的親和性差異性就被規定爲正電物體序列和負電物體序列的秩序。貝采里烏斯按照普遍電和化學性的普遍規定而把它們當作相同的，但他沒有注意到，電以及電的中和一般說來是**轉瞬即逝的**，並且始終**外在於**物體的質，而化學性在其活動中，尤其是在其中和中，始終**指向**物體的**整個**質的本性，並造成其**變化**。同樣，在電的內部，正電和負電的對立也是轉瞬即逝的；這個對立是不穩定的，因此依賴於一些哪怕最輕微的外在情況，根本不能和那種明確的、穩定的對立（比如酸和金屬的對立）相提並論。在這個化學比例關係裡，某些極爲強烈的作用（比如一個升高的溫度等等）能夠導致可變化性，而這種可變化性和電的對立的表面情況也是不能比擬的。接下來的區別，即在對立雙方中的每一方的**序列內部**，更多正電狀況和更少正電狀況的區別，或更多負電狀況和更少負電狀況的區別，最終說來既是一個完全不確切的東西，也是一個完全不穩固的東西。但是，依據物體的這些序列（貝采里烏斯《化學教程》，第 64 頁以下），「按照它們的電位，應當產生出一個電學—化學體系，這個體系將比一切

[431]

[432]

別的體系更適合給出『化學』的理念。」現在，這些序列已經被提出來了；至於它們實際上是什麼樣子，該書第 67 頁補充道：「這**大概**就是這些物體的秩序，但人們對於這方面素材的研究是如此之少，以至於可以說，就這個相對的秩序而言，**還沒有什麼完全確定的東西**得到規定。」── 無論是那些（由李希特爾第一個提出的）親和性序列的比例關係數，還是由貝采里烏斯提出的那個極爲有趣的簡化（即把兩個物體的化合簡化爲少數幾個單純的量的比例關係），都完完全全不依賴於那個電學─化學的炮製物。如果說在那些比例裡，及其自從李希特爾以來的全方位的擴展裡，實驗方法曾經是一個眞正的指北星，那麼另一方面卻是一個如此鮮明的混雜，即一邊是這些偉大的發現，另一邊是所謂的「微粒理論」的遠離經驗道路的荒漠；只有這個開端，即離棄經驗的本原，才有可能推動人們重新撿起早先主要由里特爾[7]首次提出的那個想法，即建立起正電物體和負電物體的固定秩序，同時認爲這些物體應當具有化學的意義。

正電物體和負電物體的對立，本身實際上並沒有人們想像的那麼眞實；如果人們把這個對立當作化學親和性的基礎，那麼實驗方法很快就會表明這個基礎是一個虛無縹緲的東西，而這又導致接下來的一種前後不一致。貝采里烏斯在該書第 73 頁承認，兩個所謂的負電物體，比如硫和氧，相比氧和銅，能夠以一種緊密得多的方式相互連繫在一起，雖然銅是正電性質的。因此在這裡，以正電和負電的一般對立爲基礎的親和性，相比電的規定性的同一個序列內部的單純的更多或更少，必然居於一個次要地位。由此可以推斷，

[433]

───────────

[7] 里特爾（Johann Wilhelm Ritter, 1776-1810），德國自然科學家，於 1801 年發現紫外線。── 原編者注

諸物體的**親和性度數**不是僅僅依賴於它們的特殊的**單極性**（至於這個規定究竟是和哪一個猜想連繫在一起，這是無關緊要的；它在這裡僅僅意味著「非正即負」）；一般且主要而言，親和性度數必定是從**它們的極性的內涵**裡面推導出來的。於是在這裡，對於親和性的仔細考察就過渡到我們主要關注的**選擇的親和性**的比例關係；我們要看看，選擇的親和性會得出什麼東西。同樣在該書第 73 頁，貝采里烏斯立即承認，如果這個極性不是僅僅存在於我們的表象中，那麼它的**度數**看起來就**不是一個恆常的**量，而是嚴重依賴於溫度，而在經過所有這些討論之後，最後的結果是：首先，每一個化學作用**就其根據而言**都是一個**電的**現象；其次，那看起來是由**選擇的親和性**造成的作用，其實**僅僅**是由一個既有的**電的極性**（它在一個物體裡面比在另一些物體裡面**更強**）造成的。因此，在這些猜想式的表象裡面，迄今的來回兜圈子的結局，就是停在「**更強的內涵**」這一範疇上面，而它和一般意義上的選擇的親和性一樣，都是同一種流於形式的東西，與此同時，即使選擇的親和性被歸結為電的極性的一個更強的內涵，但相比之前也沒有絲毫突破，沒有達到一個物理的根據。不僅如此，那在這裡應當被規定為「更大的特殊內涵」的東西，接下來也只能回溯到前面已引用過的、由貝托萊揭示出來的那些變形。

　　貝采里烏斯的功績和聲譽在於把比例學說擴展到全部化學比例關係上面，但本身說來，這不應當成為阻止我們去揭露上述理論的弱點的理由；至於我們這樣做的另一個理由，則是因為另一個情況，即這類功績在科學的一個方面，如同在牛頓那裡一樣，經常成為一個**權威**，用來支持一個由抽象範疇拼湊而成的無根基的大廈，而恰恰是這樣一種形上學，以一種最大的裝腔作勢被宣布，並且在人們那裡廣為傳誦。 [434]

　　除了這些與化學的親和性和選擇的親和性有關的尺度比例關係形式之外，考慮到一些有能力形成一個體系的質，還有另外一些形式值得重視。化學物體在與飽和相關時，構成了諸多比例關係的一個體系；飽和本身則是立足於已規定的比例，在其中，雙方的數量一方面彼此之間具有一個特殊的物質性實存，另一方面相互連繫在一起。此外還有一些尺度比例關係，它們的諸環節是不可分割的，而且不可能在一個自足的、不同於彼此的實存中呈現出來。這些尺度比例關係就是之前所說的**直接的、獨立的**尺度，而那個代表著它們的東西，就是物體的**比重**。── 它們在物體的內部是重量與體積的一個比例關係；比例關係的指數表達出了一個比重之有別於其他比重的規定性，而它自己是一個僅僅用於**比較**的已規定的定量，一個在外在反思中位於諸尺度比例關係之外的比例關係，並且不依賴於自足的質與對立的實存的比例關係。於是這裡有一個任務，即應當從一個**規則**出發，把**比重序列**的比例關係指數看作是一個**體系**，而那個規則的用處就在於把一種單純算術的多樣性特殊化為和諧節點的一個序列。── 同樣，為了認識到前面引述過的化學親和性序列，也必須滿足同一個要求。但是科學還遠遠沒有達到這個目標，正如人們還遠遠做不到在一個尺度體系裡去理解把握太陽系星球的距離的數。

[435]

　　儘管比重乍看起來相互之間不具有一個質的比例關係，但它們同樣出現在質的關聯中。當物體以化學的方式聯合在一起，哪怕這僅僅是一種汞體化或同體化，比重同樣會表現出一種**中和**。此前我們已經提到一個現象，即那些在化學裡面真正說來彼此始終漠不相關的物質混合起來之後，其體積就大小而言不等於它們在混合之前的體積的總和。它們原本是憑藉各自的規定性而相互關聯，但在這個混合中，它們改變了彼此的規定性的定量，並且透過這個方

式表明，其相互之間有一個質的比例關係。在這裡，比重的定量不僅外化為一個固定不變的**比較數**，而且外化為一個可變化的**比例關係數**；至於混合物的指數，則是給出諸尺度的序列，它們的推進過程是由另一個本原所規定的，而不是由那些相互連繫的比重的比例關係數所規定。這些比例關係的指數不是一些排他的程度規定；它們的推進過程是延續的，同時在自身內包含著一個特殊化法則，這個法則不同於那些在形式上向前推進，使數量連繫在一起的比例關係，並且使前面那個推進過程和現在這個推進過程不可通約。

B 尺度比例關係的節點線

我們已經知道，按照尺度比例關係的最後一個規定，它作為特殊的東西是**排外的**；排外性屬於中和，而中和是諸不同環節的一個 [436] **否定的**統一體。由於這個**自為存在著的**統一體亦即選擇的親和性與另外一些中和相關聯，所以對它而言，已經沒有別的特殊化原理；特殊化僅僅停留在一般意義上的親和性的量的規定裡，而按照這個規定，某些已規定的數量相互中和，從而與它們的環節的另外一些相對的選擇的親和性相對立。接下來，出於量的基本規定，**排外的**選擇的親和性也**延續**到那些不同於它的中和裡，而這個延續性並非僅僅是不同的中和的一個外在關聯（即比較），毋寧說，中和本身就包含著一種**可分性**，因為它是一些獨立的某東西的統一體，而這些獨立的某東西是相互關聯的，它們雖然按照不同的、特殊地已規定的數量相互連繫在一起，但在它們中間，每一個東西究竟是和這個東西結合，還是與對立序列中的另一個東西結合，這是無所謂的。就此而言，這個在自身內立足於這類比例關係的尺度也帶有一種獨特的漠不相關；它本身是一個外在的東西，並且在它的自身關

聯中是一個可變化的東西。

比例關係尺度的這個**自身關聯**不同於它的外在性和可變化性，後者是它的量的方面；作爲與這個方面相對立的自身關聯，它是一個存在著的、質的基礎，——是一個恆久的物質性基體，與此同時，這個基體作爲尺度在它的外在性中的**自身**延續性，必須包含著這個外在性的那個特殊化原理。

現在，按照這個更進一步的規定，排外的尺度在它的自爲存在裡是一個位於自身之外的東西，它自己排斥自己，一方面把自己設定爲另一個單純的量的比例關係，另一方面又把這個比例關係設定爲一個尺度，——它被規定爲一個自在的特殊化統一體，同時在自身那裡產生出諸多尺度比例關係。這些比例關係不同於剛才所說的那類親和性，在後者這裡，一個獨立東西與不同質的獨立東西之間，與這些獨立東西的序列之間，有一個比例關係；它們屬於**同一個基**體，而在它們內部，出現了中和的諸環節；按照尺度的自身規定，它把自己排除出去，成爲另外一些單純在量上不同的比例關係，這些比例關係同樣構成了**親和性**和**尺度**，與那些始終僅僅是**量的差異性**的比例關係**交互更替**。透過這個方式，它們在一個有著更多和更少的刻度表上構成了諸尺度的一條**節點線**。

這裡有一個尺度比例關係；這是一個獨立的實在性，它在質上不同於其他實在性。因爲這樣一個自在存在在本質上同時是定量的一個比例關係，所以它可以容納外在性和定量變化；它有一個幅度，在這個幅度之內，上述變化對它而言是無關緊要的，它的質不會發生變化。但這個量的變化會達到一個點，在那裡，質發生變化，定量也表明自己特殊化了，以至於已變化的量的比例關係轉變爲一個尺度，隨之轉變爲一個新的質，一個新的某東西。新的比例關係取代了舊的比例關係，但前者仍然是由後者所規定的，一方面

是因為親和性裡的諸環節就質而言是相同的，另一方面是因為它們在量上是延續的。但是，由於這個量的東西出現了區別，所以新的某東西和之前的某東西是漠不相關的；它們的區別是一個外在的定量區別。因此，它不是從之前的某東西，而是直接從自身那裡產生出來的，也就是說，它來自於一個內在的，尚未進入定在的特殊化統一體。——新的質或新的某東西從屬於它的變化的同一個推進過程，如此以至無限。

　　質是在量的持續的延續性中向前推進的，就此而言，那些趨近於一個質變點的比例關係，從量的角度來看，只能透過更多和更少而加以區分。從這個方面來看，變化是一個**逐漸的**變化。然而逐漸性僅僅涉及變化的外在方面，不涉及變化的質的方面；先行的量的比例關係無限地接近於後來的量的比例關係，但仍然不是另一個質的定在。所以，從質的方面看，逐漸性作為一個單純的量的推進過程，不是一個自在的界限，因而只能被絕對地中斷；由於新出現的質按照其單純的量的關聯而言，相比隨時消失的質，是另一個漠不相關的質，所以過渡就是一個**飛躍**（Sprung）；二者被設定為完全外在於彼此的質。——人們喜歡用過渡的逐漸性來**解釋**一個變化，但實際上，逐漸性恰恰是一個純粹漠不相關的變化，是質的變化的反面。確切地說，在逐漸性裡，兩個實在性——無論這是指兩個狀態還是指兩個獨立的物——的連繫已經被揚棄了；按照現在的設定，並非某一方是另一方的界限，毋寧說，每一方都是絕對地外在於對方；在這種情況下，**解釋**所需要的那個東西恰恰被清除了，雖然這個解釋本來就是一件可有可無的事情。

[438]

注釋

　　自然數體系已經展示出質的環節的這樣一條**節點線**，而這些環節是在單純外在的推進過程中出現的。從某些方面看，這個體系是一種單純的量的來回往復，一種持續的添加或削減，以至於每一個數和身前和身後的數都有同一個**算術的**比例關係，而那些數各自和身前和身後的數之間也是如此。但這些由此產生出來的數和別的身前或身後的數之間，也有一個**特殊的**比例關係，要麼把它們中的一個的倍數表現為一個整數，要麼是冪方和方根。── 在**音樂的**比例關係裡，一個和諧的比例關係是透過定量而出現在量的推進過程的刻度表中，但與此同時，在刻度表上，這個定量和身前及身後的定量之間的比例關係，並非不同於那些定量和身前及身後的定量之間的比例關係。當後來的聲音貌似越來越遠離主音，或者說，當數透過算術的推進過程而貌似越來越變成其他的數，實際上是突然出現了一個**回歸**，一個出人意料的和諧一致，這個和諧一致就質而言不是以那個直接的先行者為前提，而是顯現為一個 actio in distans〔遠程作用〕，一個與遠方東西的關聯；在那些單純漠不相關的比例關係那裡（它們既不會改變先行的特殊的實在性，一般說來也不會構成這樣一個實在性），推進過程突然中斷了，又因為它從量的角度來看是以同一個方式延續的，所以在這種情況下，透過一個飛躍，就出現了一個特殊的比例關係。

　　在**化學的連繫**裡，透過混合比例關係的持續變化，也出現了這樣一些質的節點和飛躍，也就是說，兩種材料在混合刻度表的一些特殊的點上面，構成一些具有特殊的質的產物。這些產物既不是僅僅透過一種更多和更少而相互區分，也不是已經伴隨著那些近乎節點比例關係的比例關係而存在著，比如僅僅處於一個較弱的度數等

[439]

等，毋寧說，它們本身就和這樣一些點連繫在一起。比如，氧和氮的連繫產生出不同的氧化氮和硝酸，它們僅僅在某些特定的混合的量的比例關係那裡出現，並且在本質上具有不同的質，以至於在那些居間的混合比例關係裡，不會出現特殊的實存的連繫。——**金屬氧化物**，比如氧化鉛，是在氧化的某些量的點上面形成的，並且透過顏色和其他的質而相互區分。它們不是逐漸過渡到對方；處於那些節點之間的比例關係，也不會產生出一個中和的、特殊的定在。在不需要貫穿各個居間層次的情況下，就出現了一個特殊的連繫，它基於一個尺度比例關係，並且有一個獨特的質。——又比如**水**，當它的溫度發生改變時，它不是僅僅變得更熱或不太熱，而是經歷固體、液體、氣體等狀態；這些不同的狀態不是逐漸出現的，毋寧說，恰恰是這個單純的逐漸推進的溫度變化，透過這些點而突然中斷了，被阻擋了，而另一個狀態的出現就是一個飛躍。——所有**誕生**和**死亡**都不是一個持續的逐漸性，毋寧說是逐漸性的中斷，是從量的變化飛躍到質的變化。[440]

常言道，**自然界裡沒有飛躍**⑧；正如我們曾經指出的，通常的觀念在企圖理解**產生**或**消滅**的時候，以爲只要把這想像成一個**逐漸的**出現或消失，就算已經將其理解把握了。但事情本身很明顯，存在的變化根本不是僅僅意指從一個大小到另一個大小的過渡，而是意指從質的東西到量的東西的來回過渡，即一個向著他者的轉變，或者說一個逐漸的東西發生中斷，轉變爲一個在質上與之前的定在相

---

⑧　這是整個西方哲學自埃利亞學派—柏拉圖—亞里斯多德以來的主流思想，在近代尤其得到牛頓、萊布尼茲、康德的宣揚。至於其固定的標準說法，即「自然界裡沒有飛躍」（Natura non facit saltus），是瑞典植物學家林奈（Carl von Linné, 1707-1778）第一次提出的。——譯者注

對立的他者。水經過冷卻不是逐漸變得堅硬，不是首先變成膠狀的東西，然後逐漸硬化爲堅固的冰，而是一下子就變得堅硬了；當水完全達到冰點的溫度時，如果它保持靜止，那麼它仍然能夠完全保持液體狀態，但只要有一點點震動，就會讓它進入堅硬狀態。

[441] 　　人們之所以認爲產生是逐漸的，是依據這樣一個觀念，即以爲**產生的東西已經是現成已有的**感性東西或一般意義上的現實東西，只不過由於其微小而**暫時不被知覺**，好比在一種逐漸的消失裡，**非存在**或那個將要篡位的**他者**同樣是**既有的**，只不過**暫時沒有被注意到**，—— 而且這裡所說的「現成已有」不是指他者**自在地**包含在眼前的這個東西裡面，而是指它**作爲一個定在是現成已有的**，只不過還沒有被注意到罷了。在這種情況下，一般意義上的產生和消滅就被揚棄了，換言之，**自在體**（Ansich）或內核（某東西在成爲一個定在之前就存在於其中）轉化爲一個**微小的外在定在**，本質上的區別或概念區別轉化爲一個外在的、單純的大小區別。—— 用逐漸的變化來解釋產生或消滅，有著恆眞句所特有的無聊；它從一開始就已經把產生的東西或消滅的東西當作一種完全現成已有的東西，然後把變化當作一個外在區別的一個單純改變，而這實際上僅僅是一個恆眞句。對於這樣一種想要理解把握的知性而言，困難始終在於，從某東西到它的一般意義上的他者或對立面，這是一個質的過渡；爲了掩飾這一點，知性就佯言**同一性**和**變化**是**量的東西**的一種漠不相關的、外在的同一性和變化。

　　在**道德**的領域，從存在的層面來看，同樣出現了從量的東西到質的東西的過渡，而不同的質看起來是基於大小的差異性。透過一種更多和更少，輕率行爲的尺度被逾越了，產生出某種完全不同的東西，即犯罪，於是正當過渡到非正當，美德過渡到惡行。—— 同理，國家也是透過它們的大小區別（假設其餘方面都是相同的），

獲得不同的質的特性。隨著國家的領土和公民的數目得到擴張，法律和制度就轉變爲另外的東西。國家的大小有一個尺度，一旦逾越這個尺度，即使制度不變，國家仍然會在自身內分離崩析，因爲這個制度只有在從前的情況下才會保障國家的繁榮富強。 [442]

C 無尺度的東西

排外的尺度在其已實現的自爲存在之內，本身始終與「量的定在」這一環節糾纏在一起，因此能夠沿著定量的刻度表上升和下降，而各種比例關係也相應地有所改變。如果某東西或一個質是立足於這樣一個比例關係，就會被迫超越自身，成爲**無尺度的東西**，並且透過其大小的單純改變而走向消滅。大小是這樣一種狀況，在它那裡，一個定在有可能彷彿不知不覺地被捲入進去，並因此被摧毀。

抽象的無尺度的東西是一般意義上的定量，即一個在自身內無規定的東西，一個純粹漠不相關的，不會使尺度發生變化的規定性。在諸尺度的節點線那裡，這個規定性同時被設定爲一個特殊化；那個抽象的無尺度東西揚棄自身，成爲一個質的規定性；起初的既有的東西過渡到一個新的比例關係，從前者的角度看，後者是一個無尺度的東西，但它在其自身同樣是一個自爲存在著的質；如此一來，特殊實存相互之間的交替，還有特殊實存與那些始終保持量性的比例關係之間的交替，同樣也被設定了，——如此以至**無限**。但在這個過渡裡面呈現出來的東西，既是對於特殊的比例關係的否定，也是對於量的推進過程本身的否定；而這就是自爲存在著的**無限者**。——**質**的無限性，就和在定在那裡一樣，是有限者那裡綻放出來的無限者，是一個**直接的過渡**，即此岸世界消失在它的彼

岸世界裡。反之，**量的**無限性按照其規定性而言已經是定量的**延續**
[443]　　**性**，即定量的一個超越自身的延續性。質的有限者**轉變為無限者**；
量的有限者在其自身就是它的彼岸世界，並且**指向自身之外**。然而
尺度的特殊化的這個無限性把質的東西或量的東西都**設定為**一種在
自身內**相互揚棄**的東西，從而把它們的最初的、直接的統一體（即
一般意義上的尺度）設定為一個已經回歸自身，因而本身已經**被設
定**的東西。質的東西，即一個特殊的實存，過渡到另一個特殊的實
存，但在這種情況下，只有一個比例關係的大小規定性發生變化；
相應地，從質的東西本身到質的東西的變化被設定為一個外在的、
漠不相關的變化，被設定為一種**自身融合**；無論如何，量的東西都
會反過來揚棄自身，成為一個質的東西，一個自在且自為地已規定
的存在。這個在其尺度的更替中始終保持著自身延續性的統一體，
是真正恆久持存的、獨立的**物質**或**事情**。

　　由此呈現出來的，(a)是同一件事情，它被設定為它們的區分
狀態中的基礎，被設定為一個恆久的東西。在一般意義上的定量
裡，已經開始了存在和它的規定性的分離；就某東西和它的存在著
的規定性漠不相關而言，它具有一個**大小**。在尺度裡面，事情本身
自在地已經是質的東西和量的東西的統一體，——這兩個環節在存
在的普遍層面的內部構成區別，其中一方是另一方的彼岸世界；透
過這個方式，恆久的基體首先在自身那裡被規定為一個存在著的無
限性。(b)基體的這種同一性之所以**被設定**，是由於那個規定著尺度
的統一體發生分裂，成為一些質的獨立東西，這些獨立東西僅僅立
足於量的區別，所以基體延續到它的這個區分活動裡面。(c)在節
點序列的無限進展裡，質的東西的延續活動表現為量的推進過程，
表現為一個漠不相關的變化，而這同樣設定了包含在其中的對於質
的東西的**否定**，隨之設定了單純的量的外在性。量的東西超越自身
[444]

走向他者（另一個量的東西），而伴隨著一個比例關係尺度或一個質出現，這種超越就終止了，而質的東西之所以揚棄自身，恰恰是因爲新的質本身僅僅是一個量的比例關係。質的東西和量的東西的相互過渡是在它們的統一體的地基上進行的，而這個進展的意義僅僅在於**定在**，在於**指明**或**設定**一件事情，即這樣一個基體（質的東西和量的東西的統一體）是進展的基礎。

在獨立的尺度比例關係的序列裡，序列的單方面的項是一些直接的、質的某東西（比重或化學材料，比如鹽基、鹼、酸等等），接下來，這些項的中和（在這裡，「中和」必須同樣被理解爲比重不同的材料的連繫）是一些獨立的，甚至排他的尺度比例關係，即自爲存在著的定在的一些彼此漠不相關的總體。現在，這樣一些比例關係僅僅被規定爲同一個基體的諸節點。這樣一來，諸尺度和那些與之同時被設定的獨立東西就降格爲**狀態**（Zustände）。變化僅僅是一個**狀態**的改變，而在這個過程中，**過渡者**被設定爲始終是**同一個東西**。

爲了通覽尺度所經歷的持續規定，這個規定的諸環節可以總結如下，即尺度本身首先是質和量的**直接**統一體，但它作爲一個通常意義上的定量，又是一個特殊的東西。因此，尺度作爲一個不是與他者相關聯，而是與自身相關聯的量的規定性，在本質上是**比例關係**。接下來，它把諸環節當作已揚棄的、未分割的東西而包含在自身內；無論是概念中的區別，還是尺度中的區別，始終都意味著，其中的每一個環節本身都是質的東西和量的東西的統一體。就此而言，這是一個**實在的**區別，並且產生出一定數量的尺度比例關係，後者作爲形式上的總體，本身是獨立的。序列構成了這些比例關係的兩端，而它們對於每一個屬於某一端，並且和整個對立的序列都有比例關係的個別項而言，都是同一個恆久的秩序。這個統一體仍

[445]

然是完全外在的，它作爲單純的**秩序**，雖然表現爲一個自爲存在著的尺度的內在的特殊化統一體，並且有別於它的特殊化產物，但特殊化原理仍然不是一個自由的概念（唯有它才賦予它的各種區別以一個內在的規定），毋寧說，原理首先只是一個基體，一個物質，它的各種區別爲了作爲總體而存在，也就是說，爲了在自身內具有那個始終保持自身一致的基體的本性，僅僅掌握著外在的量的規定，而這個規定同時表現爲質的差異性。在基體的這個自身統一體之內，尺度規定是一個已揚棄的東西，它的質是一個由定量所規定的、外在的狀態。——這個歷程一方面意味著尺度實現自己的持續規定，另一方面意味著尺度降格爲一個環節。

第三章　本質的形成轉變

A 絕對的無差別

　　存在是一種抽象的漠不相關——由於這種漠不相關本身應當被思考爲存在，所以我們已經使用了「**無差別**」（Indifferenz）這一說法，——在那裡，尚且不應當有任何類型的規定性；純粹的量作爲無差別，能夠具有全部規定，但在這種情況下，這些規定是外在於它的，而它從自身出發，與它們沒有任何連繫；至於那種能夠被冠以「絕對」之名的無差別，則是透過**自身中介**而成爲一個單純的統一體，其中已經**否定了**存在、質、量及其最初的直接統一體（即尺度）的全部規定性。在它那裡，規定性仍然只是一個狀態，即一個把無差別當作自己的**基體**的**質的外在東西**。 [446]

　　但是，如果一個東西已經被規定爲一個質的外在東西，那麼它就僅僅是一個隨時消失的東西；質的東西既然外在地與存在相對立，那麼它就是它自己的對立面，並且僅僅是一個揚棄自身的東西。透過這個方式，規定性在基體那裡仍然只是被設定爲一個空洞的區分活動。然而這個空洞的區分活動，作爲結果，恰恰是無差別本身。也就是說，無差別是一個具體的東西，一個在自身內透過否定存在的全部規定而達到自身中介的東西。作爲這個中介活動，無差別包含著否定和比例關係，至於所謂的「狀態」，則是它的內在的、自身關聯的區分活動；外在性及其消失恰恰使存在的統一體成爲無差別，因此它們位於無差別的**內部**，而在這種情況下，無差別就不再僅僅是一個基體，**在其自身那裡**不再僅僅是一個抽象的東西。

B 無差別作為它的諸因素的反比例關係

現在我們得看看，無差別的這個規定如何在其自身那裡被設定，以及無差別如何隨之被設定為一個**自為存在者**。

1. 尺度比例關係首先被當作獨立的東西，而它們的還原奠定了它們的**一個基體**；基體是它們相互之間的延續活動，因此是一個不可分割的獨立東西，並且**完全**呈現在它的各種區別裡面。這些區別是由包含在基體中的兩個規定（即質和量）造成的，而這裡的整個關鍵僅僅在於，二者在基體那裡是如何被設定的。實際上，這個情況是這樣被規定的，即基體首先被設定為結果和一個**自在的**中介活動，但這個中介活動**在基體那裡**尚未被設定為中介活動，而這樣一來，基體首先是基體，但就其規定性而言則是**無差別**。

[447]

所以，在無差別那裡，區別在本質上首先只是一個量的外在的區別，而且就同一個基體有兩個不同的定量並且是它們的**總和**而言，彷彿它本身也被規定為一個定量了。但無差別之所以是一個固定的尺度，一個自在存在著的絕對界限，是因為它僅僅與那些區別**相關聯**，而且它本身不是一個定量，無論如何不可能作為一個總和或指數而與其他總和或指數相對立。無差別僅僅包含著一個抽象的規定性；至於那兩個定量，為了在無差別那裡被設定為環節，只能是可變化的、彼此漠不相關的、可大可小的。但與此同時，由於受到它們的總和的固定界限的限制，所以它們相互之間不是外在的，而是否定著彼此，——現在這是一個質的關聯，而它們就處在這個相互關聯中。就此而言，它們相互之間有一個**反比例關係**。不同於早先的那個流於形式的反比例關係，如今在這個反比例關係裡，整體是一個實在的基體，而且雙方中的每一方本身都應當按照設定而

自在地是這樣一個整體。

　　按照上述質的規定性，區別進而呈現爲**兩個質**的區別，其中一個已經被另一個揚棄，但又與之不可分割，因爲它們屬於**同一個統一體**，而且是它們構成了這個統一體。基體本身作爲無差別，同樣是這兩個質的自在的統一體，所以，比例關係兩端中的每一端都同樣在自身內包含著這兩個質，並且僅僅透過一個質的增加和另一個質的減少（或相反的情況）而相互區分；其中一個質是透過它在其中一端的定量而**占據優勢**，另一個質在另一端也是同樣的情形。

　　因此，每一端在其自身那裡都是一個反比例關係；後者作爲一個流於形式的比例關係，重新出現在已經區分開的兩端那裡。兩端本身按照它們的質的規定同樣延續到對方那裡；每一個質在另一個質那裡都與自己有一個比例關係，並且在每一端那裡都僅僅具有一個不同的定量。它們的量的區別就是那個無差別，並且據此延續到對方那裡，而這個延續性在兩個統一體中的每一個之內，都是同一個質。——至於比例關係的兩端，每一端都是諸規定的整體，因此包含著無差別自身，並且在相互對立的情況下同時被設定爲獨立的東西。

　　2. 現在，存在作爲這個無差別，是尺度的已規定的存在，但它不再是一個直接的東西，而是一個透過上述方式而得到發展的東西，即無差別，因爲**自在地看來**，它就是存在的諸規定的整體，已經把它們消融在這個統一體裡面；**定在**，作爲已設定的實現過程的總體，同樣也是如此，在其中，諸環節本身就是無差別的自在存在著的總體，同時把無差別當作它們的基本統一體。但是，因爲人們堅持認爲統一體僅僅是**無差別**，隨之僅僅是一個**自在的東西**，而諸環節尚未被規定爲**自爲存在者**，也就是說，尚未被規定爲一種**在其自身那裡**並且**透過彼此**而揚棄爲統一體的東西，所以一般說來，它

[448]

們對自身的漠不相關就呈現爲一個得到發展的規定性。

　　現在我們需要進一步考察這種不可分割的獨立東西。它內在地居於它的全部規定之中，並且在它們之中保持爲一個自身統一體，不受它們影響，但是，(a) 由於它始終是一個**自在的**總體，所以它所具有的各種規定性就在總體之內被揚棄了，在那裡僅僅**表現為**一種無根據的東西。無差別的**自在體**和它的這個**定在**沒有連繫在一起；諸規定性以直接的方式在無差別那裡展示出來；無差別在其中每一個規定性裡面都是完整的，而它們的區別於是首先被設定爲一個已揚棄的，亦即**量**的區別，但正因如此，不是被設定爲它們的自身排斥；與此同時，諸規定性不是一種規定著自身的東西，毋寧僅僅是一種**外在的**已規定的存在和將要被規定的東西。

[449] 　　(b) 這兩個環節處在量的反比例關係之中，──這是一種就大小而言的來回往復，但它不是由無差別所規定的（因爲無差別恰恰意味著和這種來回往復漠不相關），而是僅僅外在地被規定的。它指向一個他者，後者位於無差別之外，並且包含著一種規定活動。從這個方面來看，**絕對者**作爲無差別具有**量**的形式的第二個缺陷，即區別的規定性不是由絕對者所決定的，至於它在那個形式那裡具有的第一個缺陷，則是指各種區別僅僅在一般的意義上**出現**在絕對者那裡，也就是說，絕對者的設定活動是某種直接的東西，而不是它的自身中介活動。

　　(c) 諸環節如今是比例關係的**兩端**，其量的規定性構成了它們的**持存**方式；由於這種漠不相關，它們的**定在**是得自於質的東西的過渡。然而除了這種定在之外，它們還具有另外一種**自在**存在著的持存，因爲**自在地看來**，它們就是無差別本身，每一個環節本身都是兩個**質**的統一體，而這兩個質是由一個質的環節分裂而成的。兩端的區別是有限制的，即一個質在一端被設定爲更多，在另一端被

設定爲更少，而另一個質正好相反。如此，每一端本身都是無差別的總體。——兩個質中的每一個，單獨看來，始終是同一個總和，而這個總和就是無差別：它從一端延續到另一端，並且不受那個隨時給它設定的量的界限的限制。在這裡，各種規定陷入一個直接的對立，而對立又發展爲矛盾。這究竟是怎麼回事呢？

(d) 其實，每一個質都在每一端的**內部**與另一個質相關聯，而且正如已規定的那樣，這個關聯應當僅僅是一個量的區別。如果這兩個質是獨立的——比如作爲兩種相互獨立的感性物質——，那麼 [450] 無差別的整個規定性就分離崩析了；它們的統一體和總體就將是一些空洞的名稱了。但實際上，這兩個質同時被規定爲屬於同一個統一體，並且不可分割，每一方都只有在這個質的他者關聯中才具有意義和實在性。但是，**正因爲它們的量化絕對具有這個質的本性，所以每一方的活動範圍都不能超出另一方的活動範圍**。就它們作爲定量應當彼此有別而言，每一方都超越了對方，並且透過它的「更多」而具有對方所不具有的一個漠不相關的定在。但在它們的質的關聯裡，每一方都只有在對方也存在著的情況下才存在著。——由此可知，它們**處於平衡狀態之中**，因爲，只要一方有所增加或減少，另一方同樣也會有所增加或減少，而且它們的增加或減少遵循的是同一個比例關係。

所以，基於它們的**質的**關聯，這裡不可能出現一個**量的**區別，不可能出現一個質的「更多」。憑藉這個「更多」，相互關聯的環節中的一個超越了另一個，但實際上，這個「更多」僅僅是一個站不住腳的規定，或者說它**仍然僅僅是另一個「更多」本身**；但在二者的這個相等裡，卻找不到任何一個環節，因爲它們的定在只應當立足於它們的定量的不相等。——這些因素應當存在，但它們中的每一個同樣又消失了，因爲它本來應當與另一個因素**相等**，不料卻**超**

越了後者。那個消失看起來是這樣的，即從量的表象來看，平衡狀態被打破了，其中一個因素被認爲大於另一個因素；這個設定揚棄了另一個因素的質，使之成爲一個站不住腳的東西；前一個因素占據了優勢，而另一個因素則是伴隨著加速度而減少，並且屈服於前者，使前者成爲唯一的獨立東西；但這樣一來，就不再有兩個特殊的東西和兩個因素，毋寧只有唯一的一個整體。

[451] 　　這個統一體於是被設定爲規定活動的總體，與此同時，這個總體本身又被規定爲無差別，因此這是一個全方位的矛盾；就此而言，這個統一體**必須被設定爲**一個自己揚棄著自己的矛盾，並且註定要成爲一個自爲存在著的獨立東西，但這個獨立東西的結果和眞理不再僅僅是一個無差別的統一體，而是一個內在於自身的、否定的、絕對的統一體，而這就是**本質**。

注釋

　　一個整體的規定性應當取決於那些在質上相互規定的因素之間的大小區別，而在這個意義上，整體的**比例關係**就被應用於天體的橢圓運動。這個例子首先只是指出兩個處於反比例關係之中的質，而不是指出這樣兩個方面，彷彿每一方本身就是二者的統一體和它們的反比例關係。人們在堅持經驗基礎的時候忽略了，理論一旦應用於經驗基礎，就會導致的一個後果，即必須摧毀那個作爲基礎的事實，或者說，既然堅持事實是一件理所應當的事情，那麼就必須揭露出理論相對於事實而言的空洞性。對於這個後果的無知，使事實能夠和那個與之矛盾的理論相安無事。——這是一個單純的事實：在天體的橢圓運動裡，當它們接近近日點的時候，其速度會增加，而當它們接近遠日點的時候，其速度會減緩。透過人們的孜孜

不倦的觀察，這個事實的量的方面已經得到精確規定，並且被歸結爲一個單純的法則和公式，而這樣一來，人們對理論提出的一切眞正的要求都得到了滿足。但在反思的知性看來，這仍然是不夠的。爲了對現象及其法則作出所謂的解釋，人們假定在曲線的運動裡有兩個質的環節，即**向心力**和**離心力**。二者的質的區別在於其方向相反，而從量的角度來看，則是在於它們被規定爲不相等的東西，即一方的增加應當伴隨著另一方的減少，反之亦然，接下來，它們的比例關係又顚倒過來，即隨著向心力的增強和離心力的減弱，一段時間之後，會到達一個點，在那裡，向心力開始減弱，而離心力反過來開始增強。但與這個表象相矛盾的，卻是它們的在本質上相互對立的質的規定性的比例關係。由於這個規定性，它們根本不可能彼此分離；每一方都只要在考慮到對方的時候才具有意義；因此，只要其中一方大於另一方，那麼它就與後者沒有關聯，並且不可能存在著。——人們假定，只要其中一方作爲較大者與另一方作爲較小者相關聯，這時前者就比後者更大，但在這裡，就出現了我們剛才所說的那種情況，即只要一方絕對地獲得一個優勢，那麼另一方就會消失；即使把後者設定爲一個隨時消失的、站不住腳的東西，也不能改變這個規定半分，即消失只能是逐漸地發生的，同樣不會改變的是，後者就大小而言減弱了**多少**，前者就應當增強**多少**；後者和前者一起消滅，因爲，只有當另一個力存在著，前一個力才存在著。我們可以很輕鬆地觀察到，比如像前面所說的那樣，如果天體在接近近日點的時候，它的向心力會增強，那麼反過來，離心力就應當在同樣的程度上減弱，於是後者就**不再有能力**讓天體擺脫向心力並使其重新遠離它的中心天體；毋寧說正相反，既然向心力應當一度占據優勢，那麼在這個時候，離心力就被克服了，於是天體就會帶著加速度衝向它的中心天體。反過來，如果離心力在

[452]

無限接近遠日點的時候占據了優勢，那麼，說它在遠日點那裡應當
被另一個更弱的力所克服，這同樣是一個矛盾。—— 此外很明顯的
是，在這種情況下，就需要有一個**未知的力**以促成**這個掉頭**；而這
意味著，運動的時而加速和時而減速**不可能**從那些因素的假定的規
定出發而**被認識到**，或得到所謂的**解釋**，然而人們之所以假定那些
因素，恰恰是爲了解釋這個區別。這個或那個方向的消失所帶來的
後果，隨之一般意義上的橢圓運動的消失所帶來的後果，被忽視和
掩蓋起來了，因爲一個無可置疑的事實是，這個運動是綿延不絕
的，並且從加速過渡到減速。**一方面看來**，那個假定 —— 較弱的向
心力在遠日點那裡轉而變得比離心力更強，而在近日點那裡則再次
發生反轉 —— 包含著此前已經充分闡釋的東西，即反比例關係的每
一端在其自身都是這個完整的反比例關係；因爲，從遠日點到近日
點的運動（即向心力應當占據優勢的運動）這一方面也應當包含著
離心力，只不過離心力在減弱，而向心力在增強；但恰恰按照反比
例關係，在減速運動這一方面，離心力相對於向心力而言應當占據
優勢，而且取得越來越大的優勢，以至於無論在哪一方面，都不會
有哪一種力消失，毋寧說，一種力只會變得越來越小，直到它的反
轉時刻，開始對另一種力占據優勢。就此而言，在每一方那裡反覆
出現的東西，只不過是這個反比例關係本身的缺陷，即，要麼像在
力的平行四邊形裡面一樣，每一種力本身都被看作是獨立的，只是
透過單純**外在的**會合而造成一個運動，於是概念的統一體或事情的
本性就被揚棄了，要麼這兩種力透過概念而相互之間有一個質的比
例關係，於是每一方都不可能透過獲得一個「更多」而具有一個與
對方漠不相關的、獨立的持存；內涵的形式，或所謂的「動力學東
西」，沒有改變任何東西，因爲它本身是在定量那裡具有它的規定
性，從而它有多少力與對立的力相抗衡，就只能外化出多少力，也

[453]

[454]

就是說，只能在這個範圍內實存著。**另一方面看來**，那個從占據優勢到相反情況的反轉，也包含著肯定東西和否定東西等質的規定的一個交替；一方增益多少，另一方就損失多少。這個質的對立同時是一個不可分割的、質的連繫，它在理論裡面被拆解爲一種**前後相繼**（Nacheinander）；但在這種情況下，理論始終沒有**解釋**這個交替，尤其沒有**解釋**這個拆解本身究竟是怎麼回事。當一種力的增加伴隨著另一種力的相應的減少時，仍然有統一體的假象，但這個假象在這裡已經完全消失了；取而代之的，是一種單純**外在的**相續（Erfolgen），只可惜這與那個連繫得出的結論相矛盾，因爲那裡的結論是，只要一種力已經占據優勢，另一種力就必定會消失。

　　人們已經把同一個比例關係應用於引力和斥力，以理解把握物體的不同的**密度**；此外，感受性和激動性的反比例關係也應當有一個用處，以幫助人們從**生命**的這些因素之轉變爲不相等出發，理解把握整體（即健康）的不同規定，以及生物種類的差異性。儘管這種解釋本來應當成爲生理學、病理學乃至動物學的自然哲學基礎，但由於它未經批判就使用這些概念規定，所以淪爲混亂的連篇廢話，而它在這裡造成的後果，就是這種形式主義已經很快就被重新拋棄，哪怕它在科學中，尤其是在物理天文學中，仍然得到廣泛的流傳和應用。

　　「**絕對的無差別**」看起來也是斯賓諾莎的「**實體**」的基本規定，既然如此，這裡還可以補充一些評論。這個看法從某個角度來說確實是正確的，因爲在二者那裡，存在的全部規定，以及一般說來，思維和廣延等等的每一個更具體的區分狀態，都被設定爲已經消失。如果人們總是執著於抽象，那麼，那在這個深淵裡湮沉的東西，其定在究竟曾經有什麼面貌，這是完全無關緊要的。但某方面看來，實體作爲無差別，**總是需要一個規定活動**，並且**就此而言**和這 [455]

個規定活動連繫在一起；它不應當始終是斯賓諾莎意義上的實體，因爲後者的唯一規定是一種否定，即一切東西都應當被它吞噬。在斯賓諾莎那裡，區別——思維和廣延這兩種屬性，乃至樣式、情狀和全部其餘的規定——完全是以經驗的方式推導出來的；知性做出了這種區分，但知性本身也是一個樣式；屬性和實體之間，屬性和屬性之間，只有**唯一的一個規定性**，即它們完整地表達出實體，至於它們的內容，即事物（作爲廣延物和思想）的秩序，始終是同一個東西。但在把實體規定爲無差別之後，又出現了對於這個**區別**的反思；現在，區別**被設定爲一個外在的**，或更確切地說**量的區別**，而這在斯賓諾莎那裡是一個自在的區別。因此，區別中的無差別就和實體一樣，始終是內在於自身，——但這是一個抽象的東西，一個純粹**自在的**東西；反之，區別**並不是**內在於**無差別**，毋寧說，它作爲量的區別，乃是內在性的反面，而量的無差別則是統一體的位於自身之外的存在。就此而言，區別並沒有被理解爲一個質的東西，而實體也沒有被規定爲一個自己區分自己的東西，沒有被規定爲主體。就「無差別」這個範疇自身而言，接下來的後果就是，在它那裡，量的規定和質的規定的區別分裂了，而這一點在無差別的發展過程中已經展現出來；過去在尺度裡，兩個環節曾經被設定爲直接合爲一體，而現在，無差別代表著**尺度的瓦解**。

[456]

C 過渡到本質

「絕對的無差別」是**存在**在轉變爲**本質**之前的最後一個規定；但它並沒有達到本質。如我們看到的，它仍然屬於**存在**的層面，因爲它被規定爲一個**漠不相關的**東西，而且它在自身那裡所具有的區別仍然是一個**外在的**、量的區別。這就是它的**定在**，因此它同時也

是置身於對立之中，而在這種情況下，它只能被規定爲一個**自在**
存在著的絕對者，而不是被思考爲一個**自爲存在著**的絕對者。換言
之，有一個**外在的反思**堅持認爲，特殊東西**自在地看來**或在絕對者之
內是**同一個東西**，並且**合爲一體**，而它們的區別僅僅是一個無關緊
要的區別，不是一個自在的區別。這裡仍然有一個缺陷，即這個反
思不是**思維著的**、由主觀的意識做出的**外在**反思，而是那個統一體
的區別自己做出的一個規定，即揚棄自身，而這樣一來，統一體就
表明自己是一種絕對的否定性，是**對它自己**的漠不相關，不但對異
在漠不相關，甚至對它自己的這種漠不相關也漠不相關。

　　我們已經發現，無差別的規定自己揚棄了自己；在它的已設定
的存在的發展過程中，它已經表明自己是一個全方位的矛盾。**自在**
地看來，無差別是一個總體性，存在的全部規定都已經在其中被揚
棄並包含在其中；就此而言，它是一個基礎，但僅僅**以片面的方式**
被規定爲一個自在存在，因此各種區別，即諸因素的量的差分和反比
例關係，都是**外在於**無差別。所以，無差別本身與它的已規定的存
在相矛盾，它的自在存在著的規定與它的已設定的規定性相矛盾，
因此它是一個否定的總體性，其各種規定性已經自己揚棄自己，隨
之也揚棄了它們的這種漠不相關或自在存在。在這種情況下，無差
別被設定爲它實際上所是的那個東西，即一個單純的、無限否定的
自身關聯，而這意味著無差別自己與自己就是不相容的，自己排斥 ［457］
自己。所謂「規定和被規定」，既不是指一個過渡或一個外在的變
化，也不是指各種規定在無差別那裡**出現**，而是指無差別獨自與自
身相關聯，不但否定了它自身，而且否定了它的自在存在。

　　但現在，這樣一些被排斥的規定，並不是屬於它們自己，不是
表現爲獨立的或外在的東西，毋寧說，首先，它們作爲一些**環節**，
屬於一個**自在存在著**的統一體，不能擺脫這個統一體，而是以之爲

基體，僅僅透過它而得到充實，其次，它們作爲一些\規定，內在
於一個**自為存在著**的統一體，僅僅透過它的自身排斥而存在著。它
們不像在存在的整個層面上一樣，是一些**存在者**，而是從現在起完
全只是一些已**設定的東西**，其規定和意義完全在於與它們的統一體
相關聯，從而每一方都與它的他者和否定**相關聯**，——其標誌就是
它們的這種相對性。

　　這樣一來，一般意義上的存在、不同的規定性的存在或直接
性，還有**自在存在**，都消失了，而統一體就是存在，即一個**直接
的、作為前提的總體性**，而且，**只有以揚棄這個前提為中介**，總體性
才是一個**單純的自身關聯**，至於這個作爲前提的存在，或者說這個
直接的存在，本身僅僅是總體性的排斥活動的一個環節，而原初的
獨立性和自身同一性僅僅是一個**造成結果的、無限的自身融合**；——
如此，存在就被規定爲**本質**，亦即這樣一種存在，它透過揚棄存在
而與自身融合爲一個單純的存在。

索引

人名索引

（說明：下列頁碼爲德文原版的頁碼，見本書邊碼）

A

Anaxagoras 阿那克薩戈拉 44

Archimedes 阿基米德 239, 354, 355, 359, 370

Aristoteles 亞里斯多德 22-23, 46, 226-227, 245, 385, 397

B

Bacon, Francis 培根 406

Barrow, Isaac 巴羅 306, 336, 337, 369-370

Bayle, Pierre 貝爾 227

Berthollet, C. L. 貝托萊 424-426, 428-429, 433

Berzelius, J. J. 貝采里烏斯 426, 428, 429, 431-434

Böhme, Jakob 波墨 122

Brahmen 梵天 388-389

Buddha

C

Carnot, L. N. 卡爾諾 300, 310-

311

Cavalieri, Bonaventura 卡瓦列里 298, 355, 364-369

Cicero 西塞羅 114

Cousin, Victor 庫桑 341

D

Descartes, Rene 笛卡兒 306, 341-342, 344

Diogenes von Sinope 第歐根尼 226, 227

Dirksen, E. H. 狄爾克森 315

E

Euklid 歐幾里德 239, 366

Euler, Leonhard 歐拉 303, 304, 306, 332,

F

Ferma, Pierre de 費馬 306, 337

Fichte, J. G. 費希特 98, 148, 181, 269

Fischer, E. G. 費習爾 424-425,

429

Fries, J. F. 弗里斯 47

G

Galilei 伽利略 407

H

Haller, Albrecht von 哈勒爾 265-
266

Hauber, K. F. 豪伯 239

Heraklit 赫拉克利特 84, 185, 226

J

Jacobi, F. H. 雅各比 99-103

K

Kant, Immanuel 康德 13, 45, 52,
59-62, 80-81, 88-91, 99, 100,
101, 102, 109, 148, 181, 201-
207, 216-219, 222-225, 227,
237-238, 240, 258, 265, 267,
269, 271-275, 283-284, 292,
387-388

Kepler, Johannes 克卜勒 321,
347, 354, 359, 362, 407

Krischna 克里希納 388

L

Lagrange, J. L. 拉格朗日 304-
305, 308-309, 311-312, 315,
329, 332, 339, 347, 353-354,
355, 357-358

Landen, John 蘭登 305

Leibniz, G. W. 萊布尼茲 120,
147, 179-181, 189, 215, 301,
306, 337, 369

M

Malchus (Porphyrius) 瑪律科斯
（波菲利奧） 245

Malebranche 馬勒布朗士 179

Moderatus 摩德拉圖 245

N

Newton, Isaac 牛頓 298-300, 303,
307-309, 311, 320-321, 336,
337, 369, 406-407, 434

O

Octavius 屋大維 114

P

Parmenides 巴門尼德 51, 84, 90,
98, 103, 105, 185, 193, 226,
390

Photius 弗提奧 246

Platon 柏拉圖 22, 31, 33, 44, 51, 105-106, 119, 126, 193, 245

Pythagoras 畢達哥拉斯 242, 243, 245-246, 385

R

Reinhold, K. L. 萊茵霍爾德 69

Richter, B. R. 李希特爾 424, 429, 432

Ritter, J. W. 里特爾 432

Rittershusius, Cunradus 里特胡斯 245

Roberval, G. P. de 羅伯瓦爾 337

S

Schubert, F. Th. von 舒伯特 320

Spehr, F. W. 斯貝爾 357-358

Schiva 溼婆 388-389

Spinoza, Baruch 斯賓諾莎 48, 85, 98, 103, 121, 178-179, 214, 291-293, 388, 390, 454-455

T

Tacquet, André 塔奎 369-370

Taylor, Brook 泰勒 358

Thales 泰利斯 172

V

Valerio, Luca 瓦雷里奧 355

W

Wischnu 毗溼奴 388

Wöhler, Friedrich 沃勒爾 426

Wolff, Christian 沃爾夫 48, 302

Z

Zeno von Elea 芝諾 227

主要譯名對照及索引

（說明：下列頁碼爲德文原版的頁碼，見本書邊碼）

A

Aberglaube 迷信 86, 290

das Absolute 絕對者 74, 78, 79, 84, 99, 120, 130, 149, 270, 390, 449, 456

Abstraktion 抽象，抽象東西 21, 23, 25, 26, 29, 31, 33, 52, 53, 54, 55, 60, 62, 66, 71, 73, 84-87, 89, 92, 97, 99-101, 103-104, 115, 120, 123-124, 129-130, 139, 147, 164-165, 180-181, 185, 192, 196, 218, 227, 240, 244, 311, 373, 388, 390, 404, 414, 434, 446, 455

Abwechslung 交替 155-157, 161, 163, 166-168, 334, 442, 454

Addieren 加法 236, 240, 303, 305, 356, 360, 362

Affinität 親和性 413-414, 420-426, 428-437

das Allgemeine 普遍者 16-17, 22, 25-27, 29, 44, 54-56, 91, 118, 126, 146-147, 172, 245, 396

Allgemeinheit 普遍性 21, 24-25, 91, 108, 123, 150, 215, 311, 327, 329, 330, 332, 340

Allmählichkeit 逐漸性 396, 438, 440

Analyse 分析 32, 47, 73-75, 89, 110, 201, 203, 207, 219, 235, 237-240, 244, 281, 284, 294-295, 302-303, 305, 312, 319-323, 326-327, 332-334, 337, 341-343, 347-348, 350, 354, 358-360, 363, 407

Anderes 他者 37, 68, 69, 71, 71-75, 78-79, 82, 85-88, 90, 95, 97-100, 103, 105-106, 112, 115, 117, 121-122, 124-128, 131-138, 143, 145-149, 151-167, 170-172, 175-177, 180, 183, 186-187, 191-195, 198-203, 209, 211-212, 215, 219,

227-230, 232-235, 239, 253, 259-261, 268-270, 285, 289-290, 297, 372, 383, 388, 403-405, 415-417, 419-420, 440-441, 457

Anderssein 異在 126-128, 133-135, 142, 145, 154, 160, 174-175, 177, 180, 181, 185, 188, 190, 198-199, 200, 209-210, 215, 232, 252, 259-261, 268, 276, 287, 372, 374, 381-382, 385, 456

Anfang 開端 22, 28, 31, 32, 35, 41, 42. 54, 59, 65-81, 90, 98, 102-105, 109-112, 123, 138, 161-163, 174, 199, 201, 265, 270, 272-274, 301, 333, 349, 392, 402, 407, 410, 432

Annäherung 接近 244, 247, 263, 264, 299, 314-317, 325, 354, 379, 438, 451-452

an sich 自在地看來 39, 58, 82, 119, 124. 133, 143, 155, 160, 173, 174, 175, 191, 198, 240, 252, 253, 273, 276, 277, 284, 295, 349, 373, 380, 399, 402, 448, 456

das Ansich 自在體 125, 129-130,

131-133, 142, 153, 159, 172, 198, 261, 441, 448

Ansichsein 自在存在 52, 122, 128-135, 139, 142-144, 146-148, 150-154, 159-160,

Antinomie 二律背反 52, 94, 109, 216-219, 221-227, 271, 275, 283

an und für sich 自在且自為的 23, 37, 38, 40, 43-45, 61, 121, 210, 219, 280, 391

Anwendung 應用 40, 47, 52, 87, 92, 108, 138, 152, 155, 217, 239, 258, 268, 271, 280, 284, 306, 312, 319, 321-326, 333, 335, 344, 347-349, 356, 370, 385, 451

Anzahl 數目 232-243, 250-25, 284-290, 294, 324, 326, 329, 361-363, 366, 370, 374-378, 380-383, 395, 499-400, 404-406, 409-414, 417-418, 424, 427, 451

Arbeit 勞作 15-16, 32, 46, 55

Arithmetik 算術 48, 234-235, 242-244, 246, 249, 287, 303-305, 308, 311, 322, 336, 353, 359-365, 370-371, 399-400,

404-405, 408, 434, 439

Art 類，樣式 229, 289, 290, 389-390, 419, 423

Atom 原子 172, 185, 189, 194, 205-206, 218-219, 225-226, 228, 256, 410, 427-429

Atomistik 原子論 184-185, 189, 213

Attraktion 吸引 174, 190, 192-206, 212-213, 228, 431

Attraktionskraft 引力 201-207, 320, 454

Attribut 屬性 103, 121, 338, 455

aufgehoben 已揚棄的 80, 112-114, 116, 144, 175, 177, 199-200, 210, 211, 213, 218, 225, 227, 230-232, 252, 259, 261, 269-270, 275, 285, 376, 382, 384, 387, 391, 403, 444-445, 448

aufheben 揚棄 62, 68, 71, 73, 78, 82, 95, 99, 111-114, 116, 119-123, 127, 132-135, 143, 146, 148-152, 160-163, 166, 172-175, 180, 182, 188, 192, 195, 199, 203-206, 225, 252, 264, 274, 277, 373, 378, 398, 402, 416, 423, 442-444, 448,

456-457

Ausdehnung 廣延 103, 121, 214, 239, 405, 455

Ausdehnungskraft 張力 205

Ausdruck 運算式 245-246, 287, 289-291, 294, 345-346, 353-357, 360, 371, 407, 416

Ausdruck 術語 21, 60, 61, 89, 96, 100, 106, 111, 114, 119, 120, 122, 126, 130, 165, 175, 210, 217, 292, 298, 420

ausschließen 排外 190-193, 196, 212-213, 230, 232, 254, 420-422, 426, 429, 435-436, 442

B

Bedürfnis 需要 13, 20, 23, 35, 65, 66, 75,

Begierde 欲望 20, 22, 23, 51, 101, 103, 147

begreifen 概念把握 35, 244, 246

begrenzen (Begrenzung) 限定 136-139, 153, 156, 163, 165, 170, 175, 180, 188, 190, 205, 230, 232-234, 250, 269, 277, 296, 362, 374, 379, 382, 390

Begrenztheit 受限狀態，有界 143, 149, 150, 260, 271, 275,

284, 292, 360, 398

Begriff 概念 16, 25-30, 32, 35, 42-43, 45, 48, 51-52, 56, 58, 62, 73-74, 80, 88-92, 109, 117-118, 121, 123, 129-131, 144-146, 156-157, 165, 169-170, 182, 187, 193, 197, 200-202, 206, 213, 215-217, 223-224, 227, 237-240, 243-244, 247, 252, 258, 260, 276-278, 280-281, 296, 300-302, 309, 321, 324, 373, 381, 385, 390-391, 398, 403, 406-407, 425, 441, 444, 453

Begriffsbestimmtheit 概念規定性 279, 322, 324, 361, 372, 375, 386, 410

Beisichsein 自身記憶體在 215

Bekanntes 常識，熟知的東西 22, 74-77, 287

das Besondere 特殊東西 15-17, 24, 54, 56, 118, 327, 456

Bestehen 持存 95, 97, 103, 121, 131, 153, 171, 220-222, 256, 260, 269, 277, 291, 300, 373, 381, 408, 412, 414, 416, 423, 429, 443, 449, 453

Bestimmen 規定活動 37, 56, 75,

183, 196, 399, 416, 449, 451, 455

bestimmt 已規定的 30, 65, 73, 80-82, 84, 87-91, 95-96, 99, 102, 106, 115, 117, 121, 127, 139, 151, 170, 174, 183, 200, 209, 215, 226, 231-235, 241, 250, 260, 272, 286, 292, 301, 309, 326, 359, 367, 374, 391, 407, 409, 419, 427, 448, 456

Bestimmtheit 規定性 17, 21, 27, 30, 53, 56, 60, 77-82, 89, 93, 98, 103-104, 108, 114, 115-123, 131, 132-135, 143-145, 149-154, 157, 159, 174, 176, 183, 199-200, 209-210, 228, 243, 250-255, 258-262, 278-280, 283, 286, 291, 303, 324, 330, 355, 358, 365, 368, 371-372, 377-379, 382-386, 399, 403, 412, 416, 422, 429, 446-447, 455

Bestimmung 規定 16, 20-32, 35, 37-41, 43-45, 47-49, 50-54, 56-62, 65-66, 68-69, 71-75, 77-83, 86, 88-89, 92-94, 96-97, 104, 106, 108-123, 125-135, 137-144, 146, 148-151,

153-161, 163-168, 170-171,
174-176, 179-190, 193-207,
210-211, 213, 215, 217-218,
223-225, 227-229, 232-244,
246-247, 250-253, 255-263,
270-271, 273-274, 278-287,
290, 292-301, 303-304, 306-
307, 309-341, 343-348, 350-
351, 353-366, 370-376, 378-
381, 383-387, 389-393, 395-
396, 398, 400-407, 409-415,
419-423, 425-426, 428, 431,
435-436, 442-450, 452-457

Bewegung 運動 17, 42, 49, 70-71,
75-76, 78-80, 83, 93-95, 101,
111, 121-122, 138, 161, 180,
185-186, 226-227, 239, 247,
265, 298, 300, 308-310, 319,
328, 334, 346-348, 361-362,
392-393, 405-406, 408, 410-
411, 451, 453

Beweisen 證明 54, 71-72, 78,
218, 220, 223, 273-274, 308,
321, 352-353, 367, 407

Bewußtsein 意識 13, 17, 19, 24,
26-29, 31, 36-37, 41-43, 45-
46, 49, 57, 59-62, 65, 67-68,
70, 76-78, 85, 87, 99, 101-

103, 108, 142, 147, 152, 167-
168, 173, 175, 178, 180-181,
227, 245, 248, 258-259, 267,
276, 295, 321, 335, 367-368,
371, 385, 387, 389-390, 397-
398, 456

Beziehung 關聯 18, 37, 47-48, 58,
61-62, 66, 68, 74-75, 81-82,
84, 86-90, 94, 98, 107, 109,
112, 120-124, 126-128, 133,
139, 142-145, 148-152, 154-
155, 157-158, 160-161, 164-
166, 170, 174-176, 178, 180-
191, 194-196, 198-199, 201,
203-204, 206-207, 209-213,
225, 233, 235-236, 239, 243,
247, 251-254, 261-262, 267-
271, 273, 275-276, 278-279,
285-287, 291-296, 299-300,
313, 315, 331, 333-334, 341,
348, 353, 364, 372-373, 380,
382-383, 387, 390-394, 400,
402, 406, 408-410, 412-415,
417-421, 423-425, 434-436,
438-439, 447, 449-450, 452,
456-457

Bildung 教化 15, 21-22, 33, 55,
66, 98, 165, 388

Binomium 二項式 315, 322-323, 327, 329-332

das Böse 惡 192

Bürger 公民 21, 393, 441

C

Charakter 特性 50, 58, 82, 240, 286, 312, 326, 331, 333, 412, 422, 424, 441

Chemie 化學 37, 412, 420, 421, 423-435, 439, 444

chinesisch 中國的 20, 105

D

Darstellung 呈現，表述 17, 19, 30, 31, 41, 42, 44, 50, 52, 67, 68, 76, 78, 94, 95, 104, 117, 130, 145, 166, 169, 182, 203, 236, 240, 243, 245, 247, 256, 257, 262, 267, 269, 275, 286, 287, 288, 289, 290, 292, 319, 329-332, 350, 357, 377, 381, 382, 386, 394, 395, 405, 417, 421, 434

Daseiendes 定在者116, 123-125, 135, 164, 186, 199, 255, 269, 301, 395

Dasein 定在 78, 82, 86-90, 96, 104-108, 113-143, 146, 148-156, 160, 162, 164-166, 172-181, 183, 184, 186, 187, 189-191, 197, 198, 200, 209, 217, 230-233, 252, 255-260, 274-278, 285, 296, 300, 301, 381-383, 385, 394-396, 398, 402, 403, 408-410, 440-442, 444, 448-450, 456

Decken 重合 340, 343, 365, 367, 368, 430

Dekrement 減量 301, 303

Denken 思維 13, 14, 19-38, 43-46, 48, 52-55, 57-61, 65-68, 73, 78, 83, 84, 90, 101, 105-107, 119-121, 123, 132, 145, 168, 173, 179, 215-217, 244, 247, 248, 292, 385, 387, 388, 455, 456

Dialektik 辯證法 50-52, 105, 109-111, 138, 193, 210, 212, 226, 227

Diesseits 此岸世界 153, 156, 263, 265, 267, 277, 379, 442

Differentialrechnung 微分計算 295, 300, 303, 306, 310, 313, 315, 322-327, 330, 332, 333

Differenz 差分 284, 295, 297,

302-308, 311, 316, 317, 324, 329, 332, 345, 351, 363, 456

Dimension 次元 334, 345, 353, 360-364, 371, 395

Ding 物，事物 25-27, 29, 30, 37-41, 44, 45, 52, 60, 62, 88, 129, 130, 139, 140, 177, 179, 181, 185, 202, 221, 245, 259, 267, 271, 272, 274, 280, 291, 355, 387, 392, 395, 406, 412, 413, 415, 423, 438, 455

Ding an sich 自在之物 26, 29, 37, 39-41, 45, 52, 60, 62, 129, 130, 181, 387

Diskretion 區間性 212, 214, 215, 216, 218, 225, 228-230, 231, 232, 234, 250, 254, 292, 360, 363, 370, 371

dynamisch 動力學的 255, 428, 429, 454

E

Eigenschaft 屬性，特性 21, 26, 88, 122, 240, 243, 278, 287, 306, 358, 372, 380, 412, 417, 421, 455

Einbildung 想像 23, 173, 201, 214, 292, 293, 386, 393

Eines (das Eine) 某一，一 77, 86, 99, 116, 173, 176-179, 181, 182, 189, 190, 193, 195, 198, 215, 219, 225, 245, 246, 247, 272, 285, 287, 291, 305, 317, 328, 351, 374, 394, 404, 417, 420, 438, 445

Einheit 統一體 57, 58, 68, 72-75, 83, 86, 93-95, 97, 100, 102, 106, 110-118, 121, 124, 128, 144, 154-163, 166-168, 170, 171, 174, 181-184, 195, 199, 200, 209, 210, 212, 215-218, 227-232, 246, 254-256, 270, 271, 277-279, 283-285, 291, 297, 300, 346, 361, 375-380, 388-392, 395, 409-411, 417-421, 428, 436, 443-451, 453-457

Einheit 單位 232, 234, 235-237, 240-243, 251, 255, 286, 288, 294, 324, 329, 361, 374-376, 378, 380-383, 399, 404-406, 409, 414, 418

Eins 單一體 99, 101, 174, 182-201, 204, 206, 207, 209, 211-215, 225, 228-238, 240, 243, 246, 249, 250-254, 256, 257,

259, 260, 299, 332, 360, 362,
374, 376, 377, 400, 401, 414

Einteilung 劃分 45, 50, 51, 53,
56-58, 79, 80, 131, 133, 217,
229, 246

Einzelheit 個別性 24, 29, 172,
407

Element 元素 138, 296, 307, 308,
316-318, 322, 351, 353, 359,
360, 364, 365, 371, 389, 423,
425, 428

empirisch 經驗的 21, 48, 49, 55,
57, 59, 67, 77, 86, 90, 97,
102, 106, 107, 119, 201, 226,
300, 302, 310, 317, 320, 321,
324, 326, 327, 329, 334, 336-
339, 341, 344, 346, 347, 405-
410, 425-428, 432, 451, 455

das Endliche 有限者 33, 40, 92,
98, 121, 125, 130, 131, 139-
144, 147-172, 176, 199, 261,
262, 264, 265, 268, 269, 271,
289, 291, 380, 386, 388, 442,
443

Endlichkeit 有限性 27, 35, 60, 99,
109, 115, 125, 129, 139-142,
145, 147-151, 158-160, 163,
165-167, 169-174, 216, 259,

261, 271, 275, 379

Entäußerung 外化活動，捨棄 68,
244

Entstehen 產生 51, 68, 74, 80, 94,
99, 105, 109, 111-115, 128,
138, 154, 161-163, 223, 236,
260, 265, 274-276, 278, 284,
300, 310, 314, 322, 328, 334,
338, 342, 350, 369, 376, 389,
397, 413, 418, 424, 427, 431,
432, 438, 440, 441

entzweien 分裂 148, 389

Erhebung 提升 38, 76, 77, 91,
150, 153, 156, 159, 166, 199,
241, 242, 268, 287, 300, 307,
321, 323, 325, 382, 407

Erinnerung 深入內核過程，回憶
33, 97, 104,

Erkennen 認識活動 16, 17, 22,
37, 38, 53, 60, 65-67, 71,
202, 204, 216, 223, 244

erklären 解釋 50, 104, 202, 203,
207, 310, 359, 396, 397, 428,
431, 451, 453, 454

Erscheinung 現象 14, 15, 38, 39,
78, 98, 136, 202, 207, 224,
227. 398, 429, 430, 435

erweisen 證實 32, 67, 109, 168,

407

Etwas 某東西 73, 84, 86, 90, 97,
　106, 109-111, 114-117, 121-
　140, 142-146, 151, 153, 160,
　164, 167, 175-177, 184, 185,
　199, 209-211, 219, 221, 230,
　233, 251, 254, 255, 288, 295,
　313, 384, 395, 396, 399, 402,
　411-418, 420, 436, 437, 441-
　444

Existenz 實存 39, 44, 45, 83, 88,
　90, 92, 96, 97, 103, 104, 106,
　132, 141, 146, 201, 215, 218,
　222, 227, 238, 243, 258, 291,
　310, 319-321, 346, 347, 366-
　368, 396, 398, 399, 405, 412,
　423, 434, 439, 442, 443, 454

Exponent 指數 286, 287, 322,
　325, 328, 332, 374-383, 400-
　402, 409-411, 414-424, 434,
　435, 447

Extension 外延 231, 250-259,
　285, 400, 404, 414, 421, 422,
　429

F

Faktor 因素 201, 270, 332, 346,
　348, 362-364, 371, 378, 446,

450, 451, 453, 454, 456

fixieren 固定 21, 30, 97, 126,
　140, 176, 187, 267, 277

Form 形式 13-16, 20-22, 26-30,
　33, 35-38, 40-46, 53-55, 58,
　61, 62, 72-75, 84, 90, 93, 97,
　116, 149, 173, 181, 182, 192,
　210, 212, 216, 217, 242-249,
　256, 287-291, 295, 298, 308-
　312, 315, 322, 324, 329-332,
　349, 354, 358-360, 367, 385,
　386, 388, 393, 400, 402-405,
　422, 428-430, 434, 449

Formalismus 形式主義 15, 145,
　246, 295, 310, 328, 330, 347,
　354, 454

formell 流於形式的 20, 28, 41,
　43, 173, 181, 192, 216, 243,
　308, 309, 317, 325, 327, 328,
　358, 362, 388, 389, 393, 405,
　410, 411, 433, 447

Fortgang 推進過程 49, 55, 70, 71,
　98, 100, 117, 131, 169, 235,
　236, 241, 243, 253, 288, 300,
　301, 315, 383, 408, 413, 421,
　435, 437-439, 442, 443

Freiheit 自由 23, 25, 27, 30, 32,
　33, 52, 56, 62, 67, 70, 147,

150, 181, 192, 203, 215, 267-
269, 362, 393, 406, 408, 410,
427, 445

Funktion 函數 293-295, 303, 309-
315, 317, 322, 323, 325-328,
330-334, 338-340, 343-360,
371

abgeleitet Funktion 導出的函數
306, 333, 335, 336, 341, 345,
347, 349-354

ursprüngliche Funktion 原初函數
306, 312, 314, 322, 323, 333,
336, 349-354, 356

Fürsichseiendes 自為存在者 123,
174, 177, 182, 189, 203, 207,
414, 419, 446

Fürsichsein 自為存在 82, 115,
124, 166, 174, 175-187, 189,
190, 192, 192, 198-200, 203,
209, 211-213, 215, 231, 252,
261, 263, 271, 273, 278, 285,
324, 381, 400, 402, 406, 408-
411, 413, 414, 416, 419, 436,
437, 442

G

das Ganze 整體 19, 21, 50, 54, 70,
87, 94, 106, 113, 116, 117,

157, 162, 172, 228, 236, 256,
283, 293, 309, 319, 323, 327,
335, 346, 353, 355, 368, 377-
381, 384, 386, 391, 397, 406,
412, 413, 419, 421, 447, 448,
450, 451, 454

Gattung 種 16, 229, 388, 454

Gedanke 思想 17, 19, 23, 25-27,
29, 38, 43, 44, 48, 49, 55, 61,
79, 86, 89-91, 103, 119, 155,
166, 168, 172, 177, 179, 180,
186, 219-221, 226-228, 244-
249, 265, 297, 298, 385, 388,
412, 426, 455

Gedankenbestimmung 思想規定
246, 385, 426

Gedankending 思維存在 26, 86,
104, 227

Gediegenheit 堅實性 205

Gefühl 感觸 14, 24, 46, 54, 55,
59, 60, 146, 202, 265

Gegensatz 對立 21, 24, 42, 43,
45, 57, 59, 60, 66, 77, 78, 82,
115, 139, 140, 145, 152, 165-
167, 171-173, 185, 207, 216,
218, 225, 236, 261-264, 268-
271, 287, 291, 292, 348, 380,
385, 423, 431-433, 449, 454,

456

Gegenstand 對象 15-17, 19-24,
    26-30, 35-40, 42-45, 48-51,
    59, 60, 68, 74, 89, 90, 94,
    169, 175, 193, 234, 243, 244,
    264, 296, 319, 325, 333-335,
    348-359, 387, 392

Gegenteil 對立面，反面 97, 103,
    106, 110, 112, 141, 159, 162,
    168, 170, 182, 206, 242, 244,
    247, 278, 345, 379, 389, 397,
    438, 446, 454, 455

Geist 精神 13-15, 17, 18, 20, 23,
    24, 27, 40-49, 53-55, 67,
    127, 172, 173, 178-180, 244,
    245, 248, 249, 258, 259, 276,
    389, 393

Gemeinschaft 共同體 135

gemeinschaftlich 共通的 369,
    403, 418

Gemüt 心靈 13, 24, 150

Geschichte 歷史 226, 245, 305,
    323

Gesetz 法則 28, 35, 45, 50, 53,
    147, 148, 267-269, 300, 305,
    319-321, 330, 346, 347, 359,
    371, 392, 393, 406, 407, 410,
    424, 425, 428, 435, 451

Gesetztsein 已設定的存在 130,
    188, 230, 232, 456

Gesinnung 意向 13, 91

Gestalt 形態 13, 15, 36, 40, 42-
    44, 46, 49, 53, 54, 61, 66, 70,
    97, 113, 122, 154, 155, 168,
    169, 171, 222, 226, 271, 310,
    319, 323, 324, 333, 337, 401

Gestaltung 形態分化 248, 249,
    388,

Gewalt 暴力 150

Gewicht 重量 114, 257, 392, 405,
    414-416, 434

Gewißheit 確定性 25, 36, 43, 67,
    68, 76

Glaube 信仰 60, 66, 67, 320

gleichgültig 無關緊要的，漠不相
    關的 91, 125, 135, 189, 209-
    211, 230-233, 241, 244, 251-
    255, 259-261, 268-270, 277-
    279, 285-287, 297, 299-301,
    327-329, 372-374, 377, 381-
    384, 387, 390, 394-399, 417-
    423, 435-439, 441-445, 447-
    450, 456

Gleichheit 相等 48, 234, 236,
    240-243, 246, 250, 293, 306,
    317-319, 342-345, 347, 350,

365, 366, 368, 369, 450, 452

Gleichheit 一致性 17, 128, 132, 188, 207, 212, 213, 215, 225, 338, 387, 394

Gleichung 方程式 242, 295, 308-311, 313, 317, 325, 326-331, 334-352, 354, 359, 364

Gott 上帝 13, 23, 24, 44, 61, 79, 86, 88, 92, 105, 109-120, 123, 177-180, 189, 264, 390

Grad 度數 231, 251-258, 270, 276, 419, 428, 429, 433, 439

Grenze 界限 118, 121, 125, 131, 135-140, 142-145, 151-157, 159, 161, 162, 179, 188, 190, 199, 200, 209, 210, 213, 230-233, 235, 250-252, 259-265, 271-275, 277-279, 291, 298, 299, 304, 311-315, 317, 332, 353-355, 359, 362, 365-368, 374, 377-382, 390, 394-398, 438, 447

Größe 大小 80, 110, 111, 209-212, 228-232, 234-236, 250-259, 269, 277, 278, 281-285, 292-301, 303-305, 307, 310-313, 315-319, 324-334, 344, 351-356, 358, 359, 361-364, 366-368, 370, 371, 378-381, 393, 395, 396, 398-400, 403-405, 408, 410, 411, 414, 415, 422, 429, 440-443

veränderliche Größe 變數 293-295, 303, 306, 310, 311-313, 316, 322, 323, 325-332, 335, 338, 343, 345, 350, 380, 403, 404

Grund 根據 32, 38, 65, 69-71, 76, 87, 104, 109-111, 130, 160, 164, 185, 186, 203, 217, 223, 229, 234, 246, 293, 310, 330, 433

das Gute 善 120, 269

H

Handlung 行為 26

Harmonie 和諧 181, 199, 246, 421, 434, 439

Hin- und Hergehen 來回往復 264, 396, 398, 404, 438, 449

Hinausgehen 超越 39, 143, 145-147, 154, 155, 157, 160, 161, 210, 237, 260, 266, 278, 279, 284, 304, 355, 362, 372, 377, 381

I

Ich 自我 59-61, 66, 76-78, 99, 123, 173, 177, 178, 181, 192, 214, 267-270

Idealismus 唯心主義 41, 45, 172, 173, 177-179, 181, 189, 216, 276, 387

Idealität 理念性 165, 166, 168, 174-181, 183, 184, 186, 189, 190, 191, 194-198

Idee 理念 44, 52, 61, 65, 67, 119, 129, 165, 172, 173, 179, 243, 245, 269, 312, 390, 432

Ideelles 觀念性東西 113, 114, 165, 171-173, 175-181, 189, 406, 414, 416

Identität 同一性 21, 28, 74, 85, 90, 93, 94, 99, 123, 126, 127, 129, 132, 133, 137, 144, 146, 148, 163, 178, 182, 192, 215, 236, 240, 246, 253-255, 267, 276, 296, 328, 381, 384, 390, 391, 422, 441, 443, 457

Inbegriff 總括 119, 120

Indifferenz 無差別 392, 445-451, 454-457

Individualität 個體性 58

Individuum 個體 16, 26, 53, 121, 267

Inhalt 內容 16, 24, 26, 27, 29, 33, 35-38, 41, 43, 44, 46-51, 53-55, 59, 61, 65, 66, 71-73, 76, 81, 87-90, 93, 94, 103, 108, 132, 170, 173, 175, 178, 180, 216, 249, 256, 267, 365, 389

Inkommensurabilität 不可通約性 290, 293, 371

Inkrement 增量 301, 303, 305, 307, 313, 317, 331, 336-338, 340, 341, 343, 345

das Innere 內核 27, 33, 58, 104, 122, 128, 354, 441

Insichsein 內化存在 58, 123, 125, 134-136, 139, 140, 142, 144, 148, 183-185, 252, 257, 395, 404, 414

Integralrechnung 積分計算 294, 295, 306, 319, 320, 327, 335, 348, 350, 355, 356

Intension 內涵 38, 41, 48, 54, 55, 94, 123, 161, 231, 249-259, 276, 285, 317, 318, 399, 400, 404, 405, 414, 422, 428, 429, 433, 454

Interesse 關切，興趣 13, 23-26, 54, 59-61, 65, 69, 100, 171,

201, 294, 295, 311, 324, 325, 327, 329, 330, 333, 335, 336, 338, 342, 348, 353, 354, 356, 359, 363, 388, 396, 398

Irritabilität 激動性 454

J

Jenseits 彼岸世界 37, 45, 153, 156, 160-162, 164, 167, 181, 262-265, 267, 268, 274, 275, 277-279, 284, 285, 288, 289, 291, 300, 372, 374, 379, 380, 391, 442, 443

K

Kategorie 範疇 21, 24, 27, 28, 31-33, 59, 80, 100, 150-152, 165, 216, 259, 312, 313, 315, 317, 358, 387, 388

Knote 節點 434, 439, 440, 443, 444

Knotenlinie 節點線 413, 435, 437, 438, 442

Koeffizient 係數 296, 310, 312-315, 322, 327, 332, 333, 340, 343-350, 356, 357, 409, 410

Konstante 常數 327, 343-345, 364

Kontinuität 延續性 101, 102, 139,

203, 205, 209, 212, 213, 215, 216, 218, 219, 221, 223-232, 234, 235, 250, 251, 253, 254, 259, 262, 263, 275, 315, 328, 365, 366, 368, 378, 422, 436, 437, 442

Kopula 繫詞 102

Körper 物體，形體 50, 137, 138, 180, 203, 224, 245, 347, 350, 365, 392, 393, 395, 401, 403, 407, 409, 410, 412, 427, 428, 430-435, 452, 454

Korpuskulartheorie 微粒理論 429, 432

Kraft 力 21, 24, 55, 200, 202-207, 255, 256, 258, 309, 310, 319, 340, 346, 386, 407, 410, 431, 453, 454

Kreis 圓圈 71, 164, 183, 257, 292, 293, 296

Kunst 藝術 248

L

Laster 惡行 441

Leben 生命，生活 14, 17, 23, 24, 27, 29, 34, 45, 48, 52, 84, 91, 123, 146, 169, 246, 249, 266, 454

Leere 虛空 82, 83, 152, 154, 160,
　184-188, 190, 194, 196, 205,
　206, 212, 228, 267, 274, 275,
　389
Leib 身體 233
Liebe 愛 24
List des Begriffs 概念的狡計 398
Logik 邏輯，邏輯學 13-20, 22-
　24, 27-30, 32, 35, 36, 40-42,
　44-51, 53-62, 66-70, 87, 179,
　248
das Logische 邏輯性 20, 45, 54,
　55, 57, 60, 248

M
Macht 勢力，權力 24, 86
Mannigfaltigkeit 雜多性 101,
　102, 180, 184, 185, 189, 224,
　244
Maß 尺度 81, 210, 267, 373, 384,
　387, 388, 390-419, 421-423,
　430, 434-437, 441-448, 455
Masse 品質 257, 392
　chemische Masse 化學品質 425,
　426, 428
das Maßlose 無尺度的東西 390,
　391, 422
Maßstab 尺規 395, 396, 399

Materie 物質 91, 200-207, 214-
　218, 227, 255, 392, 412-416,
　443
Mathematik 數學 30, 48, 214,
　248, 249, 279-282, 284, 289,
　291-293, 296-298, 302, 305,
　319, 321, 324-326, 352, 353,
　406, 407
Mechanik 力學 114, 255, 309,
　319, 340, 346
Mechanismus 機械論 203, 204,
　255, 306, 392
Medium 媒介 401, 403
Mehrheit 多數性 252-254, 392
meinen 意謂 55, 68, 90, 95, 292,
　294
Menge 數量 232, 235, 250-252,
　255, 257, 266, 270, 283, 284,
　287, 292, 293, 313, 318, 329,
　330, 367-370, 382, 392, 399,
　400, 414-416, 421, 424, 425,
　428, 429, 434-436, 445
Metaphysik 形上學 13, 14, 16,
　19, 28, 38, 45, 61, 85, 87,
　119, 121, 131, 144, 201, 213,
　216, 245, 258, 280, 291, 347,
　358, 426, 428, 434
Methode 方法 35, 48-51, 53, 56,

66, 281, 282, 301, 302, 305-
313, 322-325, 336-339, 341,
351, 352, 354, 355, 357-359,
364, 369, 370

Mittel 手段 23, 24, 26, 29, 357,
364

Modalität 樣式 80, 81, 387, 389

Modus 樣式 388-390, 455

Moralisches 道德 144, 147, 268,
269, 441

N

Natur 本性 16, 20, 25-27, 38, 52,
54, 61, 72, 111, 127, 150,
211, 217, 288, 292, 293, 305,
321, 341, 353, 367, 382, 395,
401, 415, 419-423

Natur 自然界 21, 23, 44, 45, 58,
66, 127, 133, 201, 248, 268,
269, 347, 406, 407, 440

Naturphilosophie 自然哲學 18,
201, 298, 307, 320, 392, 406,
407, 454

Negation 否定 49, 84, 86, 89,
108, 115-125, 134-136, 139-
144, 146, 148-155, 157, 160-
169, 174-176, 181-187, 191,
198, 200, 206, 211, 230, 255,
259-261, 270, 277, 291, 355,
373, 375-383, 385, 409, 420,
422, 442, 443, 456

Negation der Negation 否定之否
定 108, 123-125, 135, 136,
142, 144, 148-151, 153, 160-
162, 164-166, 168, 174, 176,
198-200, 270, 271, 278, 289,
291, 380, 420

das Negative 否定的東西 17, 86,
98, 104-108, 119, 120, 122,
131, 134, 141, 142, 160, 161,
164, 166, 167, 175, 178, 183,
186, 187, 197, 212, 264, 268,
289, 303, 357, 377, 378, 406,
454

Negativität 否定性 52, 124, 186,
193, 260, 267, 385, 391, 392,
416, 456

neutralisieren 中和 146, 417, 418,
421-423, 428, 431, 436

Nichtiges 虛無縹緲的東西 66,
122, 147, 153, 157, 159, 171,
204, 216, 227, 276, 432

Nichts 無 17, 32, 49, 51, 66, 73,
74, 83-90, 92-98, 100, 104-
113, 115-118, 120-124, 128,
129, 140-142, 151, 154, 164,

166, 184, 187, 199, 295, 297, 299

Nichtsein 非存在 73, 74, 84, 87-90, 106, 109, 111, 116-118, 128, 135-140, 142-144, 151-153, 160, 186, 188, 198, 215, 262-264, 267, 270, 274-278, 290, 441

Normale 垂直線 335, 342, 343

Notwendigkeit 必然性 23, 34, 43, 51, 52, 67, 76, 100, 244, 384, 387, 390

Nus 努斯 44, 55

O

Offenbarung 啓示 66, 67, 248

Operation 運算 235, 236, 249, 280, 281, 287, 296, 302-306, 308, 310, 311, 320, 324, 325, 329, 334-336, 349, 352, 356, 358, 371

Ordnung 秩序 37, 80, 297, 301, 302, 306, 307, 311, 349, 430-432, 445

das Organische 有機體 393

Organismus 有機組織，機體論 393

P

Pantheismus 泛神論 85, 388, 390

Phänomenologie 現象學 16-18, 22，42-43, 48-49, 67

Philosophem 哲學論題 243, 245

Philosophie 哲學 13, 16-19, 21-23, 25, 33, 38-39, 41, 45, 48-49, 57, 59-61, 65-66, 69-72, 76-77, 79, 85-86, 93, 105, 113-114, 119, 121-123, 131, 140, 144, 148, 168-169, 172, 178, 189, 201, 216, 224, 226-227, 240, 243, 248, 255, 264, 269-270, 280, 282, 289, 298, 301, 305, 307, 320-321, 385-386, 392, 406-407, 428, 454

Philosophieren 哲學思考 59, 65, 69, 131, 243, 385

Polarität 極性 21, 433

positiv 肯定的 15-17, 49, 52, 72, 86, 107, 108, 118, 122, 130-131, 154, 156, 161, 166, 236, 262, 303-304, 431, 433, 454

das Positive 肯定的東西 104, 108, 118, 122, 130-131, 149-151, 161, 165-166, 232

Potenz 冪方 242-243, 246, 288, 294-295, 306-309, 322, 324-

338, 341-343, 346, 348-350,
355-358, 362, 371, 373, 381-
386, 400-401, 403-406, 408-
412, 414, 439

Potenz 潛能階次 385

Prinzip 本原 15-16, 32-33, 44, 52,
57, 65-66, 70, 84, 91, 124,
138, 168, 172-173, 178, 184-
185, 216, 225, 229-232, 234-
235, 245, 253, 269, 296, 300-
301, 316, 362, 389-390, 400,
421, 430, 432, 435

Produkt 乘積 237, 241, 288, 300-
301, 306-308, 322, 327, 336,
351-353, 361-363, 371, 376-
378, 380

Progreß 進展 31, 145, 149, 155-
157, 161-164, 166-167, 181,
193, 199, 210, 262-264, 266-
270, 275-278, 282, 284, 288,
299-300, 379, 381, 443-444

unendlicher Progreß 無限進展
145, 155-157, 161-164, 166-
167, 181, 210, 262-264, 266-
270, 275-278, 282, 284, 288,
299-300, 379, 381, 443

Proportion 比例 207-208, 210,
242-244, 247, 267, 278-279,

285-290, 293-300, 303-304,
306-307, 310-314, 316-319,
324-325, 328-331, 333-340,
343-344, 346-356, 358-360,
364-367, 371-385, 391-394,
400-425, 427-440, 442-454,
456

Psychologie 心理學 13, 46-47,
53, 258, 284, 394

Q

Quadrat 平方 241-242, 294, 329,
334, 351-352, 361, 364, 404-
406, 409

Qualität 質 17, 80-82, 86, 107,
115-120, 122-123, 125, 127,
131-133, 135-136, 139-140,
142, 159, 166, 174, 177, 184,
199, 209-210, 215, 234, 238-
239, 253, 277-279, 312, 318,
360, 371-372, 376, 382-384,
387-388, 391-399, 402-409,
411-412, 414-417, 423, 425,
431, 436-442, 444-451

das Qualitative 質的東西 82, 124,
133, 147, 199, 218, 240, 269,
271, 278-279, 297, 321, 328,
334, 362-363, 372-374, 377,

380, 384-385, 390-392, 394, 399-400, 403-404, 408, 411, 416, 421, 430, 440-441, 443-444, 446, 449, 455

Quantität 量 48, 80-81, 174, 199, 209-216, 218, 224-231, 239, 250, 264, 273, 296, 301, 303, 316, 324, 373, 382-384, 387-388, 392, 394, 396-399, 402, 405-407, 409, 420, 423, 428, 433-434, 437, 439, 444-446

das Quantitative 量的東西 233, 262,264, 266, 268, 270, 276, 313, 324, 329, 362, 371, 377, 385, 391-392, 402, 404, 408-409, 411, 420, 425, 437, 440-441, 443-444

Quantitativität 量化 91, 390-391, 420, 450

Quantum 定量 209-211, 213-214, 229-234, 236, 239, 243, 250-256, 258-264, 267, 269-270, 276-279, 283-288, 290, 292-301, 303-305, 314, 316-318, 324, 327-328, 332, 334, 341, 346, 355, 357, 360, 363-364, 371-386, 391, 393-406, 408-411, 414-422, 425, 434-435,

437, 439, 442-445, 447-448, 450, 454

R

Räsonnement 推理 16, 35, 43, 52, 55, 74, 79, 97, 105, 111, 201, 218, 273, 281

Raum 空間 23, 32, 40, 99-103, 109, 114, 116, 127, 137-139, 147, 185, 194, 201, 203, 206, 213-217, 219, 222-227, 229, 234-235, 238-240, 255-258, 266, 271-272, 274-276, 292-293, 296, 309, 334, 346-347, 350, 358-359, 361-362, 388-367, 392, 404-412, 414-416, 427

Räumlichkeit 空間性 102, 139, 203, 223, 238-240, 361, 412

real 實在的 36-37, 44, 88, 90, 107, 114, 119, 123, 136, 151-152, 164-165, 173, 178, 180, 209, 213, 230, 243, 276, 320, 344, 404, 407, 411-413, 444, 447

das Reale 實在的東西 114, 119, 123, 164-165, 173, 178

Realisierung 實現過程 49, 377,

383, 448

Realität 實在性 21, 27, 38, 41, 55,
　58, 88-89, 92, 108, 116, 118-
　123, 132, 139, 145, 152, 164-
　165, 173-175, 178, 183, 194,
　211, 253, 276, 392, 437-439,
　450

Recht 正當 79, 100, 123, 193,
　258, 307, 321, 318, 441

reell 實際的 41, 46, 114, 119,
　123, 136, 165, 173, 178, 197,
　227, 320, 344, 348, 353, 376,
　392, 404, 407, 412, 417

Reflexion 反思，反映，折返 16,
　24, 29-33, 35-36, 38-39, 42,
　50-51, 58, 68-69, 72, 74, 76-
　77, 80, 82, 86, 93-94, 97-
　100, 104-107, 109-110, 114-
　118, 122-123, 126-132, 135-
　136, 142, 151, 153, 156, 158,
　161, 166, 170-171, 177, 180,
　185, 187, 193, 200-203, 205,
　209, 233, 236, 239, 245-246,
　249, 252, 271, 277-278, 283,
　293, 298, 300, 321, 334, 365,
　387, 390-392, 405, 407, 426,
　434, 451, 455-456

Regel 規則 29, 35-36, 47, 53-54,

59, 96, 336-339, 342, 344,
　393-395, 398-399, 434

Reihe 序列 54, 95, 257, 272-274,
　287-293, 300, 308-312, 315,
　322-323, 325, 330-333, 348-
　349, 356-357, 363-364, 370,
　401, 405, 413-414, 416-424,
　429-437, 443-445

Relation 關係 60, 81, 97, 220-
　221, 387, 417

Religion 宗教 29, 46, 172

Repulsion 排斥 138, 157, 174,
　186-203, 205-206, 209, 211-
　213, 215, 228-229, 260, 263,
　279, 413, 421, 424, 436, 448,
　456-457

Resultat 結果 17, 20, 35, 49, 51-
　52, 55, 57, 66-71, 73, 75, 84-
　85, 92-93, 95, 103-106, 113-
　114, 121, 134, 148, 162-163,
　168, 197-199, 205, 212, 218,
　225-226, 237, 252, 270, 279-
　282, 302, 308, 311, 319-320,
　329, 335, 341, 350, 352, 359,
　363, 370, 381, 386, 394, 397,
　410, 433, 446, 451, 457

Rhythmus 節奏 50

Rückkehr 回歸 70, 75, 78, 160-

162, 164, 166, 175, 183, 192, 195, 209-210, 233, 242, 251, 261, 267, 279, 289, 324, 334, 372, 382, 384-385, 387-389, 391, 394, 409, 439, 443

Ruhe 靜態 97, 122, 194, 385, 347, 429

S

Sache 事情 13, 20-22, 25-26, 29-33, 35, 37, 41, 43, 50-51, 65-68, 71-75, 80, 82, 85, 90-91, 95, 97, 103, 106, 108-109, 114, 117, 121-122, 130, 141, 154, 159, 167, 169, 175, 188-189, 201, 211, 213-214, 223, 231, 235-236, 246-247, 249, 268, 273, 292-293, 297, 300, 302, 311, 316-317, 320, 323-325, 330-331, 333, 338-339, 344-345, 349, 351-353, 356-358, 364, 368, 372, 382, 384-386, 388-390, 395, 397, 426, 438, 440, 443-444, 451, 453

Sättigung 飽和 423-426, 428, 434

Satz 命題 32, 46, 49, 66, 71-72, 77, 85, 87, 92-94, 98, 106, 121, 125, 129, 145, 172, 193,

203, 214-215, 219, 222-223, 237, 258, 271, 298, 307, 319-323, 346-347, 359, 365-367, 369, 395, 428

Schein 假象 52, 60, 103, 185, 217-218, 222, 289, 320, 330, 332, 335, 346, 361, 454

Schicksal 命運 14-15, 162, 267, 390

Schluß 推論 29, 35-36, 42-43, 45, 47-48, 71, 87, 131, 133, 202-203, 220, 223-224, 258, 266, 292, 321, 367, 409

Schranke 限制 77, 86, 106, 118, 120, 142-148, 150-151, 159, 162, 175, 196, 379-380

Schwere 重力 310, 319, 346-347, 407, 410-411, 429-430

spezifische Schwere 比重 405, 412, 414-416, 434-435, 444

Seele 靈魂 13-14, 17, 27, 52-53, 61, 92, 258-259

Sehnsucht 渴慕 267, 279

das Seiende 存在者 43, 84, 105, 107, 113, 123-125, 127, 130-131, 135, 146, 151, 153, 160, 164, 172, 174, 177, 179, 181-184, 187-192, 194-196, 199-

200, 203, 207, 209, 251, 258-
259, 382, 404, 414, 419, 446,
448, 457

Sein 存在 44-45, 57-58, 61-62,
68-75, 78-118, 120-125, 127-
144, 146-154, 164-166, 169,
171-200, 203, 209-213, 215,
226, 230-235, 250-253, 258-
263, 270-271, 276-278, 289-
290, 297-299, 378-384, 387-
388, 390-391, 402-403, 409-
420, 443, 445-452, 456-457

Sein für Anderes 為他存在 125,
127-136, 176-177, 181, 188,
190-191, 198, 203, 209, 399

Sein für Eines 為某一存在 176-
178, 181-182, 189-190

das Selbst 自主體 43, 146, 291

Selbständigkeit 獨立性，獨立的
東西 21, 30, 55, 108, 130,
158, 170, 178, 189, 192, 196,
200, 269, 375, 391, 411, 413-
414, 417, 419, 424, 446, 448,
457

Selbstbewußtsein 自我意識 13,
59-60, 76-77, 99, 102, 175,
178, 267

Selbstdenken 獨立思考 31

Sensibilität 感受性 454

setzen 設定 57-58, 86, 99, 104,
109, 116-118, 121, 124, 126-
128, 130-132, 134-137, 142-
144, 149, 151-159, 161, 164,
172, 174-176, 178-180, 182-
188, 190-202, 209, 213, 224,
228-232, 236, 239-241, 250-
252, 255, 259-264, 269-271,
277-279, 288-289, 306, 324,
331, 343-346, 373, 375-385,
391-392, 399, 402-404, 408,
414, 416, 420, 422-423, 436,
438, 442-444, 446-452, 455-
457

sinnlich 感性的 30, 44, 52, 55,
67, 166, 169, 172, 194, 201,
249, 268-269, 274

Sitte 倫常 55

sittlich 倫理的 13, 249

Skala 刻度表 437, 439, 442

Skeptizismus 懷疑主義 65, 217

Sollen 應當 30, 133, 142-151,
155, 166, 174, 181, 194, 196,
260, 265, 278, 288-289

Spekulation 思辨 13-14, 19-20,
52-53, 69, 93-94, 114, 121,
168, 171, 179, 185, 226-227,

243, 247, 386, 428

spezifisch 特殊的 91, 204, 217, 319, 327-328, 348, 356, 385, 394-395, 398-404, 408-411, 413-415, 420-421, 423, 433-435, 438-440, 442-444, 450

Spezifieren (Spezifikation) 特殊化 394-395, 398-405, 408-411, 413, 415, 417, 420, 423, 430, 434-437, 442-443, 445

Sphäre 層面 37, 39, 58, 80-81, 89, 117, 121-122, 129-131, 136, 149, 174, 196, 205-207, 243, 262, 270, 294, 321, 386, 389, 392, 420, 441, 443, 456-457

Sprache 語言 20-21, 30, 53, 114-115, 126, 220, 346

Sprung 飛躍 438-440

Staat 國家 13, 393, 398, 441-442

Stand 階層 23

Stetigkeit 持續性 212, 216, 300

Subjekt 主體 27, 37, 40, 45, 58, 61-62, 65, 75-76, 106, 108, 123-124, 179, 257, 264-265, 284, 291, 387, 455

Subjektivität 主觀性 60, 68

Subnormale 342

Substantialität 實體性 26-27, 41, 44, 121, 220, 222-223, 225, 270, 386, 388-390

Substanz 實體 65, 98-99, 121, 178-179, 214, 218-225, 258, 270, 291, 388-390, 427, 454-455

Substrat 基體 65, 84, 218, 255, 271, 436-437, 443-447, 457

Summe 總和 214, 237-238, 252, 287, 289-291, 298, 309-312, 327, 329-332, 346, 351, 353-354, 357, 360, 362-364, 370, 398, 415-416, 428, 435, 447, 449

Symbol 象徵，符號 20, 24, 247-248, 287-288, 304, 312, 332, 386

Symbolik 符號系統 386

System 體系 15, 18, 31-32, 44, 48-51, 54-55, 58, 61, 84-85, 173, 180-181, 236-237, 265, 269-270, 288, 325, 328-330, 339, 388, 421, 432, 434-435, 438

T

Talent 天分 258

Täuschung 錯覺 77, 89, 430

Tautologie 恆真句 49, 85, 87, 102, 205, 219-221, 315, 441

Temperatur 溫度 257, 401-403, 426, 431, 433, 440

Theorie 理論 13-14, 23, 25, 91, 119, 304, 306, 315, 322-325, 339, 344, 348, 426, 428-432, 434, 451, 454

Tod 死亡 84, 140, 440

Totalität 總體，總體性 30, 80, 126, 146, 183, 373, 381, 384-385, 444-445, 448-451, 456-457

Trapez 梯形 351, 362-364

Trieb 衝動 20, 23-25, 27, 146, 238

Triplizität 三聯體 388-389

Tugend 美德 13, 441

U

Übereinstimmung 和諧一致 37, 439

Übergang (Übergehen) 過渡 21, 31, 49, 51, 58, 71, 73-75, 82-85, 96-99, 101, 103-104, 106, 109, 111-113, 124-125, 131, 133-135, 138-140, 148, 151-154, 161-162, 166, 174, 181, 187, 192, 194, 198-200, 204, 206, 210-213, 215, 227, 285, 300-301, 303, 307, 311, 313, 316, 318, 320, 324, 334, 336, 339, 348-350, 353, 359-363, 371, 380, 383-384, 391, 396, 413, 420, 423, 433, 438, 440-444, 449, 453, 456-457

das Unendliche 無限者 40, 52, 86, 99, 115, 120, 130-131, 140-141, 147-172, 176, 178, 186, 188, 227, 246, 261-263, 265-269, 271, 277-285, 287, 289-293, 295-297, 300-301, 304-305, 315, 357, 360, 366-367, 371-373, 379, 384-386, 388, 442-443

das schlechte Unendliche 惡劣的無限者 152, 163-164, 166, 170, 277, 284-285, 291

das wahrhafte Unendliche 真實的無限者 149

das Unendlichgroße 無限大 110, 263, 265, 276, 282-283, 305, 311, 316, 407

Unendlichkeit 無限性 33, 109, 115, 121, 145, 149-151, 155-157, 160, 164, 166-168, 171,

174-176, 188-190, 199, 231, 246, 260-264, 266-267, 271-272, 275-278, 283-286, 288-291, 318, 324, 357, 367, 372, 379-380, 389, 413, 442-443

das Unendlichkleine 無限小 263, 276, 281-283, 295, 301-304, 306-307, 311-313, 318-320, 322, 324, 339, 341, 343, 345, 351-352, 354-355, 357-358, 360, 362, 364, 369-370, 407

Unmittelbares 直接的東西 49, 65, 68-70, 72, 74, 76, 79, 96, 98-99, 104, 106, 112-113, 115-116, 118, 128, 177, 196, 199, 216, 228, 277, 383, 410, 448-449

Unmittelbarkeit 直接性 17, 33, 66, 68, 70, 78-79, 81, 86, 104, 106-107, 114, 117, 124, 140, 151, 169, 176, 182-185, 188, 190, 199-200, 213, 228, 233, 376, 381, 385, 387, 390-391, 398, 402, 408-409, 414, 457

Unteilbares 不可分者 298-299, 336, 364-367, 369-370

unterbrechen 中斷 100, 212-213, 215, 228, 233, 236, 273, 413, 438-440

unterscheiden 區分 20-21, 50, 57-58, 68-69, 73-74, 76, 80, 82-83, 85, 93, 95-96, 100, 102, 106-107, 113, 115-118, 121-126, 131-133, 135, 137, 146, 149, 158, 161, 163, 165, 171, 176, 178, 190-191, 194, 199, 207, 209, 212, 214, 223, 228, 230-231, 233-234, 236, 240, 243, 246, 250, 252, 255, 274, 301, 307, 311, 316, 318, 327-328, 330, 334, 340, 366, 378, 391, 394, 398, 401, 403, 411, 417-418, 430, 439-440, 443, 446-447, 455

Unterscheidung 區分狀態 83, 113, 158, 403, 430, 443, 455

Unterschied 區別 17, 27, 57-59, 61-62, 72, 88-96, 112-113, 122-123, 126, 134-137, 163, 177-178, 182-183, 193-195, 199, 202, 204-207, 235-236, 240-242, 244-245, 248-251, 254-255, 259, 261-264, 269-273, 297, 314, 316-318, 334, 341, 362, 368-369, 371, 373-

374, 382-383, 385, 387, 389-
394, 397-398, 400, 413, 420-
424, 429-431, 437, 441, 443-
453, 455-456
Ursache 原因 13, 19, 109-110,
130-131, 167, 386, 431
Urteil 判斷 45, 47, 51, 56-57, 92-
93, 102, 240, 242, 429
Urteil 原初分割 56-57

V
Veränderlichkeit 可變化性 80,
293-294, 373, 375, 382, 404,
431, 436
Veränderung 變化 14-15, 45-46,
102, 124, 133-134, 151, 160,
164, 170, 180, 199, 211, 259-
260, 269, 310, 315, 328-330,
332, 361, 371, 373, 377, 380,
381-382, 389-390, 396-397,
399-405, 408, 415-416, 420,
437-438, 440-441, 443-444,
457
Verbindung 連繫 91, 106-107,
159-160, 196, 219, 238, 249,
263, 319, 326-327, 352, 414-
417, 420-422, 424-425, 427,
429-430, 432, 439-440

Verbrechen 犯罪 441
Verfassung 制度 393, 441-442
Vergangenheit 過去 265, 273
Vergehen 消滅 84, 109, 111-113,
115, 128, 140-142, 148, 265,
276, 389, 396, 441
Vergleichung 比較 33, 46-47, 72,
74, 80, 94, 106-107, 117,
126, 135, 157, 161, 191, 193,
234, 278, 297, 302, 309, 339,
364, 366, 369, 389, 395, 399,
417-420, 435-436
Vergleichungszahl 比較數 419-
420, 435
Verhältnis 比例關係 208, 210,
243-244, 247, 267, 278-279,
285-290, 293-300, 303-304,
306-307, 310-314, 316-319,
324-325, 328-331, 333-336,
338-340, 343-344, 347-357,
360, 364-366, 371-385, 391-
394, 400-425, 429-440, 442-
454, 456
direktes Verhältnis 正比例關係
373-374, 376-377, 382-383,
401, 405, 409-414
umgehrtes Verhältnis 反比例關
係 207-208, 373, 376-377,

380-383, 392, 405, 446-447,
449, 451, 453-454, 456

Verhältniszahl 比例關係數 401,
419, 424-425, 432, 435

Vermehrung 增加 89, 207, 211,
260, 282-283, 300-302, 307,
329, 331, 353, 375, 377, 395-
396, 399, 401-402, 404, 447,
450-452, 454

Verminderung 減少 207-208, 211,
260, 282-283, 299-300, 302,
353, 375, 377, 395-396, 399,
401-402, 404, 416, 429, 447,
450, 452, 454

Vermittlung 中介活動 58, 78,
160, 380, 391, 446, 449

verneinen 拒斥 118, 122, 136,
196-198, 203, 247, 281

Vernunft 理性 16-17, 28-30, 37-
41, 44-45, 52, 59, 92, 99,
132, 145-146, 148-150, 216-
217, 221, 224-227, 237, 243,
245, 247, 258, 265, 267, 276

Verschiedenheit 差異性 38, 44,
96, 114, 137, 160, 191-192,
235, 239, 295, 318, 358, 371,
428, 430-431, 437, 441, 445,
454

verschwinden 消失 83, 111-113,
121, 181, 197, 206, 221, 265,
267, 277, 296-300, 306, 316-
317, 396, 407, 440, 442, 446,
450, 452, 454

das Verschwindende 隨時消失的
東西 90, 112-113, 388, 396,
446

Versöhnung 調和，和解 140, 152,
389

Verstand 知性 13-14, 16-17, 20,
29, 38-40, 45, 86, 98, 100,
106, 108, 110-111, 121, 126,
140-141, 147, 149, 152-153,
160, 162, 193, 214, 227, 247,
276, 280, 290-291, 302, 304,
388, 455

Vieles 多 101, 182, 190, 193, 245,
250, 252, 254

Vielfachheit 多樣性 285

Volk 民族 13-14, 23-24, 53, 248,
390

Voraussetzung 預設，前提 19,
31, 33, 57, 67-68, 73, 106,
110-111, 131, 170-171, 185,
194, 197, 220, 222, 310, 314,
402, 457

vorhanden 現成已有的 37, 78,

100, 106, 122-124, 186, 197, 204-205, 207, 238, 378-379, 440-441

Vorstellen 表象活動 22, 29, 52, 79, 85, 88-90, 101-102, 104, 107, 110, 120, 141, 146, 166, 169, 173, 178-181, 185, 189, 202, 213-214, 265, 274, 294, 304, 386, 418

Vorstellung 表象，觀念 16, 20-27, 31, 36, 39-40, 42, 44, 52, 54, 60-61, 69, 72-76, 87, 89-90, 101, 123, 126, 137, 145, 156, 158, 169-170, 173, 175, 178, 180-181, 187, 194, 200-201, 203-205, 213-214, 216-217, 219, 223-224, 227, 229, 238, 244, 255, 265, 271, 276, 281, 287, 292, 296-305, 311, 314, 317-318, 328, 332, 336, 341, 346, 351, 354, 360-361, 363-364, 366-370, 393-394, 412, 425-427, 429, 433, 440, 450

W

Wahlverwandtschaft 選擇的親和性 414, 420-421, 424-426,

429-430, 433-434, 436

das Wahre 真相 17, 28, 38-39, 44, 51, 56, 65, 69-70, 76, 118, 280

Wahrheit 真理 24, 27-30, 36-38, 41-44, 47, 51, 54-55, 57-59, 66-67, 70, 83-84, 86-87, 93-94, 97, 103, 110-111, 115, 119, 128, 130, 139, 152, 156, 161, 168, 170-171, 179, 192-193, 200, 218, 225, 227-228, 247-248, 277, 282, 297-298, 370, 379, 382, 384-385, 390, 397, 451

Wahrnehmung 知覺 38, 58, 90, 180, 201-203, 217, 224, 226-227, 407, 416, 441

Wahrscheinlichkeit 或然性 282

Wechsel 更替 85, 87, 131, 149, 151, 155-156, 174, 262, 437, 443

weglassen 忽略不計 165, 281, 301-302, 305, 307-309, 311-312, 315, 322-323, 325, 332, 344-345, 357

Weisheit 智慧 120, 129, 248

Welt 世界 14, 33, 36-37, 40, 44-46, 54-55, 61, 70, 76, 85, 87,

105, 109-110, 145, 148, 152-
153, 156, 160-162, 164, 167,
181, 185, 189, 217-218, 220-
222, 245, 262-268, 271-272,
274-279, 284-285, 288-289,
291, 300, 372, 374, 379-380,
386, 391, 442-443

Werden 轉變 17, 32, 71, 80, 83-
86, 93, 95, 97, 100, 109-113,
115-116, 124, 128, 130, 139,
148-149, 151, 153, 164, 166,
170, 180, 182-183, 185, 187,
193, 198-199, 210, 213, 215,
217, 231, 233, 259, 260, 263,
272, 297, 301, 304, 311, 315,
328, 342, 373, 377, 383, 391,
394, 405, 413, 419, 422, 437,
440-441, 443, 445, 454, 456

Werkzeug 工具 29, 126, 249, 280,
308, 357, 386

Wert 價值 28, 45-46, 50, 53, 55,
61, 112, 119, 129, 159, 169,
244, 248-249, 299, 316, 332,
375-376, 378, 380-381, 383

Wert 值 286-287, 289, 293, 300,
306, 308, 313-314, 317, 326-
327, 336-338, 342-344

Wesen 本質 13-14, 17-18, 25-27,

35-36, 38, 41, 44-46, 49, 54-
56, 58, 61-62, 66, 77, 82, 85,
88, 93, 101, 104, 109, 119-
121, 123, 127, 129-132, 136,
138, 142-143, 147, 153, 158,
160-162, 164-166, 168, 171-
173, 179, 185-187, 192-193,
195-196, 207, 210, 213, 217,
221, 230, 233, 235-236, 242,
244-245, 247-248, 251, 253-
257, 260-263, 268, 270, 280,
282, 285, 288-290, 294-295,
308, 316-319, 324, 340, 345,
348, 360, 370, 372, 379, 385,
387-392, 396, 403, 406, 411,
420, 422-423, 427-428, 437,
439, 441, 444-445, 447, 451-
452, 456-457

Wesenheit 本質性 17, 27, 46, 55,
61, 77, 179, 256, 294, 300,
318

wesentlich 本質上的 142, 207,
242, 253, 280, 318, 370, 441

Widerspruch 矛盾 28. 39-40, 52,
97, 110, 119, 136, 138-139,
141-142, 145, 148, 152, 155,
159, 166, 168, 182, 186, 189-
190, 217, 226, 231, 234, 237,

259, 262-263, 267, 269-270,
275-277, 280-282, 284, 288,
325-326, 373, 379, 397, 449,
451, 456

Wille 意志 23, 25, 103, 147, 267-
269

willkürlich 隨意，任意 62, 70-71,
76, 78, 126, 147, 186, 201,
247, 393, 395, 399

Wirklichkeit 現實性 15, 27, 37,
44, 88, 92, 129, 132, 292,
387

Wissen 知識 14, 17, 28, 35, 38,
42-43, 54-55, 57, 59, 61, 66-
68, 70, 72, 76-79, 124, 179,
266, 282, 320, 339, 425

Wissenschaft 科學 13-19, 21-24,
28, 30-31, 33, 35-36, 41-43,
45-51, 53-57, 61, 65-75, 78,
85, 90-91, 96, 104, 114, 186,
201-202, 217, 240, 244-245,
248, 255, 266, 279-282, 297-
298, 302, 305, 315, 320-321,
323, 330, 337, 339, 342, 392-
393, 406-407, 410, 421, 432,
434-435, 454

Wurzel 方根 242, 300, 325, 327,
329-330, 343-345, 371, 404-
406, 439

Z

Zahl 數 48, 91, 99, 231-238, 240-
247, 249-257, 266, 283, 285-
288, 293, 296, 329-330, 341,
358, 361-362, 381, 385-386,
410, 419-420, 422-423, 425,
432, 438-439

Zahlenwert 數值 287, 326, 401

Zeit 時間 40, 46, 85, 99-100, 102-
103, 106, 109, 127, 144, 150,
213-217, 219, 224-227, 229,
238, 265-266, 270-276, 309-
310, 319, 321-322, 334, 346-
348, 361-362, 392, 404-412,
452

Zentrifugalkraft 離心力 207, 451-
453

Zentripetalkraft 向心力 207, 451-
453

Zentrum 核心 207

Ziel 目標 16, 240, 262-265, 277,
300, 305, 315, 357, 359, 389,
435

Zufälligkeit 偶然性 31, 75, 220-
221, 225, 335

Zukunft 未來 42, 169, 265, 273

zusammengehen 融合 40, 68, 85, 127, 168, 182, 192, 200, 212, 256, 375, 429, 443, 457

Zusammenhang 連繫 18, 21, 25-26, 35, 50-51, 56, 68, 76-77, 79, 87-91, 93, 96, 98, 100-101, 106-107, 109, 130, 132-135, 140, 157, 159-161, 175, 185, 195-196, 200, 207, 219, 228, 235, 238, 244, 246, 249, 256, 263-265, 309, 311, 313, 319-320, 324-328, 334, 336, 345, 348, 352-353, 375, 388, 392-393, 396-398, 401, 403, 405, 408-409, 414-417, 420-423, 425, 427-429, 433-436, 438-440, 444-445, 448, 454-455

zusammenfassen 統攝 56, 72, 168, 188, 235-237, 250, 272, 360, 380

Zuwachs 增長 301, 307, 309, 311-315, 319, 322, 328-329, 331-333, 345, 348, 353, 357

Zweck 目的 13-14, 20, 23-26, 28, 35, 42, 51, 53, 55, 117, 120, 207, 245, 290, 317, 319, 322, 324, 331-333, 335, 340, 348, 352, 355-356, 365

Zweifel 懷疑 34, 65, 169, 217

經典名著文庫 151

大邏輯 上
Wissenschaft der Logik

作　　　者 ——〔德〕黑格爾（Hegel）著
譯　　　者 —— 先剛
發 行 人 —— 楊榮川
總 經 理 —— 楊士清
總 編 輯 —— 楊秀麗
文 庫 策 劃 —— 楊榮川
副 總 編 輯 —— 蘇美嬌
封 面 設 計 —— 姚孝慈
著 者 繪 像 —— 莊河源
出 版 者 —— 五南圖書出版股份有限公司
　　　　　　地　　　址 —— 臺北市大安區 106 和平東路二段 339 號 4 樓
　　　　　　電　　　話 —— 02-27055066（代表號）
　　　　　　傳　　　眞 —— 02-27066100
　　　　　　劃撥帳號 —— 01068953
　　　　　　戶　　　名 —— 五南圖書出版股份有限公司
　　　　　　網　　　址 —— https://www.wunan.com.tw
　　　　　　電子郵件 —— wunan@wunan.com.tw
法 律 顧 問 —— 林勝安律師事務所　林勝安律師
出 版 日 期 —— 2022 年 4 月初版一刷
定　　　價 —— 580 元

國家圖書館出版品預行編目資料

大邏輯 / 黑格爾（Hegel）著；先剛譯.導讀. -- 初版. --
　臺北市：五南圖書出版股份有限公司，2022.04
　冊；　　公分. —（經典名著文庫；151-152）
　譯自：Wissenschaft der Logik
　ISBN 978-626-317-628-7（上冊：平裝）. —
　ISBN 978-626-317-629-4（下冊：平裝）

1.CST：辯證邏輯

154　　　　　　　　　　　　　　　　　111001790